2017年国家司法考试
名师课堂

郄鹏恩商经法

郄鹏恩 编著

北京理工大学出版社
BEIJING INSTITUTE OF TECHNOLOGY PRESS

版权专有　侵权必究

图书在版编目(CIP)数据

郄鹏恩商经法. 真题篇 / 郄鹏恩编著. —北京：北京理工大学出版社，2017.1
ISBN 978-7-5640-7230-8

Ⅰ.①郄…　Ⅱ.①郄…　Ⅲ.①商法-中国-资格考核-习题集②经济法-中国-资格考核-习题集　Ⅳ.①D923.99-44②D922.29-44

中国版本图书馆 CIP 数据核字(2016)第 318939 号

出版发行 / 北京理工大学出版社有限责任公司
社　　址 / 北京市海淀区中关村南大街 5 号
邮　　编 / 100081
电　　话 / (010)68914775(总编室)
　　　　　 (010)82562903(教材售后服务热线)
　　　　　 (010)68948351(其他图书服务热线)
网　　址 / http://www.bitpress.com.cn
经　　销 / 全国各地新华书店
印　　刷 / 北京富泰印刷有限责任公司
开　　本 / 787 毫米×1092 毫米　1/16
印　　张 / 19.5　　　　　　　　　　　　　　　　责任编辑 / 施胜娟
字　　数 / 442 千字　　　　　　　　　　　　　　文案编辑 / 施胜娟
版　　次 / 2017 年 1 月第 1 版　2017 年 1 月第 1 次印刷　　责任校对 / 周瑞红
定　　价 / 38.00 元　　　　　　　　　　　　　　责任印制 / 边心超

图书出现印装质量问题，请拨打售后服务热线，本社负责调换

对于司法考试,历年真题无疑是最好的复习工具之一,它能完整清晰地体现出考点和命题趋势,这是所有考生的共识。而且真题的数量有限,更显得弥足珍贵,那么我们到底应该怎么来"做"真题才能够最大化地发挥其效能呢?

一、认识真题的价值

真题最能够准确地反映重点考点和命题思路。司法考试用题库型方式命题,选题配题的原则是先重点,后次重点,再非重点,显然重点永远是第一位的。而重点考点就那些,所以每年的考点重复率有70%~80%,这一点在商经法中体现得更为明显。通过做真题能够有效快速地锁定重点考点以及考点的命题思路。

二、合理安排做真题的时间

对真题的接触应该伴随复习全程,尤其是暑期之前的黄金时期要紧紧抓住。伴随着复习的进行分章节按知识点匹配相应的真题,反复研习来巩固和提高。一方面通过做真题加深对相应重点考点的掌握,同时也能在反复推敲真题的过程中掌握命题的思路和方向;另一方面也能够在解析真题的过程中掌握做题的方法和步骤。

三、本书的特点

本书按照知识点汇编的体例,汇聚了2009—2016年期间的商经法真题,用最新的法条内容做解析,实现了"老题新做",为考生理清,新法修改之后,老题的新面目,校正答案。而且明确出题陷阱,帮助考生锻炼分析题目的方法、切中要害、抓住核心的能力和技巧。

鉴于商经法在考试中考点重复,但视角创新的特点,本书针对历年真题所涉及的考点延伸及预测内容进行了明确,帮助考生能够准确把握相关考点的考查方向和未来走势。

望本书能够助力各位考生顺利通过2017年司法考试!

郄鹏恩(希希)
2016年12月11日

目 录

第一编 商 法

- 第一章 公司法 ……………………………………………………………………（ 1 ）
  - 第一节 公司法概述 ……………………………………………………………（ 2 ）
  - 第二节 公司的产生 ……………………………………………………………（ 10 ）
  - 第三节 公司的运行 ……………………………………………………………（ 32 ）
  - 第四节 公司的变更 ……………………………………………………………（ 51 ）
  - 第五节 公司的解散和消亡 ……………………………………………………（ 58 ）
  - 第六节 一人有限责任公司 ……………………………………………………（ 59 ）
  - 第七节 上市公司 ………………………………………………………………（ 61 ）
- 第二章 合伙企业法 ………………………………………………………………（ 93 ）
  - 第一节 概述 ……………………………………………………………………（ 93 ）
  - 第二节 合伙的成立 ……………………………………………………………（ 95 ）
  - 第三节 合伙的运行 ……………………………………………………………（ 97 ）
  - 第四节 合伙的变更 ……………………………………………………………（108）
  - 第五节 合伙的破产 ……………………………………………………………（118）
  - 第六节 有限合伙企业及有限合伙人 …………………………………………（119）
- 第三章 个人独资、三资企业法 …………………………………………………（121）
- 第四章 企业破产法 ………………………………………………………………（124）
- 第五章 票据法 ……………………………………………………………………（139）
- 第六章 证券法 ……………………………………………………………………（153）
- 第七章 保险法 ……………………………………………………………………（162）
- 第八章 海商法 ……………………………………………………………………（178）

第二编 经济法

- 第一章 竞争法 ……………………………………………………………………（183）
- 第二章 消费者法 …………………………………………………………………（199）
- 第三章 金融法 ……………………………………………………………………（217）

第四章 财税法 (232)
第一节 税的种类 (233)
第二节 个人所得税法 (234)
第三节 企业所得税法 (237)
第四节 税收征收管理法 (241)

第五章 劳动法 (250)
第一节 劳动合同法 (251)
第二节 劳动法 (265)
第三节 劳动争议调解仲裁法 (268)
第四节 社会保险法 (274)

第六章 土地和房地产管理法 (277)
第一节 土地管理法 (277)
第二节 城乡规划法 (286)
第三节 房地产管理法 (289)
第四节 不动产登记 (295)

第七章 环境保护法 (296)

第一编 商 法

第一章 公司法

本章考查情况统计表

考点	考查次数	考查年份	大致分值	考查概率/%
财务会计制度	2	2	3	22
发起人及发起人责任	2	2	3	22
法人人格否认	1	1	1	11
公司的合并、分立	3	3	5	33
公司的基本特征	1	1	1	11
公司的转换	1	1	2	11
公司登记	1	1	2	11
公司分类	4	2	7	22
公司设立的程序	4	4	7	44
公司章程	2	2	3	22
公司资本	1	1	2	11
公司组织结构	8	4	14	44
股东出资及出资瑕疵的责任(含抽逃出资)	10	6	15	67
股东的权利保护	10	8	13	89
股东资格的取得及确认	4	4	5	44
股权、股份的转让	4	4	5	44
解散和清算	1	1	2	11
名义股东与实际股东	3	2	5	22
上司公司	2	2	3	22
一人有限责任公司	3	3	4	33
有限、股份两类公司理论区别	1	1	2	11
公司担保	1	1	1	11

第一节 公司法概述

考点1 公司的基本特征

徽南公司由甲乙丙3个股东组成,其中丙以一项专利出资。丙以专利出资后,自己仍继续使用该专利技术。下列哪一选项是正确的?(2007-3-26)
- A. 乙认为既然丙可以继续使用,则自己和甲也可以使用
- B. 甲认为丙如果继续使用该专利则需向徽南公司支付费用
- C. 丙认为自己可在原使用范围内继续使用该专利
- D. 丙认为甲和乙使用该项专利应取得自己的书面同意

答案( )①

【考点】 法人财产权

【设题陷阱与常见错误分析】 本题是偏理论性的题目考查形式。考生对法人财产权应该不陌生,关键是要掌握法人财产权的内涵。隐藏了对股东出资的法定要求,及股东出资需要转移相关的财产权利到公司,成为公司的财产的法定要求。这种情况下,公司成为相应财产的所有权人,享有所有的物权权能,包括原出资人在内的任何其他人均不得侵犯。

【解析】 依据《公司法》的理论,股东个人的财产和公司财产是分离的,股东将自己的财产向公司出资以后,作为出资的财产的财产权即应转移给公司,作为对价,股东获得包括资产受益、重大决策和选择管理者等在内的股东权。

《公司法》第28条:"股东应当按期足额缴纳公司章程中规定的各自所认缴的出资额。**股东以货币出资的,应当将货币出资足额存入有限责任公司在银行开设的账户;以非货币财产出资的,应当依法办理其财产权的转移手续。**"丙以一项专利出资,实际上是以专利所有权出资的。出资后,专利权即属于公司所有,丙所换取的对价为股东权。故此,本题选项中,只有选项B的表述符合《公司法》的规定及理论,为本题的正确答案。

【评价及预测】 法人财产权作为理论性很强的一个知识点,需要考生了解其内涵及外延的运用。

考点2 公司分类

1. 玮平公司是一家从事家具贸易的有限责任公司,注册地在北京,股东为张某、刘某、姜某、方某四人。公司成立两年后,拟设立分公司或子公司以开拓市场。对此,下列哪一表述是正确的?(2014-3-25)
- A. 在北京市设立分公司,不必申领分公司营业执照
- B. 在北京市以外设立分公司,须经登记并取得营业执照,且须独立承担民事责任

参考答案:①B

C. 在北京市以外设立分公司,其负责人只能由张某、刘某、姜某、方某中的一人担任
D. 在北京市以外设立子公司,即使是全资子公司,亦须独立承担民事责任

答案( )①

【考点】 分公司与子公司的区别

【设题陷阱与常见错误分析】 本题考查了公司分类中的母子公司及总分公司,以及子公司和分公司的性质这一理论性的内容。破题的关键是了解:子公司的独立性,分公司的非独立性。另需明确,子公司是指一定数额的股权或股份被另一公司控制或依照协议被另一公司实际控制、支配的公司。子公司具有独立法人资格,拥有自己所有的财产,自己的公司名称、章程和董事会,以自己的名义开展经营活动、从事各类民事活动,独立承担公司行为所带来的一切后果和责任。所以子公司并不一定是由母公司单独出资的。

【解析】 根据《公司法》第14条:"公司可以设立分公司。设立分公司,应当向公司登记机关申请登记,领取营业执照。**分公司不具有法人资格,其民事责任由公司承担。公司可以设立子公司,子公司具有法人资格,依法独立承担民事责任。**"

分公司与子公司最大的区别在于"独立性"。

A项错误,设立分公司也需要领取营业执照;

B项错误,分公司不能独立承担民事责任;

C项错误,分公司的经营并非只能由总公司股东担任,而是可以按照便利及高效经营的原则,选择合适的经营管理人员;

D项正确,子公司具有独立的法人资格,独立承担民事责任。

【评价及预测】 子公司与分公司的区别是考生需要重点掌握的考点。

项目	子公司	分公司
独立人格(三独性)	有	无
独立诉讼主体资格	有	有
营业执照	有	有(分公司所在地申领,总公司所在地备案)
名称	名称无须体现母公司字样	名称需要体现总公司字样
缔约能力	独立缔约	总公司授权范围内缔约
地域	无要求	无要求
分别与母/总公司关系	1. 母公司是子公司的**控股股东**,承担认缴出资额为限的有限责任; 2. 子公司一般分为:全资和控股子公司。全资子公司的组织形式是一人公司	分公司相当于总公司的业务单元或办事机构

参考答案:①D

2. 甲公司欲单独出资设立一家子公司。甲公司的法律顾问就此向公司管理层提供了一份法律意见书,涉及子公司的设立、组织机构、经营管理、法律责任等方面的问题。请回答下列问题。

(1) 关于子公司设立问题,下列说法正确的是?(2010-3-94)
A. 子公司的名称中应当体现甲公司的名称字样
B. 子公司的营业地可不同于甲公司的营业地
C. 甲公司对子公司的注册资本必须在子公司成立时一次足额缴清
D. 子公司的组织形式只能是有限责任公司

答案(①)

【考点】子公司、一人公司

【设题陷阱与常见错误分析】甲公司单独出资成立一家子公司,实际上该子公司即是一个法人股东出资成立的一人公司。本题灵活地考查了一人公司和子公司的相关制度,综合性较高。需要理解清楚,子公司的独立地位及一人公司的特殊限制。

【解析】题干描述本质是甲公司作为法人,出资成立一人公司。此一人公司作为甲公司的子公司,具有独立的法人地位,子公司的名称中不需体现甲公司的名称字样,A 选项错误。

子公司作为独立的经营实体,有自己独立的组织机构,营业地可不同于甲公司的营业地,B 选项正确。

《公司法》第 57 条规定:"一人有限责任公司的设立和组织机构,适用本节规定;本节没有规定的,适用本章第一节、第二节的规定。本法所称一人有限责任公司,**是指只有一个自然人股东或者一个法人股东的有限责任公司。**"甲公司欲单独出资设立一家子公司,属于一人有限责任公司,故子公司的组织形式只能是有限责任公司,D 选项正确。

《公司法》取消了一人公司一次性足额缴纳出资的法定要求,C 选项不正确。

所以本题的正确答案为 B、D。

【评价及预测】子公司的独立性、全资子公司的一人公司属性,以及与分公司的区别点,是近年来考试的重点。

(2) 关于子公司的组织机构与经营管理,下列说法正确的是?(2010-3-95)
A. 子公司不设董事会,可任命一名执行董事
B. 子公司可自己单独出资再设立一家全资子公司
C. 子公司的法定代表人应当由甲公司的法定代表人担任
D. 子公司的经营范围不能超过甲公司的经营范围

答案(②)

【考点】一人公司组织结构、经营范围

【设题陷阱与常见错误分析】本题继续考查一人公司的规定及子公司的独立地位。

【解析】由于子公司是独立的法人,且全资子公司作为一人公司,其组织形式为一人公司,故其适用于《公司法》对于有限责任公司的一般规定及对一人公司的特殊规定。

参考答案:①BD ②AB

《公司法》第50条第1款规定:"股东人数较少或者规模较小的有限责任公司,可以设一名执行董事,不设董事会。执行董事可以兼任公司经理。"可见,题目中的子公司作为一人公司,可以定性为"股东人数较少或者规模较小的有限责任公司",可不设董事会,任命一名执行董事,A选项正确。

第58条第2款规定:"一个自然人只能投资设立一个一人有限责任公司。该一人有限责任公司**不能投资设立新的一人有限责任公司**。"可见,法律并未禁止法人投资设立的一人有限责任公司再投资设立新的一人有限责任公司,故题目中的子公司可自己单独出资再设立一家全资子公司,B选项正确。

第13条规定:"公司法定代表人依照公司章程的规定,由**董事长**、**执行董事**或者**经理**担任,并依法登记。公司法定代表人变更,应当办理变更登记。"故子公司的法定代表人依照公司章程的规定,由子公司的董事长、执行董事或者经理担任,并依法登记,不须由甲公司的法定代表人担任,C选项错误。

第12条规定:"**公司的经营范围由公司章程规定**,并依法登记。"可见,子公司的经营范围不受母公司经营范围的限制,取决于子公司自己的公司章程的规定,D选项错误。

【评价及预测】子公司的独立性、全资子公司的一人公司属性,以及与分公司的区别点,是近年来考试的重点。当子公司为一人公司时,同时又是比较特殊的有限责任公司,法律关于一人公司的特殊限制,治理结构等容易关联出题。

(3)关于子公司的财产性质、法律地位、法律责任等问题,下列说法正确的是?(2010-3-96)
A. 子公司的财产所有权属于甲公司,但由子公司独立使用
B. 当子公司财产不足清偿债务时,甲公司仅对子公司的债务承担补充清偿责任
C. 子公司具有独立法人资格
D. 子公司进行诉讼活动时以自己的名义进行

答案()①

【考点】子公司的地位、责任

【设题陷阱与常见错误分析】本题主要针对子公司的独立地位来设计题目,抓住这一点,即可回答此问题。

【解析】由于子公司是**独立的法人**,故本题中,子公司的财产所有权属于子公司,由其独立使用,A选项错误。

当子公司财产不足以清偿债务时,子公司可以破产"死掉",甲公司作为其股东不需对子公司的债务承担补充清偿责任,B选项错误。子公司具有独立法人资格,进行诉讼活动时以自己的名义进行,C、D选项正确。

【评价及预测】子公司的独立性、全资子公司的一人公司属性,以及与分公司的区别点,是近年来考试的重点。

考点3 公司财务会计制度

1. 关于公司的财务行为,下列哪些选项是正确的?(2014-3-71)

参考答案:①CD

A. 在会计年度终了时,公司须编制财务会计报告,并自行审计

B. 公司的法定公积金不足以弥补以前年度亏损时,则在提取本年度法定公积金之前,应先用当年利润弥补亏损

C. 公司可用其资本公积金来弥补公司的亏损

D. 公司可将法定公积金转为公司资本,但所留存的该项公积金不得少于转增前公司注册资本的百分之二十五

答案(　　)①

【考点】 公司财务会计制度

【设题陷阱与常见错误分析】 本题主要考查了公司的财务制度及公积金制度。《公司法》规定了公司的公积金分为法定公积金、任意公积金和资本公积金三种,各自有不同的要求。法定公积金从税后补亏后的利润中提取,其提取和使用都有严格的法定要求;任意公积金由公司股东会或股东大会自行决定提取和使用;资本公积金来源于公司资本投入的各种增值,与公司的经营没有直接的关系,所以在资本公积金的使用方面只能用于资本方向的转增资本或扩大再生产,而不能用资本公积金来弥补亏损。

【解析】《公司法》第 164 条:"公司应当在每一会计年度终了时编制财务会计报告,**并依法经会计师事务所审计**。"所以 A 项错误,公司不能自行审计。

第 166 条:"公司的法定公积金不足以弥补以前年度亏损的,在依照前款规定**提取法定公积金之前,应当先用当年利润弥补亏损**。"所以提取法定公积金在弥补亏损之后进行,B 项正确。

第 168 条:"公司的公积金用于弥补公司的亏损、扩大公司生产经营或者转为增加公司资本。但是,**资本公积金不得用于弥补公司的亏损**。

法定公积金转为资本时,所留存的该项公积金不得少于转增前公司注册资本的**百分之二十五**。"所以 C 项错误,D 项正确。

【评价及预测】 公积金,尤其是资本公积金和法定公积金是公司财务会计制度中最重要的考点。

2. 甲、乙、丙成立一家科贸有限公司,约定公司注册资本 100 万元,甲、乙、丙各按 20%、30%、50% 的比例出资。甲、乙缴足了出资,丙仅实缴 30 万元。公司章程对于红利分配没有特别约定。当年年底公司进行分红。下列哪一说法是正确的?(2012 - 3 - 25)

A. 丙只能按 30% 的比例分红

B. 应按实缴注册资本 80 万元,由甲、乙、丙按各自的实际出资比例分红

C. 由于丙违反出资义务,其他股东可通过决议取消其当年分红资格

D. 丙有权按 50% 的比例分红,但应当承担未足额出资的违约责任

答案(　　)②

【考点】 利润分配顺序

【设题陷阱与常见错误分析】《公司法》规定,公司的利润分配比例是"有约定看约定,没约定

参考答案:①BD　②B

看实缴"。本题的设计陷阱有两点:1. 利润分配,在公司章程没有特殊约定的情况下,按实缴出资比例来分配,即只要有实缴出资,哪怕有出资瑕疵的情况,也不可被取消分红的资格;2. 各股东实缴比例的计算,丙认缴50万元,但实缴30万元,甲、乙认缴实缴一致。所以各股东的实缴出资总和是甲的20万元、乙的30万元、丙的30万元,总共80万元,按各自的实缴出资来计算各自的实缴出资比例。

【解析】《公司法》第34条:"股东按照**实缴的出资比例分取红利**;公司新增资本时,股东有权优先按照实缴的出资比例认缴出资。但是,**全体股东约定不按照出资比例分取红利或者不按照出资比例优先认缴出资的除外**。"本题中,成立该有限公司,约定注册资本100万元,甲、乙、丙各按20%、30%、50%的比例出资,即三者认缴出资分别为20万元、30万元、50万元,但丙仅实缴30万元,甲乙缴足出资,所以成立该公司实缴注册资本80万元,甲、乙、丙的实缴出资分别为20万元、30万元、30万元。没有约定的,应按实缴出资比例分红,B项正确;A、D项错误。

股东违反出资义务,有出资瑕疵的情况,按法律规定承担相应的责任,但不能因此取消其股东分红资格,所以C项错误。

> 【评价及预测】关于红利的分配比例,进而延伸到《公司法》中以实缴比例作为权利行使依据的情形考生需要掌握来应对将来的考题:1. 红利分配;2. 优先购买权(优先认购权);3. 公司剩余财产的分配权。

考点4 公司登记

关于商事登记,下列哪些说法是正确的?(2010-3-75)

A. 公司的分支机构应办理营业登记
B. 被吊销营业执照的企业即丧失主体资格
C. 企业改变经营范围应办理变更登记
D. 企业未经清算不能办理注销登记

答案(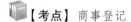)①

【考点】商事登记

【设题陷阱与常见错误分析】本题综合考查了商事登记制度,商事登记包括设立登记、变更登记及注销登记。开办企业的分支机构同样需要在分支机构所在地进行登记。同时结合了企业的解散和主体地位的丧失之间的关系、清算与注销之间的关系等,具有一定的理论难度。

【解析】《公司法》第14条第1款:"公司可以设立分公司。**设立分公司,应当向公司登记机关申请登记,领取营业执照**。分公司不具有法人资格,其民事责任由总公司承担。"可见,A项正确,当选。

《公司法》第180条规定:"公司因下列原因解散:
(一)公司章程规定的营业期限届满或者公司章程规定的其他解散事由出现;
(二)股东会或者股东大会决议解散;
(三)因公司合并或者分立需要解散;
(四)**依法被吊销营业执照、责令关闭或者被撤销**;
(五)人民法院依照本法第一百八十三条的规定予以解散。"

参考答案:①ACD(笔者认为答案应当修正为A、C)

第183条规定:"公司因本法第一百八十条第(一)项、第(二)项、第(四)项、第(五)项规定而解散的,**应当在解散事由出现之日起十五日内成立清算组,开始清算**。有限责任公司的清算组由股东组成,股份有限公司的清算组由董事或者股东大会确定的人员组成。逾期不成立清算组进行清算的,债权人可以申请人民法院指定有关人员组成清算组进行清算。人民法院应当受理该申请,并及时组织清算组进行清算。"

第188条规定:"**公司清算结束后**,清算组应当制作清算报告,报股东会、股东大会或者人民法院确认,并报送公司登记机关,**申请注销公司登记,公告公司终止**。"结合上述规定,企业被吊销营业执照后,并没有立即丧失主体资格,除了合并、分立外,其他情形的解散应当先进行清算,清算后要办理注销登记,注销登记之后才丧失主体资格,B项错误,不当选。

D项太过绝对,根据第183条的规定,公司因合并、分立而解散的,是可以不用清算而注销的。

第7条规定:"依法设立的公司,由公司登记机关发给公司营业执照。公司营业执照签发日期为公司成立日期。公司营业执照应当载明公司的名称、住所、注册资本、经营范围、法定代表人姓名等事项。**公司营业执照记载的事项发生变更的,公司应当依法办理变更登记,由公司登记机关换发营业执照**。"可见,企业改变经营范围应办理变更登记,C项正确,当选。

【修正】本题司法部公布的正确答案为 A、C、D。但笔者认为 D 项值得商榷。准确答案应修正为 A、C。

【评价及预测】关于商事登记这一考点,理论性相对比较强。考查概率比较高的一项在于分公司的登记制度,以及与公司的合并、分立相结合的登记制度等,需要重点掌握。

考点5 法人人格否认

零盛公司的两个股东是甲公司和乙公司。甲公司持股70%并派员担任董事长,乙公司持股30%。后甲公司将零盛公司的资产全部用于甲公司的一个大型投资项目,待债权人丙公司要求零盛公司偿还货款时,发现零盛公司的资产不足以清偿。关于本案,下列哪一选项是正确的?(2016-3-27)

A. 甲公司对丙公司应承担清偿责任
B. 甲公司和乙公司按出资比例对丙公司承担清偿责任
C. 甲公司和乙公司对丙公司承担连带清偿责任
D. 丙公司只能通过零盛公司的破产程序来受偿

答案(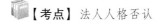)①

【考点】法人人格否认

【设题陷阱与常见错误分析】法人人格否认是《公司法》中偏理论性的问题。为了更好地补充公司的有限责任制度,完善当股东侵害公司或债权人利益的情况下能够为自己的侵权行为承担责任,2005年《公司法》修改的时候引入了法人人格否认制度。本题的主要难点在于分析出对于债权人丙公司的伤害,是由于股东甲公司滥用权力造成的,所以甲公司须对丙公司承担连带赔付的责任,乙公司没有过错,依旧受到有限责任的保护。

参考答案:①A

【解析】根据《公司法》第20条:"公司股东应当遵守法律、行政法规和公司章程,依法行使股东权利,不得滥用股东权利损害公司或者其他股东的利益;不得滥用公司法人独立地位和股东有限责任损害公司债权人的利益。

公司股东滥用股东权利给公司或者其他股东造成损失的,应当依法承担赔偿责任。**公司股东滥用公司法人独立地位和股东有限责任,逃避债务,严重损害公司债权人利益的,应当对公司债务承担连带责任。**"

题目中,甲公司作为零盛公司的股东,滥用股东权利,损害债权人利益,应当对公司债务承担连带责任,向债权人偿债,所以A正确,B、D错误。

乙公司没有任何过错,以认缴出资额为限,对公司债务承担有限责任,不会被债权人追索,所以C错误。

> 【评价及预测】对于法人人格否认的考点,考生需要注意适用的具体情形:
> 1. 股东有滥用权力,损害公司或他人利益的行为;
> 2. 责任承担:对内(向公司或其他股东)承担赔偿责任;对外(向债权人)承担连带责任;
> 3. 个案适用。

考点6 其他理论性问题

关于有限责任公司和股份有限公司,下列哪些表述是正确的?(2009-3-71)

A. 有限责任公司体现更多的人合性,股份有限公司体现更多的资合性

B. 有限责任公司具有更多的强制性规范,股份有限公司通过公司章程享有更多的意思自治

C. 有限责任公司和股份有限公司的注册资本都可以在公司成立后分期缴纳,但发起设立的股份有限公司除外

D. 有限责任公司和股份有限公司的股东在例外情况下都有可能对公司债务承担连带责任

答案(　　)①

【考点】有限责任公司与股份有限公司的区别

【设题陷阱与常见错误分析】本题针对有限责任公司与股份有限公司的区别设计题目,理论性和综合性相对较强,具有一定的难度。本题的破题关键在于理解清楚有限责任公司的人合兼资合的属性,股份有限公司中上市公司是典型资合,非上市公司是资合为主兼具人合性的公司。在此基础上,《公司法》对两类公司的自治授权程度也不尽相同。

【解析】有限责任公司属于人资兼合属性的公司,股份有限公司中的上市公司是典型的资合公司,非上市公司仍具有一定的人合性质。因此,有限责任公司体现更多人合性,股份有限公司体现更多资合性,A项表述正确。

根据《公司法》的规定,有限责任公司可以设立董事会和监事会,在规模较小或人数较少的情况下也可以不设立董事会和监事会,只设一名执行董事和1~2名监事;而股份有限公司则必须设立董事会和监事会。对此《公司法》对有限责任公司的规定更自由一些,而对股份有限公司的规定更严格一些。另外,对于公司的解散事由与清算办法来说,有限责任公司可以通过公司章程来自由约定,而股份有限

参考答案:①AD

公司根据《公司法》的直接规定来确定;股权的对外转让,有限责任公司章程可以灵活约定,股份有限公司发起人及董、监、高的对外转让股份的限制,公司章程只能做出其他限制性规定;以及组织结构中股东会的表决,董事会的决议程序等有限公司都可以通过章程灵活约定,而股份有限公司须严格按照《公司法》的规定操作。因此,《公司法》对有限责任公司的规定更自由一些,而股份有限公司的规定更严格一些。B项错误。

《公司法》第80条:"**股份有限公司采取募集方式设立的,注册资本为在公司登记机关登记的实收股本总额**。"所以只有募集设立的股份有限公司不能分期缴纳出资,其他的公司对于出资程序及期限没有法定限制,C项错误。

第20条第3款规定:"公司股东滥用公司法人独立地位和股东有限责任,逃避债务,严重损害公司债权人利益的,**应当对公司债务承担连带责任**。"该条规定对有限责任公司与股份有限公司都适用。因此,D项正确。

> 【评价及预测】此类纯理论问题的考查,在考试中时有出现,考生需要在学习相关知识的同时注意对背后理论的理解。

第二节　公司的产生

考点1　发起人及发起人责任

1. 李某和王某正在磋商物流公司的设立之事。通大公司出卖一批大货车,李某认为物流公司需要,便以自己的名义与通大公司签订了购买合同,通大公司交付了货车,但尚有150万元车款未收到。后物流公司未能设立。关于本案,下列哪一说法是正确的?(2016-3-25)
　　A. 通大公司可以向王某提出付款请求
　　B. 通大公司只能请求李某支付车款
　　C. 李某、王某对通大公司的请求各承担50%的责任
　　D. 李某、王某按拟定的出资比例向通大公司承担责任

答案(　①　)

【考点】发起人责任

【设题陷阱与常见错误分析】本题涉及发起人在设立公司过程中签订的合同责任的承担规则,以及公司未能成立情况下的责任承担规则的竞合适用。考生容易把两种责任独立开来,错选答案。只有搞清楚二者的交叉关系,才能做对本题。即,公司未能成立,所有发起人对合同责任均须承担无限连带责任,李某作为合同当事人,自然也逃脱不了承担责任的义务。所以作为对方当事人的通大公司,既可以要求李某承担责任,也可以向所有发起人主张连带责任。

【解析】根据《公司法司法解释三》第4条第1款:"公司因故未成立,债权人请求**全体或者部分发起人**对设立公司行为所产生的费用和债务承担**连带清偿责任**的,人民法院应予支持。"所以题目信息显示,公司没能成立,那么,设立过程中的所有责任,由全体发起人对外负连带责任,所以B、C、D错

参考答案:①A

误,A 正确。

> **【评价及预测】**有关发起人责任的问题,需要关注分析题目的思路:
> 第一步:看公司是否成立,如果没成立,设立过程中所有的责任均由全体发起人连带对外承担责任,之后再内部追偿(有过错方追过错方,无过错方按顺序追);
> 第二步:如果公司成立了,再看题目中涉及的具体情形,是合同还是侵权;
> 第三步:如果涉及合同责任,按照合同相对性,首先由合同签字或盖章的当事人承担责任,补充或例外情形要关注(个人签字的,公司追认后公司可担责;公司盖章的,公司举证证明;发起人与合同相对方有恶意串通的,可主张免责);
> 第四步:如果涉及侵权责任,则类比于职务行为,由公司对外偿付,内部追偿有过错的发起人。

2. 甲、乙、丙、丁拟设立一家商贸公司,就设立事宜分工负责,其中丙负责租赁公司运营所需仓库。因公司尚未成立,丙为方便签订合同,遂以自己名义与戊签订仓库租赁合同。关于该租金债务及其责任,下列哪些表述是正确的?(2011-3-68)

A. 无论商贸公司是否成立,戊均可请求丙承担清偿责任
B. 商贸公司成立后,如其使用该仓库,戊可请求其承担清偿责任
C. 商贸公司成立后,戊即可请求商贸公司承担清偿责任
D. 商贸公司成立后,戊即可请求丙和商贸公司承担连带清偿责任

答案(　　)①

【考点】 发起人合同责任

【设题陷阱与常见错误分析】《公司法司法解释三》对公司设立过程中,发起人对外签订合同的责任做了明确的规定。为了更好地保护第三人的利益,维护合同相对性的原则,根据合同外观主义由签字主体承担合同责任,除非存在法律规定的特殊情形。考生熟悉此法条的内容即可答对此题。

【解析】根据《公司法司法解释三》第2条:"发起人为设立公司以**自己名义**对外签订合同,合同相对人请求该发起人**承担合同责任**的,人民法院应予支持。

公司成立后对前款规定的合同**予以确认**,或者**已经实际享有合同权利或者履行合同义务**,合同相对人请求**公司承担合同责任**的,人民法院应予支持。"

丙以自己名义签订合同,丙作为合同相对人,无论公司是否成立均应承担合同责任,A 正确。

公司成立后,或认可或履行,公司才承担责任,B 项,公司实际履行合同,公司应承担合同责任,B 正确。

公司既没有确认也没有履行,没有满足公司承担责任条件,所以 C、D 是错误的。

> **【评价及预测】**发起人责任是公司设立环节中很重要的一个考点,本题涉及合同责任,另外还有侵权责任,公司设立失败后,发起人的责任以及发起人的出资瑕疵责任等内容需要掌握。注意理解上题中提到的解题思路。

参考答案:①AB

考点 2　股东资格的取得及确认

1. 严某为鑫佳有限责任公司股东。关于公司对严某签发出资证明书，下列哪一选项是正确的？(2014－3－27)

　　A. 在严某认缴公司章程所规定的出资后，公司即须签发出资证明书
　　B. 若严某遗失出资证明书，其股东资格并不因此丧失
　　C. 出资证明书须载明严某以及其他股东的姓名、各自所缴纳的出资额
　　D. 出资证明书在法律性质上属于有价证券

答案()①

【考点】出资证明书

【设题陷阱与常见错误分析】有限责任公司的出资证明书是股东实缴出资后，公司签发的类似"收据"性质的文件，只是一个证权证券，不具有要式性，更不是有价证券。出资证明书相当于股东享有股权的一个证明文件，类似自然人的身份证，根据每个股东股权内容的不同，签发个性的出资证明书。但并非出资证明书与股权相伴而生，出资证明书的缺失不影响股东既得股权的享有。本题具有一定的理论难度，放在单选题，难度系数尚小一些。广大考生需要充分理解出资证明书的性质。

【解析】《公司法》第 31 条："有限责任公司成立后，应当向股东签发出资证明书。

出资证明书应当载明下列事项：

（一）公司名称；

（二）公司成立日期；

（三）公司注册资本；

（四）股东的姓名或者名称、缴纳的出资额和出资日期；

（五）出资证明书的编号和核发日期。

出资证明书由公司盖章。"

第 32 条："有限责任公司应当置备股东名册，记载下列事项：

（一）股东的姓名或者名称及住所；

（二）股东的出资额；

（三）出资证明书编号。

记载于股东名册的股东，可以依股东名册主张行使股东权利。

公司应当将股东的**姓名或者名称**向公司登记机关登记；登记事项发生变更的，应当办理变更登记。**未经登记或者变更登记的，不得对抗第三人。**"

　　A 错误，出资证明书是股东实缴出资后，由公司签发的，而非股东认缴出资后即签发；

　　B 正确，股东根据股东名册的记载可以行使股东权利，所以出资证明书的丢失并不影响股东的资格；

　　C 错误，各股东的出资证明书只需要写明**股东个人的名称及出资额**，其他股东的出资额不必一并体现；

　　D 错误，出资证明书只是证明股东资格存在的一个文件资料，本身并非有价证券，不具备流通性。

参考答案：①B

【评价及预测】结合法条考查其背后的理论问题成为近年来题目设计的一个趋势,需要考生在学习相关知识点及法条的同时,注意理解相关的理论。

2. 关于有限责任公司股东名册制度,下列哪些表述是正确的?(2014-3-69)
  A. 公司负有置备股东名册的法定义务
  B. 股东名册须提交于公司登记机关
  C. 股东可依据股东名册的记载,向公司主张行使股东权利
  D. 就股东事项,股东名册记载与公司登记之间不一致时,以公司登记为准

答案(　　)①

【考点】股东名册

【设题陷阱与常见错误分析】《公司法》规定,设置股东名册是有限公司的法定义务,股东名册是有限公司确定股东资格的法定依据。股东名册上记载的人具有股东资格。但股东名册只是公司内部的文件,法律只要求将股东的姓名或名称向公司登记机关登记,起到公示公信的作用。同样,当股东的姓名或名称发生变化时,也需要向登记机关做变更登记,否则不能起到对抗第三人的效力。此题破题的关键需要明确,股东名册和登记事项有冲突的解决原则:二者适用范围并不冲突,互不干扰,对内以股东名册为准,对外以公司登记为准。

【解析】《公司法》第32条:"有限责任公司**应当置备股东名册**,记载下列事项:
(一)股东的姓名或者名称及住所;
(二)股东的出资额;
(三)出资证明书编号。
记载于股东名册的股东,可以依股东名册主张行使股东权利。
公司应当将股东的**姓名或者名称**向公司登记机关登记;登记事项发生变更的,应当办理变更登记。**未经登记或者变更登记的,不得对抗第三人。**"

A项正确,股东名册是有限公司必须置备的文件;
B项错误,提交公司登记机关的内容仅仅是股东的姓名或名称,而并非整个股东名册;
C项正确,股东名册是在公司内部证明股东权利的文件资料;
D项错误,名册与登记内容不一致的,对内名册为准,对外登记为准。

【评价及预测】所谓"细节决定成败",本题中的最细节的题眼考查到向公司登记机关登记的是股东名册中的股东姓名或名称,而题支表述为"将股东名册提交登记机关"来混淆。考生在复习过程中要对相关的法条或内容做到足够细致的把握。

3. 甲、乙、丙拟共出资50万元设立一有限公司。公司成立后,在其设置的股东名册中记载了甲乙丙3人的姓名与出资额等事项,但在办理公司登记时遗漏了丙,使得公司登记的文件中股东只有甲乙2人。下列哪一说法是正确的?(2012-3-26)
  A. 丙不能取得股东资格

参考答案:①AC

B. 丙取得股东资格,但不能参与当年的分红
C. 丙取得股东资格,但不能对抗第三人
D. 丙不能取得股东资格,但可以参与当年的分红

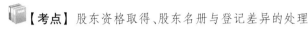答案(　　)①

【考点】股东资格取得、股东名册与登记差异的处理

【设题陷阱与常见错误分析】《公司法》规定了股东依据股东名册的记载行使股东权利,登记仅起到公示公信、对抗第三人的效力。考生需要理解清楚股东名册与工商登记有差异的处理规则:二者适用范围并不冲突,互不干扰,对内以股东名册为准,对外以公司登记为准。

【解析】《公司法》第32条:"有限责任公司应当置备股东名册,记载下列事项:

(一)股东的姓名或者名称及住所;

(二)股东的出资额;

(三)出资证明书编号。

记载于股东名册的股东,可以依股东名册主张行使股东权利。

公司应当将股东的姓名或者名称向公司登记机关登记;登记事项发生变更的,应当办理变更登记。**未经登记或者变更登记的,不得对抗第三人。**"

所以记载于股东名册的股东,可以依股东名册的记载主张股东权利。本题丙在股东名册中有记载,所以丙取得股东资格,享有股东权(包括分红权)。A、B、D三项说法都错误。根据排除法,答案已经出来了。

股东名册与公司登记事项有冲突的时候,对内以股东名册为准,对外以公司登记为准,产生对抗第三人的效力,所以C项正确。

此外,注意区分出资证明书、股东名册、登记三者的效力:(1)出资证明书是股东实缴出资后,换取的"收据",能够起到证明股东资格的效力;(2)股东名册具有证明股东身份及其变动的效力;(3)登记具有对抗第三人的效力,不论第三人是否知情。股东名册与登记机关登记有冲突的,对公司内部而言,以股东名册为准,对外部第三人来讲,以公司登记为准。

【评价及预测】股东名册的作用,以及股东名册与公司登记有冲突时的处理规则,务必理解透彻,重复考查率很高。

4. 关于股东的表述,下列哪一选项是正确的?（2009－3－25）

A. 股东应当具有完全民事行为能力

B. 股东资格可以作为遗产继承

C. 非法人组织不能成为公司的股东

D. 外国自然人不能成为我国公司的股东

答案(　　)②

【考点】股东资格

【设题陷阱与常见错误分析】鉴于公司的资合属性,股东对公司债务承担有限责任。《公司法》

参考答案：①C　②B

对股东资格没有做特别的要求,自然人、法人、其他组织都可以做股东,自然人无论是否具有行为能力,是中国人还是外国人,均不限制作为股东的资格。关于股东资格继承的问题,《公司法》允许股东资格继承,授权公司章程自治,即如果公司章程有特殊规定,则尊重章程的规定,如无特殊规定,则允许继承,该考点考生容易忽略。

【解析】 公司对股东资格没有做积极条件的限制,所以行为能力、组织形式、国籍等不做要求,A、C、D正确。

《公司法》第75条:"**自然人股东死亡后,其合法继承人可以继承股东资格;但是,公司章程另有规定的除外。**"所以,自然人股东资格的继承原则是可以当然实现的,除非公司章程对此做限制,B项正确。

【评价及预测】 股东资格作为理论性很强的一个考点,没有法条依据,需要从理论层面理解答题,这也是未来命题的趋势之一。提醒做题的思路,对于"谁可以做股东"的问题,应该可以回答为"谁都可以",所以题目中,如果出现"×××不能成为股东"的描述应该判断为错。

考点3 名义股东与实际股东

1. 高才、李一、曾平各出资40万元,拟设立"鄂汉食品有限公司"。高才手头只有30万元的现金,就让朋友艾瑟为其垫付10万元,并许诺一旦公司成立,就将该10万元从公司中抽回偿还给艾瑟。而李一与其妻闻菲正在闹离婚,为避免可能的纠纷,遂与其弟李三商定,由李三出面与高、曾设立公司,但出资与相应的投资权益均归李一。公司于2012年5月成立,在公司登记机关登记的股东为高才、李三、曾平,高才为董事长兼法定代表人,曾平为总经理。

请回答下列问题
(1)关于李一与李三的约定以及股东资格,下列表述正确的是? (2012-3-93)
  A. 二人间的约定有效
  B. 对公司来说,李三具有股东资格
  C. 在与李一的离婚诉讼中,闻菲可以要求分割李一实际享有的股权
  D. 李一可以实际履行出资义务为由,要求公司变更自己为股东

答案(①)

【考点】 名义股东与实际股东

【设题陷阱与常见错误分析】《公司法司法解释三》对名义股东和实际股东之间的关系做了细化和补充。认可了名义股东与实际股东之间的代持股协议的效力,实际股东可以基于双方的约定享有投资收益。同时《公司法司法解释三》对名义股东和实际股东之间的关系进行了规制,相对于公司而言,名义股东具有股东资格,享有股东权。这一点是此题的破题关键。

【解析】《公司法司法解释三》第24条:"有限责任公司的实际出资人与名义出资人订立合同,约定由实际出资人出资并享有投资权益,以名义出资人为名义股东,实际出资人与名义股东对该合同效力发生争议的,**如无合同法第五十二条规定的情形,人民法院应当认定该合同有效**。"本题目中,并没有体现出有合同法约束的合同无效事项,所以李一和李三之间的代持股协议是有效的,所以A项正确。

【注意】 如果题目中有涉及代持股协议的效力判断,基本可以判断为是有效的。

参考答案:①AB

李一与李三约定有效,并且公司登记机关登记的股东有李三,李三是名义股东,具有股东资格。B项正确。

李一只是享有投资收益分配请求权,并不是完全的股权享有人。即使假设李一享有股权,离婚对方要求分割股权,也只能参照股东向股东以外的人转让股权的办法处理。不能直接要求分一半股权。所以 C 选项错误。

《公司法司法解释三》第24条:"**实际出资人未经公司其他股东半数以上同意**,请求公司变更股东、签发出资证明书、记载于股东名册、记载于公司章程并办理公司登记机关登记的,**人民法院不予支持**。"所以实际出资人想要显名化,需要尊重其他股东人合性的保护,满足其他股东(人头)半数以上的同意。D 项错误。

> **【评价及预测】**《公司法司法解释三》以浓墨描述了名义股东和实际股东这一组概念,成为近几年考试的热点。考生需要明晰本部分内容主要包含了:1. 代持股协议;2. 一股二卖;3. 冒名股东。分别在不同的方式中,名义股东与实际股东的权利义务关系需要明晰。

(2) 2012 年 7 月,李三买房缺钱,遂在征得其他股东同意后将其名下的公司股权以 **42 万元**的价格,出卖给王二,并在公司登记机关办理了变更登记等手续。下列表述正确的是?(2012 - 3 - 94)

A. 李三的股权转让行为属于无权处分行为
B. 李三与王二之间的股权买卖合同为有效合同
C. 王二可以取得该股权
D. 就因股权转让所导致的李一投资权益损失,李一可以要求李三承担赔偿责任

答案()①

【考点】 名义股东处分股权

【设题陷阱与常见错误分析】 相对于公司而言,名义股东作为公司的股东,享有股东权,所以名义股东处分其名下股权是有权处分。但毕竟名义股东与实际股东有约定在先,实际股东享有投资收益的权利,所以名义股东对股权的处分行为有可能损害到实际股东的利益,又要考虑到善意第三人的权益保护。所以《公司法司法解释三》规定了名义股东处分其名下股权的情形下,善意的第三人会得到保护,因此给实际股东的权益侵害,由名义股东承担赔偿责任。考生需要明晰相关主体之间的关系,才能得到正确答案。

【解析】 名义股东李三具备公司股东的身份,享有股东权,所以李三股权转让的行为属于有权处分。A 项表述错误。

《公司法》第71条:"股东向股东以外的人转让股权,**应当经其他股东过半数同意**。股东应就其股权转让事项书面通知其他股东征求同意,其他股东自接到书面通知之日起满三十日未答复的,视为同意转让。其他股东半数以上不同意转让的,不同意的股东应当购买该转让的股权;不购买的,视为同意转让。"股东向股东以外的人转让股权,应当经其他股东过半数同意。李三将股权卖给王二,已征得其他股东同意,并且在登记机关办理了变更登记等手续,属于有效行为,王二可以取得该股权。所以,B、C 表述正确。

《公司法司法解释三》第25条第2款:"**名义股东处分股权造成实际出资人损失,实际出资人请求**

参考答案:①BCD

名义股东承担赔偿责任的,人民法院应予支持。"所以 D 项表述正确。

> 【评价及预测】本题涉及名义股东处分其名下股权是否为有权处分的问题,是与民法结合比较紧密的一个考点。考生需要明确,在代持股协议中,对于公司而言,名义股东具有股东的身份与资格,所以其处分其名下股权成为有权处分。这一点与《物权法》的善意取得制度有一些冲突,考生需要分别理解。

2. 某市房地产主管部门领导王大伟退休后,与其友张三、李四共同出资设立一家房地产中介公司。王大伟不想让自己的名字出现在公司股东名册上,在未告知其弟王小伟的情况下,直接持王小伟的身份证等证件,将王小伟登记为公司股东。下列哪一表述是正确的?(2011-3-26)

A. 公司股东应是王大伟
B. 公司股东应是王小伟
C. 王大伟和王小伟均为公司股东
D. 公司债权人有权请求王小伟对公司债务承担相应的责任

答案( )①

【考点】冒名股东

【设题陷阱与常见错误分析】《公司法司法解释三》专门规定了冒名股东情形下,责任的承担问题,明确"被冒名者不担责"的原则,即冒名者不是公司的股东,不承担公司的任何责任,一切的责任均由冒名行为人来承担。

【解析】《公司法司法解释三》第28条:"冒用他人名义出资并将该他人作为股东在公司登记机关登记的,冒名登记行为人应当承担相应责任;公司、其他股东或者公司债权人以未履行出资义务为由,请求被冒名登记为股东的承担补足出资责任或者对公司债务不能清偿部分的赔偿责任的,人民法院不予支持。"题目中王小伟是被冒名股东,不承担责任,所以股东及责任主体都应该是王大伟。只有A正确。

> 【评价及预测】冒名股东是名义与实际股东这一组概念中最容易的一个。容易与其他的情形结合设计题目。考生需要谨记"被冒名者不是股东,被冒名者不担责"即可。

考点4 公司设立的程序

1. 甲、乙、丙等拟以募集方式设立厚亿股份公司。经过较长时间的筹备,公司设立的各项事务逐渐完成,现大股东甲准备组织召开公司创立大会。下列哪些表述是正确的?(2016-3-70)

A. 厚亿公司的章程应在创立大会上通过
B. 甲、乙、丙等出资的验资证明应由创立大会审核
C. 厚亿公司的经营方针应在创立大会上决定
D. 设立厚亿公司的各种费用应由创立大会审核

答案( )②

参考答案:①A ②AD

【考点】募集设立　创立大会

【设题陷阱与常见错误分析】本题考查了创立大会的具体职权,考查很细致,考生需要对法条内容掌握准确才能做答。容易犯错误的选项为B项和C项,注意区分创立大会和股东大会的职权差异。验资证明也是由依法设立的验资机构在验资完成后直接出具的有效文件,无需创立大会审核。

【解析】《公司法》第90条第2款:"创立大会行使下列职权:

(一)审议发起人关于公司筹办情况的报告;

(二)通过公司章程;

(三)选举董事会成员;

(四)选举监事会成员;

(五)对公司的设立费用进行审核;

(六)对发起人用于抵作股款的财产的作价进行审核;

(七)发生不可抗力或者经营条件发生重大变化直接影响公司设立的,可以作出不设立公司的决议。

创立大会对前款所列事项作出决议,必须经出席会议的认股人所持表决权过半数通过。"所以A、D项正确。

第89条:"发行股份的股款缴足后,必须经依法设立的验资机构验资并出具证明。发起人应当自股款缴足之日起三十日内主持召开公司创立大会。创立大会由发起人、认股人组成。"所以验资的动作由依法设立的验资机构完成并出具有效的验资证明,验资证明无需创立大会审核,B错误。

公司的经营方针应该是股东大会的权限,所以C错误。

【评价及预测】公司设立的两种程序:发起设立和募集设立中,募集设立的涉考性更强,考生需要对募集设立的具体流程,以及严格的法定资本制的要求、验资程序的保留、创立大会的职权等内容做详细的掌握。

2. 张某与潘某欲共同设立一家有限责任公司。关于公司的设立,下列哪一说法是错误的?(2015 - 3 - 25)

A. 张某、潘某签订公司设立书面协议可代替制定公司章程

B. 公司的注册资本可约定为50元人民币

C. 公司可以张某姓名作为公司名称

D. 张某、潘某二人可约定以潘某住所作为公司住所

答案(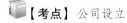)①

【考点】公司设立

【设题陷阱与常见错误分析】本题综合考查了公司的章程、注册资本、名称、住所等内容,需要特别注意的是章程和注册资本。公司章程是公司设立必备的法律文件,不能用其他文件替代,另外,新《公司法》对于注册资本由法定改为自治,考生需要明晰以上内容才能准确作答。

【解析】《公司法》第11条:"设立公司必须依法制定公司章程。公司章程对公司、股东、董事、监事、高级管理人员具有约束力。"所以A错误,公司章程是公司设立的必备文件,不可替代。

参考答案:①A

第26条:"有限责任公司的注册资本为在公司登记机关登记的**全体股东认缴的出资额**。"现行《公司法》取消了有限责任公司注册资本的法定要求改为股东自治,B项正确。

《公司法》对于公司的名称和住所没有做特别的要求,股东自治是允许的,C、D项正确。

> **【评价及预测】** 对于现行《公司法》中,有关发起设立中,注册资本及股东出资的要求成为考试的热点问题,考生需要对注册资本的认缴制、出资程序的股东自治、资本结构的股东自治,以及法定验资程序的取消等现行《公司法》的内容做掌握。

3. 顺昌有限公司等五家公司作为发起人,拟以募集方式设立一家股份有限公司。关于公开募集程序,下列哪些表述是正确的?(2014-3-72)

A. 发起人应与依法设立的证券公司签订承销协议,由其承销公开募集的股份
B. 证券公司应与银行签订协议,由该银行代收所发行股份的股款
C. 发行股份的股款缴足后,须经依法设立的验资机构验资并出具证明
D. 由发起人主持召开公司创立大会,选举董事会成员、监事会成员与公司总经理

答案( )①

【考点】 募集设立

【设题陷阱与常见错误分析】 以公开募集的方式设立股份公司,为了防止发起人损害投资人利益,应当由发起人与证券公司签订承销协议,由发起人与银行签订代收股权的协议。考生需要细致地发现B项中的签约主体的错误。

2013年修改《公司法》取消了发起设立中的法定验资程序,但并没有取消募集设立的法定验资的要求,主要原因在于有限公司更多体现了封闭和人合性,而股份公司尤其募集设立的股份公司更多体现了开放和资合性,为了更好地维护投资人利益,保留了募集设立股份公司在股款募足后,验资的法定要求。

创立大会,相当于公司成立之前的公司权力机构,由出资人组成(包括发起人、认缴人),创立大会上选举公司的经营主体即董事会和监事会成员。公司的经理是董事会聘任的,不是创立大会的职权范围,广大考生需要仔细辨认。

【解析】《公司法》第87条:"发起人向社会公开募集股份,应当由依法设立的证券公司承销,签订承销协议。"A项正确。

第88条:"发起人向社会公开募集股份,应当同银行签订代收股款协议。"应当是发起人与银行签订代收股款的协议,并非证券公司,B错误。

第89条:"发行股份的股款缴足后,**必须经依法设立的验资机构验资并出具证明**。发起人应当自股款缴足之日起三十日内主持召开公司创立大会。创立大会由发起人、认股人组成。"C正确。

第90条:"发起人应当在创立大会召开十五日前将会议日期通知各认股人或者予以公告。创立大会应有代表股份总数过半数的发起人、认股人出席,方可举行。

创立大会行使下列职权:

(一)审议发起人关于公司筹办情况的报告;
(二)通过公司章程;

参考答案:①AC

(三)选举董事会成员;
(四)选举监事会成员;
(五)对公司的设立费用进行审核;
(六)对发起人用于抵作股款的财产的作价进行审核;
(七)发生不可抗力或者经营条件发生重大变化直接影响公司设立的,可以作出不设立公司的决议。

创立大会对前款所列事项作出决议,必须经出席会议的认股人所持表决权过半数通过。"D 项错误,总经理是由董事会任免的,而非由创立大会选出。

> 【评价及预测】公司设立的程序中,只有募集设立具有可考性。本题针对募集设立的过程和细节进行了考查。尤其类似 B 项,一旦审题不认真,会犯低级错误。近年来的真题中类似的陷阱时有出现,需要重点关注。

4. 关于股份有限公司的设立,下列哪些表述符合《公司法》规定?(2010 - 3 - 73)
A. 股份有限公司的发起人最多为 200 人
B. 发起人之间的关系性质属于合伙关系
C. 采取募集方式设立时,发起人不能分期缴纳出资
D. 发起人之间如发生纠纷,该纠纷的解决应当同时适用《合同法》和《公司法》

答案()①

【考点】股份公司设立

【设题陷阱与常见错误分析】本题综合考查了股份公司在设立过程中的人数限制、发起人关系、发起人出资及发起人纠纷处理,具有一定的理论难度。尤其是发起人出资的问题,考生需要明确募集设立的股份公司的特殊要求,募集设立的股份公司的注册资本是在公司登记机关登记的实收股本总额,因此无论是发起人还是认股人都没有分期缴纳出资的机会,此题的司法部答案存在很大的争议,笔者认为应该修正。

【解析】《公司法》第78条:"设立股份有限公司,应当有**二人以上二百人以下为发起人**,其中须有半数以上的发起人在中国境内有住所。"所以 A 项正确。

《公司法》第 94 条第(一)项:"股份有限公司的发起人应当承担下列责任:(一)公司不能成立时,**对设立行为所产生的债务和费用负连带责任**。"发起人签订的设立公司协议从性质上讲属于民事合伙合同,因而发起人之间的关系也就是合伙关系,每个成员都是发起人合伙中的一个成员。当公司不能依法成立时,对于设立公司行为所造成的后果,发起人要承担无限的连带责任,B 项正确。

发起人承担公司筹备事务,必须签订发起人协议,发起人协议具有合同约束力,某一发起人违反该协议的,应当对其他发起人承担违约责任,同时,发起人设立公司的行为由《公司法》调整,所以发起人还应当遵守《公司法》的相关规定,D 项正确。

第 80 条:"股份有限公司采取募集方式设立的,**注册资本为在公司登记机关登记的实收股本总额**。"所以募集方式设立的,发起人不能分期缴纳出资,C 项正确。

【修正】笔者认为答案应为 A、B、C、D。

参考答案:①ABD(笔者认为答案应当修正为 ABCD)

> 【评价及预测】考生需要了解募集设立的发起人人数限制,发起人之间的关系,发起人的责任,募集设立的程序,创立大会的职权及性质,以及常考到的一个特例即募集设立的股份公司依旧执行严格法定资本制,且出资需要经过法定验资程序。

考点5 公司资本

2014年5月,甲、乙、丙、丁四人拟设立一家有限责任公司。关于该公司的注册资本与出资,下列哪些表述是正确的? (2014-3-68)

A. 公司注册资本可以登记为1元人民币
B. 公司章程应载明其注册资本
C. 公司营业执照不必载明其注册资本
D. 公司章程可以要求股东出资须经验资机构验资

答案()①

【考点】公司注册资本与出资

【设题陷阱与常见错误分析】此题是典型的新法修改后对改动内容的直接考查。2013年修改《公司法》取消了注册资本的最低限制,股东只要认缴出资就可以成立公司,实现了"1元也可以开公司"的情况。但仍然要求注册资本需要在公司章程及营业执照中载明,并在工商部门做登记,以便于交易相对方查询和了解。《公司法》取消了发起设立中的法定验资要求,简化了公司的设立流程。但并不禁止由验资机构验资,如果股东自治,章程规定需要经过验资的流程,《公司法》并不禁止。此题的破题关键是对于新法修改的深刻理解。

【解析】《公司法》第26条:"有限责任公司的注册资本为在**公司登记机关登记的全体股东认缴的出资额**。

法律、行政法规以及国务院决定对有限责任公司注册资本实缴、注册资本最低限额另有规定的,从其规定。"现行《公司法》取消了注册资本的法定限制,改为股东约定,章程自治,所以A正确。

第25条:"有限责任公司章程应当载明下列事项:

(一)公司名称和住所;
(二)公司经营范围;
(三)公司注册资本;
(四)股东的姓名或者名称;
(五)股东的出资方式、出资额和出资时间;
(六)公司的机构及其产生办法、职权、议事规则;
(七)公司法定代表人;
(八)股东会会议认为需要规定的其他事项。

股东应当在公司章程上签名、盖章。"既然注册资本为章程自治,那么章程中自然应当包含注册资本项,B正确。

第7条:"公司营业执照应当载明公司的名称、住所、**注册资本**、经营范围、法定代表人姓名等事

参考答案:①ABD

项。"所以营业执照中应当载明注册资本,供公众知悉,C错误。

【注意】 工商登记、公司章程、营业执照中均需明确注册资本,均无需明确实收资本。

《公司法》取消了法定的验资程序,但如果章程约定验资,遵从股东的意思自治是可以的,D项正确。

【评价及预测】 对于现行《公司法》中有关注册资本的内容,需要考生明确。

考点6 股东出资及出资瑕疵的责任

1. 源圣公司有甲、乙、丙三位股东。2015年10月,源圣公司考察发现某环保项目发展前景可观,为解决资金不足问题,经人推荐,霓美公司出资1亿元现金入股源圣公司,并办理了股权登记。增资后,霓美公司持股60%,甲持股25%,乙持股8%,丙持股7%,霓美公司总经理陈某兼任源圣公司董事长。2015年12月,霓美公司在陈某授意下将当时出资的1亿元现金全部转入霓美旗下的天富公司账户用于投资房地产。后因源圣公司现金不足,最终未能获得该环保项目,前期投入的500万元也无法收回。陈某忙于天富公司的房地产投资事宜,对此事并不关心。

若源圣公司的股东会得以召开,该次股东会就霓美公司将资金转入天富公司之事进行决议。关于该次股东会决议的内容,根据有关规定,下列选项正确的是:(2016-3-93)

A. 陈某连带承担返还1亿元的出资义务
B. 霓美公司承担1亿元的利息损失
C. 限制霓美公司的利润分配请求权
D. 解除霓美公司的股东资格

答案( )①

【考点】 抽逃出资

【设题陷阱与常见错误分析】 本题是对抽逃出资后的法律责任承担的内容的考查。首先,在抽逃出资中,如果有协助的主体,那么协助者与抽逃者应当连带承担抽逃出资本息范围的法律责任;另外,抽逃出资后,对于股东权利或资格的影响,本题考查得很详细,考生需要明确,只要有出资的瑕疵或抽逃的动作,则股东的新股认购(含优先购买)、利润分配、剩余财产分配的权利就可以被其他股东通过股东会议决议的形式作出限制。只有完全没有缴纳出资,或抽逃完毕全部出资,且法定期间内未补足的,才能够解除股东资格。如果考生没有注意到这一细节,容易错选D项。

【解析】 《公司法司法解释三》第12条:"公司成立后,公司、股东或者公司债权人以相关股东的行为符合下列情形之一且损害公司权益为由,请求认定该股东抽逃出资的,人民法院应予支持:

(一)制作虚假财务会计报表虚增利润进行分配;
(二)通过虚构债权债务关系将其出资转出;
(三)利用关联交易将出资转出;
(四)其他未经法定程序将出资抽回的行为。"所以题目中霓美的行为属于利用关联交易将出资转出的行为,认定抽逃出资。

第14条:"股东抽逃出资,公司或者其他股东请求其向公司返还出资本息、协助抽逃出资的其他股

参考答案:①ABC

东、董事、高级管理人员或者实际控制人对此承担连带责任的,人民法院应予支持。"霓美公司作为抽逃的主体,承担返还本息的责任,陈某作为协助义务的高管,对此承担连带责任,所以 A、B 正确。

第 16 条:"股东未履行或者未全面履行出资义务或者抽逃出资,公司根据公司章程或者股东会决议对其利润分配请求权、新股优先认购权、剩余财产分配请求权等股东权利作出相应的合理限制,该股东请求认定该限制无效的,人民法院不予支持。"

第 17 条第 1 款:"有限责任公司的股东未履行出资义务或者抽逃全部出资,经公司催告缴纳或者返还,其在合理期间内仍未缴纳或者返还出资,公司以股东会决议解除该股东的股东资格,该股东请求确认该解除行为无效的,人民法院不予支持。"

只要有出资的瑕疵或抽逃出资的动作,则股东的新股认购(含优先购买)、利润分配、剩余财产分配的权利就可以被其他股东通过股东会议决议的形式作出限制。只有完全没有缴纳出资,或抽逃完毕全部出资,且法定期间内未补足的,才能够被解除股东资格。题目中,虽然霓美公司有抽逃全部出资的行为,但并没有体现出"合理期间内没有补足"的条件,所以不适用解除的罚则。所以 C 正确,D 错误。

【评价及预测】对于抽逃出资的内容,重复考查的概率很高,且有一定的难度。考生需要准确且细致地掌握:1. 抽逃出资的行为认定(注意第三人垫资的行为判断);2. 抽逃后的法律责任;3. 抽逃后对股东权利及资格的影响。

2. 2014 年 5 月,甲、乙、丙三人共同出资设立一家有限责任公司。甲的下列哪一行为不属于抽逃出资行为?(2014-3-29)

A. 将出资款项转入公司账户验资后又转出去
B. 虚构债权债务关系将其出资转出去
C. 利用关联交易将其出资转出去
D. 制作虚假财务会计报表虚增利润进行分配

答案( )①

【考点】抽逃出资

【设题陷阱与常见错误分析】此题是典型的新法修改后,对改动内容的直接考查。2013 年修改《公司法》取消了公司的法定最低注册资本、首次出资及发起设立中验资的法定要求。所以相应的《公司法司法解释三》中将股东抽逃出资的情形中,取消了股东"将出资款项转入公司账户验资后又转出去"的认定,考生只要注意到新法的修改点,此题无难度。

【解析】《公司法司法解释三》第 12 条:"公司成立后,公司、股东或者公司债权人以相关股东的行为符合下列情形之一且损害公司权益为由,请求认定该股东抽逃出资的,人民法院应予支持:
(一)制作虚假财务会计报表虚增利润进行分配;
(二)通过虚构债权债务关系将其出资转出;
(三)利用关联交易将出资转出;
(四)其他未经法定程序将出资抽回的行为。"新的《公司法》及相关司法解释,取消了法定验资程序,进而 A 项也不再认定为抽逃出资。

参考答案:①A

【评价及预测】"新法必考"成为每年司法考试题目设计不可避免的一大特点,尤其是法律、司法解释修改当年的题目,往往针对新修订的法条来设计。

3. 泰昌有限公司共有 6 个股东,公司成立两年后,决定增加注册资本 500 万元。下列哪一表述是正确的?(2013-3-26)

A. 股东会关于新增注册资本的决议,须经三分之二以上股东同意
B. 股东认缴的新增出资额可分期缴纳
C. 股东有权要求按照认缴出资比例来认缴新增注册资本的出资
D. 一股东未履行其新增注册资本出资义务时,公司董事长须承担连带责任

答案( )①

【考点】股东新增出资及出资不实义务

【设题陷阱与常见错误分析】本题涉及的考点相对较多。1. 股东会的决议,除公司章程另有规定外,采用的是"资本决"的原则,即股东按出资比例行使表决权,而非"人头决",考生需要仔细看清题支内容的表达;2. 2013 年新修订的《公司法》规定,股东出资可以分期缴纳,但分红及认缴新增出资在没有特别约定或协商结果的前提下,应该按照"实缴出资"比例来行使权利;3. 《公司法司法解释三》就股东出资瑕疵的问题做了细化,当股东在公司增资时未履行出资义务,董事、高级管理人员只有在未履行忠诚及勤勉义务的前提下才会承担连带责任,而非一概连带,考生需要对此规定深刻理解。

【解析】《公司法》第 43 条:"股东会的议事方式和表决程序,除本法有规定的外,由公司章程规定。

股东会会议作出修改公司章程、**增加或者减少注册资本的决议**,以及公司合并、分立、解散或者变更公司形式的决议,**必须经代表三分之二以上表决权的股东通过。**"股东会议决议遵从"资本决"的原则,2/3 以上特别多数要求的是表决权而非人数,A 项错误。

第 178 条:"有限责任公司增加注册资本时,股东认缴新增资本的出资,依照本法设立有限责任公司**缴纳出资的有关规定执行。**"《公司法》将公司出资的期限、程序等授权公司自治,当然可以分期缴纳,B 项正确。

第 34 条:"股东按照实缴的出资比例分取红利;公司新增资本时,股东有权优先按照实缴的出资比例认缴出资。"认股的权利,参照的是实缴出资,而非认缴出资,C 项错误。

《公司法司法解释三》第 13 条:"股东在公司增资时未履行或者未全面履行出资义务,依照本条第一款或者第二款提起诉讼的原告,请求**未尽公司法第一百四十八条第一款规定的义务而使出资未缴足的董事、高级管理人员承担相应责任的**,人民法院应予支持;董事、高级管理人员承担责任后,可以向被告股东追偿。"董事长**有过错**才承担责任,而并非一概担责。所以 D 项错误。

【评价及预测】近年来题目的难度在提高,很重要的一点体现即是题目的综合性在加强,考生在复习的过程中,要注意相关考点的关联把握。

4. 甲公司于 2012 年 12 月申请破产。法院受理后查明:在 2012 年 9 月,因甲公司无法清偿欠乙公

参考答案:①B

司100万元的货款,而甲公司董事长汪某却有150万元的出资未缴纳,乙公司要求汪某承担偿还责任,汪某随后确实支付给乙公司100万元。下列哪一表述是正确的?(2013-3-29)

A. 就汪某对乙公司的支付行为,管理人不得主张撤销
B. 汪某目前尚未缴纳的出资额应为150万元
C. 管理人有义务要求汪某履行出资义务
D. 汪某就其未履行的出资义务,可主张诉讼时效抗辩

答案( )①

【考点】出资瑕疵的责任承担

【设题陷阱与常见错误分析】本题结合了《企业破产法》中的破产撤销权及《公司法》中的股东出资瑕疵的责任来设计题目,有一定的难度。首先,汪某的出资义务有150万元没有履行,而甲公司对于乙公司有100万元的欠款无力支付,根据《公司法司法解释三》的相关内容,作为债权人的乙公司有权要求瑕疵出资的股东汪某承担连带赔付的义务。汪某也确实通过向乙公司清偿100万元债务,来补缴自己的出资,所以在清偿乙公司100万元之后,汪某欠缴的出资额变为50万元。另外,此题的复杂之处在于,公司在2012年申请破产,2012年9月即已经无力清偿乙公司债务,具备了破产原因,在此种情况下,个别的清偿行为,在破产程序中,破产管理人是可以主张撤销的。

【解析】根据《企业破产法》第32条:"人民法院受理破产申请前六个月内,债务人有本法第二条第一款规定的情形(具备破产原因),仍对个别债权人进行清偿的,管理人有权请求人民法院予以撤销。但是,个别清偿使债务人财产受益的除外。"题干所述,2012年9月的时候,"甲公司无法清偿乙公司货款"表明甲公司已经具备破产原因,管理人即可主张撤销,A项错误。

汪某通过偿还债务履行了100万元出资,剩余未缴纳出资额应为50万元本息,B项错误。

《公司法司法解释三》第19条:"公司股东未履行或者未全面履行出资义务或者抽逃出资,公司或者其他股东请求其向公司全面履行出资义务或者返还出资,被告股东以诉讼时效为由进行抗辩的,人民法院不予支持。"D项错误。

股东不履行出资义务或抽逃出资的行为,管理人有义务追缴,C项正确。

【评价及预测】股东出资瑕疵的责任是高频考点,本题还综合涉及了破产法中的撤销权问题,提高了题目的难度。

5. 高才、李一、曾平各出资40万元,拟设立"鄂汉食品有限公司"。高才手头只有30万元的现金,就让朋友艾瑟为其垫付10万元,并许诺一旦公司成立,就将该10万元从公司中抽回偿还给艾瑟。而李一与其妻闻菲正在闹离婚,为避免可能的纠纷,遂与其弟李三商定,由李三出面与高、曾设立公司,但出资与相应的投资权益均归李一。公司于2012年5月成立,在公司登记机关登记的股东为高才、李三、曾平,高才为董事长兼法定代表人,曾平为总经理。

公司成立后,高才以公司名义,与艾瑟签订一份买卖合同,约定公司向艾瑟购买10万元的食材。合同订立后第2天,高才就指示公司财务转账付款,而实际上艾瑟从未经营过食材,也未打算履行该合同。对此,下列表述正确的是?(2012-3-92)

A. 高才与艾瑟间垫付出资的约定,属于抽逃出资行为,应为无效

参考答案:①C

B. 该食材买卖合同属于恶意串通行为,应为无效
C. 高才通过该食材买卖合同而转移10万元的行为构成抽逃出资行为
D. 在公司不能偿还债务时,公司债权人可以在10万元的本息范围内,要求高才承担补充赔偿责任

答案( )①

【考点】 抽逃出资

【设题陷阱与常见错误分析】 配合《公司法》的修改,《公司法司法解释三》做了相应的修改,取消了第三人垫资的法定约束,当事人筹备资金的方式更灵活,第三人垫资并不违法,更不能认定为抽逃出资,考生需要关注新法修改之处;另外《公司法司法解释三》细化了抽逃出资的表现方式及股东抽逃出资后的责任承担,考生只要理解相关法条内容,即可选出答案。

【解析】 《公司法司法解释三》取消了第三人垫资的法定约束,当事人筹备资金的方式更灵活,第三人垫资并不违法,更不能认定为抽逃出资,从性质上来讲,第三人垫资的行为,应该认定为借款合同,第三人只是债权人的角色,所以A项错误。

该食材买卖合同中,艾瑟实际上从未经营过食材,也未打算履行该合同。高才只是通过虚假交易将出资转出,属于恶意串通损害公司利益的行为,根据《合同法》的规定,此行为无效。B项正确。

《公司法司法解释三》第12条:"公司成立后,公司、股东或者公司债权人以相关股东的行为符合下列情形之一且损害公司权益为由,请求认定该股东抽逃出资的,人民法院应予支持:
(一)制作虚假财务会计报表虚增利润进行分配。
(二)**通过虚构债权债务关系将其出资转出;**
(三)利用关联交易将出资转出;
(四)其他未经法定程序将出资抽回的行为。"高才通过虚假的食材买卖合同而转移10万元的行为属于上述第(二)项,C项正确。

第14条:"股东抽逃出资,公司或者其他股东请求其向公司返还出资本息、协助抽逃出资的其他股东、董事、高级管理人员或者实际控制人对此承担连带责任的,人民法院应予支持。

公司债权人请求抽逃出资的股东在抽逃出资本息范围内对公司债务不能清偿的部分承担补充赔偿责任、协助抽逃出资的其他股东、董事、高级管理人员或者实际控制人对此承担连带责任的,人民法院应予支持;抽逃出资的股东已经承担上述责任,其他债权人提出相同请求的,人民法院不予支持。"据此,选项D正确。

【评价及预测】 抽逃出资的行为认定及责任承担是考试的重点。尤其是《公司法司法解释三》修改后,对于抽逃出资行为的表现形式做了修改,考生需要重点关注!

6. 甲、乙、丙、丁计划设立一家从事技术开发的天际有限责任公司,按照公司设立协议,甲以其持有的君则房地产开发有限公司**20%**的股权作为其出资。下列哪些情形会导致甲无法全面履行其出资义务?(2011-3-69)

A. 君则公司章程中对该公司股权是否可用作对其他公司的出资形式没有明确规定
B. 甲对君则公司尚未履行完毕其出资义务

参考答案:①BCD

C. 甲已将其股权出质给其债权人戊

D. 甲以其股权作为出资转让给天际公司时,君则公司的另一股东已主张行使优先购买权

答案( )①

【考点】股权出资

【设题陷阱与常见错误分析】《公司法司法解释三》对于股权出资的条件做了明确的规定,本题在该法条的基础上综合考查了股权的取得、质押、转让等相关问题,具有一定的复杂度和难度。

【解析】《公司法司法解释三》第11条:"出资人以其他公司股权出资,符合下列条件的,人民法院应当认定出资人已履行出资义务:

(一)出资的股权由出资人合法持有并依法可以转让;

(二)出资的股权无权利瑕疵或者权利负担;

(三)出资人已履行关于股权转让的法定手续;

(四)出资的股权已依法进行了价值评估。

股权出资不符合前款第(一)、(二)、(三)项的规定,公司、其他股东或者公司债权人请求认定出资人未履行出资义务的,人民法院应当责令该出资人在指定的合理期间内采取补正措施,以符合上述条件;逾期未补正的,人民法院应当认定其未依法全面履行出资义务。股权出资不符合本条第一款第(四)项的规定,公司、其他股东或者公司债权人请求认定出资人未履行出资义务的,人民法院应当按照本规定第九条的规定处理。"

C项属于有权利负担的股权;

D项属于没有履行完毕转让手续;

B项出资义务没有履行完毕,出资人的股权受限制,不是完全合法持有者,所以答案为B、C、D;

A项,君则公司章程无限制,即允许股东转让股权,所以不是甲将股权出资的障碍。

【评价及预测】股权出资是历年来比较重要的考点之一。涉考性比较强的考点除了本题中的股权出资外,还需要关注股东出资的法定形式、股东出资的所有权出资要求(土地使用权除外)、股东认缴出资与实缴出资、股东出资与股东资格的关系;以及最重要的股东出资瑕疵的责任等内容。

7. 张三、李四、王五成立天问投资咨询有限公司,张三、李四各以现金50万元出资,王五以价值20万元的办公设备出资。张三任公司董事长,李四任公司总经理。公司成立后,股东的下列哪些行为可构成股东抽逃出资的行为?(2011-3-70)

A. 张三与自己所代表的公司签订一份虚假购货合同,以支付货款的名义,由天问公司支付给自己50万元

B. 李四以公司总经理身份,与自己所控制的另一公司签订设备购置合同,将15万元的设备款虚报成65万元,并已由天问公司实际转账支付

C. 王五擅自将天问公司若干贵重设备拿回家

D. 3人决议制作虚假财务会计报表虚增利润,并进行分配

答案( )②

参考答案:①BCD ②ABD

【考点】抽逃出资

【设题陷阱与常见错误分析】本题主要针对《公司法司法解释三》中的抽逃出资情形做以考查。主要的出题陷阱在于C选项,王五将公司的若干贵重设备拿回家,并不符合抽逃出资的法定情形,而是侵占公司资产的行为。

【解析】根据《公司法司法解释三》第12条规定抽逃出资的表现形式:公司成立后,公司、股东或者公司债权人以相关股东的行为符合下列情形之一且损害公司权益为由,请求认定该股东抽逃出资的,人民法院应予支持:

(一)通过虚构债权债务关系将其出资转出;

(二)制作虚假财务会计报表虚增利润进行分配;

(三)利用关联交易将出资转出;

(四)其他未经法定程序将出资抽回的行为。C项属于侵占公司资产的行为,不能认定抽逃出资,不符合要求。

A项为虚构债权债务关系。

B项为关联交易。

D项为制作虚假财务报表虚增利润进行分配。

【评价及预测】抽逃出资的内容再一次考查到。需要考生关注抽逃出资的行为表现,尤其是《公司法司法解释三》修正之后的内容,抽逃出资的责任需要掌握。

8. 甲、乙、丙、丁、戊五人共同组建一有限公司。出资协议约定甲以现金十万元出资,甲已缴纳六万元出资,尚有四万元未缴纳。某次公司股东会上,甲请求免除其四万元的出资义务。股东会五名股东,其中四名表示同意,投反对票的股东丙向法院起诉,请求确认该股东会决议无效。对此,下列哪一表述是正确的?(2010-3-25)

A. 该决议无效,甲的债务未免除

B. 该决议有效,甲的债务已经免除

C. 该决议需经全体股东同意才能有效

D. 该决议属于可撤销,除甲以外的任一股东均享有撤销权

答案( )①

【考点】股东出资违约、股东会无效决议

【设题陷阱与常见错误分析】本题设题陷阱主要有两点:1. 股东会决议的无效和可撤销制度;2. 需明确股东会决议制度除公司章程另有规定外,应当是"资本决议",即按出资比例行使表决权达成决议,一般事项1/2以上表决权股东同意即可,特殊事项2/3以上表决权股东同意即可。本题中考生需要分析清楚,甲认缴10万元出资,实际出资6万元,尚有4万元需要补足出资并承担相应的责任,此为法律规定的内容,题干股东会决议免除此责任从内容上违法了法律的规定,属于无效事项。

【解析】《公司法》第28条:"股东应当**按期足额缴纳公司章程中规定的各自所认缴的出资额**。股东以货币出资的,应当将货币出资足额存入有限责任公司在银行开设的账户;以非货币财产出资的,

参考答案:①A

应当依法办理其财产权的转移手续。股东不按照前款规定缴纳出资的,除应当向公司足额缴纳外,还应当向已按期足额缴纳出资的股东承担违约责任。"

第22条第1款:"公司股东会或者股东大会、董事会的决议内容违反法律、行政法规的无效。"

可见,甲的剩余4万元尚未缴纳,属于出资不足,应向公司足额缴纳,还应当向已按期足额缴纳出资的股东承担违约责任,而股东会对于免除甲4万元出资义务的决议内容违反法律规定,应为无效决议。A选项正确,B、C、D选项错误。

> **【评价及预测】**决议的无效、可撤销权利是很重要的一项股东权利。除了需要掌握该权利本身的适用条件外,更重要的出题方式是与其他的股东权利结合考查。考生需要具备从题干所述的情形中分析确定是否具备该项权利的行使条件。

9. 甲、乙、丙三人拟成立一家小规模商贸有限责任公司,注册资本为八万元,甲以一辆面包车出资,乙以货币出资,丙以实用新型专利出资。对此,下列哪一表述是正确的?(2010-3-26)

　A. 甲出资的面包车无须移转所有权,但须交公司管理和使用
　B. 乙的货币出资不能少于二万元
　C. 丙的专利出资作价可达到四万元
　D. 公司首期出资不得低于注册资本的30%

答案(　　)①

【考点】 股东出资

【设题陷阱与常见错误分析】 2013年修订的《公司法》对股东出资做了很大的调整,本题属于典型的旧题新作,考生需要明晰最新的法律制度。首先,新《公司法》对公司注册资本中现金比例不再做要求,由公司自治;其次,法律对股东的首期出资比例不再做要求,由股东根据实际经营情况自行决定。再次,除土地使用权之外,股东用其他财产出资的,需要用财产所有权出资,办理相应的财产权转移手续,这一点也容易成为选错答案的考点。

【解析】《公司法》第28条:"股东应当按期足额缴纳公司章程中规定的各自所认缴的出资额。股东以货币出资的,应当将货币出资足额存入有限责任公司在银行开设的账户;以非货币财产出资的,应当依法办理其财产权的转移手续。"股东出资中非货币财产除土地可用使用权出资外,其余需要转移所有权,A错误。

现行《公司法》取消了公司出资期限、现金比例、首期出资的法定要求,所以B、D错误,C正确。

> **【评价及预测】** 现行《公司法》有关股东出资及公司注册资本的修正,成为近年考查的热点,考生需要重点把握。

10. 甲、乙、丙三人共同组建一有限责任公司。公司成立后,甲将其20%股权中的5%转让给第三人丁,丁通过受让股权成为公司股东。甲、乙均按期足额缴纳出资,但发现由丙出资的机器设备的实际价值明显低于公司章程所确定的数额。对此,下列哪些表述是错误的?(2010-3-72)

　A. 由丙补交其差额,甲、乙和丁对其承担连带责任

参考答案:①C

B. 丙应当向甲、乙和丁承担违约责任
C. 由丙补交其差额，甲、乙对其承担连带责任
D. 丙应当向甲、乙承担违约责任

答案()①

【考点】发起人出资瑕疵的责任

【设题陷阱与常见错误分析】本题主要针对股东的非货币财产出资不实的责任来设计题目。当股东存在非货币财产出资不实的情形，对公司内部来讲应当承担补缴＋连带的责任，即就"不实"的差额部分，向公司补缴，对此，公司成立时的其他股东一并承担连带责任。设题陷阱有两处：1. 此处的连带责任主体不包括公司成立后新加入公司的股东。2. 此种责任形式不包括对其他股东的违约，因为股东只要将非货币财产转移到公司名下，即履行了出资义务和出资的合同责任，不存在对其他股东的违约问题。

【解析】《公司法》第30条："有限责任公司成立后，**发现作为设立公司出资的非货币财产的实际价额显著低于公司章程所定价额的**，应当由交付该出资的股东补足其差额；**公司设立时的其他股东承担连带责任**。"丙的非货币财产过高估价，所以应当按照"补缴＋连带"的责任来主张，即丙向公司补缴，公司发起人甲、乙连带，只有C正确；丁是后加入主体，不对此连带。本题要求选非，所以答案为A、B、D。

【评价及预测】股东或发起人的出资瑕疵责任是历年来考试的重点考点。此完整考点相对复杂，考生要梳理清楚体系关系，分别在不同的情况下应当承担何种责任。笔者总结如下：

1. 对内责任(针对公司和其他股东)
(1)有限公司
出资不足：补缴＋违约；出资不实：补缴＋连带；
(2)股份公司
出资不足、不实：补缴＋连带

【注意】以上的补缴责任指的是：欠缴股东对公司承担补缴责任；违约责任是指欠缴股东对其余完全履行出资义务的股东承担的违约责任；连带责任：是欠缴股东和公司设立时候的其他股东向公司承担连带的补缴责任。

2. 对外责任(针对债权人)
(1)公司成立时，出资瑕疵(包括不履行或不完全履行出资义务)：欠缴股东＋公司设立时其他股东向债权人承担连带责任，责任范围是欠缴的范围内对公司不能偿付的债务部分；
(2)公司增资扩股时，出资瑕疵：欠缴股东向债权人在欠缴范围内对公司债务不能偿付的部分承担连带的赔付责任。对此，未能尽到忠诚、勤勉义务的董事、高级管理人员承担连带责任。

考点7　公司章程

1. 烽源有限公司的章程规定，金额超过10万元的合同由董事会批准。蔡某是烽源公司的总经理。因公司业务需要车辆，蔡某便将自己的轿车租给烽源公司，并约定年租金15万元。后蔡某要求公司支

参考答案：①ABD

付租金,股东们获知此事,一致认为租金太高,不同意支付。关于本案,下列哪一选项是正确的?(2016-3-28)

A. 该租赁合同无效
B. 股东会可以解聘蔡某
C. 该章程规定对蔡某没有约束力
D. 烽源公司有权拒绝支付租金

答案(　　)①

【考点】公司章程效力

【设题陷阱与常见错误分析】公司章程作为公司内部效力最高的文件,对公司、股东、董事、高管都起到约束效力。但公司章程毕竟是内部文件,如果相关主体的行为突破了章程的限制,不能对抗善意第三人的权益保护。本题中最大的难点在于蔡某既是公司的高管,又是自我交易的相对方,所以定性为恶意相对人,不能得到相应的保护。

【解析】根据《公司法》第11条:"设立公司必须依法制定公司章程。**公司章程对公司、股东、董事、监事、高级管理人员具有约束力。**"所以C错误;蔡某作为总经理,突破公司章程的限制,擅自签署15万元的合同,此合同有效,保护善意第三人的利益,但蔡某作为相对方,并非善意相对方,所以烽源公司有权拒绝支付租金,D正确,A错误。

《公司法》第49条:"**有限责任公司可以设经理,由董事会决定聘任或者解聘。**"蔡某作为经理,其聘任和解聘由董事会决定,所以B错误。

【评价及预测】公司章程作为公司内部的文件,其效力范围需要重点关注。另外,在有限公司中有很多自治性的内容,通过公司章程灵活约定来体现,考生需要结合具体的制度准确掌握。

2. 甲、乙、丙设立一有限公司,制定了公司章程。下列哪些约定是合法的?(2013-3-68)

A. 甲、乙、丙不按照出资比例分配红利
B. 由董事会直接决定公司的对外投资事宜
C. 甲、乙、丙不按照出资比例行使表决权
D. 由董事会直接决定其他人经投资而成为公司股东

答案(　　)②

【考点】公司章程

【设题陷阱与常见错误分析】有限公司具有较强的人合性,所以《公司法》对于有限公司更多的授权公司章程灵活约定,维护股东的自治权利。但依旧有一些内容属于强制性的规定,公司不得自行突破,比如一些特殊决议事项,包括增资、减资、修改章程、合并、分立、解散、变更公司形式等,需要股东会2/3以上特别多数表决权的股东通过。另外,本题的破题关键还需要理解"其他人经投资成为公司股东"相当于公司"增资"。

【解析】《公司法》第34条:"股东按照实缴的出资比例分取红利;公司新增资本时,股东有权

参考答案:①D　②ABC

· 31 ·

优先按照实缴的出资比例认缴出资。但是,全体股东约定不按照出资比例分取红利或者不按照出资比例优先认缴出资的除外。"红利分配,遵从章程约定优先的原则,A 正确。

第 16 条:"公司向其他企业投资或者为他人提供担保,依照公司章程的规定,由董事会或者股东会、股东大会决议。"所以对投资事宜,公司章程可以授权董事会决策,B 正确。

第 42 条:"股东会会议由股东按照出资比例行使表决权;但是,公司章程另有规定的除外。"股东会表决权,章程约定优先,C 正确。

第 43 条:"股东会的议事方式和表决程序,除本法有规定的外,由公司章程规定。

股东会会议作出**修改公司章程**、**增加或者减少注册资本的决议**,以及公司合并、分立、解散或者变更公司形式的决议,必须经**代表三分之二以上表决权**的股东通过。"其他人投资成为公司股东,相当于公司增加注册资本,法定的程序应当是股东会上代表 2/3 以上表决权的股东通过才能生效,D 错误;

【评价及预测】有限公司公司章程作为企业内部效力最高的自治文件,法律对其有充分的授权,章程可灵活约定的内容越来越受到出题人的青睐。

第三节 公司的运行

考点1 股东的权利保护

1. 张某是红叶有限公司的小股东,持股 5%;同时,张某还在枫林有限公司任董事,而红叶公司与枫林公司均从事保险经纪业务。红叶公司多年没有给张某分红,张某一直对其会计账簿存有疑惑。关于本案,下列哪一选项是正确的?(2016－3－26)

A. 张某可以用口头或书面形式提出查账请求

B. 张某可以提议召开临时股东会表决查账事宜

C. 红叶公司有权要求张某先向监事会提出查账请求

D. 红叶公司有权以张某的查账目的不具正当性为由拒绝其查账请求

答案()①

【考点】股东知情权

【设题陷阱与常见错误分析】本题主要针对有限公司股东的查账权考查细节。容易出现错误的答案是 B 项,对于股东的查账权得不到满足的情况下,股东可以申请司法救济,进行股东诉讼,并不是召开临时股东会的条件,考生需要明悉。

【解析】根据《公司法》第 33 条:"(有限公司)股东可以要求查阅公司会计账簿。股东要求查阅公司会计账簿的,应当向公司提出书面请求,说明目的。公司有合理根据认为股东查阅会计账簿有不正当目的,可能损害公司合法利益的,可以拒绝提供查阅,并应当自股东提出书面请求之日起十五日内书面答复股东并说明理由。公司拒绝提供查阅的,股东可以请求人民法院要求公司提供查阅。"所以有限公司股东有权**书面**要求查账,但口头形式不可以,A 错误;公司针对股东的查账权,在法定情形下有权拒绝,所以 D 正确。

参考答案:①D

股东的查账权利,直接向公司提出即可,无须先向监事会提出,C错误。

第39条:"股东会会议分为定期会议和临时会议。

定期会议应当依照公司章程的规定按时召开。**代表十分之一以上表决权的股东**,三分之一以上的董事,监事会或者不设监事会的公司的监事**提议召开临时会议的,应当召开临时会议。**"有权提请召开临时股东会议的是代表十分之一以上表决权的股东,题中张某持股比例只有5%,不具备此项权利,所以B项错误。

> 【评价及预测】有限公司的查账权是非常重要的一项股东权利保护方式。考生需要掌握如下内容:财务会计账簿是公司中经营管理者的重要且核心的经营信息和工具。所以给股东开放的权利有限。
> (1)题目中提到任何股东复制财务会计账簿的说法都是错的,财务会计账簿与股东复制"无缘";
> (2)有限公司股东对财务会计账簿有查阅权,但要书面直接向公司提出申请,也可以请律所、会计所等中介机构协助查阅;
> (3)对等的保护公司拒绝查账的权利,15天内书面拒绝;
> (4)对于查账权,有限公司股东享有诉权保护,可以向法院申请要求查阅。

2. 源圣公司有甲、乙、丙三位股东。2015年10月,源圣公司考察发现某环保项目发展前景可观,为解决资金不足问题,经人推荐,霓美公司出资1亿元现金入股源圣公司,并办理了股权登记。增资后,霓美公司持股60%,甲持股25%,乙持股8%,丙持股7%,霓美公司总经理陈某兼任源圣公司董事长。2015年12月,霓美公司在陈某授意下将当时出资的1亿元现金全部转入霓美旗下的天富公司账户用于投资房地产。后因源圣公司现金不足,最终未能获得该环保项目,前期投入的500万元也无法收回。陈某忙于天富公司的房地产投资事宜,对此事并不关心。

就源圣公司前期投入到环保项目500万元的损失问题,甲、乙、丙认为应当向霓美公司索赔,多次书面请求监事会无果。下列说法正确的是:(2016-3-94)
A. 甲可以起诉霓美公司
B. 乙、丙不能起诉霓美公司
C. 若甲起诉并胜诉获赔,则赔偿款归甲
D. 若甲起诉并胜诉获赔,则赔偿款归源圣公司

答案(　　)①

📚【考点】股东代位诉讼

🧑‍🏫【设题陷阱与常见错误分析】本题针对股东代位诉讼展开细节考查,考生应对本题需要重点理解股东代位诉讼中原告的适格条件判断,胜诉后结果的归属等内容。本题的难度不大。

📝【解析】根据《公司法》第149条:"董事、监事、高级管理人员执行公司职务时违反法律、行政法规或者公司章程的规定,**给公司造成损失的,应当承担赔偿责任。**"

第151条:"董事、高级管理人员有本法第一百四十九条规定的情形的,**有限责任公司的股东**、股份有限公司连续一百八十日以上单独或者合计持有公司百分之一以上股份的股东,可以书面请求监事会

参考答案:①AD

或者不设监事会的有限责任公司的监事向人民法院提起诉讼;监事有本法第一百五十条规定的情形的,前述股东可以书面请求董事会或者不设董事会的有限责任公司的执行董事向人民法院提起诉讼。

监事会、不设监事会的有限责任公司的监事,或者董事会、执行董事收到前款规定的股东书面请求后拒绝提起诉讼,或者自收到请求之日起三十日内未提起诉讼,或者情况紧急、不立即提起诉讼将会使公司利益受到难以弥补的损害的,**前款规定的股东有权为了公司的利益以自己的名义直接向人民法院提起诉讼。**

他人侵犯公司合法权益,给公司造成损失的,本条第一款规定的股东可以依照前两款的规定向人民法院提起诉讼。"

所以针对霓美公司的内部侵权,在符合法定流程的情况下,代位诉讼的原告,在有限公司中不设置筛选条件,任何一个股东都可以,所以作为有限公司股东的甲、乙、丙均有权提起代位诉讼,所以 A 正确,B 错误。

代位诉讼结束后,胜诉结果应该归直接受害人即圣源公司来享有,所以 D 正确,C 错误。

> 【评价及预测】股东代位诉讼是重复考查率非常高的股东权利保护的方式之一,考生需要全面掌握其适用细节:
> 第一步:确定公司的类型是股份公司还是有限公司?便于判断原告的资格条件。
> 第二步:确定公司权益被侵害的情形中,侵权人是谁?便于确定内部救济时的管辖部门。
> 第三步:确定欲维权的股东是谁?有无资格?(有限公司:无条件;股份公司:180 天 &1%)
> 第四步:程序保障:内部救济、交叉管辖,须书面形式实质作出动作;[董、高侵权找监事(会),监事侵权找董事(会),他人侵权,董或监均可]。
> 第五步:确认公司怠于追究(三种情形:明确拒绝、30 天不起诉、客观紧急,任一即可)。
> 第六步:诉讼当事人:原告及股东,被告即侵权人。
> 第七步:胜诉结果入库归公司。

3. 李桃是某股份公司发起人之一,持有 14% 的股份。在公司成立后的两年多时间里,各董事之间矛盾不断,不仅使公司原定上市计划难以实现,更导致公司经营管理出现严重困难。关于李桃可采取的法律措施,下列哪一说法是正确的?(2015 - 3 - 27)

A. 可起诉各董事履行对公司的忠实义务和勤勉义务
B. 可同时提起解散公司的诉讼和对公司进行清算的诉讼
C. 在提起解散公司诉讼时,可直接要求法院采取财产保全措施
D. 在提起解散公司诉讼时,应以公司为被告

答案(①)

【考点】司法强制解散诉讼

【设题陷阱与常见错误分析】本题主要针对司法强制解散诉讼的考点展开考查,需要注意司法强制解散诉讼运用过程中的细节,尤其是与清算申请的排他适用,以及财产保全措施的适用流程,如不能准确把握,容易错选答案。

【解析】《公司法司法解释二》第 2 条:"股东提起解散公司诉讼,同时又申请人民法院对公司

参考答案:①D

进行清算的,人民法院对其提出的清算申请不予受理。人民法院可以告知原告,在人民法院判决解散公司后,依据公司法第一百八十四条和本规定第七条的规定,自行组织清算或者另行申请人民法院对公司进行清算。"解散公司的诉讼与清算的申请排他适用,所以 B 错误。

第 3 条:"股东提起解散公司诉讼时,向人民法院申请财产保全或者证据保全的,在股东提供担保且不影响公司正常经营的情形下,人民法院可予以保全。"股东的保全申请需要在提供担保且不影响公司正常运营的情形下才可以进行,不能直接"要求",所以 C 错误。

第 4 条:"股东提起解散公司诉讼应当以公司为被告。"所以 D 正确。

A 项于法无据。

【评价及预测】以司法强制解散请求权为核心的股东权利保护是每年司法考试的重点,考生需要重点掌握清楚股东的知情权、决议无效撤销请求权、司法强制解散请求权、异议股权回购请求权、股东诉讼等股东权利。

4. 某经营高档餐饮的有限责任公司,成立于 2004 年。最近四年来,因受市场影响,公司业绩逐年下滑,各董事间又长期不和,公司经营管理几近瘫痪。股东张某提起解散公司诉讼。对此,下列哪一表述是正确的?(2014 - 3 - 28)

A. 可同时提起清算公司的诉讼
B. 可向法院申请财产保全
C. 可将其他股东列为共同被告
D. 如法院就解散公司诉讼作出判决,仅对公司具有法律拘束力

答案( )①

【考点】司法强制解散

【设题陷阱与常见错误分析】《公司法》规定了公司陷入僵局时,10% 以上的股东可以提请法院解散公司的制度。《公司法司法解释二》对这一诉讼的具体过程进行了细化。司法解散和清算申请不能同时受理;可以进行诉前的财产或证据保全;被告应该只有公司自身;判决不仅对原被告双方有约束力,对公司的全体股东均有约束力等内容在本题中出现,需要广大考生熟悉《公司法司法解释二》的相关法条内容方可选对答案。

【解析】A 项错误,《公司法司法解释二》第 2 条:"股东提起解散公司诉讼,同时又申请人民法院对公司进行清算的,人民法院对其提出的清算申请不予受理。人民法院可以告知原告,在人民法院判决解散公司后,依据《公司法》第一百八十三条和本规定第七条的规定,自行组织清算或另行申请人民法院对公司进行清算。"司法强制解散本身包含了内嵌的清算流程,不能与清算的申请并存。

B 项正确,《公司法司法解释二》第 3 条:"股东提起解散公司诉讼时,向人民法院申请财产保全或者证据保全的,在股东提供担保且不影响公司正常经营的情形下,人民法院可予以保全。"所以保全可以一并提出,注意与上一题的区别,"申请"是程序性的权利,此权利法律是保护的;"要求"蕴含了实体性的权利保障,而财产保全这一实体权利是否能够得到满足,需要遵从一定的条件,所以不能直接"要求",但可提出"申请"。

参考答案:①B

C项错误,《公司法司法解释二》第4条:"股东提起解散公司诉讼应当以公司为被告。原告以其他股东为被告一并提起诉讼的,人民法院应当告知原告将其他股东变更为第三人;原告坚持不予变更的,人民法院应当驳回原告对其他股东的起诉。"司法强制解散是股东的直接诉讼,原告即股东,被告即公司。

D项错误,《公司法司法解释二》第6条:"人民法院关于解散公司诉讼作出的判决,**对公司全体股东具有法律约束力**。人民法院判决驳回解散公司诉讼请求后,提起该诉讼的股东或者其他股东又以同一事实和理由提起解散公司诉讼的,人民法院不予受理。"

【评价及预测】如今乃至以后的考题设计,朝着更细的方向发展是趋势。考生需要充分、细致地关注相关知识点的细节,尤其是司法解释的补充或细化内容。

5. 关于股东或合伙人知情权的表述,下列哪一选项是正确的?(2013-3-27)
  A. 有限公司股东有权查阅并复制公司会计账簿
  B. 股份公司股东有权查阅并复制董事会会议记录
  C. 有限公司股东可以知情权受到侵害为由提起解散公司之诉
  D. 普通合伙人有权查阅合伙企业会计账簿等财务资料

答案( )①

【考点】股东、合伙人查阅权

【设题陷阱与常见错误分析】基于企业的人合属性的程度差异。股份公司股东、有限公司股东、合伙人的相关权利是有差异的。基于合伙企业的人合性最强,所以合伙人的自治权利最大,有限公司次之,股份公司人合性最弱,相应的股份公司的股东自治权利最小,这一点在知情权的保护方面体现得很明显,考生需要了解清楚相应法条的内容及差异。

【解析】《公司法》第33条:"(有限公司)股东有权查阅、复制公司章程、股东会**会议记录**、**董事会会议决议**、**监事会会议决议和财务会计报告**。

股东可以要求**查阅**公司**会计账簿**。股东要求查阅公司会计账簿的,应当向公司提出书面请求,说明目的。公司有合理根据认为股东查阅会计账簿有不正当目的,可能损害公司合法利益的,可以拒绝提供查阅,并应当自股东提出书面请求之日起十五日内书面答复股东并说明理由。公司拒绝提供查阅的,股东可以请求人民法院要求公司提供查阅。"所以有限公司股东无权复制财务会计账簿。A错。

第97条:"(股份公司)股东有权**查阅**公司**章程**、**股东名册**、**公司债券存根**、**股东大会会议记录**、**董事会会议决议**、**监事会会议决议**、**财务会计报告**,对公司的经营提出建议或者质询。"所以,股份公司股东无权复制董事会会议记录,B错。

第182条:"公司经营管理**发生严重困难**,继续存续会使股东利益受到重大损失,通过其他途径不能解决的,持有公司全部股东表决权**百分之十以上的股东**,可以**请求人民法院解散公司**。"司法强制解散公司的适用情形不适用于股东知情权受损,C错。

《合伙企业法》第28条:"合伙人为了解合伙企业的经营状况和财务状况,**有权查阅合伙企业会计账簿等财务资料**。"所以D正确。

参考答案:①D

> 【评价及预测】跨部门考查相关知识点是提高题目难度的又一利器。对于股东和合伙人,一人公司股东与个人独资企业投资人,有限责任公司股东与股份公司股东的相关权利、义务、法律限制等内容要在对比的基础上掌握。

6. 香根餐饮有限公司有股东甲、乙、丙三人,分别持股51%、14%与35%。经营数年后,公司又开设一家分店,由丙任其负责人。后因公司业绩不佳,甲召集股东会,决议将公司的分店转让。对该决议,丙不同意。下列哪一表述是正确的?(2013-3-28)

A. 丙可以该决议程序违法为由,主张撤销
B. 丙可以该决议损害其利益为由,提起解散公司之诉
C. 丙可以要求公司按照合理的价格收购其股权
D. 公司可以丙不履行股东义务为由,以股东会决议解除其股东资格

答案( )①

【考点】异议股东回购请求权

【设题陷阱与常见错误分析】本题综合考查了股东权利,股东提起对股东会决议的撤销之诉,需要在该决议存在内容违反公司章程或召集方式、表决程序违反法律、法规或公司章程的前提之下;股东行使司法解散之诉,需要满足公司经营困境陷入僵局,且自身的持股比例满足10%以上的前提之下;提起回购之诉同样需要满足相关条件。另外,答对本题还需要将一个要素分析出来:即"转让分店"属于"处分公司主要财产"的情形,这样才能与掌握的知识和法条内容相衔接。

【解析】《公司法》第22条:"公司股东会或者股东大会、董事会的决议内容违反法律、行政法规的无效。

股东会或者股东大会、董事会的会议召集程序、表决方式违反法律、行政法规或者公司章程,或者决议内容违反公司章程的,股东可以自决议作出之日起六十日内,请求人民法院**撤销**。

股东依照前款规定提起诉讼的,人民法院可以应公司的请求,要求股东提供相应担保。

公司根据股东会或者股东大会、董事会决议已办理变更登记的,人民法院宣告该决议无效或者撤销该决议后,公司应当向公司登记机关申请撤销变更登记。"决议被撤销需要有程序的违法、违规、违章程或内容违章程的客观事实,但题干所述情形并没有任何程序的瑕疵,所以A项错误。

第182条:"公司经营管理**发生严重困难**,继续存续会使股东利益受到重大损失,通过其他途径不能解决的,持有公司全部股东表决权**百分之十以上的股东**,可以**请求人民法院解散公司**。"司法强制解散公司的适用情形不适用于股东的异议处理,B项错误。

第74条:"有下列情形之一的,对股东会该项决议投反对票的股东可以请求公司按照合理的价格收购其股权:

(一)公司连续五年不向股东分配利润,而公司该五年连续盈利,并且符合本法规定的分配利润条件的;

(二)**公司合并、分立、转让主要财产的**;

(三)公司章程规定的营业期限届满或者章程规定的其他解散事由出现,股东会会议通过决议修改章程使公司存续的。

参考答案:①C

自股东会会议决议通过之日起六十日内,股东与公司不能达成股权收购协议的,股东可以自股东会会议决议通过之日起九十日内向人民法院提起诉讼。"

题目描述的情形为转让主要财产,丙持有不同意见,可以主张回购,C项正确。

《公司法司法解释三》第17条:"有限责任公司的股东未履行出资义务或者抽逃全部出资,经公司催告缴纳或者返还,**其在合理期间内仍未缴纳或者返还出资**,公司以股东会决议**解除该股东**的股东资格,该股东请求确认该解除行为无效的,人民法院不予支持。"题干中,并没有提到丙可以被解除股东资格的"不履行出资义务或抽逃全部出资,且合理期限内未缴纳或未返还"的情形,D项错误。

【评价及预测】 股东权利的综合考查历年来都是热门考点。考生需要对各项股东权利的细节内容准确掌握。

7. 郑贺为甲有限公司的经理,利用职务之便为其妻吴悠经营的乙公司谋取本来属于甲公司的商业机会,致甲公司损失 **50 万元**。甲公司小股东付冰欲通过诉讼维护公司利益。关于付冰的做法,下列哪一选项是正确的?(2012-3-27)

   A. 必须先书面请求甲公司董事会对郑贺提起诉讼
   B. 必须先书面请求甲公司监事会对郑贺提起诉讼
   C. 只有在董事会拒绝起诉的情况下,才能请求监事会对郑贺提起诉讼
   D. 只有在其股权达到1%时,才能请求甲公司有关部门对郑贺提起诉讼

答案(①)

【考点】 股东代位诉讼

【设题陷阱与常见错误分析】 本题考查了股东代位诉讼制度。主要针对原告资格及程序要求设计题目。1. 股东代位诉讼的适格原告:有限公司任何股东均可,股份公司需要连续180天以上单独或合计持有公司股份1%以上;2. 股东行使代位诉讼之前要求在程序上走尽内部救济,遵循交叉管辖的原则:即董事、高级管理人员侵权找监事(会),监事侵权找董事(会),完成该程序之后,适格原告才能向法院提起代位诉讼。

【解析】《公司法》第151条:"董事、高级管理人员有本法第一百四十九条规定的情形的,有限责任公司的股东、**股份有限公司连续一百八十日以上单独或者合计持有公司百分之一以上股份的股东**,可以**书面请求监事会或者不设监事会的有限责任公司的监事**向人民法院提起诉讼;监事有本法第一百四十九条规定的情形的,前述股东可以**书面请求董事会或者不设董事会的有限责任公司的执行董事**向人民法院提起诉讼。

监事会、不设监事会的有限责任公司的监事,或者董事会、执行董事收到前款规定的股东书面请求后拒绝提起诉讼,或者自收到请求之日起三十日内未提起诉讼,或者情况紧急、不立即提起诉讼将会使公司利益受到难以弥补的损害的,前款规定的股东有权为了公司的利益以自己的名义直接向人民法院提起诉讼。

他人侵犯公司合法权益,给公司造成损失的,本条第一款规定的股东可以依照前两款的规定向人民法院提起诉讼。"

股东代位诉讼需要走尽内部救济的程序,且遵循交叉管辖的原则,董、高侵权找监事(会),监事侵权

参考答案:①B

找董事(会),本题中,公司性质为有限公司,郑贺是公司经理,属于高管侵权,应该找监事会起诉,所以B正确,A、C错误。

代位诉讼的原告,本题中的公司是有限责任公司,只要是股东即可没有持股要求,股份公司才要求持单独或合计持股1%且持股180天以上,所以D错误。

> 【评价及预测】股东权利是每年必考的考点。股东代位诉讼细节比较多,但涉考性也比较强。所以对于股东代位诉讼中的诉因、适格原告的选择、走尽内部救济的流程、当事人、胜诉结果处理等问题要清晰地掌握。

8. 2009年,甲、乙、丙、丁共同设立A有限责任公司。丙以下列哪一理由提起解散公司的诉讼,法院应予受理?(2011-3-27)
  A. 以公司董事长甲严重侵害其股东知情权,其无法与甲合作为由
  B. 以公司管理层严重侵害其利润分配请求权,其股东利益受重大损失为由
  C. 以公司被吊销企业法人营业执照而未进行清算为由
  D. 以公司经营管理发生严重困难,继续存续会使股东利益受到重大损失为由

答案(　　)①

【考点】司法强制解散请求权

【设题陷阱与常见错误分析】《公司法》明确,司法强制解散请求权的行使存在于公司陷入僵局的前提下,持股10%以上的股东拥有此权利。《公司法司法解释二》针对不得行使司法强制解散请求权的情形做了列举,理解该权利的适用限制,熟悉相关法条是破解此题的关键。

【解析】《公司法》第182条:"**公司经营管理发生严重困难**,继续存续会使股东利益受到重大损失,通过其他途径不能解决的,持有公司全部股东**表决权百分之十以上的股东**,可以请求人民法院解散公司。"《公司法司法解释二》第1条:"单独或者合计持有公司全部股东表决权百分之十以上的股东,以下列事由之一提起解散,并符合《公司法》第一百八十二条规定的,人民法院应予受理:
  (一)公司持续两年以上无法召开股东会或者股东大会,公司经营管理发生严重困难的;
  (二)股东表决时无法达到法定或者规定的比例,持续两年以上不能做出有效的股东会或者股东大会决议,公司经营管理发生严重困难的;
  (三)公司董事长期冲突,且无法通过股东会或者股东大会解决,公司经营管理发生严重困难的;
  (四)经营管理发生其他严重困难,公司继续存续会使股东利益受到重大损失的情形。
  股东以知情权、利润分配请求权等权益受到损害,或者**公司亏损、财产不足以偿还全部债务**,以及**公司被吊销企业法人营业执照未进行清算等为由**,提起解散公司诉讼的,**人民法院不予受理。**"
  司法强制解散的客观条件是公司经营遇到严重困难,只有D选项符合此条件,所以D正确。
  A、B项可以通过股东的直接诉讼实现保护;C项适用的是向法院申请清算的流程,均不适用司法强制解散。

> 【评价及预测】股东权利保护是每年必考的考点,尤其是司法强制解散请求权的适用条件即细则更成为考试的高频考点。考生一定要明确,只有当公司陷入经营困难僵局的客观情形

参考答案:①D

下,持股10%以上的股东才有权利提出此项请求。另外,适用此权利保护的诉讼过程中的保全制度、与清算的排除适用制度、一事不再理制度等内容也成为细化考题的题眼。

9. 甲乙等六位股东各出资30万元于2004年2月设立一有限责任公司,五年来公司效益一直不错,但为了扩大再生产,一直未向股东分配利润。在2009年股东会上,乙提议进行利润分配,但股东会仍然作出不分配利润的决议。对此,下列哪些表述是错误的?(2010-3-71)

A. 该股东会决议无效
B. 乙可请求法院撤销该股东会决议
C. 乙有权请求公司以合理价格收购其股权
D. 乙可不经其他股东同意而将其股份转让给第三人

答案( )①

【考点】股份回购请求权、决议无效、撤销请求权

【设题陷阱与常见错误分析】本题综合考查了股东权利,涉及了决议无效、撤销请求权、异议股东回购请求权、股权转让等,考生需要明晰各项权利的具体要求才能应对此题。

【解析】《公司法》第22条:"公司股东会或者股东大会、董事会的**决议内容违反法律、行政法规的无效**。

股东会或者股东大会、董事会的会议**召集程序、表决方式违反法律、行政法规或者公司章程**,或者**决议内容违反公司章程**的,股东可以自决议作出之日起六十日内,请求人民法院**撤销**。

股东依照前款规定提起诉讼的,人民法院可以应公司的请求,要求股东提供相应担保。

公司根据股东会或者股东大会、董事会决议已办理变更登记的,人民法院宣告该决议无效或者撤销该决议后,公司应当向公司登记机关申请撤销变更登记。"

题干中情形并没有无效或可撤销的适用情形,所以A、B不正确。

第74条:"有下列情形之一的,对股东会该项决议投反对票的股东可以请求公司按照合理的价格收购其股权:

(一)公司**连续五年不向股东分配利润**,而公司该五年连续盈利,并且符合本法规定的分配利润条件的;

(二)**公司合并、分立、转让主要财产**的;

(三)公司章程规定的**营业期限届满或者章程规定的其他解散事由出现**,股东会会议通过决议修改章程使公司存续的。

自股东会会议决议通过之日起六十日内,股东与公司不能达成股权收购协议的,股东可以自股东会会议决议通过之日起九十日内向人民法院提起诉讼。"

所以题干所述情形符合股东要求公司回购股权中的"连续五年盈利不分红"的情形,C为正确选项,应排除;

第71条:"股东向股东以外的人转让股权,**应当经其他股东过半数同意**。"有限责任公司具有人合性,股东外转股权需要书面征求其他股东过半数同意才得以实现,所以D错误。

本题为选非的题,所以答案为A、B、D。

参考答案:①ABD

> 【评价及预测】本题综合考查了股东各权利的行使,是考查股东权利这一考点的最典型的出题方式,未来类似的题目也会常见。考生不仅要把握各个权利各自的适用条件和限制,更重要的是学会分析题目,从题干所述情形中分析出具体符合哪一权利的适用情况。

10. 甲为某有限公司股东,持有该公司15%的表决权股。甲与公司的另外两个股东长期意见不合,已两年未开成公司股东会,公司经营管理出现困难,甲与其他股东多次协商未果。在此情况下,甲可以采取下列哪些措施解决问题?(2009-3-73)
    A. 请求法院解散公司
    B. 请求公司以合理的价格收购其股权
    C. 将股权转让给另外两个股东退出公司
    D. 经另外两个股东同意撤回出资以退出公司

答案( )①

【考点】公司的解散、股权回购、股权转让与抽回股本的规定。

【设题陷阱与常见错误分析】本题综合考查了股东的司法强制解散请求权、异议回购请求权、股东退出等制度,具有一定的综合性,各自的适用条件和法律限制需要明晰才能应对此题。

【解析】《公司法》第182条:"**公司经营管理发生严重困难**,继续存续会使股东利益受到重大损失,通过其他途径不能解决的,持有公司全部股东表决权**百分之十以上**的股东,可以请求人民法院解散公司。"本题中,公司经营管理出现了困难,且股东之间无法达成一致意见来解决,这样继续下去会给股东的利益造成重大损失。另外,股东甲已经持有公司15%的表决权,超过了法定的10%的标准,可以请求法院解散公司。因此,A项正确。

《公司法》第74条:"有下列情形之一的,对股东会该项决议投反对票的股东可以请求公司按照合理的价格收购其股权:

(一)公司**连续五年不向股东分配利润**,而公司该五年连续盈利,并且符合本法规定的分配利润条件的;

(二)公司**合并、分立、转让主要财产**的;

(三)公司章程规定的**营业期限届满或者章程规定的其他解散事由出现**,股东会会议通过决议修改章程使公司存续的。

自股东会会议决议通过之日起六十日内,股东与公司不能达成股权收购协议,股东可以自股东会会议决议通过之日起九十日内向人民法院提起诉讼。"

根据上述规定可知,本题中给出的情况不满足法定的可以请求公司以合理的价格收购其股权的条件。因此,B项错误。

第71条第1款规定:"有限责任公司的股东之间可以相互转让其全部或者部分股权。"股东彼此之间转让股权,不破坏人合性,可以自由转、随便转。因此,C项正确。

股东出资之后非经法定的减资或回购程序不可随意撤回出资,D项错误。

参考答案:①AC

> 【评价及预测】股东合法退出公司的途径:1. 对内转让;2. 对外转让;3. 股权回购;4. 司法强制解散。需要关注各种途径的流程及条件,这是近年来的高频考点。

考点2 公司组织结构

1. 科鼎有限公司设立时,股东们围绕公司章程的制订进行讨论,并按公司的实际需求拟定条款规则。关于该章程条款,下列哪些说法是正确的?(2016-3-68)

A. 股东会会议召开7日前通知全体股东
B. 公司解散需全体股东同意
C. 董事表决权按所代表股东的出资比例行使
D. 全体监事均由不担任董事的股东出任

答案（　　）①

【考点】组织结构中公司章程的自治权利

【设题陷阱与常见错误分析】本题的综合性和难度都比较大,表面上考查了章程的自治权,实际上是对组织结构中的股东会召集的程序、股东决议程序、董事表决权、监事的人选等内容的考查。尤其B和C项,隐蔽性较强,考生需要对法条和知识点内容全面掌握才能正确作答。

【解析】《公司法》第41条:"召开股东会会议,应当于会议召开十五日前通知全体股东;但是,公司章程另有规定或者全体股东另有约定的除外。"股东会议召集的程序,章程可以另行约定,所以A正确。

第43条:"股东会的议事方式和表决程序,除本法规定的外,由公司章程规定。

股东会会议作出修改公司章程、增加或者减少注册资本的决议,以及公司合并、分立、解散或者变更公司形式的决议,必须经代表三分之二以上表决权的股东通过。"所以关于公司解散事宜,章程有权规定一致决议,B项合法正确。

第48条:"董事会的议事方式和表决程序,除本法规定的外,由公司章程规定。

董事会应当对所议事项的决定作成会议记录,出席会议的董事应当在会议记录上签名。

董事会决议的表决,实行一人一票。"公司章程只可以对董事会的"议事方式和表决程序"做出灵活约定,但董事的人头决议,一人一票是法定的,章程不得更改,所以C项错误。

第51条:"监事会应当包括股东代表和适当比例的公司职工代表,其中职工代表的比例不得低于三分之一,具体比例由公司章程规定。监事会中的职工代表由公司职工通过职工代表大会、职工大会或者其他形式民主选举产生。"所以如果科鼎公司设置监事会,须有不低于三分之一比例的人员为职工代表,不能全部监事均为董事,所以D项错误。

> 【评价及预测】公司的组织结构的相关内容,在近几年的考查中,呈现上升的趋势,考生需要注意此趋势,对于董事会、股东会(股东大会)、监事会的组成、开会、会议机制、权限等内容做细致全面的掌握。

参考答案:①AB

2. 紫云有限公司设有股东会、董事会和监事会。近期公司的几次投标均失败,董事会对此的解释是市场竞争激烈,对手强大。但监事会认为是因为董事狄某将紫云公司的标底暗中透露给其好友的公司。对此,监事会有权采取下列哪些处理措施?（2016－3－69）

A. 提议召开董事会

B. 提议召开股东会

C. 提议罢免狄某

D. 聘请律师协助调查

答案()①

【考点】监事会职权

【设题陷阱与常见错误分析】本题针对监事会的权限设计题目,难度不大,最大的混淆项为A,董事会分为常规会议和临时会议,针对临时董事会,监事会有权提议召开,针对常规董事会是按照法律规定好的每年至少召开两次的要求召开的,考生如果没有注意此细节,容易错选答案。

【解析】《公司法》第53条:"监事会、不设监事会的公司的监事行使下列职权:

(一)检查公司财务;

(二)对董事、高级管理人员执行公司职务的行为进行监督,对违反法律、行政法规、公司章程或者股东会决议的董事、高级管理人员提出罢免的建议;

(三)当董事、高级管理人员的行为损害公司的利益时,要求董事、高级管理人员予以纠正;

(四)**提议召开临时股东会会议**,在董事会不履行本法规定的召集和主持股东会会议职责时召集和主持股东会会议;

(五)向股东会会议提出提案;

(六)依照本法第一百五十二条的规定,对董事、高级管理人员提起诉讼;

(七)公司章程规定的其他职权。"所以B、C正确。

第54条:"监事可以列席董事会会议,并对董事会决议事项提出质询或者建议。

监事会、不设监事会的公司的监事**发现公司经营情况异常,可以进行调查;必要时,可以聘请会计师事务所等协助其工作,费用由公司承担。**"监事会有调查的权利,必要情况下请专业人员协助调查也是允许的,所以D项正确。

第110条:"董事会每年度至少召开两次会议,每次会议应当于会议召开十日前通知全体董事和监事。

代表十分之一以上表决权的股东、三分之一以上董事或者**监事会,可以提议召开董事会临时会议**。董事长应当自接到提议后十日内,召集和主持董事会会议。"所以常规董事会是按法律规定召开的,监事会有权提议召开临时董事会。所以A项错误。

【评价及预测】本题难度不大,但考查非常细致,考生需要对法条的细节掌握准确,这也是命题趋势所在。需要重点关注有关公司组织结构中相关内容的细节。

3. 源圣公司有甲、乙、丙三位股东。2015年10月,源圣公司考查发现某环保项目发展前景可观,为解决资金不足问题,经人推荐,霓美公司出资1亿元现金入股源圣公司,并办理了股权登记。增资后,霓美公司持股60%,甲持股25%,乙持股8%,丙持股7%,霓美公司总经理陈某兼任源圣公司董事

参考答案:①BCD

长。2015年12月,霓美公司在陈某授意下将当时出资的1亿元现金全部转入霓美旗下的天富公司账户用于投资房地产。后因源圣公司现金不足,最终未能获得该环保项目,前期投入的500万元也无法收回。陈某忙于天富公司的房地产投资事宜,对此事并不关心。

针对公司现状,甲、乙、丙认为应当召开源圣公司股东会,但陈某拒绝召开,而公司监事会对此事保持沉默。下列说法正确的是:(2016-3-92)

A. 甲可召集和主持股东会
B. 乙可召集和主持股东会
C. 丙可召集和主持股东会
D. 甲、乙、丙可共同召集和主持股东会

答案()①

【考点】 股东会的召集和主持

【设题陷阱与常见错误分析】 本题考点简单,考生只需要注意到有限公司股东会的召集和主持的权利,锁定在持股十分之一以上的股东的享有,而此权利既可以由单一股东享有和行使,也可以多股东联合享有和行使。

【解析】 根据《公司法》第40条第3款:"董事会或者执行董事不能履行或者不履行召集股东会会议职责的,由监事会或者不设监事会的公司的监事召集和主持;监事会或者监事不召集和主持的,**代表十分之一以上表决权的股东可以自行召集和主持**。"本题目很简单,只是考查了股东会召集和主持的流程,作为股东的召集和主持的权利满足两个条件:1. 是董事会和监事会均不承担召集和主持的责任;2. 股东的持股比例达到10%以上。所以答案A、D正确。

【评价及预测】 本题针对有限公司股东会的召集和主持的权利做考查,相对简单,考生需要关注此权利既可以是单一股东权利也可以是多股东联合权利。另外,需要对比掌握股份公司中,临时股东大会的召集和主持的权利,对股东的要求除了持股比例达到1/10以上之外,还要求持股时间达到90天以上。

4. 荣吉有限公司是一家商贸公司,刘壮任董事长,马姝任公司总经理。关于马姝所担任的总经理职位,下列哪一选项是正确的?(2015-3-26)

A. 担任公司总经理须经刘壮的聘任
B. 享有以公司名义对外签订合同的法定代理权
C. 有权制定公司的劳动纪律制度
D. 有权聘任公司的财务经理

答案()②

【考点】 总经理

【设题陷阱与常见错误分析】 本题主要考查总经理的任职及职权,注意与董事会的职权相区分。考生需要关注A项的陷阱,总经理是由董事会聘任的,而非由董事长聘任,另B项中以公司名义对外签订合同的法定代理权是法定代表人的职权,而公司的法定代表人并不一定是公司的总经理,考生

参考答案: ①AD ②C

如果不能准确掌握如上内容,容易错选答案。

📖【解析】《公司法》第49条:"有限责任公司可以设经理,由董事会决定聘任或者解聘。经理对董事会负责,行使下列职权:

(一)主持公司的生产经营管理工作,组织实施董事会决议;
(二)组织实施公司年度经营计划和投资方案;
(三)拟订公司内部管理机构设置方案;
(四)拟订公司的基本管理制度;
(五)制定公司的具体规章;
(六)提请聘任或者解聘公司副经理、财务负责人;
(七)决定聘任或者解聘除应由董事会决定聘任或者解聘以外的负责管理人员;
(八)董事会授予的其他职权。
公司章程对经理职权另有规定的,从其规定。
经理列席董事会会议。"所以C项正确。

第46条:"董事会对股东会负责,行使下列职权:
(一)召集股东会会议,并向股东会报告工作;
(二)执行股东会的决议;
(三)决定公司的经营计划和投资方案;
(四)制订公司的年度财务预算方案、决算方案;
(五)制订公司的利润分配方案和弥补亏损方案;
(六)制订公司增加或者减少注册资本以及发行公司债券的方案;
(七)制订公司合并、分立、解散或者变更公司形式的方案;
(八)决定公司内部管理机构的设置;
(九)**决定聘任或者解聘公司经理及其报酬事项,并根据经理的提名决定聘任或者解聘公司副经理、财务负责人及其报酬事项;**
(十)制定公司的基本管理制度;
(十一)公司章程规定的其他职权。"所以聘任总经理和财务经理的职权属于董事会,任命总经理不是董事长的职权,所以A错误;聘任财务经理不是总经理的职权,所以D错误。

第13条:"公司法定代表人依照公司章程的规定,由**董事长、执行董事或者经理**担任,并依法登记。公司法定代表人变更,应当办理变更登记。"所以公司的法定代表人不一定由总经理担任,总经理的职权由公司授权,并不一定必然享有对外代表公司签订合同的权利,所以B项错误。

💡【评价及预测】本题对于公司组织结构的考查,主要针对经理职权展开,不具有典型的代表意义。考生要在对比董事会和经理职权,以及股东会和董事会职权的基础上来掌握相关考点。

5. 钱某为益扬有限公司的董事,赵某为公司的职工代表监事。公司为钱某、赵某支出的下列哪些费用须经公司股东会批准?(2015-3-68)

A. 钱某的年薪
B. 钱某的董事责任保险费
C. 赵某的差旅费

D. 赵某的社会保险费

【考点】股东会权限

【设题陷阱与常见错误分析】本题考查股东会的权限的细节,考生需要对法条的细节做掌握。B 项"董事责任保险费"相对比较专业,考生需要掌握其属于公司为非职工董事支付的费用,应归属股东会决议。否则容易错选答案。

【解析】《公司法》第37条:"股东会行使下列职权:

(一)决定公司的经营方针和投资计划;

(二)**选举和更换非由职工代表担任的董事、监事,决定有关董事、监事的报酬事项**;

(三)审议批准董事会的报告;

(四)审议批准监事会或者监事的报告;

(五)审议批准公司的年度财务预算方案、决算方案;

(六)审议批准公司的利润分配方案和弥补亏损方案;

(七)对公司增加或者减少注册资本作出决议;

(八)对发行公司债券作出决议;

(九)对公司合并、分立、解散、清算或者变更公司形式作出决议;

(十)修改公司章程;

(十一)公司章程规定的其他职权。

对前款所列事项股东以书面形式一致表示同意的,可以不召开股东会会议,直接作出决定,并由全体股东在决定文件上签名、盖章。"所以 A 项需要由股东会批准,正确。

董事责任保险的保险费是由公司购买,或公司与当事人共同购买,属于公司为非职工董事支付的费用,应归属股东会决议,B 正确。

第56条:"监事会、不设监事会的公司的监事行使职权所必需的费用,**由公司承担**。"C 项监事的差旅费是法定公司承担的部分,采用报销的形式支付,无须股东会审批。

《社会保险法》第4条:"中华人民共和国境内的用人单位和个人依法缴纳社会保险费,有权查询缴费记录、个人权益记录,要求社会保险经办机构提供社会保险咨询等相关服务。"D 项,社会保险费的缴纳是用人单位的法定义务,无须股东会审批。

【评价及预测】关于股东会的权限需要在对比董事会权限的基础上掌握。

6. 新余有限公司共有股东4人,股东刘某为公司执行董事。在公司章程无特别规定的情形下,刘某可以行使下列哪一职权?(2013 - 3 - 25)

A. 决定公司的投资计划

B. 否决其他股东对外转让股权行为的效力

C. 决定聘任公司经理

D. 决定公司的利润分配方案

答案( )②

参考答案:①AB ②C

📖 【考点】董事会(执行董事)职权

💡 【设题陷阱与常见错误分析】有限公司的董事会是公司的执行机构,负责执行公司股东会的决议和公司的经营管理活动。股东会是公司的权力机构,有权就公司的重大事项作出决议。而公司的投资计划属于公司的重大决策,应由股东会作出决议,而根据投资计划制定投资方案以及决定经营计划是董事会的权限。这一点成为本题的破题要领,广大考生最容易混淆的地方,根据股东会和董事会的性质及职责来分析理解有助于掌握法条内容。

另,题干中提到执行董事,考生要明确执行董事存在于股东人数较少、公司规模较小,不设立董事会的情况下。执行董事履行董事会的职责和权限。

📖 【解析】根据《公司法》第37条:"股东会行使下列职权:

(一)决定公司的经营方针和投资计划;

(二)选举和更换非由职工代表担任的董事、监事,决定有关董事、监事的报酬事项;

(三)审议批准董事会的报告;

(四)审议批准监事会或者监事的报告;

(五)审议批准公司的年度财务预算方案、决算方案;

(六)审议批准公司的利润分配方案和弥补亏损方案;

(七)对公司增加或者减少注册资本作出决议;

(八)对发行公司债券作出决议;

(九)对公司合并、分立、解散、清算或者变更公司形式作出决议;

(十)修改公司章程;

(十一)公司章程规定的其他职权。

对前款所列事项股东以书面形式一致表示同意的,可以不召开股东会会议,直接作出决定,并由全体股东在决定文件上签名、盖章。"所以A、D项属于股东会的职权,而非董事会或执行董事的职权;

第71条:"股东向股东以外的人转让股权,应当经**其他股东过半数同意**。"所以B项属于股东的权利也非董事会或执行董事的权限,错误。

第46条:"(一)召集股东会会议,并向股东会报告工作;

(二)执行股东会的决议;

(三)决定公司的经营计划和投资方案;

(四)制订公司的年度财务预算方案、决算方案;

(五)制订公司的利润分配方案和弥补亏损方案;

(六)制订公司增加或者减少注册资本以及发行公司债券的方案;

(七)制订公司合并、分立、解散或者变更公司形式的方案;

(八)决定公司内部管理机构的设置;

(九)决定聘任或者解聘公司经理及其报酬事项,并根据经理的提名决定聘任或者解聘公司副经理、财务负责人及其报酬事项;

(十)制定公司的基本管理制度;

(十一)公司章程规定的其他职权。"刘某作为执行董事只能执行董事会的职权,所以C项正确。

📝 【评价及预测】公司组织结构这一大考点中,最常考到的就是董事会的相关内容,考生需要对董事会的性质、组成、董事长、副董事长的产生办法,议事规则,职权等做清晰的掌握。

7. 李方为平昌公司董事长。债务人姜呈向平昌公司偿还 40 万元时,李方要求其将该款打到自己指定的个人账户。随即李方又将该款借给刘黎,借期一年,年息 12%。下列哪些表述是正确的?(2013 - 3 - 70)

A. 该 40 万元的所有权,应归属于平昌公司
B. 李方因其行为已不再具有担任董事长的资格
C. 在姜呈为善意时,其履行行为有效
D. 平昌公司可要求李方返还利息

答案( )①

【考点】高管的禁止性义务

【设题陷阱与常见错误分析】本题综合考查了货币的一般等价物的属性,董、高人员的禁止性义务,以及违反禁止性义务的后果等相关知识点,复杂度较高。董、高违反禁止性义务的行为,应该是有效的,但是其所得应该归公司所。但本题的难点就出现在董事长李方的侵占的是 40 万元现金,而现金作为一般等价物,占有及所有,现金在谁的账户下就是谁的财产,所以此 40 万元的所有权不能归平昌公司。

【解析】《公司法》第 148 条:"董事、高级管理人员不得有下列行为:

(一)挪用公司资金;

(二)**将公司资金以其个人名义或者以其他个人名义开立账户存储**;

(三)违反公司章程的规定,未经股东会、股东大会或者董事会同意,将公司资金借贷给他人或者以公司财产为他人提供担保;

(四)违反公司章程的规定或者未经股东会、股东大会同意,与本公司订立合同或者进行交易;

(五)未经股东会或者股东大会同意,利用职务便利为自己或者他人谋取属于公司的商业机会,自营或者为他人经营与所任职公司同类的业务;

(六)接受他人与公司交易的佣金归为己有;

(七)擅自披露公司秘密;

(八)违反对公司忠实义务的其他行为。

董事、高级管理人员违反前款规定所得的收入应当归公司所有。"现金是一般等价物,占用即所有,此 40 万元并没有在平昌公司账户上,所有权不属于平昌公司,A 项错误。

平昌公司享有要求李方返还的债权,李方将原属于公司的资金借贷给刘黎所得利息,应属于 148 条规定的违法所得的收入,公司有权要求其返还,D 项正确。

李方作为平昌公司董事长,有资格有权利对外代表平昌公司,第三人姜呈没有权利也没有义务知晓李方是否有行为的瑕疵,姜呈应当受到善意第三人的保护。所以姜呈的履行行为是生效的,C 项正确。

《公司法》第 146 条:"有下列情形之一的,不得担任公司的董事、监事、高级管理人员:

(一)无民事行为能力或者限制民事行为**能力**;

(二)因贪污、贿赂、侵占财产、挪用财产或者破坏社会主义市场经济秩序,被**判处刑罚**,执行期满未逾五年,或者因犯罪被剥夺政治权利,执行期满未逾五年;

(三)担任**破产清算**的公司、企业的**董事**或者厂长、**经理**,对该公司、企业的破产负有**个人责任**的,自该公司、企业破产清算完结之日起未逾三年;

参考答案:①CD

(四)担任因违法被**吊销营业执照**、**责令关闭**的公司、企业的**法定代表人**,并负有**个人责任**的,自该公司、企业被吊销营业执照之日起未逾三年;

(五)**个人**所负数额**较大**的债务到期**未清偿**。

公司违反前款规定选举、委派董事、监事或者聘任高级管理人员的,该选举、委派或者聘任无效。

董事、监事、高级管理人员在任职期间出现本条第一款所列情形的,公司应当解除其职务。"李方违反《公司法》要求的禁止性义务,并没有触及消极任职资格的问题,所以只会受到处罚,并不因此必然导致作为董、高人员资格的丧失,所以 B 项错误。

> 【评价及预测】对于董、监、高的消极任职资格未来的涉考性比较强。考生对于上述《公司法》第 146 条中的内容要理解透彻。尤其第(二)项,要注意并非所有犯罪都被认为消极任职资格,必须是贪污、受贿等经济型犯罪,或者任何犯罪被剥夺政治权利的,5 年内才会被认定消极任职资格不得做董、监、高;第(三)、(四)两项,都是在公司不同的情况下,针对特有的主体(破产针对董事、厂长、经理;违法针对法定代表人),在其负有个人责任的情况下,三年内被限制;第(五)项,要求候选人个人(包括其投资的个人独资企业),负债金额大,且到期未清偿的情形存在的情况下被认定为消极任职资格。

8. 方圆公司与富春机械厂均为国有企业,合资设立富圆公司,出资比例为 30% 与 70%。关于富圆公司董事会的组成,下列哪些说法是正确的?(2012 - 3 - 68)

A. 董事会成员中应当有公司职工代表
B. 董事张某任期内辞职,在新选出董事就任前,张某仍应履行董事职责
C. 富圆公司董事长可由小股东方圆公司派人担任
D. 方圆公司和富春机械厂可通过公司章程约定不按出资比例分红

答案(①)

【考点】组织结构、职工董事

【设题陷阱与常见错误分析】《公司法》对国有有限责任公司的董事会做了特殊的规定,要求法定的职工董事制度,其他的公司形式不做此要求,考生需要了解这一点,才能选对 A 选项;董事在任期内辞职或期满未及时改选导致董事人数低于法定最低限额的情况下,要求原董事延任,如果没有"董事人数低于法定最低限额"的情形下,则不需要延任;有限公司的董事长是按公司章程规定产生的,可以由其中一方委派;《公司法》对有限公司的红利分配规定得较为灵活,授权公司股东自行约定,通过公司章程来体现符合法律的规定。本题考查的内容较多且综合性强,有一定的难度。

【解析】《公司法》第 44 条:"有限责任公司设董事会,其成员为三人至十三人;但是,本法第五十一条另有规定的除外。

两个以上的国有企业或者两个以上的其他国有投资主体投资设立的有限责任公司,其董事会成员中应当有公司职工代表;其他有限责任公司董事会成员中可以有公司职工代表。董事会中的职工代表由公司职工通过职工代表大会、职工大会或者其他形式民主选举产生。

董事会设董事长一人,可以设副董事长。**董事长、副董事长的产生办法由公司章程规定。**"由此,国有有限公司中职工董事是法定的要求,选项 A 说法正确。

参考答案:①ACD

第45条:"董事任期由公司章程规定,但每届任期不得超过三年。董事任期届满,可以连选连任。**董事任期届满未及时改选,或者董事在任期内辞职导致董事会成员低于法定人数的,在改选出的董事就任前,原董事仍应依照法律、行政法规和公司章程的规定,履行董事职务。**"B选项中董事张某任期内辞职,但须因辞职导致董事会成员低于法定人数的,才需要在新选出董事就任前,仍应履行董事职责。否则不做延任的法定要求,故B项说法错误。

根据上述44条第三款的内容,富圆公司作为有限公司,董事长由章程约定产出方式,可由股东派人担任,因此C项说法正确。

第34条:"股东按照实缴的出资比例分取红利;公司新增资本时,股东有权优先**按照实缴的出资比例认缴出资**。但是,全体股东约定不按照出资比例分取红利或者不按照出资比例优先认缴出资的除外。"由此,股东可约定不按出资比例分红,故D说法正确。

> **【评价及预测】** 公司的组织结构中最容易考查的就是董事会。对于董事会的组成,董事任期及延任制度,董事长、副董事长的产生办法,董事议事规则、董事会职权等问题都有可能成为出题的涉考点。

考点3 公司担保

公司在经营活动中可以以自己的财产为他人提供担保。关于担保的表述中,下列哪一选项是正确的?(2008-3-30)

A. 公司经理可以决定为本公司的客户提供担保
B. 公司董事长可以决定为本公司的客户提供担保
C. 公司董事会可以决定为本公司的股东提供担保
D. 公司股东会可以决定为本公司的股东提供担保

答案( )①

【考点】 公司担保

【设题陷阱与常见错误分析】 本题相对比较简单地考查了公司担保的问题。考生需要明晰,对内担保和对外担保的决定程序是不同的。尤其对内担保,要求股东会议做决议,关联股东回避,其余股东所持表决权过半数同意。

【解析】 根据《公司法》第16条:"公司向**其他企业投资或者为他人提供担保**,依照公司章程的规定,由**董事会或者股东会、股东大会**决议;公司章程对投资或者担保的总额及单项投资或者担保的数额有限额规定的,不得超过规定的限额。

公司为**公司股东或者实际控制人提供担保的,必须经股东会或者股东大会决议**。"所以,公司对外担保,即为本公司的客户提供担保,有权做出决议的是董事会或股东会、股东大会,经理、董事长没有此权利,A、B错误。

公司对内担保,只有股东会、股东大会有权决定,公司的董事长、董事会、经理没有这项职权。所以C错误,D正确。

参考答案:①D

【评价及预测】关于公司担保,笔者总结口诀为:对外担保,董、股均可决,章程授权;对内担保,股决议,法律规定。考生谨记。

第四节 公司的变更

考点1 股权、股份的转让

1. 唐宁是沃运股份有限公司的发起人和董事之一,持有公司15%的股份。因公司未能上市,唐宁对沃运公司的发展前景担忧,欲将所持股份转让。关于此事,下列哪一说法是正确的?（2016-3-29）

A. 唐宁可要求沃运公司收购其股权
B. 唐宁可以不经其他股东同意对外转让其股份
C. 若章程禁止发起人转让股份,则唐宁的股份不得转让
D. 若唐宁出让其股份,其他发起人可依法主张优先购买权

答案()①

【考点】股份公司股份外转

【设题陷阱与常见错误分析】本题主要针对股份公司股份外转的要求设计题目。考生需要明确,股份公司主要体现资合性,所以股东转让股份无论是内转还是外转都是"自由转、随便转",既不需要征求其他股东意见也无须尊重其他股东的优先购买权。另外,本题中的C选项有一定的迷惑性。公司章程可以对股权转让做出限制,但不可以禁止,此为股东固有的权利,章程不得剥夺,如果没注意到这一点容易错选答案。

【解析】根据《公司法》第142条:"公司不得收购本公司股份。但是,有下列情形之一的除外:
(一)减少公司注册资本;
(二)与持有本公司股份的其他公司合并;
(三)将股份奖励给本公司职工;
(四)股东因对股东大会作出的公司合并、分立决议持异议,要求公司收购其股份的。"所以股份公司的股东,只有在公司作出合并、分立决议时,有异议的才可以要求回购,A错误。

第137条:"股东持有的股份可以依法转让。"股份公司不强调人合性,所以股东外转股份,自由转让,也不尊重其他股东或发起人的优先购买权,所以B正确,D错误。

股东转让股份,是固有的权利,公司章程可以对发起人或董监高转让股份作出限制,但不得禁止,所以C错误。

【评价及预测】对比有限公司股东外转股权的法定程序要求及股份公司外转股权的自有转让,理解二者的理论差异。有限公司强调人合性,股份公司强调资合性。

2. 甲持有硕昌有限公司69%的股权,任该公司董事长;乙、丙为公司另外两个股东。

参考答案:①B

因打算移居海外,甲拟出让其全部股权。对此,下列哪些说法是错误的?(2015-3-70)

A. 因甲的持股比例已超过2/3,故不必征得乙、丙的同意,甲即可对外转让自己的股权
B. 若公司章程限制甲转让其股权,则甲可直接修改章程中的限制性规定,以使其股权转让行为合法
C. 甲可将其股权分割为两部分,分别转让给乙、丙
D. 甲对外转让其全部股权时,乙或丙均可就甲所转让股权的一部分主张优先购买权

答案( )①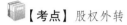

【考点】股权外转

【设题陷阱与常见错误分析】本题针对有限公司股权对外转让设计题目。考生需要注意有限公司的人合性保护,股东外转股权需要其他股东过半数的同意,与资合无关,另外,股东外转股权时,其他股东的优先购买权保护的前提是同等交易条件。考生如果不能准确把握如上内容,容易错选答案。

【解析】《公司法》第71条:"有限责任公司的股东之间可以相互转让其全部或者部分股权。

股东向股东以外的人转让股权,应当经其他股东过半数同意。股东应就其股权转让事项书面通知其他股东征求同意,其他股东自接到书面通知之日起满三十日未答复的,视为同意转让。其他股东半数以上不同意转让的,不同意的股东应当购买该转让的股权;不购买的,视为同意转让。

经股东同意转让的股权,在同等条件下,其他股东有优先购买权。两个以上股东主张行使优先购买权的,协商确定各自的购买比例;协商不成的,按照转让时各自的出资比例行使优先购买权。

公司章程对股权转让另有规定的,从其规定。"所以股权外转,尊重其他股东人合性保护,而非资合性保护,所以A错误;其他股东的优先购买权应该以同等条件为前提,D项,对于甲想要转让"全部",其他股东要求只买"部分",显然没有达到同等条件,不具备优先购买权的前提条件,所以D项错误。

股权外转只要符合法定要求,具体怎么卖,向谁卖,即可根据转让人的意思自治来处理,所以C正确。

公司章程可以对股权转让另行约定,而修改公司章程需要召开股东会,以持有2/3以上特别多数表决权的股东通过之后做出修改决议,题目中虽然甲自己占到了2/3以上的表决权,但不能直接自己修改,需要召开股东会走法定流程修改章程,所以B错误。

【评价及预测】股权外转是《公司法》很重要的考点,考生需要对外转条件,推定同意制度,优先购买权制度以及章程自治内容做详细掌握。

3. 甲与乙为一有限责任公司股东,甲为董事长。2014年4月,一次出差途中遭遇车祸,甲与乙同时遇难。关于甲、乙股东资格的继承,下列哪一表述是错误的?(2014-3-26)

A. 在公司章程未特别规定时,甲、乙的继承人均可主张股东资格继承
B. 在公司章程未特别规定时,甲的继承人可以主张继承股东资格与董事长职位
C. 公司章程可以规定甲、乙的继承人继承股东资格的条件
D. 公司章程可以规定甲、乙的继承人不得继承股东资格

答案( )②

【考点】股东资格继承

参考答案:①ABD ②B

【设题陷阱与常见错误分析】有限公司中股东资格的获得是基于对公司的出资,因此自然人股东资格可以继承,除非公司章程作出相左的规定对继承条件施加限制或不允许继承。公司的董事会负责对公司的经营,董事长是董事会的负责人,董事应当由股东选定,董事长的产生办法由公司章程约定,一般由董事会选定,董事长不能通过继承来实现。

【解析】《公司法》第75条:"自然人股东死亡后,其合法继承人可以继承股东资格;但是,公司章程另有规定的除外。"所以股权的继承问题章程约定优先,A、C、D的说法都正确。

B项错误,主要原因在于"董事长职位"的继承问题,并非当然发生的。根据《公司法》第44条:"有限责任公司设董事会,其成员为三人至十三人;但是,本法第五十一条另有规定的除外。

两个以上的国有企业或者两个以上的其他国有投资主体投资设立的有限责任公司,其董事会成员中应当有公司职工代表;其他有限责任公司董事会成员中可以有公司职工代表。董事会中的职工代表由公司职工通过职工代表大会、职工大会或者其他形式民主选举产生。

董事会设董事长一人,可以设副董事长。**董事长、副董事长的产生办法由公司章程规定。**"有限公司的董事长产生办法由章程自治,但并未体现当然继承的规则,所以B错误。

【评价及预测】公司章程作为公司自治的最高文件,其可灵活约定的内容考生需要注意。另外,对于股东资格的继承问题,重复考查度很高,考生需要明晰对于股东资格的继承《公司法》完全授权公司章程来限制,如章程没有特殊约定的情况下即当然继承。

4. 甲、乙、丙为某有限责任公司股东。现甲欲对外转让其股份,下列哪一判断是正确的?(2009-3-26)

A. 甲必须就此事书面通知乙、丙并征求其意见
B. 在任何情况下,乙、丙均享有优先购买权
C. 在符合对外转让条件的情况下,受让人应当将股权转让款支付给公司
D. 未经工商变更登记,受让人不能取得公司股东资格

答案(　　)①

【考点】股权对外转让

【设题陷阱与常见错误分析】本题针对有限公司股东转让股权设计题目。有限公司具有一定的人合属性,为了维系股东之间的信赖和依附关系,《公司法》对股东向外转让股权作出了比较严格的规定:其他股东过半数同意制度、推定同意制度、其他股东的优先购买权制度。另外,本题的一个出题陷阱在于股东资格与工商登记的关系,考生要明晰,工商登记只是起到了公示公信对抗第三人的效力,并非股东取得股东资格的标志。

【解析】《公司法》第71条:"有限责任公司的股东之间可以相互转让其全部或者部分股权。

股东向股东以外的人转让股权,应当经**其他股东过半数同意**。股东应就其股权转让事项**书面**通知其他股东征求同意,其他股东自接到书面通知之日起满三十日未答复的,视为同意转让。其他股东半数以上不同意转让的,不同意的股东应当购买该转让的股权;不购买的,视为同意转让。

经股东同意转让的股权,在同等条件下,其他股东有优先购买权。两个以上股东主张行使优先购

参考答案:①A

买权的,协商确定各自的购买比例;协商不成的,按照转让时各自的出资比例行使优先购买权。

公司章程对股权转让另有规定的,从其规定。"

据此,有限公司股东甲对外转让股权,需要书面征得其他股东过半数同意,所以 A 正确。

其他股东的优先购买权取决于达到同等条件,所以 B 错误。

股权转让只要符合条件可以进行,是股东的个人交易,与公司无关,不需要将转让款打给公司,C 错误。

股东资格的取得的证据是股东名册的变更,**工商登记只是产生对抗第三人的效力**,D 错误。

> **【评价及预测】** 在公司变更环节,有限公司股东向外转让股权的限制是法条层面和理论层面均比较重要的制度,需要重点关注。

考点2 公司的合并、分立

1. 张某、李某为甲公司的股东,分别持股 65% 与 35%,张某为公司董事长。为谋求更大的市场空间,张某提出吸收合并乙公司的发展战略。关于甲公司的合并行为,下列哪些表述是正确的?(2015-3-69)

　　A. 只有取得李某的同意,甲公司内部的合并决议才能有效
　　B. 在合并决议作出之日起 15 日内,甲公司须通知其债权人
　　C. 债权人自接到通知之日起 30 日内,有权对甲公司的合并行为提出异议
　　D. 合并乙公司后,甲公司须对原乙公司的债权人负责

答案(　　)①

【考点】 公司合并

【设题陷阱与常见错误分析】 本题针对公司合并的内容进行考查。主要的陷阱存在于 A 选项,考生需要明晰,合并的决议需要公司股东会代表 2/3 以上表决权的股东同意方可作出决议,张某只占到了 65% 的持股比例,所以需要征得李某同意后此决议才能有效。C 项是很大的陷阱,公司合并的情形中,债权人有权提出提前还债或提供担保的救济,但不能直接对合并提出异议,考生如果没有注意到此细节,容易错选答案。

【解析】《公司法》第 43 条:"股东会的议事方式和表决程序,除本法有规定的外,由公司章程规定。

股东会会议作出修改公司章程、增加或者减少注册资本的决议,以及**公司合并、分立、解散或者变更公司形式的决议,必须经代表三分之二以上表决权的股东通过**。"所以 A 的表述正确,该公司只有两名股东,张某自己的持股份额只有 65%,所以此决议需两股东均同意才能满足法定的代表 2/3 以上表决权的股东同意的条件。

第 173 条:"公司合并,应当由合并各方签订合并协议,并编制资产负债表及财产清单。公司应当自作出合并决议之日起**十日内**通知债权人,并于三十日内在报纸上公告。债权人自接到通知书之日起三十日内,未接到通知书的自公告之日起四十五日内,**可以要求公司清偿债务**或者提供相应的担保。"通知债权人的时间应该是 10 日内,而非 15 日,B 错误;公司合并情形中,债权人有权要求救济,但不能

参考答案:①AD

直接对公司合同提出异议。C 项不正确。

第 174 条:"公司合并时,合并各方的债权、债务,应当由合并后存续的公司或者新设的公司承继。"所以 D 正确。

> 【评价及预测】公司的合并与分立是《公司法》中的一个重要考点。考生需要对如下内容充分掌握。

对比项目	合并	分立
种类	吸收合并(A + B = A) 新设合并(A + B = C)	存续分立(A = A + B) 新设分立(A = B + C)
程序	股东(大)会作出决议(有限公司经代表 2/3 以上表决权的股东通过,股份公司必须经出席会议的股东所持表决权的 2/3 以上通过)——签订协议——编制资产负债表和财产清单——10 日内通知债权人,30 日内报纸公告	
后果——债权债务承担	合并各方的债权、债务,由合并后存续的公司或者新设的公司承继	公司分立前的债务由分立后的公司承担连带责任。但是,公司在分立前与债权人就债务清偿达成的书面协议另有约定的除外
债权人救济	可要求提前还债或提供担保(债权人自接到通知书之日起 30 日内,未接到通知书的自第一次公告之日起 45 日内主张)	没有额外的救济措施
后果——主体资格影响	分别会产生"新设登记"、"变更登记"、"注销登记"等后果	

2. 白阳有限公司分立为阳春有限公司与白雪有限公司时,在对原债权人甲的关系上,下列哪一说法是错误的?(2011 - 3 - 25)

A. 白阳公司应在作出分立决议之日起 10 日内通知甲

B. 甲在接到分立通知书后 30 日内,可要求白阳公司清偿债务或提供相应的担保

C. 甲可向分立后的阳春公司与白雪公司主张连带清偿责任

D. 白阳公司在分立前可与甲就债务偿还问题签订书面协议

答案()①

【考点】公司分立

【设题陷阱与常见错误分析】本题的陷阱主要在于《公司法》对公司分立过程中,债权人的保护措施。鉴于公司分立后,通过分立后公司对债权人承担连带责任来实现对债权人的保护,且这一保护措施足以保障债权人在公司分立过程中的权益不受损害,所以法律不再保护公司分立时,债权人要求提前还债或提供担保的救济。

【解析】根据《公司法》第 175 条:"公司分立,其财产作相应的分割。

公司分立,应当编制资产负债表及财产清单。公司应当自作出分立决议之日起十日内通知债权

参考答案:①B

人,并于三十日内在报纸上公告。"A项,只是提到甲作为债权人有十日内被通知的权利,至于债务人的公告义务,A中并没有涉及,但并不影响此选项的正确。

第176条:"公司分立前的债务由分立后的公司承担连带责任。但是,公司在**分立前与债权人就债务清偿达成的书面协议另有约定的除外**。"所以C、D项是合法的,公司分立过程中不影响债权人的权益,没有对债权人的特殊救济。所以B项错误。

> 【评价及预测】公司的合并与分立是公司变更环节很重要的一个考点。重点掌握合并与分立的种类、程序、债权人救济、债权债务处理等问题。尤其是程序,合并、分立程序相同,都需要公司的权力机构(即股东会或股东大会)作出决议,10天内通知债权人,30天内报纸公告,这一点是法律强制性要求,必须作出至少一次,公司不得自行省略。在债权人救济阶段,容易出题的考点在于二者的差异,即合并时债权人可以要求提前还债或提供担保,而分立时债权人并无此救济措施。

3. 甲公司欠乙公司货款100万元、丙公司货款50万元。2009年9月,甲公司与丁公司达成意向,拟由丁公司兼并甲公司。乙公司原欠丁公司租金80万元。下列哪些表述是正确的?(2009-3-72)

A. 甲公司与丁公司合并后,两个公司的法人主体资格同时归于消灭
B. 甲公司与丁公司合并后,丁公司可以向乙公司主张债务抵销
C. 甲公司与丁公司合并时,丙公司可以要求甲公司或丁公司提供履行债务的担保
D. 甲公司与丁公司合并时,应当分别由甲公司和丁公司的董事会作出合并决议

答案(　　)①

【考点】公司的合并

【设题陷阱与常见错误分析】本题针对公司合并的程序、后果、债权人救济等考点设计题目,考生熟悉相关的法条内容可以应对此题。

【解析】《公司法》第172条规定:"公司合并可以采取**吸收合并或者新设合并**。

一个公司吸收其他公司为吸收合并,被吸收的公司解散。两个以上公司合并设立一个新的公司为新设合并,合并各方解散。"

本题中"丁公司兼并甲公司"采用的是吸收合并的方式,被吸收的甲公司解散,而吸收者即丁公司依然存在。因此,A项说法错误。

第174条规定:"公司合并时,**合并各方的债权、债务,应当由合并后存续的公司或者新设的公司承继**。"本题中,原来甲公司的债务由丁公司继承,乙公司可以向丁公司主张原来对甲公司的债权100万元,因丁公司欠乙公司租金80万元,丁公司可以向乙公司主张债务抵销。因此,B项正确。

第173条规定:"公司合并,应当由合并各方签订合并协议,并编制资产负债表及财产清单。公司应当自作出合并决议之日起十日内通知债权人,并于三十日内在报纸上公告。债权人自接到通知书之日起三十日内,未接到通知书的自公告之日起四十五日内,**可以要求公司清偿债务或者提供相应的担保**。"本题中,丙公司是甲公司的债权人,甲丁公司合并时,丙公司有权要求甲公司或丁公司提供履行债务的担保。因此,C项正确。

根据《公司法》的规定,**公司的合并、分立决议是股东会的职权**,董事会无权作出。因此,D项错误。

参考答案:①BC

> 【评价及预测】公司合并和分立是涉考频度相对较高的考点,尤其需要关注二者的异同点,不要混淆。

考点3 公司的转换

华昌有限公司有8个股东,麻某为董事长。2013年5月,公司经股东会决议,决定变更为股份公司,由公司全体股东作为发起人,发起设立华昌股份公司。下列哪些选项是正确的?(2013-3-69)

A. 该股东会决议应由全体股东一致同意
B. 发起人所认购的股份,应在股份公司成立后两年内缴足
C. 变更后股份公司的董事长,当然由麻某担任
D. 变更后的股份公司在其企业名称中,可继续使用"华昌"字号

答案( )①

【考点】公司转换

【设题陷阱与常见错误分析】有限公司可以变更为股份公司,但要求有限公司股东会代表2/3以上表决权的特别多数股东通过,且变更后的股份公司要符合《公司法》有关股份公司的相关规定。题目中的陷阱在于C选项,董事长作为公司执行机构的主体,负责公司的经营管理,股份公司的董事长是由董事会全体董事过半数同意选举产生的,考生需要明悉这一点,否则容易错选答案。

【解析】《公司法》第43条:"股东会会议作出修改公司章程、增加或者减少注册资本的决议,以及公司合并、分立、解散或者变更公司形式的决议,必须经代表**三分之二以上表决权的股东**通过。"变更公司形式需要股东会代表2/3以上特别多数表决权的股东通过,无须一致同意,A错,但提醒注意,如果公司章程规定为需一致同意,尊重章程的约定优先的内容,本题中没有体现章程的内容,无须考虑这一点。

第80条:"股份有限公司采取发起设立方式设立的,注册资本为在公司登记机关登记的**全体发起人认购的股本总额。在发起人认购的股份缴足前,不得向他人募集股份**。"《公司法》取消了股东缴纳出资的期限限制,B项错误。

第109条:"董事会设董事长一人,可以设副董事长。**董事长和副董事长由董事会以全体董事的过半数选举产生**"。股份公司的董事长是由公司董事会过半数董事选举产生的,而非当然由某人担任,C错误。

公司名称的承继没有法定限制,D正确。

【修正】本题在《公司法》修改之前的答案为B、D,随着《公司法》的修改,B项不再作为正确答案出现,注意旧题新作,答案的变化。

> 【评价及预测】对于《公司法》修改后,相关制度的变化是近年来的命题热点,考生需要密切关注。

参考答案:①D

第五节 公司的解散和消亡

考点1 公司的解散和清算

因公司章程所规定的营业期限届满，蒙玛有限公司进入清算程序。关于该公司的清算，下列哪些选项是错误的？（2014－3－70）

A. 在公司逾期不成立清算组时，公司股东可直接申请法院指定组成清算组
B. 公司在清算期间，由清算组代表公司参加诉讼
C. 债权人未在规定期限内申报债权的，则不得补充申报
D. 法院组织清算的，清算方案报法院备案后，清算组即可执行

答案（　　）①

【考点】公司清算

【设题陷阱与常见错误分析】《公司法司法解释二》对公司清算做了细化和补充。本题涉及：1. 公司逾期不成立清算组的处理，应当首先由债权人向法院申请成立清算组，债权人不申请的，才轮到股东申请；2. 公司清算期间，公司依旧存在，诉讼活动仍以公司的名义进行，但代表公司参加诉讼的，会细分不同的情况：(1)公司成立清算组的，由清算组的负责人代表公司诉讼，而非清算组这个组织，(2)没成立清算组的，由原法定代表人代表公司参加诉讼；3. 债权人逾期补充申报债权的保护；4. 法院组织清算情况下，清算方案需要法院的确认，而非简单的备案。如上法条相关内容需要了解清楚，才可以全部选对答案。

【解析】《公司法》第183条："逾期不成立清算组进行清算的，**债权人**可以申请人民法院指定有关人员组成清算组进行清算。人民法院应当受理该申请，并及时组织清算组进行清算。"《公司法司法解释二》第7条："公司应当依照公司法第一百八十三条的规定，在解散事由出现之日起十五日内成立清算组，开始自行清算。

有下列情形之一，债权人申请人民法院指定清算组进行清算的，人民法院应予受理：

（一）公司解散逾期不成立清算组进行清算的；
（二）虽然成立清算组但故意拖延清算的；
（三）违法清算可能严重损害债权人或者股东利益的。

具有本条第二款所列情形，**而债权人未提起清算申请，公司股东申请人民法院指定清算组对公司进行清算的，人民法院应予受理**。"所以申请法院清算的主体应当是债权人，只有符合条件情形下，债权人未提起清算申请，股东才可以提请清算，A项错误。

《公司法》第186条："**清算期间，公司存续**，但不得开展与清算无关的经营活动。公司财产在未依照前款规定清偿前，不得分配给股东。"

《公司法司法解释二》第10条："公司依法清算结束并办理注销登记前，有关公司的民事诉讼，应当以公司的名义进行。

公司成立清算组的，由清算组负责人代表公司参加诉讼；尚未成立清算组的，由原法定代表人代表公司参加诉讼。"所以公司在清算期间的诉讼活动，在清算组没有成立之前应当由原法定代表人代表公司参加诉讼，清算组成立后，由清算组的负责人代表公司参加诉讼，B项错误，基于两点理解：1. 即只有

参考答案：①ABCD

作为清算组负责人的自然人有权代表公司诉讼,而非"清算组"这一组织。2. 公司进入清算期间与清算组的出现也有时间差,公司进入清算期间但清算组尚未出现的时候,公司涉诉的,应当由原法定代表人代表公司参加诉讼活动。

《公司法司法解释二》第13条:"债权人在规定的期限内未申报债权,在公司清算程序终结前**补充申报的,清算组应予登记。**

公司清算程序终结,是指清算报告经股东会、股东大会或者人民法院确认完毕。"补充申报是可以支持的,C项错误。

《公司法司法解释二》第15条:公司自行清算的,清算方案应当报股东会或者股东大会决议确认;**人民法院组织清算的,清算方案应当报人民法院确认**。未经确认的清算方案,清算组不得执行。"所以法院组织清算的,清算方案经法院确认后才可以执行,而非简单的备案,D项错误。

> 【评价及预测】本题依旧在考查细节,尤其是司法解释中对公司清算的细节规定。所以细致是未来设计题目的必然趋势。

第六节 一人有限责任公司

1. 下列有关一人公司的哪些表述是正确的?(2012 - 3 - 69)

A. 国有企业不能设立一人公司
B. 一人公司发生人格或财产混同时,股东应当对公司债务承担连带责任
C. 一人公司的注册资本必须一次足额缴纳
D. 一个法人只能设立一个一人公司

答案(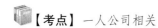)①

【考点】一人公司相关

【设题陷阱与常见错误分析】本题主要考查了一人公司的特别制度。考生需要明确,一人公司中,"一人"包括一个自然人或一个法人,而国有企业作为法人,不能被排除在外;另外,一人公司中"计划生育"原则只针对自然人股东,即只有自然人股东设立一人公司的时候才限定一人一个;鉴于一人公司只有唯一的股东,缺乏股东间或公司组织结构间的制衡,容易造成"一言堂"损害他人利益,法律对一人公司的股东规定了更严格的责任,即在法人人格否认的情形下,举证责任倒置,由股东自证清白,证明自己的财产与公司财产相分离,否则要对公司债务承担连带责任;新《公司法》修改后,对一人公司的出资不再做特殊要求,需要特别关注。

【解析】《公司法》第57条:"一人有限责任公司,是指只有一个自然人股东或者一个法人股东的有限责任公司。"国有企业作为法人,可以设立一人公司。A项错误。

第63条:"一人有限责任公司的股东**不能证明公司财产独立于股东自己的财产的**,应当对公司债务承担**连带责任**。"B项正确。

《公司法》取消了一人公司一次性足额缴纳出资的法定要求,所以C错误。

第58条:"**一个自然人只能投资设立一个一人有限责任公司**。该一人有限责任公司不能投资设立

参考答案:①B

新的一人有限责任公司。"对法人设立一人有限公司无此限制,所以 D 项错误。

【修正】2013 年修订《公司法》取消了一人公司的严格法定资本制度,所以答案修正为 B 项正确。

【评价及预测】一人公司作为有限公司中比较特殊的一种,有其特殊的限制,这是涉考性很高的一组知识点。考生需要明确地把握,一人公司的出资人(一个自然人或一个法人);一人公司的治理结果(参照人数少、规模小的有限公司的建制);法人人格否认时举证责任倒置;自然人设立一人公司的"一人一子"计划生育限制;以及 2013 年新《公司法》修改后对一人公司出资的特殊要求取消,与普通的有限公司无异。

2. 张平以个人独资企业形式设立"金地"肉制品加工厂。2011 年 5 月,因瘦肉精事件影响,张平为减少风险,打算将加工厂改换成一人有限公司形式。对此,下列哪一表述是错误的?(2011-3-28)
  A. 因原投资人和现股东均为张平一人,故加工厂不必进行清算即可变更登记为一人有限公司
  B. 新成立的一人有限公司仍可继续使用原商号"金地"
  C. 张平为设立一人有限公司,须一次足额缴纳其全部出资额
  D. 如张平未将一人有限公司的财产独立于自己的财产,则应对公司债务承担连带责任

答案( )①

【考点】一人有限责任公司

【设题陷阱与常见错误分析】本题主要是针对一人公司特别规定的考查,设题陷阱主要出现在,新《公司法》修改后,对一人公司的出资制度不再严格要求;一人公司中实行举证责任倒置。最容易出现错误的地方在于 A 选项,个人独资企业变为一人公司并非简单的企业变更,这一过程实际包括个人独资企业的解散和一人公司的设立,而个人独资企业的解散必须经过清算的程序。

【解析】《个人独资企业法》第 27 条第 1 款:"**个人独资企业解散,由投资人自行清算或者由债权人申请人民法院指定清算人进行清算。**"将加工厂改换成一人有限公司形式,因为责任性质不同,所以这个过程需要原个人独资企业资格的消灭和新的一人有限责任公司的诞生,因此,应对个人独资企业进行清算。

张平是个人独资企业的出资人,所以该个人独资企业的所有财产,包括"金地"的商号都归张平所有,张平用自己的财产投资设立一人公司,当然有权继续使用该商号。选项 B 说法正确。

现行《公司法》,取消了对一人公司出资的法定要求,C 错误。

《公司法》第 64 条:"**一人有限责任公司的股东不能证明公司财产独立于股东自己的财产的,应当对公司债务承担连带责任。**"选项 D 说法正确。

【评价及预测】一人公司与个人独资企业结合出题,成为近年来的主流形式,考生需要关注一人公司与个人独资企业的关联以及异同。

3. 张某为避免合作矛盾与问题,不想与人合伙或合股办企业,欲自己单干。朋友对此提出以下建议,其中哪一建议是错误的?(2010-3-27)

参考答案:①AC

A."可选择开办独资企业,也可选择开办一人有限公司"
B."如选择开办一人公司,那么注册资本不能少于10万元"
C."如选择开办独资企业,则必须自己进行经营管理"
D."可同时设立一家一人公司和一家独资企业"

答案( )①

【考点】一人有限责任公司、个人独资企业

【设题陷阱与常见错误分析】本题综合考查了一人公司与个人独资企业的异同,尤其一人公司的特有规定,题目设计相对灵活。需要注意《公司法》修改后,一人公司的注册资本、出资制度相应的变化。因为新法的修改,本题的正确答案也相应修正为B、C。

【解析】《公司法》第57条:"本法所称一人有限责任公司,是指**只有一个自然人股东或者一个法人股东**的有限责任公司。"《个人独资企业法》第2条:"本法所称个人独资企业,是指依照本法在中国境内设立,由**一个自然人投资**,财产为投资人个人所有,投资人以其个人财产对企业债务承担无限责任的经营实体。"可见,自然人既可以投资设立一人有限责任公司,也可以投资设立个人独资企业,而且我国法律并没有禁止一个自然人同时设立一人有限责任公司和个人独资企业,A、D正确,不当选。

《公司法》取消了一人公司最低注册资本10万元的要求,所以B错误,当选。

《个人独资企业法》第19条:"个人独资企业投资人可以自行管理企业事务,也可以委托或者聘用其他具有民事行为能力的人负责企业的事务管理。"可见,开办独资企业,并不是必须自己进行经营管理,C项错误,当选。综上所述,本题正确答案为B、C。

【修正】《公司法》对一人公司的出资不再做法定要求,所以B项成为错误选项,本题答案修正为B、C。

【评价及预测】一人公司与个人独资企业的结合成为考查一人公司制度很重要的出题方式。考生需要把握一人公司与个人独资企业的关联以及异同。另外,对于《公司法》中有关一人公司的修正要重点掌握。

第七节 上市公司

1. 星煌公司是一家上市公司。现董事长吴某就星煌公司向坤诚公司的投资之事准备召开董事会。因公司资金比较紧张,且其中一名董事梁某的妻子又在坤诚公司任副董事长,有部分董事对此投资事宜表示异议。关于本案,下列哪些选项是正确的?(2016-3-71)

A. 梁某不应参加董事会表决
B. 吴某可代梁某在董事会上表决
C. 若参加董事会人数不足,则应提交股东大会审议
D. 星煌公司不能投资于坤诚公司

答案( )②

参考答案:①BC ②AC

【考点】上市公司关联董事回避、公司投资

【设题陷阱与常见错误分析】本题考查了上市公司关联董事回避制度的细节,考生须明确,上市公司在董事会表决的过程中,与决议事项有关联的董事须回避,且不能代表其他董事行使表决权,如果无关联董事人数过少,低于3人的情况下,认定董事会没有能力做表决,须将决议事项提交股东大会。难度不大,但很细致,考生需要对法条细节做掌握。

【解析】《公司法》第124条:"上市公司董事与董事会会议决议事项所涉及的企业有关联关系的,不得对该项决议行使表决权,也不得代理其他董事行使表决权。该董事会会议由过半数的无关联关系董事出席即可举行,董事会会议所作决议须经无关联关系董事过半数通过。出席董事会的无关联关系董事人数不足三人的,应将该事项提交上市公司股东大会审议。"所以A、C正确,B错误。

公司有权对外投资,现行法律对于向外投资的额度及方向,投资后的身份不设置严格的法定限制,D错误。

【评价及预测】近年来对于上市公司的特有制度考查得比较频繁,考生需要重点关注。

2. 甲公司是一家上市公司。关于该公司的独立董事制度,下列哪一表述是正确的?(2015-3-28)

A. 甲公司董事会成员中应当至少包括1/3的独立董事
B. 任职独立董事的,至少包括一名会计专业人士和一名法律专业人士
C. 除在甲公司外,各独立董事在其他上市公司同时兼任独立董事的,不得超过5家
D. 各独立董事不得直接或间接持有甲公司已发行的股份

答案( )①

【考点】上市公司独立董事制度

【设题陷阱与常见错误分析】本题针对独立董事的考查,主要是针对细节的考查,独立董事的要求至少有一名会计专业人士,并不要求法律专业人士;独立董事总共任职的公司总数不超过5家,独立董事对上市公司的关联关系规定到了持股1%以上并非一概否认,如上细节考生如果不能全面掌握,容易错选答案。

【解析】《关于在上市公司建立独立董事制度的指导意见》第1条:"一、上市公司应当建立独立董事制度

(一)上市公司独立董事是指不在公司担任除董事外的其他职务,并与其所受聘的上市公司及其主要股东不存在可能妨碍其进行独立客观判断的关系的董事。

(二)独立董事对上市公司及全体股东负有诚信与勤勉义务。独立董事应当按照相关法律法规、本指导意见和公司章程的要求,认真履行职责,维护公司整体利益,尤其要关注中小股东的合法权益不受损害。独立董事应当独立履行职责,不受上市公司主要股东、实际控制人,或者其他与上市公司存在利害关系的单位或个人的影响。**独立董事原则上最多在5家上市公司兼任独立董事,并确保有足够的时间和精力有效地履行独立董事的职责。**

(三)各境内上市公司应当按照本指导意见的要求修改公司章程,**聘任适当人员担任独立董事**,

参考答案:①A

其中至少包括一名会计专业人士(会计专业人士是指具有高级职称或注册会计师资格的人士)。在二〇〇二年六月三十日前,董事会成员中应当至少包括2名独立董事;**在二〇〇三年六月三十日前,上市公司董事会成员中应当至少包括三分之一独立董事。**

(四)独立董事出现不符合独立性条件或其他不适宜履行独立董事职责的情形,由此造成上市公司独立董事达不到本《指导意见》要求的人数时,上市公司应按规定补足独立董事人数。

(五)独立董事及拟担任独立董事的人士应当按照中国证监会的要求,参加中国证监会及其授权机构所组织的培训。"

所以A正确,C错误,独立董事任职的上市公司总体不超过5家;B错误,担任独立董事的专业人员只要求至少一名会计专业人员,不要求法律专业人员。

第3条:"独立董事必须具有独立性

下列人员不得担任独立董事:

(一)在上市公司或者其附属企业任职的人员及其直系亲属、主要社会关系(直系亲属是指配偶、父母、子女等;主要社会关系是指兄弟姐妹、岳父母、儿媳女婿、兄弟姐妹的配偶、配偶的兄弟姐妹等);

(二)**直接或间接持有上市公司已发行股份1%以上或者是上市公司前十名股东中的自然人股东及其直系亲属;**

(三)在直接或间接持有上市公司已发行股份5%以上的股东单位或者在上市公司前五名股东单位任职的人员及其直系亲属;

(四)最近一年内曾经具有前三项所列举情形的人员;

(五)为上市公司或者其附属企业提供财务、法律、咨询等服务的人员;

(六)公司章程规定的其他人员;

(七)中国证监会认定的其他人员。"

所以对于独立董事的持股的限制并非绝对不能,所以D错误。

> 【评价及预测】对于独立董事的考查不具有典型的代表意义,考生对本题的内容简单掌握即可。

二、主观题

(一)(本题18分)(2016-4-5)

美森公司(有限公司)成立于2009年,主要经营煤炭。股东是**大雅公司以及庄某、石某(公司有三个股东,其中一个法人股东,两个自然人股东)**。章程规定公司的注册资本是1000万元,三个股东的持股比例是5:3:2;**各股东应当在公司成立时一次性缴清全部出资(章程对公司、股东、高管均生效,各股东应当按照章程的约定履行出资义务,大雅公司:500万元,庄某:300万元,石某:200万元,一次性实缴)**。大雅公司将之前归其所有的某公司的净资产经会计师事务所评估后作价500万元用于出资,这部分资产实际**交付**给美森公司使用;庄某和石某以货币出资,**公司成立时庄某实际支付了100万元,石某实际支付了50万元。(大雅公司出资需要判断其形式,如果不需要办理相关登记手续,则出资动作完成,如果出资标的需要办理相关登记手续,则仅仅交付还不够;庄某和石某均存在"出资不足"的问题)**。

大雅公司**委派白某担任美森公司的董事长兼法定代表人(白某作为大雅公司的委派代表,其身份为大雅公司的代言人,代表其行使股东权利)**。2010年,赵某欲入股美森公司,白某、庄某和石某一致表示同意,于是赵某以现金出资50万元,公司出具了**收款收据,但未办理股东变更登记(未登记不能对抗善意第三人)**。赵某还领取了2010年和2011年的红利共10万元,也参加了公司的股东会(**赵某实际**

享有的股东权利)。

2012年开始,公司经营逐渐陷入困境。庄某将其在美森公司中的股权转让给了其妻弟杜某(庄某在自己出资瑕疵的情况下做了股权外转)。此时,赵某提出美森公司未将其登记为股东,所以自己的50万元当时是借款给美森公司的。(赵某的主张不应当被支持,因为登记只是外部的对抗效力,内部的股东身份和资格取得与此无关)。白某称美森公司无钱可还,还告诉赵某,为维持公司的经营,公司已经向甲、乙公司分别借款60万元和40万元;向大雅公司借款500万元(甲、乙作为外部第三方其债权当然认可,大雅公司作为股东,对公司的债权虽然涉嫌关联交易,但只要此交易无损公司及其他股东的利益,且真实,也是可以有效存在的。大雅公司也可以成为美森公司的债权人)。

2013年11月,大雅公司指示白某将原出资的资产中价值较大的部分逐渐转入另一子公司美阳公司(大雅公司滥用股权权利私自转移公司资产)。对此,杜某、石某和赵某均不知情(杜某、石某和赵某善意,属于受害方)。

此时,甲公司和乙公司起诉了美森公司,要求其返还借款及相应利息。大雅公司也主张自己曾借款500万元给美森公司,要求其偿还。赵某、杜某及石某闻讯后也认为利益受损,要求美森公司返还出资或借款。

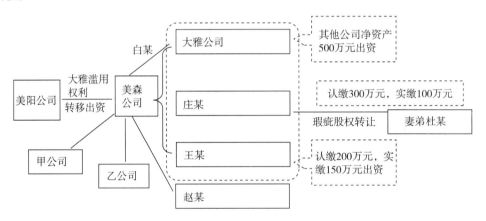

问题:

1. 应如何评价美森公司成立时三个股东的出资行为及其法律效果?

【答案】大雅公司以先前归其所有的某公司的净资产出资,净资产尽管没有在我国公司法中规定为出资形式,但公司实践中运用较多,并且案情中显示,一方面这些净资产本来归大雅公司,且经过了会计师事务所的评估作价,在出资程序方面与实物等非货币形式的出资相似,另一方面这些净资产已经由美林公司实际占有和使用,即完成了交付。《公司法司法解释三》第9条也有"非货币财产出资,未依法评估作价"的规定。所以,应当认为大雅公司履行了自己的出资义务。

庄某按章程应当以现金300万元出资,仅出资100万元;石某按章程应当出资200万元,仅出资50万元,所以两位自然人股东没有完全履行自己的出资义务,应当承担继续履行出资义务及违约责任。

【考点】股东出资瑕疵

【设题陷阱与常见错误分析】本题主要考查了股东的出资完备情况的判断,常见错误在于大雅公司以自己所有的其他公司净资产出资,只要满足可转让、可评估应当可以作为出资的合法形式认定。庄某和石某都是货币出资,但存在出资不足的情形。

【解析】《公司法》第27条:"股东可以用货币出资,也可以用实物、知识产权、土地使用权等可以用货币估价并可以依法转让的非货币财产作价出资;但是,法律、行政法规规定不得作为出资的财产除外。

对作为出资的非货币财产应当评估作价,核实财产,不得高估或者低估作价。法律、行政法规对评估作价有规定的,从其规定。"所以大雅公司以先前归其所有的某公司的净资产出资,满足可转让可评估的条件,应当认定为合法的出资形态。

第28条:"**股东应当按期足额缴纳公司章程中规定的各自所认缴的出资额**。股东以货币出资的,应当将货币出资足额存入有限责任公司在银行开设的账户;以非货币财产出资的,应当依法办理其财产权的转移手续。

股东不按照前款规定缴纳出资的,除应当向公司足额缴纳外,还应当向已按期足额缴纳出资的股东承担违约责任。"庄某和石某以货币出资,形式合法有效,但存在出资不足的情况须承担相应的责任。

【评价及预测】股东出资瑕疵的法律责任,一直都是《公司法》的难点和重点。本题中还综合考查了其他非货币财产形式出资的内容,加大了难度,考生需要着重理解。

2. 赵某与美森公司是什么法律关系?为什么?

【答案】投资与借贷是不同的法律关系。赵某自己主张是借贷关系中的债权人,但依据《公司法解释三》第23条的规定,赵某虽然没有被登记为股东,但是他在2010年时出于自己的真实意思表示,愿意出资成为股东,其他股东及股东代表均同意,并且赵某实际交付了50万元出资,参与了分红及公司的经营,这些行为均非债权人可为,所以赵某具备实际出资人的地位,在公司内部也享有实际出资人的权利。此外从民商法的诚信原则考虑也应认可赵某作为实际出资人或实际股东而非债权人。

【考点】投资关系及股东身份确认

【设题陷阱与常见错误分析】本题破题的关键在于赵某的身份确认,其有出资成为股东的意思表示,有出资的动作,有其他股东同意的条件,且已经实际享有股东权利,所以综合各方面的情况判断,赵某应该具有公司实际股东的身份,而不能主张为债权人身份。

【解析】根据《公司法》第32条第2、3款:"记载于股东名册的股东,可以依股东名册主张行使股东权利。

公司应当将股东的姓名或者名称向公司登记机关登记;登记事项发生变更的,应当办理变更登记。**未经登记或者变更登记的,不得对抗第三人**。"所以有限公司中,登记只是对方第三人的法律效力,题目中赵某出资的意愿真实,动作已经完成,且已经实际享有股东权利(开股东会、分红)等,所以已经确认其股东身份。只是未登记不能对抗第三人。

【评价及预测】工商部门登记与股东身份的关系是重复考查很高的考点,考生需要明确:登记只是起到对抗第三人的效力。相对于公司内部而言,股东身份及股东权利的行使与登记无关。

3. 庄某是否可将其在美森公司中的股权进行转让?为什么?这种转让的法律后果是什么?

【答案】尽管庄某没有全面履行自己的出资义务,但其股权也是可以转让的。受让人是其妻弟,按生活经验应当推定杜某是知情的。我国《公司法司法解释三》第18条已经认可了瑕疵出资股权的可转让性;这种转让的法律后果就是如果受让人知道,转让人和受让人对公司以及债权人要承担连带责任,受让人再向转让人进行追偿。

【考点】 瑕疵股权转让

【设题陷阱与常见错误分析】 本题考察了瑕疵股权的转让问题,难度不大,但需要分析出来,本题中瑕疵股权转让中的受让方杜某是转让方庄某的"妻弟",基于此关系,被推知杜某对于庄某的瑕疵出资是知情的。

【解析】《公司法司法解释三》第18条:"**有限责任公司的股东未履行或者未全面履行出资义务即转让股权,受让人对此知道或者应当知道,公司请求该股东履行出资义务、受让人对此承担连带责任的,人民法院应予支持**;公司债权人依照本规定第十三条第二款向该股东提起诉讼,同时请求前述受让人对此承担连带责任的,人民法院应予支持。

受让人根据前款规定承担责任后,向该未履行或者未全面履行出资义务的股东追偿的,人民法院应予支持。但是,当事人另有约定的除外。"

所以瑕疵股权可以转让,转让后,转让人的瑕疵出资责任不免除,转让后受让人如果恶意一并承担连带责任。

【评价及预测】瑕疵股权转让结合的股东出资瑕疵的责任和股权转让的内容,考生需要关注:

1. 瑕疵股权可以转让;
2. 转让后,转让人固有的出资瑕疵的法律责任依旧需要承担;
3. 受让人如果恶意,对转让人的瑕疵出资的法律责任承担连带赔付的责任,赔偿后可以向转让人追偿。

4. 大雅公司让白某将原来用作出资的资产转移给美阳公司的行为是否合法?为什么?

【答案】公司具有独立人格,公司财产是其人格的基础。出资后的资产属于公司而非股东所有,故大雅公司无权将公司资产转移,该行为损害了公司的责任财产,侵害了美林公司、美林公司股东(杜某和石某)的利益,也侵害了甲、乙这些债权人的利益。

【考点】 股东权利滥用

【设题陷阱与常见错误分析】 本题针对大雅公司作为美森公司的股东,转移出资的非法性做考查。难度不大,但细节很重要,需要考生明确,此行为定性为非法,且损害了公司、公司股东及公司债权人的合法权益。

【解析】《公司法》第20条:"**公司股东应当遵守法律、行政法规和公司章程,依法行使股东权利,不得滥用股东权利损害公司或者其他股东的利益;不得滥用公司法人独立地位和股东有限责任损害公司债权人的利益**。

公司股东滥用股东权利给公司或者其他股东造成损失的,应当依法承担赔偿责任。

公司股东滥用公司法人独立地位和股东有限责任,逃避债务,严重损害公司债权人利益的,应当对公司债务承担连带责任。"

【评价及预测】考生需要对股东滥用权利的行为定性及带来的法律后果和责任的承担,结合法人人格否认制度来理解。

5. 甲公司和乙公司对美森公司的债权,以及大雅公司对美森公司的债权,应否得到受偿? 其受偿顺序如何?

【答案】甲公司和乙公司是普通债权,应当得到受偿。大雅公司是美林公司的大股东,我国公司法并未禁止公司与其股东之间的交易,只是规定关联交易不得损害公司和债权人的利益,因此借款本身是可以的,只要是真实的借款,也是有效的。所以大雅公司的债权也应当得到清偿。

在受偿顺序方面,答案一:作为股东(母公司)损害了美林公司的独立人格,也损害了债权人的利益,其债权应当在顺序上劣后于正常交易中的债权人甲和乙,这是深石原则的运用。答案二:根据民法公平原则,让大雅公司的债权在顺序方面劣后于甲、乙公司。答案三:按债权的平等性,他们的债权平等受偿。

【考点】债权偿付顺序

【设题陷阱与常见错误分析】本题的难点在于其开放性,甲公司、乙公司及大雅公司作为美森公司的债权人应当认可。但至于偿付顺序见仁见智,考生可以有自己的判断。

【解析】甲公司、乙公司和大雅公司作为美森公司的债权人,都没有任何的担保,所以同为普通债权,都应得到偿付,至于顺位方面,笔者更倾向于第三种答案,三方都是普通债权人,平等受偿。大雅公司适用法人人格否认制度,该承担的责任另案处理。

【评价及预测】本题体现了主观题的灵活性。

6. 赵某、杜某和石某的请求及理由是否成立? 他们应当如何主张自己的权利?

【答案】赵某、杜某和石某的请求不成立。赵某是实际出资人或实际股东,杜某和石某是股东。基于公司资本维持原则,股东不得要求退股,故其不得要求返还出资。

但是大雅公司作为大股东转移资产的行为损害了公司的利益,也就损害了股东的利益,因此他们可以向大雅公司提出赔偿请求。同时,白某作为公司的高级管理人员其行为也损害了股东利益,他们也可以起诉白某请求其承担赔偿责任。

【考点】法人人格否认

【设题陷阱与常见错误分析】本题的涉考点有两个:1. 股东的退股要求不应被满足,因为公司作为独立法人,要求资本维持对债权人负责,股东非经法定途径不能退股;2. 法人人格否认制度,大雅公司有权利滥用的情景,损害了公司及股东的利益,受害人可以向滥用权利者索赔。容易被考生忽略的一点在于白某,作为高管,违反忠诚和勤勉的义务,给公司造成损失进而损害股东权益的,也要对此承担赔偿责任。

【解析】根据上述《公司法》第20条,大雅公司对其损害公司独立地位的行为应当承担相应的赔付责任,白某作为公司高管,具有过错,也应承担赔付责任。

【评价及预测】本题的综合性和难度都比较大,这也是案例分析题目的方向和趋势,考生需要综合且全面地掌握相关考点才能准确作答。

(二)(本题18分)(2015-4-5)

案情:鸿捷有限公司成立于2008年3月,从事生物医药研发。公司注册资本为5000万元,股东为甲、乙、丙、丁,持股比例分别为37%、30%、19%、14%;**甲为董事长,乙为总经理(有限公司,股东四名,**

各自持股比例,董事长及总经理安排)。公司成立后,经营状况一直不错(**公司经营情况健康良好**)。

2013年8月初,为进一步拓展市场、加强经营管理,公司拟引进战略投资者骐黄公司,并通过股东大会形成如下决议(简称《1号股东会决议》):第一,公司增资1000万元;第二,其中860万元,由骐黄公司认购;第三,余下的140万元,由丁认购,从而使丁在公司增资后的持股比例仍保持不变,而其他各股东均放弃对新股的优先认缴权;第四,缴纳新股出资的最后期限为2013年8月31日。各股东均在决议文件上签字(**《1号股东会决议》内容涉及公司增资的认购安排,此为股东自治的内容,合法有效**)。

之后,丁因无充足资金,无法在规定期限内完成所认缴出资的缴纳(**丁认缴新增出资后没有实际缴纳**);骐黄公司虽然与鸿捷公司签订了新股出资认缴协议,但之后就鸿捷公司的经营理念问题,与甲、乙、丙等人发生分歧,也一直未实际缴纳出资(**骐黄公司也没有实际缴纳**)。因此,公司增资计划的实施,一直没有进展(**公司增资没有进展,未进行工商登记,所以增资计划没有完成**)。但这对公司经营并未造成很大影响,至2013年年底,公司账上已累积4000万元的未分配利润(**公司的经营情况持续良好**)。

2014年年初,丁自他人处获得一笔资金,遂要求继续实施公司的增资计划,并自行将140万元打入公司账户(**丁意图向公司补足其出资的义务**),同时还主张对骐黄公司未实际缴资的860万元新股的优先认购权,但这一主张遭到其他股东的一致反对(**公司增资原股东的优先认购权立足于股东没有特殊约定的前提下,且按照实缴出资比例行使,此处丁不能主张优先认购**)。

鉴于丁继续实施增资的强烈要求,并考虑到难以成功引进外部战略投资者,公司在2014年1月8日再次召开股东大会,讨论如下议案:第一,公司仍增资1000万元;第二,不再引进外部战略投资人,由公司各股东按照原有持股比例认缴新股;第三,各股东新增出资的缴纳期限为20年;第四,丁已转入公司账户的140万元资金,由公司退还给丁(**因为1号决议未能最终落实,所以2号决议相当于对1号决议的替代**)。就此议案所形成的股东会决议(简称《2号股东会决议》),甲、乙、丙均同意并签字,丁虽签字,但就第二、第三与第四项内容,均注明反对意见(**股东会决议不要求全体股东均同意,所以丁的情形不影响股东会合法决议的效力**)。

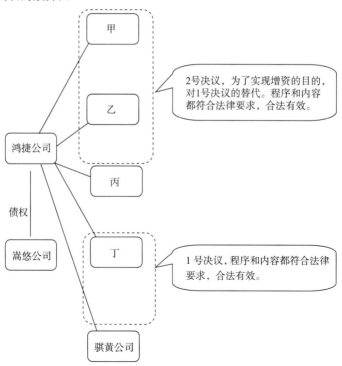

之后在甲、乙的主导下,鸿捷公司经股东大会修订了公司章程、股东名册等,并于2014年1月20日办理完毕相应的公司注册资本的工商变更登记(**增资最终完成**)。

2014年年底,受经济下行形势影响,加之新产品研发失败,鸿捷公司经营陷入困境。至2015年5月,公司已拖欠嵩悠公司设备款债务1000万元,公司账户中的资金已不足以偿付(**公司经营陷入困境,未履行或未全面履行出资义务的股东,对债权人承担连带赔付的责任**)。

问题:

1.《1号股东会决议》的法律效力如何?为什么?

【答案】《1号股东会决议》为合法有效的股东会决议。内容不违反现行法律、行政法规。程序上符合股东会决议的程序。

【考点】公司增资

【设题陷阱与常见错误分析】考生需要明晰公司增资,有关优先认购权的内容。

【解析】《公司法》第34条:"股东按照实缴的出资比例分取红利;公司新增资本时,股东有权优先按照实缴的出资比例认缴出资。**但是,全体股东约定不按照出资比例分取红利或者不按照出资比例优先认缴出资的除外**。"

【评价及预测】有关公司增资的优先认购权是考生需要重点掌握的考点,重复考查率很高。

2. 就骐黄公司未实际缴纳出资的行为,鸿捷公司可否向其主张违约责任?为什么?

【答案】不可以。首先应确定骐黄公司与鸿捷公司间签订的新股出资认缴协议,自本案所交代的案情来看,属于合法有效的协议或合同,这是讨论违约责任的前提。其次,依《合同法》第107条,违约责任的承担方式有继续履行、采取补救措施与赔偿损失三种,但在本案中,如果强制要求骐黄公司继续履行也就是强制其履行缴纳出资的义务,则在结果上会导致强制骐黄公司加入公司组织,从而有违参与或加入公司组织之自由原则,故而鸿捷公司不能主张继续履行的违约责任。至于能否主张骐黄公司的赔偿损失责任,则视骐黄公司主观上是否存在过错,而在本案中,骐黄公司并不存在明显的过错,因此鸿捷公司也很难主张该请求权。

【考点】增资协议

【设题陷阱与常见错误分析】本题关键是掌握1号决议没能最终履行,且被2号决议替代后,第一轮增资的安排都无效,所以骐黄公司不承担违约责任。

【解析】《合同法》第107条:"当事人一方不履行合同义务或者履行合同义务不符合约定的,应当承担继续履行、采取补救措施或者赔偿损失等违约责任。"本题中,骐黄公司无须再继续履行认购协议,所以无须对鸿捷公司承担违约责任。

【评价及预测】本题是民商结合的题目,有一定的难度。

3. 丁可否主张860万元新股的优先认购权?为什么?

【答案】不能。丁主张新股优先认购权的依据,为《公司法》第34条,即"公司新增资本时,股东有权优先按照实缴的出资比例认缴出资";不过该条所规定的原股东之优先认购权,主要针对的是增资之股东会决议就新股分配未另行规定的情形;而且行使优先认购权还须遵守另一个限制,即原股东只能按其持股比例或实缴出资比例,主张对新增资本的相应部分行使优先认购权。该增资计划并未侵害或妨害丁在公司中的股东地位,也未妨害其股权内容即未影响其表决权重,因此就余下的 860 万元的新股,丁无任何主张优先认购权的依据。

【考点】 优先认购权

【设题陷阱与常见错误分析】 本题最大的陷阱在于,《1 号股东会决议》已经就 860 万元新增资本的归属做了规定,所以应当按照规定来执行,而且股东的优先认购权有前提和行使的规则,题目中丁都没有满足这些要求,所以其优先认购的要求不能满足。

【解析】《公司法》第 34 条:"股东按照实缴的出资比例分取红利;公司新增资本时,股东有权优先按照实缴的出资比例认缴出资。但是,**全体股东约定不按照出资比例分取红利或者不按照出资比例优先认缴出资的除外**。"本题中,对于新增的 860 万元新股,已经由《1 号股东会决议》分配给骐黄公司来认购,在没有满足优先认购权行使条件时,丁的主张不能支持。

【评价及预测】 考生需要重点掌握:公司增资原股东的优先认购权,注意两个考点:
1. 股东约定优先;2. 没有特殊约定,按原股东实缴出资比例行使优先认购权。

4.《2 号股东会决议》的法律效力如何?其与《1 号股东会决议》的关系如何?为什么?

【答案】《2 号股东会决议》是合法有效的决议。内容不违法,也未损害异议股东丁的合法利益,程序上丁的持股比例仅为 14%,达不到否决增资决议的三分之一的比例要求。这两个决议均在解决与实施公司增资 1000 万元的计划,由于《1 号股东会决议》难以继续实施,因此《2 号股东会决议》是对《1 号股东会决议》的替代或者废除,后者随之失效。

【考点】 公司增资

【设题陷阱与常见错误分析】 本题最大的难点是 2 号决议和 1 号决议的关系,二者都是为了实现公司的增资,因为 1 号决议无法履行,才做出 2 号决议,所以 2 号决议是对 1 号决议的替代。

【解析】《公司法》第 43 条:"股东会的议事方式和表决程序,除本法有规定的外,由公司章程规定。

股东会会议作出修改公司章程、增加或者减少注册资本的决议,以及公司合并、分立、解散或者变更公司形式的决议,必须经**代表三分之二以上表决权**的股东通过。"本题中异议股东丁的持股只有 14%。所以不影响增资决议的效力。另外,两个股东会增资决议都是为了实现公司的增资,因为 1 号决议无法履行,才做出 2 号决议,所以 2 号决议是对 1 号决议的替代。

【评价及预测】 有关公司增资的程序考生需要掌握。

5. 鸿捷公司增加注册资本的程序中,何时产生注册资本增加的法律效力?为什么?

【答案】 只有在公司登记机关办理完毕新的注册资本的变更登记后,才能产生新的注册资本亦即新增注册资本的法律效力。公司的注册资本也只有经过工商登记,才能产生注册资本的法定效力;进而在公司通过修改章程而增加注册资本时,也同样只有在登记完毕后,才能产生注册资本增加的法定效力。

【考点】 公司增资

【设题陷阱与常见错误分析】 关键掌握注册资本于公司登记时产生效力,变更时亦如此。

【解析】《公司法》第26条:"有限责任公司的**注册资本为在公司登记机关登记的全体股东认缴的出资额**。法律、行政法规以及国务院决定对有限责任公司注册资本实缴、注册资本最低限额另有规定的,从其规定。"所以注册资本以工商部门的登记时点为生效时点。增资后注册资本变化的,也应在登记后新的注册资本生效。

> **【评价及预测】** 注册资本以登记为生效时点,需要考生注意。

6. 就鸿捷公司不能清偿的1000万元设备款债务,嵩悠公司能否向其各个股东主张补充赔偿责任?为什么?

【答案】 为保护公司债权人的合法利益,可准用《公司法司法解释(三)》第13条第2款的规定,认可公司债权人的这项请求权,即在公司财产不能清偿公司债务时,各股东所认缴的尚未到期的出资义务,应按照提前到期的方法来处理,进而对公司债权人承担补充赔偿责任。

【考点】 出资瑕疵的法律责任

【设题陷阱与常见错误分析】 本题关键是分析出来各股东对公司存在出资的瑕疵,虽未到期,但是鉴于公司资不抵债,为了更好地保护债权人的利益,要将其出资义务"加速到期",提前为到期的方式对债权人承担补充赔偿责任。

【解析】《公司法司法解释三》第13条:"公司债权人请求**未履行或者未全面履行出资义务的股东在未出资本息范围内对公司债务不能清偿的部分承担补充赔偿责任的,人民法院应予支持**;未履行或者未全面履行出资义务的股东已经承担上述责任,其他债权人提出相同请求的,人民法院不予支持。"所以有出资瑕疵的股东,对公司不能偿付的债务部分在未出资本息范围内承担补充赔偿责任。

> **【评价及预测】** 股东出资的瑕疵是历年考试的重点,考生需要把握做题的三步走战略:
> 1. 确认瑕疵主体;2. 确认瑕疵形式;3. 确认受偿对象。

(三)(本题18分)(2014-4-5)

案情:2012年4月,**陈明**设立一家有限责任公司,从事绿色食品开发,注册资本为200万元。公司成立半年后,为增加产品开发力度,陈明拟新增资本100万元(**公司新增资本,有可能通过新股东认股,有可能通过老股东增持。且增资时老股东有优先认购权**),并为此分别与**张巡、李贝**洽谈,该二人均有意愿认缴全部新增资本,加入陈明的公司(**出现新的主体张巡、李贝,二人准备成为公司的股东**)。陈明遂先后与张巡、李贝二人就投资事项分别签订了书面协议(**陈明分别与张巡、李贝建立了股权转让的民事协议关系**)。张巡在签约后第二天,即将款项转入陈明的个人账户(**张巡与陈明的法律关系,存在于张巡与陈明个人之间,与公司无关**),但陈明一直以各种理由拖延办理公司变更登记等手续(**股权转让因登记手续缺失,并没有完成**)。2012年11月5日,陈明最终完成公司章程、股东名册以及公司变更登记手续,公司注册资本变更为300万元,陈明任公司董事长,而股东仅为陈明与李贝(**李贝完成的股权受让,成为公司的股东**),张巡的名字则未出现在公司登记的任何文件中(**张巡的法律关系仅存在于与**

陈明个人之间,与公司无关,其并没有成为公司的股东)。

李贝虽名为股东,但实际上是受刘宝之托,代其持股,李贝向公司缴纳的100万元出资,实际上来源于刘宝(**李贝是名义股东,刘宝是实际股东,二人签有代持股协议,该协议有效,二者的身份合法**)。2013年3月,在陈明同意的情况下,李贝将其名下股权转让给**善意不知情**的潘龙,并在公司登记中办理了相应的股东变更(**名义股东处分名下股权给善意第三人,处分行为有效,第三人得到相应的股权**)。

2014年6月,因产品开发屡次失败,公司陷入资不抵债且经营无望的困境,遂向法院申请破产。法院受理后,法院所指定的管理人查明:第一,陈明尚有50万元的出资未实际缴付(**陈明作为股东,存在出资不足,应该承担向公司补缴,向其他足额交付出资的股东违约,向债权人连带的瑕疵出资法律责任**);第二,陈明的妻子葛梅梅本是家庭妇女,但自2014年1月起,却一直以公司财务经理的名义,每月自公司领取奖金4万元(**葛梅梅的收入,属于公司的高管陈明的非法收入,在公司破产案件中,管理人有权利追回**)。

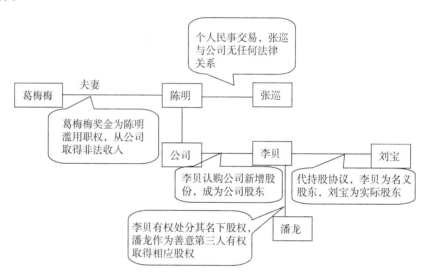

问题:

1. 在法院受理公司破产申请前,张巡是否可向公司以及陈明主张权利,主张何种权利?为什么?

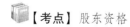【答案】根据案情交代,即陈明是以自己名义与张巡签订协议,款项也是转入陈明个人帐户,且张巡并未登记为公司股东,故在张巡与公司之间:第一,张巡并未因此成为公司股东;第二,张巡与公司之间不存在法律关系。因此张巡不能向公司主张任何权利。

鉴于投资协议仅存在于张巡与陈明个人之间,张巡只能向陈明主张违约责任,请求返还所给付的投资以及相应的损害赔偿。

【考点】*股东资格*

【设题陷阱与常见错误分析】取得股东资格的形式要件是向公司认缴出资;实质要件是公司成立后,登记在公司股东名册中或在公司登记机关做登记。而本题中,如果误认为陈明是公司负责人,张巡和陈明的协议等同于公司的协议,公司应当承担相应的后果就成为最大的错误。根据合同相对性,本题中,张巡是与陈明个人签订的合同,且款项也打入陈明个人账户,自始至终跟公司都没有任何关系,张巡形式上没有向公司出资,实质上没有出现在公司的股东名册或登记文件中,所以无论形式还是实质都不具备成为公司股东的条件。只能依据合同向陈明主张合同的违约责任。

【解析】《公司法》第28条:"**股东应当按期足额缴纳公司章程中规定的各自所认缴的出资额。**

股东以货币出资的,应当将货币出资足额存入有限责任公司在银行开设的账户;以非货币财产出资的,应当依法办理其财产权的转移手续。

股东不按照前款规定缴纳出资的,除应当向公司足额缴纳外,还应当向已按期足额缴纳出资的股东承担违约责任。"

第32条:"有限责任公司应当置备股东名册,记载下列事项:

(一)股东的姓名或者名称及住所;

(二)股东的出资额;

(三)出资证明书编号。

记载于股东名册的股东,可以依股东名册主张行使股东权利。

公司应当将股东的姓名或者名称向公司登记机关登记;登记事项发生变更的,应当办理变更登记。未经登记或者变更登记的,不得对抗第三人。"

《公司法司法解释三》第22条:"当事人之间对股权归属发生争议,一方请求人民法院确认其享有股权的,应当证明以下事实之一:

(一)已经依法向公司**出资或者认缴出资**,且不违反法律法规强制性规定;

(二)**已经受让或者以其他形式继受公司股权**,且不违反法律法规强制性规定。"

张巡与公司之间没有任何的关系,没有与公司签协议也未向公司投资,既没有出资也没有登记,所以其与公司没有形成任何的法律关系,只是与陈明的个人法律关系。

> 【评价及预测】本题从实质上在考查股东资格。考生需要明晰取得股东资格的形式要件(认缴或实缴出资)和实质要件(公司成立后登记与股东名册或公司登记文件),对将来的考试有很大的意义。

2. 在法院受理公司破产申请后,张巡是否可向管理人主张权利,主张何种权利?为什么?

【答案】根据问题1的结论,张巡与公司之间不存在法律关系,故而在公司进入破产程序后,张巡也不得将其对陈明的债权,视为对公司的债权,向管理人进行破产债权的申报。

【考点】破产债权

【设题陷阱与常见错误分析】本题是与第1题的连环题,如果第1题能够正确判断张巡与公司没有任何关系,既不是股东又不是债权人。本题自然可以分析出来,张巡对公司管理人无权主张任何权利。

【解析】《企业破产法》第44条:"人民法院受理破产申请时对债务人**享有债权的债权人**,依照本法规定的程序行使权利。"题干所述,张巡只是对陈明个人的债权,而没有对公司的债权,所以不能向公司的管理人主张破产债权。

> 【评价及预测】本题是主观题的一种常见的题目形式,即与之前题目的连环题目设计,一旦前题分析有误,就可能造成该题的错误,所以考生要注意类似的题型。

3. 李贝能否以自己并非真正股东为由,主张对潘龙的股权转让行为无效?为什么?

【答案】不能。依《公司法解释(三)》第24条第3款,李贝虽为名义股东,但在对公司的关系上为真正的股东,其对股权的处分应为有权处分;退一步说,即使就李贝的股东身份在学理上存在争议,但在《公司法解释(三)》第25条第1款股权善意取得的规定下,李贝的处分行为也已成为有权处分行为,因此为保护善意相对人起见,李贝也不得主张该处分行为无效。

【考点】 名义股东处分名下股权

【设题陷阱与常见错误分析】 本题的核心考点在于名义股东与实际股东的权利义务关系。实际股东只是与名义股东签订协议,享有投资收益分配的权利。对于公司而言,名义股东李贝是真正的股东,有权处分其名下股权。且潘龙作为善意第三人应当受到保护,李贝也不能主张该转让行为无效。

【解析】《公司法司法解释三》第25条:"名义股东将登记于其名下的股权转让、质押或者以其他方式处分,实际出资人以其对于股权享有实际权利为由,请求认定处分股权行为无效的,人民法院可以参照物权法第一百零六条的规定处理。

名义股东处分股权造成实际出资人损失,**实际出资人请求名义股东承担赔偿责任**的,人民法院应予支持。"

【评价及预测】 名义股东处分其名下股权,是考试设计题目的一大重点。考生需要明确:相对于公司而言,名义股东是真正的股东,其处分名下股权的行为是有权处分,该处分行为是有效的,善意第三方应该受到保护,得到相应的股权。但名义股东毕竟没有实际出资,如果因其转让股权的行为损害到实际股东的利益,名义股东有义务向实际股东赔偿。

4. 刘宝可主张哪些法律救济?为什么?

【答案】 鉴于刘宝仅与李贝之间存在法律关系,即委托持股关系,因此刘宝也就只能根据该合同关系,向李贝主张违约责任,对公司不享有任何权利主张。

【考点】 名义股东处分名下股权

【设题陷阱与常见错误分析】 本题与第3题又是连环题目设计。通过第3题的分析,我们明确李贝与潘龙的股权转让行为已经生效,潘龙成为公司的股东,李贝退出。所以李贝不再是公司的名义股东,刘宝也自然不再是公司的实际股东。刘宝的任何权利主张都与公司无关,只能向他的合同相对人李贝提出索赔的请求。

【解析】《公司法司法解释三》第25条:"名义股东将登记于其名下的股权转让、质押或者以其他方式处分,实际出资人以其对于股权享有实际权利为由,请求认定处分股权行为无效的,人民法院可以参照物权法第一百零六条的规定处理。

名义股东处分股权造成实际出资人损失,**实际出资人请求名义股东承担赔偿责任**的,人民法院应予支持。"

【评价及预测】 名义股东处分名下股权后,实际股东的权利保障是考生需要掌握的内容。

5. 陈明能否以超过诉讼时效为由,拒绝50万元出资的缴付?为什么?

【答案】 不能。股东的出资义务,不适用诉讼时效,因此管理人在向陈明主张50万元出资义务的履行时,其不得以超过诉讼时效为由来予以抗辩。

【考点】 股东出资义务

👤【设题陷阱与常见错误分析】《公司法司法解释三》及《破产法司法解释二》的相关规定都明确了股东的出资义务不受诉讼时效的保护,考生只要了解相关法律规定即可答对此题。

📖【解析】《公司法司法解释三》第19条:公司股东未履行或者未全面履行出资义务或者抽逃出资,公司或者其他股东请求其向公司全面履行出资义务或者返还出资,**被告股东以诉讼时效为由进行抗辩的,人民法院不予支持**。

《破产法》第35条:"人民法院受理破产申请后,债务人的出资人尚未完全履行出资义务的,管理人应当要求该出资人缴纳所认缴的出资,而**不受出资期限的限制**。"

《破产法司法解释二》第20条:"管理人代表债务人提起诉讼,主张出资人向债务人依法缴付未履行的出资或者返还抽逃的出资本息,出资人以认缴出资尚未届至公司章程规定的缴纳期限或者违反出**资义务已经超过诉讼时效为由抗辩的,人民法院不予支持**。"

> 💡【评价及预测】股东的出资义务如果没有履行完毕,那么对公司的欠缴出资状态和行为一直在持续,所以法律明确规定不受诉讼时效限制。考生需要在法条层面和理论层面理解这一内容。

6. 就葛梅梅所领取的奖金,管理人应如何处理?为什么?

📖【答案】债务人的董事、监事、高级管理人员利用职权从企业获取的非正常收入,管理人负有追回义务。

董事、监事、高级管理人员所获取的绩效奖金属于非正常收入范围,故而管理人应向葛梅梅请求返还所获取的收入,且可以通过起诉方式来予以追回。

📚【考点】董、监、高非正常收入的追回

👤【设题陷阱与常见错误分析】本题的破题关键点在于从题干所述情形中,分析出葛梅梅的绩效奖金属于"非正常收入",而董、监、高利用职权从公司获取的非正常收入,破产管理人是有义务追回的。

📖【解析】《破产法》第36条:"债务人的董事、监事和高级管理人员利用职权从企业获取的非正常收入和侵占的企业财产,管理人应当追回。"

《破产法司法解释二》第24条:"债务人有企业破产法第二条第一款规定的情形时(不能清偿到期债务),债务人的董事、监事和高级管理人员利用职权获取的以下收入,人民法院应当认定为企业破产法第三十六条规定的非正常收入:

(一)绩效奖金;

(二)普遍拖欠职工工资情况下获取的工资性收入;

(三)**其他非正常收入**。

债务人的董事、监事和高级管理人员拒不向管理人返还上述债务人财产,**管理人主张上述人员予以返还的,人民法院应予支持**。"

> 💡【评价及预测】本题是对新的《破产法司法解释二》的细节考查,这一类型的题目需要考生注意。新的法条、司法解释出台,对相关内容细节的掌握要到位。

(四)(本题18分)(2013—4—5)

2012年5月,兴平家装有限公司(下称兴平公司)与甲、乙、丙、丁四个自然人,共同出资设立大昌建材加工有限公司(下称大昌公司)(**大昌公司的五个股东,分别为甲、乙、丙、丁四个自然人和兴平公司一个法人**)。在大昌公司筹建阶段,兴平公司董事长马玮被指定为设立负责人(**马玮相当于股东兴平公司的代表,其行为代表了兴平公司的行为,由兴平公司负责**),全面负责设立事务,马玮又委托甲协助处理公司设立事务(**甲成为大昌公司发起人**)。

2012年5月25日,甲以**设立中公司的名义**与戊签订房屋租赁合同,以戊的房屋作为大昌公司将来的登记住所(**发起人合同责任,以公司名义签合同的,公司成立后由公司承担责任,除非公司证明发起人为了自己的私利与相对人串通**)。

2012年6月5日,大昌公司登记成立,马玮为公司董事长,甲任公司总经理。公司注册资本1000万元,其中,兴平公司以一栋厂房出资(**厂房出资需要评估作价,办理产权过户手续,才能完成出资**);甲的出资是一套设备(**未经评估验资,甲申报其价值为150万元**)与现金100万元(**非货币财产出资,需要评估作价,办理过户登记手续;货币出资需要足额存到公司账户**)。

2013年2月,在马玮**知情**的情况下,甲伪造丙、丁的签名,将丙、丁的全部股权转让至乙的名下(**伪造不能产生相应的法律效力**),并办理了登记变更手续。乙随后于2013年5月,在马玮、甲均无异议的情况下,将登记在其名下的全部股权作价300万元,转让给**不知情的吴耕**,也办理了登记变更等手续(**乙与吴耕的交易属于无权处分,保护善意第三人吴耕的利益,此行为认定有效**)。

现查明:第一,兴平公司所出资的厂房,**其所有权原属于马玮父亲**;2011年5月,马玮在其父去世后,**以伪造遗嘱的方式取得所有权**(**该厂房马玮没有合法所有权**),并于同年8月,以该厂房投资设立兴平公司,马玮占股80%(**马玮作为大股东,且是兴平公司董事长,马玮的出资瑕疵,兴平公司不得主张善意,所以兴平公司不能取得该房产的所有权**)。而马父遗产的真正继承人,是马玮的弟弟马祎。第二,甲的100万元现金出资,系由其朋友**满钺代垫**(**第三人垫资,是法律允许的筹资形式,且第三人不承担出资人出资瑕疵的责任**),且在2012年6月10日,甲将该100万元自公司账户转到自己账户,随即按约还给满钺。第三,甲出资的设备,**在2012年6月初,时值130万元**(**判断资产的评估价值与实际价值的差异,参照出资当时的资产实际价值**);在2013年1月,时值80万元。

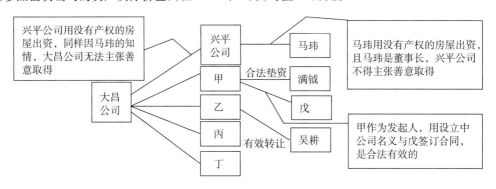

问题:

1. 甲以设立中公司的名义与戊签订的房屋租赁合同,其效力如何?为什么?

【答案】有效,设立中的公司可以实施法律行为。

【考点】发起人责任

【设题陷阱与常见错误分析】筹建中的法人具有民事主体资格,可以从事与公司设立相关的民事行为。《公司法司法解释三》也明文规定了发起人在设立公司的过程中,可以以自己的名义或以公司的名义对外签订合同,只是按照合同相对性应当首先由合同当事人承担责任。考生需要明确发起人以设立中公司名义对外签合同是完全合法有效的。

【解析】《公司法解释(三)》第3条第1款规定:"发起人以**设立中公司名义对外签订合同,公司成立后合同相对人请求公司承担合同责任的,人民法院应予支持**。"设立中的公司作为其他组织,具有一定的行为能力,可以以自己名义签订合同。

> 【评价及预测】发起人的合同责任,是近年的考试重点。考生需要明确,此考点的全部内容。
>
> 发起人可以以自己的名义签订合同,那么无论公司是否成立,发起人对此合同自己要负责,公司成立后如果追认或实际履行,那么对方当事人也可以向公司主张责任;
>
> 发起人还可以以设立中公司的名义对外签订合同,这种情况下,公司应当承担此合同责任。除非公司能够证明发起人为谋私利与恶意第三人签订此合同可以主张免责。
>
> 如果公司因故没成立,则全体发起人承担连带责任。对外承担责任后,内部可以向有过错者追偿,如果大家都没错,则内部按顺序追(约定责任比例——约定出资比例——平均份额)。

2. 在2013年1月,丙、丁能否主张甲设备出资的实际出资额仅为80万元,进而要求甲承担相应的补足出资责任?为什么?

【答案】不可以。确定甲是否已履行出资义务,应以设备交付并移转所有权至公司时为准,故应以2012年6月初之130万元,作为确定甲承担相应的补足出资责任的标准。

【考点】股东出资瑕疵的责任

【设题陷阱与常见错误分析】股东以非货币财产出资的,要求评估作价,且评估价值应当与公司章程所定限额基本匹配,不能出现显著差异,否则相应的股东应当补足差额。但评估价值应当以股东出资转移财产权的时刻为准,转到公司后,因市场变化或其他原因导致财产贬值的,不能再追究原出资人的责任。考生需要明晰这一点,才能确定此题的答案。

【解析】《公司法司法解释三》第9条规定:"出资人以非货币财产出资,未依法评估作价,公司、其他股东或者公司债权人请求认定出资人未履行出资义务的,**人民法院应当委托具有合法资格的评估机构对该财产评估作价**。评估确定的价额显著低于公司章程所定价额的,人民法院应当认定出资人未依法全面履行出资义务。"

第15条规定:"出资人以符合法定条件的非货币财产出资后,**因市场变化或者其他客观因素导致出资财产贬值,公司、其他股东或者公司债权人请求该出资人承担补足出资责任的,人民法院不予支持**。但是,当事人另有约定的除外。"

本题中,甲以未经评估的设备出资,应当对其进行合理评估。在2012年6月初,公司成立之时,该套设备的价值为130万元,后来因为市场贬值而在2013年1月评估为80万元,该套设备的合理价值应当以公司成立之时的130万元为准。所以,甲应当在出资不实的20万元的额度内承担补缴出资的责任。

> 【评价及预测】股东出资不实的责任是历年考试的重点,重复考查率非常高。本题从一个比较新颖的角度设计题目,即股东承担出资不实的补缴责任的判定,应当是出资时刻的评估价值和章程所定价值的比较。如果有不实的事实,才能认定此责任。考生需要注意,老的知识点从不同的角度设计题目。

3. 在甲不能补足其100万元现金出资时,满钺是否要承担相应的责任?为什么?

📖【答案】满钺不需要承担相应的责任。因为满钺与甲之间只有借款合同,满钺与大昌公司并无法定关系,且新的《公司法司法解释三》已经将第三人为股东垫资设立公司中,第三人的责任删除了,如果股东出现出资问题,由股东自行承担责任,不会连带第三人。

📚【考点】第三人垫资

👤【设题陷阱与常见错误分析】伴随《公司法司法解释三》的修改,第三人垫资情形中,第三人的责任被删除,意味着,仅仅由出资人对自己的出资承担相应的责任。打消了第三人的顾虑,让股东的筹资渠道更畅通。考生如果没能注意到新法的修改,依旧按照老法条的内容给出此题的答案就陷入了陷阱中。

📑【解析】《公司法司法解释三》已经将第三人为股东垫资设立公司中,第三人的责任删除了,如果股东出现出资问题,由股东自行承担责任,不会连带第三人。

> 💡【评价及预测】考生需要关注新法修改的动向,且以新法修改点为契机设计的题目往往成为热点问题。

4. 马祎能否要求大昌公司返还厂房?为什么?

📖【答案】可以。首先,因继承无效,马玮不能因继承取得厂房所有权,而其将厂房投资设立兴平公司,因马玮是兴平公司的董事长,其主观恶意视为所代表公司的恶意,因此也不能使兴平公司取得厂房所有权;其次,兴平公司将该厂房再投资于大昌公司时,马玮又是大昌公司的设立负责人与成立后的公司董事长,同样不能使大昌公司取得所有权。因此所有权仍应归属于马祎,可以向大昌公司请求返还。

📚【考点】股东出资

👤【设题陷阱与常见错误分析】首先马玮伪造的遗嘱无效,他不能继承该房屋的所有权,自然不具有处分权。马玮以自己没有处分权的房产投资兴平公司,应当按照物权法的规定适用善意取得制度的规则来处理。此题的陷阱出现在这里,马玮是兴平公司的董事长,其行为的法律后果应该由兴平公司承担,自己用没有处分权的房屋出资的事实,即可以认定为兴平公司是知情的,自然不能适用善意取得制度,所以兴平公司无法取得该房屋所有权;相同的道理,马玮同时又是平昌公司董事长,兴平公司用自己没有处分权的房屋再投资平昌公司,平昌公司也不能主张善意取得。所以该房屋的所有权依然留在马祎手中,其可以向平昌公司主张返还。考生需要重点分析清楚其中的连环出资关系,重点分析到因为马玮作为平昌公司和兴平公司的董事长,所以两公司不能适用善意取得。

📑【解析】《继承法》第22条第3款:"伪造的遗嘱无效。"所以,马祎因为遗嘱继承而获得其父遗留的厂房,该厂房被马玮无权占有,马玮显然不能获得该厂房的所有权。

《物权法》第106条:"**无处分权人将不动产或者动产转让给受让人的,所有权人有权追回**;除法律另有规定外,符合下列情形的,受让人取得该不动产或者动产的所有权:

(一)受让人受让该不动产或者动产时是善意的;

(二)以合理的价格转让;

(三)转让的不动产或者动产依照法律规定**应当登记的已经登记,不需要登记的已经交付给受让人**。

受让人依照前款规定取得不动产或者动产的所有权的,原所有权人有权向无处分权人请求赔偿损失。

当事人善意取得其他物权的,参照前两款规定。"

马玮不享有房屋的所有权,马玮将厂房出资给兴平公司属于无权处分,因为兴平公司知情(其董事长为马玮),不能对该出资构成善意取得。同理,兴平公司将该厂房出资给大昌公司属于无权处分,因为大昌公司知情(其董事长为马玮),不构成善意取得。最终,马玮是厂房的所有权人,而大昌公司是厂房的无权占有人,马玮有权要求大昌公司返还厂房。

> 【评价及预测】本题是商法和民法结合出题的又一典型。考生需要关注一些民法理论在商法中的运用。

5. 乙能否取得丙、丁的股权?为什么?

【答案】不能。乙与丙、丁间根本就不存在股权转让行为,丙、丁的签字系由甲伪造,且乙在主观上不可能是善意,故不存在善意取得的构成。

【考点】股权转让

【设题陷阱与常见错误分析】本题的陷阱在于乙可否适用善意取得,而得到相应的股权的判定。考生需要在题干所述情形中,分析出"甲伪造丙、丁的签字"转让给乙的行为,乙不可能对此善意不知情。

【解析】《公司法》第71条:"有限责任公司的股东之间可以相互转让其全部或者部分股权。**股东向股东以外的人转让股权,应当经其他股东过半数同意。……**"

从合同效力而言,甲伪造丙、丁的签名,将丙、丁的全部股权转让至乙的名下,**甲的行为属于无权处分**。乙能否取得该股权,取决于是否符合善意取得的要件,而题目中交代过"甲伪造丙、丁的签名"将股权转移至乙的名下,并办理相应的股权变更手续,这一切乙不可能不知情,所以乙不能符合善意取得的要件,无法善意取得该股权。

> 【评价及预测】善意取得是民法非常重要的理论,将此理论与商事相关制度结合出题,会加大题目的难度,但也是未来命题的趋势,考生需要关注知识的跨学科融合。

6. 吴耕能否取得乙转让的全部股权?为什么?

【答案】可以。乙自己原持有的股权,为合法有效,故可以有效地转让给吴耕。至于乙所受让的丙、丁的股权,虽然无效,但乙已登记于公司工商登记之中,且吴耕为善意,并已登入公司登记中,因此参照《公司法解释(三)》第25条、27条的原理,吴耕可以主张股权的善意取得。

【考点】股权转让

【设题陷阱与常见错误分析】本题与第5题连环,但二者的情形又完全不同,所以考生容易在这里犯错误。本题中吴耕是完全善意第三方,所以可以适用善意取得制度,从乙手中得到相应的股权成为公司的股东。

【解析】乙转让给吴耕的股权分为两部分:一部分是乙自己的股权,一部分是登记在乙名下的丙、丁的股权,前者通过正常合法的交易转让给吴耕,后者则属于善意取得的情形。对此,《公司法司法解释三》第25条第1款规定:"**名义股东将登记于其名下的股权转让、质押或者以其他方式处分**,实际出资人以其对于股权享有实际权利为由,请求认定处分股权行为无效的,人民法院可以参照物权法第一百零六条的规定处理。"《公司法司法解释三》第27条第1款规定:"股权转让后尚未向公司登记机关办理变更登记,原股东将仍登记于其名下的股权转让、质押或者以其他方式处分,受让股东以其对于股权享有实际权利为由,请求认定处分股权行为无效的,人民法院可以参照物权法第一百零六条的规定处理。"这些规定明确肯定了股权的善意取得,本题属于类似情形。

> 【评价及预测】本题依旧在适用善意取得制度结合股权转让知识,确定股权转让行为的效力。关键点在于对善意取得制度构成要件的理解。

(五)(本题18分)(2012—4—4)

2009年1月,甲、乙、丙、丁、戊共同投资设立鑫荣新材料有限公司(以下简称鑫荣公司),从事保温隔热高新建材的研发与生产(**鑫荣公司的股东由五股东组成**)。该公司注册资本2000万元,各股东认缴的出资比例分别为44%、32%、13%、6%、5%(**认缴出资决定了股东的责任范围**)。其中,丙将其对大都房地产开发有限公司所持股权折价成260万元作为出资方式,经验资后办理了股权转让手续(**股权出资,要满足相关的条件**)。甲任鑫荣公司董事长与法定代表人,乙任公司总经理。

鑫荣公司成立后业绩不佳,股东之间的分歧日益加剧。当年12月18日,该公司召开股东会,在乙的策动下,乙、丙、丁、戊一致同意(**股权比例总计56%,超过了50%**),限制甲对外签约合同金额在100万元以下,如超出100万元,甲须事先取得股东会同意(**代表半数以上表决权的股东同意,此决议生效**)。甲拒绝在决议上签字。**此后公司再也没有召开股东会**(2009年12月最后一次召开股东会,此后再没开会)。

2010年12月,甲认为产品研发要想取得实质进展,必须引进隆泰公司的一项新技术。甲未与其他股东商量,即**以鑫荣公司法定代表人的身份**,与隆泰公司签订了金额为200万元的技术转让合同(**法定代表人越权,行为对外有效,保护善意第三人,内部追究责任**)。

2011年5月,乙为资助其女赴美留学,向朋友张三借款50万元,以其对鑫荣公司的股权作为担保,**并办理了股权质权登记手续**(**股权质押,需要登记生效**)。

2011年9月,大都房地产公司资金链断裂,难以继续支撑,不得不向法院提出破产申请。经审查,该公司尚有资产3000万元,但负债已高达3亿元,各股东包括丙的股权价值几乎为零(**丙的股权出资,评估价值以出资当时的情况来恒定,出资完成后,股权转移给鑫荣公司,由鑫荣公司自行承担损失**)。

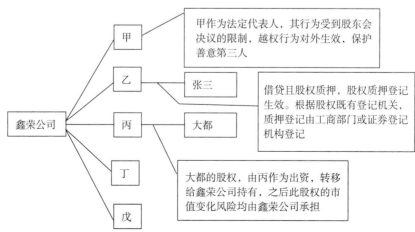

2012年1月,鉴于鑫荣公司经营状况不佳及大股东与管理层间的矛盾,小股东丁与戊欲退出公司,以避免更大损失(**股东退出公司的途径:对内转让、对外转让、司法强制解散,股权回购,题干中所述情形不符合股权回购的适用情形,但是符合了"连续两年不开会"的僵局,可以适用司法强制解散**)。

问题:
1. 2009年12月18日股东大会决议的效力如何?为什么?

【答案】该股东会决议有效。股东会有权就董事长的职权行使作出限制,且表决权过半数的股东已在决议上签字。

【考点】股东会职权、股东会决议的效力

【设题陷阱与常见错误分析】股东会是公司的权力机构,有权就公司的重大问题作出决议,且除公司章程的另行规定,遵从资本决议的原则。本题的设计有一定的灵活性,即判断限制董事长的权利,是否属于股东会的权限范围,这也是本题的难点所在。

【解析】《公司法》第42条:"**股东会会议由股东按照出资比例行使表决权**;但是,公司章程另有规定的除外。"

第43条:"股东会的议事方式和表决程序,除本法有规定的外,由公司章程规定。

股东会会议作出**修改公司章程、增加或者减少注册资本**的决议,以及公司合并、分立、**解散**或者变更公司形式的决议,必须经代表**三分之二以上表决权**的股东通过。"

第37条:"股东会行使下列职权:
(一)决定公司的经营方针和投资计划;
(二)选举和更换非由职工代表担任的董事、监事,决定有关董事、监事的报酬事项;
(三)审议批准董事会的报告;
(四)审议批准监事会或者监事的报告;
(五)审议批准公司的年度财务预算方案、决算方案;
(六)审议批准公司的利润分配方案和弥补亏损方案;
(七)对公司增加或者减少注册资本作出决议;
(八)对发行公司债券作出决议;
(九)对公司合并、分立、解散、清算或者变更公司形式作出决议;
(十)修改公司章程;
(十一)公司章程规定的其他职权。

对前款所列事项股东以书面形式一致表示同意的,可以不召开股东会会议,直接作出决定,并由全体股东在决定文件上签名、盖章。"

所以,股东会由全体股东组成,是有限责任公司的权力机关,股东会有权就董事长的职权行使作出限制,不违反法律、行政法规的规定;股东会会议,由股东按照出资比例行使表决权,案例中,乙、丙、丁、戊的出资比例为32%、13%、6%、5%,合计出资比例超过半数,对董事长职权的限制属于一般事项,由表决权过半数的股东表决即可通过。所以,该决议有效。

【评价及预测】关于股东会的决议规则是考试的重点。除公司章程另有规定外,按"资本决"的原则,一般事项由代表1/2以上表决权股东通过,特殊事项由代表2/3以上表决权的股东通过才可以。

2. 甲以鑫荣公司名义与隆泰公司签订的技术转让合同效力如何？为什么？

【答案】合同有效。尽管公司对董事长的职权行使有限制，甲超越了限制，但根据《合同法》第 50 条规定，亦即越权行为有效规则，公司对外签订的合同依然是有效的。

【考点】法定代表人越权行为的效力

【设题陷阱与常见错误分析】通过第 1 题的分析，已经确认股东会对董事长的权利限制是有效的，但此限制毕竟是内部限制，不得对抗外部善意第三人，此点是该题的核心。

【解析】根据《合同法》第 50 条："**法人或者其他组织的法定代表人、负责人超越权限订立的合同，除相对人知道或者应当知道其超越权限的以外，该代表行为有效**。"另外，公司股东会决议对甲的职权限制属于内部决议，只对内部有效，不能约束善意第三人。因此，甲作为鑫荣公司董事长与法定代表人，代表鑫荣公司与隆泰公司签订的技术转让合同应属有效行为。

【评价及预测】法定代表人越权行为的效力，未来可考性也比较大，考生需要明确，公司的章程，内部决议等对法定代表人的权利限制仅限定在公司内部生效，针对外部善意第三人不生效。公司要对法定代表人的越权行为认可效力，承担责任，因此有损失的，可以向越权行为人内部追偿。

3. 乙为张三设定的股权质押效力如何？为什么？

【答案】股权质押有效，张三享有质权。因为已经按照规定办理了股权质押登记。

【考点】股权质押

【设题陷阱与常见错误分析】股权质押更多体现在《物权法》中，关键点在于登记是其成立要件，本题中已经做了登记的手续，所以可以认定为质权的设定是有效的。

【解析】根据《物权法》第 223 条规定："债务人或者第三人有权处分的下列权利可以出质：（一）汇票、支票、本票；（二）债券、存款单；（三）仓单、提单；（四）**可以转让的基金份额、股权**；（五）可以转让的注册商标专用权、专利权、著作权等知识产权中的财产权；（六）应收账款；（七）法律、行政法规规定可以出质的其他财产权利。"第 226 条规定："以基金份额、股权出质的，当事人应当订立书面合同。以基金份额、证券登记结算机构登记的股权出质的，质权自证券登记结算机构办理出质登记时设立；**以其他股权出质的，质权自工商行政管理部门办理出质登记时设立**。"所以，乙作为鑫荣公司股东，有权以所享有的公司股权进行质押，并且依法办理了股权质押登记，因此该股权质押有效，张三可享有质权。

【评价及预测】本题体现了民商结合的命题特点，考生需要关注。另，股权质押自登记成立，针对不同的股权登记机构不尽相同，需要了解细节。如果是在证券登记结算机构登记的股权质押，需要在证券登记结算机构登记；其余的股权质押在工商部门登记。

4. 大都房地产公司陷入破产，丙是否仍然对鑫荣公司享有股权？为什么？

【答案】丙仍然享有股权。因为丙已经办理了股权转让手续，且丙以其对大都房地产公司的股权出资时，大都房地产公司并未陷入破产，也不存在虚假出资。

【考点】 股权出资

【设题陷阱与常见错误分析】 丙用大都公司的股权出资的时刻,大都公司并未破产,《公司法司法解释三》中也明确规定股东以符合条件的非货币财产出资后,因市场原因资产贬值,出资人并不承担补足的责任。所以丙的出资并不存在问题,自然应当享有股权。考生只有明晰这一点才能应对此题。

【解析】《公司法司法解释三》第11条:"出资人以其他公司股权出资,符合下列条件的,人民法院应当认定出资人已履行出资义务:

(一)出资的股权由**出资人合法持有并依法可以转让**;

(二)出资的股权**无权利瑕疵或者权利负担**;

(三)**出资人已履行关于股权转让的法定手续**;

(四)**出资的股权已依法进行了价值评估**。

股权出资不符合前款第(一)、(二)、(三)项的规定,公司、其他股东或者公司债权人请求认定出资人未履行出资义务的,人民法院应当责令该出资人在指定的合理期间内采取补正措施,以符合上述条件;逾期未补正的,人民法院应当认定其未依法全面履行出资义务。

股权出资不符合本条第一款第(四)项的规定,公司、其他股东或者公司债权人请求认定出资人未履行出资义务的,人民法院应当按照本规定第九条的规定处理。"

《公司法司法解释三》第15条:"出资人以符合法定条件的非货币财产出资后,**因市场变化或者其他客观因素导致出资财产贬值**,公司、其他股东或者公司债权人**请求该出资人承担补足出资责任的,人民法院不予支持**。但是,当事人另有约定的除外。"

案例中丙将其对大都房地产开发有限公司所持股权折价出资,出资时大都房地产公司并未陷入破产,不存在虚假出资,丙是真实出资,并经验资办理了股权转让手续。因此当然享有对公司的股权。

> **【评价及预测】** 非货币财产出资的评估价值与章程所定价值相符合,是针对出资时刻的情况而要求的。出资后因市场变化或其他客观原因导致资产贬值,出资人不承担补足责任。这一点是股东出资瑕疵责任中很重要的细节,多次考到,考生需要关注。

5. 丁与戊可以通过何种途径保护自己的权益?

【答案】 丁、戊可以通过向其他股东或第三人转让股权的途径退出公司,或联合提起诉讼,请求法院强制解散公司的途径保护自己的权益。

【考点】 股权转让的效果、公司的强制解散

【设题陷阱与常见错误分析】 本题中,丁和戊可以适用的退出的途径包括:股东退出公司的途径主要有:对内转让、对外转让、司法强制解散。考生需要全面了解,不要出现疏漏。

【解析】《公司法》第71条:"有限责任公司的股东之间可以相互转让其全部或者部分股权。股东向股东以外的人转让股权,**应当经其他股东过半数同意**。股东应就其股权转让事项书面通知其他股东征求同意,其他股东自接到书面通知之日起满三十日未答复的,视为同意转让。其他股东半数以上不同意转让的,不同意的股东应当购买该转让的股权;不购买的,视为同意转让……"

第74条:"依照本法第七十一条、第七十二条转让股权后,公司应当注销原股东的出资证明书,向新股东签发出资证明书,并相应修改公司章程和股东名册中有关股东及其出资额的记载……"根据这两条规定,股权转让方式有两种:一是股东之间内部转让;二是股东向股东以外的第三人转让。如是股

权全部转让,则原股东注销出资证明书消灭股东资格,退出公司;受让人签发出资证明书而成为新股东。所以丁、戊可以通过向外转让股权的方式退出公司。

《公司法司法解释二》第1条:"单独或者合计持有公司全部股东表决权百分之十以上的股东,以下列事由之一提起解散,并符合公司法第一百八十二条规定的,人民法院应予受理:(一)**公司持续两年以上无法召开股东会或者股东大会,公司经营管理发生严重困难的**;(二)股东表决时无法达到法定或者规定的比例,持续两年以上不能做出有效的股东会或者股东大会决议,公司经营管理发生严重困难的;(三)公司董事长期冲突,且无法通过股东会或者股东大会解决,公司经营管理发生严重困难的;(四)经营管理发生其他严重困难,公司继续存续会使股东利益受到重大损失的情形。"

《公司法》第152条规定:"董事、高级管理人员违反法律、行政法规或者公司章程的规定,损害股东利益的,股东可以向人民法院提起诉讼。"

结合以上案情,鑫荣公司自2009年12月18日召开股东会,之后到2012年1月丁、戊欲退出公司时,再也没召开股东会;公司经营状况不佳,大股东与管理层之间有矛盾,丁、戊合计持有公司全部股东表决权10%以上(合计所持表决权占11%),所以丁、戊还可以通过诉讼,请求法院强制解散公司来保护权益。

> **【评价及预测】** 股东退出公司的途径主要有:对内转让、对外转让、司法强制解散、异议股东回购等。各自分别有不同的适用条件,考生需要全面掌握,此考点的涉考性非常强。

(六)本题22分(2010—4—6)

2007年2月,甲乙丙丁戊五人共同出资设立北陵贸易有限责任公司(简称北陵公司)(**北陵公司有五个股东**)。公司章程规定:公司注册资本500万元;持股比例各20%;甲、乙各以100万元**现金**出资,丙以**私有房屋**出资,丁以**专利权**出资,戊以**设备**出资,各折价100万元(**各股东出资形式和金额均合法有效**);甲任董事长兼总经理,负责公司经营管理(**甲的职务安排合法有效**);公司前五年若有利润,甲得28%,其他四位股东各得18%,从第六年开始平均分配利润(**公司利润分配,约定优先,所以此约定合法有效**)。

至2010年9月,**丙的房屋仍未过户登记到公司名下**(**丙存在出资不足,要对公司承担补缴,对其他足额缴纳出资的股东承担违约责任**),但事实上一直由公司占有和使用。

公司成立后一个月,丁提出急需资金,向公司借款100万元,公司为此召开临时股东会议,作出决议如下:**同意借给丁100万元,借期六个月,每月利息一万元。丁向公司出具了借条**(**公司和丁之间形成了借款关系**)。虽至今丁一直未归还借款,但每月均付给公司利息一万元。

千山公司总经理王五系甲好友,千山公司向建设银行借款1000万元,借期一年,王五请求北陵公司提供担保。甲说:"公司章程规定我只有300万元的担保决定权,超过了要上股东会才行。"王五说:"你放心,我保证一年到期就归还银行,到时候与你公司无关,只是按银行要求做个手续。"甲碍于情面,**自己决定以公司名义给千山公司的贷款银行出具了一份担保函**(**北陵公司对银行的保函,鉴于银行是善意第三方,应该是合法有效的。但甲自己决定作出此决议,属于越权行为**)。

戊不幸于2008年5月地震中遇难,其13岁的儿子幸存下来(**自然人股东死亡,股权继承公司法的态度是允许,但公司章程可以另行规定**)。

北陵公司欲向农业银行借款200万元,以**设备**作为担保,银行同意,双方签订了借款合同和抵押合同,**但未办理抵押登记**(**设备作为抵押物的抵押合同,登记是对抗第三人的效力**)。

2010年5月,乙提出欲将其股份全部转让给甲,甲愿意受让(**股东之间股权内转,不破坏人合性,自由转。不用通知其他股东,其他股东没有优先购买权**)。

2010年7月,当地发生洪水灾害,此时北陵公司的净资产为120万元,但尚欠万水公司债务150万元一直未还。北陵公司决定向当地的一家慈善机构捐款100万元,与其签订了捐赠合同,但尚未交付(赠与合同是诺成合同,此捐赠合同有效。但北陵公司对外欠债不能偿付的情况下,无偿转让财产,债权人可以行使撤销权,将此捐赠合同撤销)。

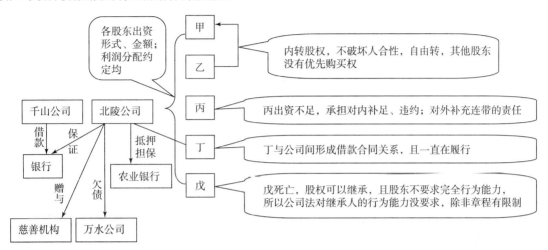

问题

1. 北陵公司章程规定的关于公司前五年利润分配的内容是否有效？为什么？

【答案】有效。《公司法》允许有限公司章程对利润作出不按出资比例的分配方法。

【考点】公司利润分配

【设题陷阱与常见错误分析】有限公司因其人合性,自治性较高,《公司法》对股东通过公司章程灵活约定的事项有很充分的授权。利润分配即为可以灵活约定的一类。即全体股东可以约定不按法定的"实缴比例"分配。考生只要熟悉该法条内容即可答对该题。

【解析】《公司法》第34条:"股东按照实缴的出资比例分取红利;公司新增资本时,股东有权优先按照实缴的出资比例认缴出资。但是,**全体股东约定不按照出资比例分取红利或者不按照出资比例优先认缴出资的除外。**"可见,《公司法》允许有限公司章程对利润作出不按出资比例的分配方法,故北陵公司章程规定的关于公司前五年利润分配的内容有效。

【评价及预测】关于公司的利润分配,考生需要掌握其遵从的原则是"有约定按约定,无约定按实缴"。

2. 丙作为出资的房屋未过户到公司名下,对公司的设立产生怎样的后果？在房屋已经由公司占有和使用的情况下,丙是否需要承担违约责任？

【答案】不影响公司的有效设立。丙应当承担违约责任。

【考点】股东出资瑕疵的责任

【设题陷阱与常见错误分析】本题最大的陷阱在于分析清楚:股东负有向公司出资的义务,如果没有如约足额缴纳会承担相应的责任,而公司登记机关对公司进行设立登记并签发公司营业执照后,公司即成立。股东没有实际缴纳出资与公司的成立是彼此独立的两个体系,股东的瑕疵出资并不能影响公司的成立。

【解析】《公司法》第26条:"有限责任公司的注册资本为在公司登记机关登记的**全体股东认缴的出资额**。

法律、行政法规以及国务院决定对有限责任公司注册资本实缴、注册资本最低限额另有规定的,从其规定。"所以公司成立并不要求股东的实缴出资,丙的出资瑕疵不影响公司的成立。

第28条:"股东应当按期足额缴纳公司章程中规定的各自所认缴的出资额。股东以货币出资的,应当将货币出资足额存入有限责任公司在银行开设的账户;以非货币财产出资的,应当依法办理其财产权的转移手续。

股东不按照前款规定缴纳出资的,除应当向公司足额缴纳外,还应当向已按期足额缴纳出资的股东承担违约责任。"

所以丙,没有将非货币出资的财产权转移到公司名下,存在出资瑕疵,应当向公司足额缴纳,并向已按期足额缴纳出资的股东承担违约责任。

> **【评价及预测】**《公司法》对公司设立的条件中,只要求股东的认缴出资,所以股东实缴出资的瑕疵只会带来相应责任的追究而不会影响到公司的成立,也不会影响到股东资格的取得。考生需要明晰这一点来应对将来的题目。

3. 丁向公司借款100万元的行为是否构成抽逃注册资金?为什么?

【答案】不构成。经过股东会决议,签订了借款合同,形成丁对公司的债务。

【考点】抽逃出资

【设题陷阱与常见错误分析】抽逃出资,是公司成立后,股东将所缴纳出资通过种种行为暗中撤回,却仍保留股东身份和原有的出资数额的一种欺诈性违法行为。本题中丁履行了法定的程序,与公司签订了借款合同,形成了债的关系,所以考生需要分清楚抽逃出资与借贷关系的区别。

【解析】《公司法司法解释三》第12条:"公司成立后,公司、股东或者公司债权人以相关股东的行为符合下列情形之一且损害公司权益为由,请求认定该股东抽逃出资的,人民法院应予支持:

(一)制作虚假财务会计报表虚增利润进行分配;

(二)通过虚构债权债务关系将其出资转出;

(三)利用关联交易将出资转出;

(四)其他未经法定程序将出资抽回的行为。"

丁向公司借款100万元已经过股东会决议,签订了借款合同,形成了丁对公司的债务,不符合抽逃出资的行为表现,不构成抽逃出资。

> **【评价及预测】**抽逃出资是涉考性很高的一个考点,尤其是《公司法司法解释三》修改后对抽逃出资的行为表现做了修正,另外,抽逃出资后的责任,以及第三人垫资责任的取消都是新法的关键点,考生需要重点把握相关细节。

4. 北陵公司于2010年8月请求丁归还借款,其请求权是否已经超过诉讼时效?为什么?

【答案】未超过。因为丁作为债务人一直在履行债务。

【考点】诉讼时效

【设题陷阱与常见错误分析】题目中丁支付利息的行为属于自愿履行义务的表现,能够带来诉讼时效中断的后果。考生如果不能判断这一点,可能带来错误的认识和答案。

【解析】《民法通则》第140条:"诉讼时效因**提起诉讼、当事人一方提出要求**或者**同意履行义务而中断**。从中断时起,诉讼时效期间重新计算。"本题中,丁虽一直未归还借款,但每月均付给公司利息一万元的行为表明其认同借款合同的存在,其主观上愿意承担还款义务,即同意履行,故诉讼时效中断,北陵公司于2010年8月请求丁归还借款,其请求权没有超过诉讼时效。

【评价及预测】该题与民事诉讼制度相结合,考生需要关注民事诉讼的理论在商事案件中的运用。

5. 北陵公司是否有权请求法院确认其向建设银行出具的担保函无效?为什么?

【答案】无权。因保证合同是甲以公司的名义与银行之间的合同。

【考点】董事、高管的禁止行为

【设题陷阱与常见错误分析】《公司法》对董事、高管的禁止性义务作出了规定,但针对"对外担保"这一事项采取的相对禁止的态度,即禁止未经股东会、股东大会或董事会同意的擅自对外担保。但如果董事、高管实施了这样的行为,基于对善意第三人的保护,也不可认定该行为无效。考生需要明晰这一点才能答对此题。

【解析】《公司法》第148条第1款第(五)项规定:"董事、高级管理人员不得有下列行为:(三)违反公司章程的规定,未经股东会、股东大会或者董事会同意,将公司资金借贷给他人或者以公司财产为他人提供担保";第148条第2款规定:"董事、高级管理人员违反前款规定**所得的收入应当归公司所有**。"第149条:"董事、监事、高级管理人员执行公司职务时违反法律、行政法规或者公司章程的规定,**给公司造成损失的,应当承担赔偿责任**。"可见,《公司法》对此种行为只是规定了产生的利益归于公司,由于此种行为给公司造成损失的,相应人员应当承担赔偿责任,而并未规定此行为无效,故北陵公司无权请求法院确认其向建设银行出具的担保函无效。

【评价及预测】提醒考生注意:"善意第三人的保护"是包括商法体系在内的私法领域很重要的规则,内部的约束或限制的效力是有限的,在对抗外部主体尤其是外部善意主体的时候,往往不能产生相应的效力。

6. 戊13岁的儿子能否继承戊的股东资格而成为公司的股东?为什么?

【答案】能够。因为《公司法》并未要求股东为完全行为能力人。

【考点】股东资格继承

【设题陷阱与常见错误分析】《公司法》对股东的行为能力并没有做任何的要求,且《公司法》也明确规定除公司章程的特殊限制外,自然人股东资格可以继承。考生熟悉这一规定即可应对此题。

【解析】《公司法》第75条:"自然人股东死亡后,**其合法继承人可以继承股东资格**;但是,公司章程另有规定的除外。"可见,《公司法》并未对股东资格的继承人作特殊限制性规定,《公司法》也并未要求股东为完全行为能力人,故戊13岁的儿子可以继承戊的股东资格而成为公司的股东。

> 【评价及预测】关于股东资格及股东资格继承问题,重复考查率很高。考生需要掌握:
> 1. 关于股东资格,《公司法》没有做出积极条件的限制,所以行为能力、年龄、学历、组织形式、国籍等都不能成为阻碍主体成为股东的条件。只要具备出资(认缴、实缴均可)+登记(登记于名册或工商登记中)即可取得股东资格。
> 2. 股东资格继承,《公司法》授权公司章程自行约束,如果章程没有特殊约定,即可继承。

7. 如北陵公司不能偿还农业银行的200万元借款,银行能否行使抵押权?为什么?

【答案】能够。设备抵押可以不办理登记。

【考点】设备抵押合同

【设题陷阱与常见错误分析】《物权法》对动产抵押规定了自抵押合同生效时成立,只是有一些特殊的动产抵押不登记不能对抗第三人,包括了生产设备。考生需要熟悉《物权法》相关的法条内容,否则容易出现错误。

【解析】《物权法》第180条:"债务人或者第三人有权处分的下列财产可以抵押:(一)建筑物和其他土地附着物;(二)建设用地使用权;(三)以招标、拍卖、公开协商等方式取得的荒地等土地承包经营权;(四)**生产设备、原材料、半成品、产品**;(五)正在建造的建筑物、船舶、航空器;(六)交通运输工具;(七)法律、行政法规未禁止抵押的其他财产。抵押人可以将前款所列财产一并抵押。"

第187条:"以本法第一百八十条第一款第一项至第三项规定的财产或者第五项规定的正在建造的建筑物抵押的,应当办理抵押登记。抵押权自登记时设立。"

第188条:"以本法第一百八十条第一款第四项、第六项规定的财产或者第五项规定的正在建造的船舶、航空器抵押的,**抵押权自抵押合同生效时设立;未经登记,不得对抗善意第三人**。"可见,北陵公司以设备作为担保,抵押权自抵押合同生效时设立;未经登记,只是不得对抗善意第三人,不影响抵押权的行使,银行可以行使抵押权。

> 【评价及预测】关于抵押何时成立,是《物权法》中一个很重要的问题。考生需要掌握:原则上来讲不动产抵押自登记时成立,动产抵押自抵押合同生效时成立,但有几项特殊的动产不登记不能对抗善意第三人,包括生产设备、原材料、半成品、产品;正在建造的船舶、航空器;交通运输工具。

8. 乙向甲转让股份时,其他股东是否享有优先受让权?为什么?

【答案】不享有。因为不是对外转让。

【考点】股权对内转让

【设题陷阱与常见错误分析】股东的股权转让分为对内转让和对外转让,对外转让会引入外部主体,破坏现有股东的人合性,所以法律规定了较为严格的条件,并给与其他股东以同等条件下的优先购买权。而对内转让,不破坏人合性,所以原则是自由的。不需要征得其他股东的同意,也无需给到其他股东优先购买权。考生如果混淆这两点的要求有可能出现错误的答案。

【解析】此处应将"股份"改为"股权"。《公司法》第71条:"**有限责任公司的股东之间可以相**

互转让其全部或者部分股权。股东向股东以外的人转让股权,应当经其他股东过半数同意。股东应就其股权转让事项书面通知其他股东征求同意,其他股东自接到书面通知之日起满三十日未答复的,视为同意转让。其他股东半数以上不同意转让的,不同意的股东应当购买该转让的股权;不购买的,视为同意转让。经股东同意转让的股权,在同等条件下,其他股东有优先购买权。两个以上股东主张行使优先购买权的,协商确定各自的购买比例;协商不成的,按照转让时各自的出资比例行使优先购买权。公司章程对股权转让另有规定的,从其规定。"可见,乙向股东甲转让股权不是对外转让,不需经其他股东同意,其他股东也不享有优先受让权。

> **【评价及预测】** 股东的股权转让是涉考性很强的考点。考生需要细分对内转让和对外转让的细节要求。

9. 北陵公司与当地慈善机构的捐赠合同是否有效?为什么?万水公司可否请求法院撤销北陵公司的上述行为?为什么?

【答案】 有效。因为赠与合同是诺成合同,双方当事人意思表示一致时即可成立。万水公司可以请求法院撤销北陵公司的捐赠行为,因其不履行债务而无偿转让财产,损害了万水公司的利益,符合《合同法》关于债的保全撤销权的条件。

【考点】 债权人的撤销权

【设题陷阱与常见错误分析】《合同法》规定了赠与合同是诺成合同,本题中最大的陷阱在于题目中的赠与合同具有一定的公益性。但该赠与合同又属于债务人无偿转让财产损害债权人利益的情况。所以债权人享有撤销权。考生容易误认为公益性捐赠不可撤销,造成本题出现错误。

【解析】《合同法》第185条:"赠与合同是赠与人将自己的财产无偿给予受赠人,受赠人表示接受赠与的合同。"

第74条:"**因债务人放弃其到期债权或者无偿转让财产,对债权人造成损害的,债权人可以请求人民法院撤销债务人的行为**。债务人以明显不合理的低价转让财产,对债权人造成损害,并且受让人知道该情形的,债权人也可以请求人民法院撤销债务人的行为。撤销权的行使范围以债权人的债权为限。债权人行使撤销权的必要费用,由债务人负担。"本题中,北陵公司尚欠万水公司债务无力归还的情况下决定向慈善机构捐款,损害了万水公司的利益,符合不履行债务而无偿转让财产的情况,故万水公司可以请求法院撤销北陵公司的捐赠行为。

> **【评价及预测】** 债权人的撤销权与商法结合设计题目的可能性很高,考生需要深刻理解债权人撤销权的细节内容。

(七)(本题20分)(2007-4-5)

甲与乙分别出资60万元和240万元共同设立新雨开发有限公司(下称新雨公司)(**新雨公司两股东,出资合法有效**),由乙任执行董事并负责公司经营管理,甲任监事(**甲、乙的职务安排合法有效**)。乙同时为其个人投资的东风有限责任公司(下称东风公司)的总经理(**乙同时在新雨和东风两公司中任要职,东风公司是乙设立的一人公司**),该公司欠白云公司货款50万元未还(**东风与白云之间存在借款关系**)。乙与白云公司达成协议约定:若3个月后仍不能还款,乙将其在新雨公司的股权转让20%给白云公司,并表示愿就此设质(**乙在新雨公司中的股权外转需要其他股东过半数同意,乙不能自己做主。乙**

作为股东用自己的股权设定质权,是合法有效的)。届期,东风公司未还款,白云公司请求乙履行协议,乙以"此事尚未与股东甲商量"为由搪塞,白云公司遂拟通过诉讼来解决问题(白云公司作为债权人,可以要求债务人清偿债务并承担违约责任,同时因为乙为该笔债务设定的质权有效,白云公司同时可以向乙主张行使质权)。

东风公司需要租用仓库,乙擅自决定将新雨公司的一处房屋以低廉的价格出租给东风公司(乙作为新雨公司的高管,利用职务的便利侵害公司利益,对公司有内部侵权,符合条件的股东可以行使代位诉讼追究乙的侵权责任)。乙的好友丙因向某银行借款需要担保,找到乙。乙以新雨公司的名义向该银行出具了一份保函(该保函合法有效),允诺若到期丙不能还款则由新雨公司负责清偿,该银行接受了保函且未提出异议。甲知悉上述情况后,向乙提议召开一次股东会以解决问题,乙以业务太忙为由迟迟未答应开会。公司成立三年,一次红利也未分过,目前亏损严重。甲向乙提出解散公司,但乙不同意。甲决定转让股权,退出公司,但一时未找到受让人(公司陷入经营困境,进退两难的困境,持股10%以上的股东可以行使司法强制解散请求权请求法院解散公司)。

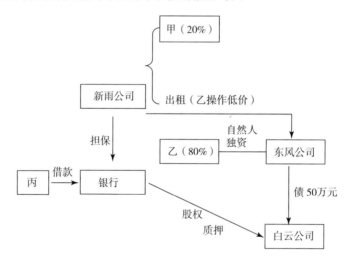

问题:

1. 白云公司如想通过诉讼解决与东风公司之间的纠纷,应如何提出诉讼请求?

📖【答案】(1)请求东风公司清偿货款本金与利息;

(2)请求东风公司承担违约责任;

(3)请求行使股权质权(或权利质权)。

📚【考点】*股权质押*

👤【设题陷阱与常见错误分析】本题中,白云公司作为东风公司的债权人,自然可以向东风公司主张货款本金、利息及相关的违约责任;考生容易出现错误的地方是忽略乙为此设定的股权质权。乙作为独立第三人,有权利以自己有权处分的股权设定质权。

📝【解析】东风公司是白云公司的债务人,且乙为此设定质权,所以东风公司可以要求债务人履行偿付本息的责任及违约责任,同时可以请求乙承担保证责任。

┌─────────────────────────────────────┐
│ 📋【评价及预测】本题是商法与民法紧密结合的典型。随着司法考试难度的增加,跨学科结合的趋势也会更加明显,考生需要关注。 │
└─────────────────────────────────────┘

2. 白云公司如想实现股权质权,需要证明哪些事实?

【答案】(1)证明其与乙签订了股权质押合同;

(2)证明股权质押已经到工商行政管理部门办理了登记。

【考点】 股权质押

【设题陷阱与常见错误分析】股权质押的流程是本题的题眼所在,考生需要明确,股权可以质押,但股权质押的生效要件中需要登记,且根据不同性质的股权登记的机关不同,如果是在证券登记算机构登记的股权质押,需要证券登记结算机构登记,其他股权,需要在工商部门登记。

【解析】《物权法》第 223 条:"债务人或者第三人有权处分的下列权利可以出质:

(一)汇票、支票、本票;

(二)债券、存款单;

(三)仓单、提单;

(四)可以转让的基金份额、股权;

(五)可以转让的注册商标专用权、专利权、著作权等知识产权中的财产权;

(六)应收账款;

法律、行政法规规定可以出质的其他财产权利。"

第 226 条:"以基金份额、股权出质的,**当事人应当订立书面合同**。以基金份额、证券登记结算机构登记的股权出质的,质权自证券登记结算机构办理出质登记时设立;**以其他股权出质的,质权自工商行政管理部门办理出质登记时设立**。"

题目中设定质押的股权为有限公司股权,应当签订书面合同,在工商部门办理登记后成立。

【评价及预测】股权质押的要件、登记成立是考生需要明晰的考点内容。

3. 针对乙将新雨公司的房屋低价出租给东风公司的行为,甲可以采取什么法律措施?

【答案】甲可以为公司利益直接向法院提起股东派生(代表)诉讼。

【考点】 股东代位诉讼

【设题陷阱与常见错误分析】股东代位诉讼是股东权利非常重要的一个体现。本题作为案例分析,简单明了地指出甲享有此权利即可。关键点是从题干中分析出,乙作为公司的高管,在执行职务的过程中,侵犯公司利益,对公司实施了侵权行为。具备了股东代位诉讼的前提条件。

【解析】《公司法》第 149 条:"**董事、监事、高级管理人员执行公司职务时违反法律、行政法规或者公司章程的规定**,给公司造成损失的,应当承担赔偿责任。"

第 151 条:"董事、高级管理人员有本法第一百四十九条规定的情形的,有限责任公司的股东、股份有限公司连续一百八十日以上单独或者合计持有公司百分之一以上股份的股东,可以书面请求监事会或者不设监事会的有限责任公司的监事向人民法院提起诉讼;监事有本法第一百五十条规定的情形的,前述股东可以书面请求董事会或者不设董事会的有限责任公司的执行董事向人民法院提起诉讼。

监事会、不设监事会的有限责任公司的监事,或者董事会、执行董事收到前款规定的股东书面请求后拒绝提起诉讼,或者自收到请求之日起三十日内未提起诉讼,或者情况紧急、不立即提起诉讼将会使公司利益受到难以弥补的损害的,**前款规定的股东有权为了公司的利益以自己的名义直接向人民法院提起诉讼**。

他人侵犯公司合法权益,给公司造成损失的,本条第一款规定的股东可以依照前两款的规定向人民法院提起诉讼。"

本题中乙执行公司职务时违反法律、法规损害公司利益,甲作为公司股东,有权提起代位诉讼追究乙的责任。

> 【评价及预测】股东代位诉讼是非常高频的考点,考生需要掌握股东代位诉讼的适用前提(内部主体侵害公司利益)、适格原告的条件、走尽内部救济的流程、原被告确定、胜诉结果归属等内容来应对将来题目的考查。

4. 乙以新雨公司的名义单方向某银行出具的保函的性质和效力如何?为什么?

【答案】该保函具有保证合同的性质,保证合同有效。乙虽然未经股东会同意为银行担保,侵犯了公司利益,但其行为构成表见代理。

【考点】表见代理

【设题陷阱与常见错误分析】本题目涉考的内容相对简单,考生只需要明确乙作为公司执行董事有权代表公司对外签订合同,如果有违内部约束或限制也不能对抗外部善意第三人的利益。

【解析】《公司法》第16条:"公司向其他企业投资或者为他人提供担保,依照**公司章程的规定**,由**董事会**或者**股东会、股东大会决议**;公司章程对投资或者担保的总额及单项投资或者担保的数额有限额规定的,不得超过规定的限额。

公司为公司股东或者实际控制人提供担保的,必须经股东会或者股东大会决议。

前款规定的股东或者受前款规定的实际控制人支配的股东,不得参加前款规定事项的表决。该项表决由出席会议的其他股东所持表决权的过半数通过。"

《合同法》第50条:"**法人或者其他组织的法定代表人、负责人超越权限订立的合同,除相对人知道或者应当知道其超越权限的以外,该代表行为有效。**"

新雨公司为丙向银行的借款向银行出具保函,属于对外担保,对此,如果章程授权给董事会做,乙作为执行董事是有权利对此作出决议的。即使章程没有授权董事会对担保事宜进行决议,乙以新雨公司的名义跟银行签订的合同,银行作为善意第三方,没有义务了解乙的权限,新雨公司也应该为此负责。

> 【评价及预测】法定代表人越权行为的效力,在客观题及主观题中设计题目的可能性都有。考生需要明确,法定代表人越权行为,基于对善意第三人的保护,原则认定为有效,公司应该承担相应的责任。之后,公司可以向越权行为人追究相应的责任。

5. 针对乙不同意解散公司和甲退出公司又找不到受让人的情况,甲可采取什么法律对策?

【答案】甲持有公司20%的股权,可以请求法院解散公司。

【考点】司法强制解散请求权

【设题陷阱与常见错误分析】关键点在于考生在题干中分析出来,公司陷入经营不善的僵局中,作为持股10%以上的股东甲可以行使司法强制解散请求权解散公司。

【解析】《公司法》第182条:"**公司经营管理发生严重困难**,继续存续会使股东利益受到重大损失,通过其他途径不能解决的,持有公司全部股东表决权**百分之十以上**的股东,可以请求人民法院解散公司."公司处于经营困难的情形,且甲持股20%,符合了司法强制解散的情形,可以提请法院强制解散公司。

> **【评价及预测】** 司法强制解散请求权为代表的股东权利是司法考试历年的考试重点。考生需要针对决议无效、撤销请求权;查阅、复制权(知情权);异议股东回购请求权;司法强制解散请求权;股东代位诉讼等内容和细节充分掌握。

第二章 合伙企业法

本章考查情况统计表

考点	考查次数	考查年份	大致分值	考查概率/%
入伙、退伙、继承	6	5	9	56
表见普通合伙	1	1	1	11
合伙、合伙人转换	1	1	2	11
合伙的破产	1	1	2	11
合伙份额的转让和出质	3	2	6	22
合伙事务的执行	9	4	16	44
合伙特征及种类	2	2	3	22
合伙与第三人的关系	5	5	10	56
利润分配及风险负担	1	1	1	11
设立条件及程序	2	2	3	22
有限合伙企业及有限合伙人	3	2	5	22

第一节 概 述

考点1 合伙特征及种类

1. 君平昌成律师事务所是一家采取特殊普通合伙形式设立的律师事务所,曾君、郭昌是其中的两名合伙人。在一次由曾君主办、郭昌辅办的诉讼代理业务中,因二人的重大过失而泄露客户商业秘密,导致该所对客户应承担巨额赔偿责任。关于该客户的求偿,下列哪些说法是正确的?(2015-3-72)
　　A. 向该所主张全部赔偿责任
　　B. 向曾君主张无限连带赔偿责任
　　C. 向郭昌主张补充赔偿责任
　　D. 向该所其他合伙人主张连带赔偿责任

答案( )①

参考答案:①AB

【考点】特殊普通合伙企业责任承担

【设题陷阱与常见错误分析】本题需要理解特殊普通合伙企业的特殊之处即可作答。

【解析】《合伙企业法》第57条:"一个合伙人或者数个合伙人在执业活动中**因故意或者重大过失造成合伙企业债务的,应当承担无限责任或者无限连带责任**,其他合伙人以其在合伙企业中的财产份额为限承担责任。

合伙人在执业活动中非因故意或者重大过失造成的合伙企业债务以及合伙企业的其他债务,由全体合伙人承担无限连带责任。"所以本题中的两个合伙人均为重大过失主体,对该笔债务要承担无限连带责任。而其他合伙人只需要承担有限责任。所以A、B正确。

> 【评价及预测】特殊的普通合伙企业最重要的内容在于责任承担部分,考生需要了解。在特殊普通合伙企业中,一般的债,所有合伙人都承担无限连带责任;特殊的债,即一个或几个合伙人的故意或重大过失造成的损失,需要由过错的合伙人承担连带责任,其他合伙人以合伙中的份额为限承担有限责任。

2. 关于合伙企业与个人独资企业的表述,下列哪一选项是正确的?(2013-3-30)

A. 二者的投资人都只能是自然人

B. 二者的投资人都一律承担无限责任

C. 个人独资企业可申请变更登记为普通合伙企业

D. 合伙企业不能申请变更登记为个人独资企业

答案( )①

【考点】合伙企业、个人独资企业

【设题陷阱与常见错误分析】合伙企业与个人独资企业有相似之处也有实质的不同,考生需要清楚二者的相关法律制度。合伙企业细分为普通合伙(包括特殊的普通合伙)和有限合伙,合伙人可以是自然人、法人、其他组织;个人独资企业只能由自然人独资。

另外,关于出资人责任方面,普通合伙人承担无限连带责任,有限合伙人承担有限责任;个人独资企业的出资人承担无限连带责任。

【解析】《合伙企业法》第2条:"本法所称合伙企业,是指**自然人、法人和其他组织**依照本法在中国境内设立的普通合伙企业和有限合伙企业。

普通合伙企业由普通合伙人组成,合伙人对合伙企业债务承担无限连带责任。本法对普通合伙人承担责任的形式有特别规定的,从其规定。

有限合伙企业由普通合伙人和有限合伙人组成,**普通合伙人对合伙企业债务承担无限连带责任,有限合伙人以其认缴的出资额为限对合伙企业债务承担责任**。"所以合伙的投资人可以是自然人、法人、其他组织,A项错误。

有限合伙人承担有限责任,B项错误。

如果达到合伙企业的设立要求,个人独资企业可以变更为合伙企业,如果合伙企业只剩下一个合伙人可以变更为个人独资企业,所以C项正确,D项错误。

参考答案:①C

【评价及预测】合伙企业与个人独资企业的相关制度联合设计题目是将来命题的趋势，一方面提升了题目的复杂度和综合性；另一方面提高了题目的难度系数，考生要予以关注。

第二节 合伙的成立

考点1 设立条件及程序

1. 甲、乙、丙三人共同商定出资设立一家普通合伙企业，其中约定乙以其所有房屋的使用权出资，乙自己将上述房屋以600万元变卖并过户给丁，房款全部用来炒股。关于乙将房屋出卖的行为，下列选项正确的是：(2015-3-93)

A. 构成无权处分行为
B. 丁取得该房屋所有权
C. 丁无权要求合伙企业搬出该房屋
D. 乙对合伙企业应承担违约责任

答案(①)

【考点】合伙人出资，合伙财产

【设题陷阱与常见错误分析】本题中需要分析清楚乙用来出资的房屋的产权归属。否则容易错选答案。

【解析】乙对合伙的出资是房屋的使用权，所以乙依旧是房屋的所有权人，其处分自己的房产属于有权处分，交易相对方丁取得了房屋的所有权。所以A错误，B正确。

丁作为新的房屋所有权人有权要求合伙企业搬离，C错误。

乙无法履行对合伙企业的出资义务，承担对合伙企业的违约责任，D正确。

【评价及预测】合伙企业没有独立的财产权利，合伙人出资不要求转移资产权利，是合伙企业财产的一项很重要的内容，考生需要重点掌握。

2. 甲、乙、丙、丁打算设立一家普通合伙企业。对此，下列哪一表述是正确的？(2011-3-29)

A. 各合伙人不得以劳务作为出资
B. 如乙仅以其房屋使用权作为出资，则不必办理房屋产权过户登记
C. 该合伙企业名称中不得以任何一个合伙人的名字作为商号或字号
D. 合伙协议经全体合伙人签名、盖章并经登记后生效

答案(②)

【考点】普通合伙企业的设立
【设题陷阱与常见错误分析】本题综合考查了合伙企业的设立环节中，合伙人出资、合伙协议

参考答案：①BD ②B

生效、合伙名称等内容。但都是比较简单的考点。考生只要熟悉相关法条即可选对答案。最大的陷阱在于D选项。合伙协议经全体合伙人签名盖章即生效，登记只是起到对抗第三人的法律效力，并且有效的合伙协议是申请合伙企业登记的必备材料，考生不要混淆。

【解析】《合伙企业法》第16条第1款："（普通合伙企业）合伙人可以用货币、实物、知识产权、土地使用权或者其他财产权利出资，**也可以用劳务出资**。"据此可知，普通合伙中，各合伙人可以以劳务作为出资。所以选项A错误。

《合伙企业法》第17条第2款："**以非货币财产出资的**，依照法律、行政法规的规定，**需要办理财产权转移手续的，应当依法办理**。"据此可知，乙若以房屋使用权而非房屋所有权作为出资的话，不必须办理房屋产权过户登记。所以选项B正确。

商号，即厂商字号，或企业名称。商号作为企业特定化的标志，是企业具有法律人格的表现。商号经核准登记后，可以在牌匾、合同及商品包装等方面使用，其专有使用权不具有时间性的特点，只在所依附的厂商消亡时才随之终止。**我国法律对商号权未有明确规定，因此，也未禁止或限制将合伙人的名字作为合伙企业的商号或字号**。所以选项C错误。

《合伙企业法》第19条第1款："合伙协议经**全体合伙人签名、盖章后生效**。合伙人按照合伙协议享有权利，履行义务。"所以选项D错误。

【评价及预测】普通合伙的设立条件，是涉考性很强的考点。考生需要掌握如下内容：
1. 合伙人：普通合伙人要求完全行为能力，同时受制于五类特殊主体的限制；有限合伙人不要求行为能力。两类合伙人均要遵从职业回避的要求。
2. 合伙人出资：只要求认缴。普通合伙人可以用劳务出资，有限合伙人不能用劳务出资。
3. 合伙协议。要求书面的形式，经全体合伙人签名、盖章后生效。
4. 有名称、经营场所和从事合伙经营的必要条件。

考点2 利润分配及风险负担

关于合伙企业的利润分配，如合伙协议未作约定且合伙人协商不成，下列哪一选项是正确的？（2010-3-34）

A. 应当由全体合伙人平均分配
B. 应当由全体合伙人按实缴出资比例分配
C. 应当由全体合伙人按合伙协议约定的出资比例分配
D. 应当按合伙人的贡献决定如何分配

【答案（）】

【考点】合伙利润分配

【设题陷阱与常见错误分析】本题无难度，是直接对法条内容的考查。

【解析】根据《合伙企业法》第33条："合伙企业的利润分配、亏损分担，按照**合伙协议的约定**办理；合伙协议未约定或者约定不明确的，由合伙人**协商**决定；协商不成的，由合伙人按照**实缴出资比例分配、分担**；无法确定出资比例的，由合伙人**平均分配、分担**。"合伙的利润分配顺序按照约定——协

参考答案：①B

商——实缴——平均的顺序进行,题干中已经给出没有约定且协商不成,所以紧邻下一步应该遵从的是按实缴比例分配,只有实缴比例无法确定才会适用平均分配的原则,所以只有B项正确。

> 【评价及预测】合伙利润分配的原则:约定——协商——实缴——平均,必须按顺序执行。

第三节 合伙的运行

考点1 合伙事务的执行

1. 某普通合伙企业为内部管理与拓展市场的需要,决定聘请陈东为企业经营管理人。对此,下列哪一表述是正确的?(2015-3-29)

A. 陈东可以同时具有合伙人身份
B. 对陈东的聘任须经全体合伙人的一致同意
C. 陈东作为经营管理人,有权以合伙企业的名义对外签订合同
D. 合伙企业对陈东对外代表合伙企业权利的限制,不得对抗第三人

答案(　　)①

【考点】合伙事务执行

【设题陷阱与常见错误分析】本题针对第三人管理设计题目,陷阱主要存在于C、D选项。C项的经营管理者是否能够代表合伙企业对外签合同取决于合伙的授权,D项合伙的内部限制不得对抗善意第三人,考生如果忽略此细节,容易错选答案。

【解析】《合伙企业法》第31条:"除合伙协议另有约定外,合伙企业的下列事项应当经全体合伙人一致同意:

(一)改变合伙企业的名称;

(二)改变合伙企业的经营范围、主要经营场所的地点;

(三)处分合伙企业的不动产;

(四)转让或者处分合伙企业的知识产权和其他财产权利;

(五)以合伙企业名义为他人提供担保;

(六)**聘任合伙人以外的人担任合伙企业的经营管理人员**。"经营管理人员须由第三人担任,因为合伙人可以通过"执行合伙事务"来完成对企业的管理。如果陈东也是合伙人,则不会用到"聘请为经营管理人员"的概念,所以A错误,B正确。

第35条:"**被聘任的合伙企业的经营管理人员应当在合伙企业授权范围内履行职务**。

被聘任的合伙企业的经营管理人员,超越合伙企业授权范围履行职务,或者在履行职务过程中因故意或者重大过失给合伙企业造成损失的,依法承担赔偿责任。"经营管理人员是否能够代表合伙企业对外签合同,取决于合伙的授权,不是"经营管理者"的身份,当然就可以具有以合伙企业名义对外签订合同的权利,所以C错误。

第37条:"合伙企业对合伙人执行合伙事务以及对外代表合伙企业权利的限制,**不得对抗善意第**

参考答案:①B

三人。"并非所有第三人都被保护,所以 D 错误。

> 【评价及预测】合伙事务执行是《合伙企业法》中非常重要的考点,对于合伙人执行、第三人经营管理的细节内容重复考查率非常高,考生需要对此考点做全面理解和掌握。

2. 甲、乙、丙三人共同商定出资设立一家普通合伙企业。**2015 年 4 月,该合伙企业亏损巨大。5 月**,见股市大涨,在丙不知情的情况下,甲与乙直接将企业账户中的 400 万元资金,以企业名义委托给某投资机构来进行股市投资。至 6 月下旬,投入股市资金所剩无几。

关于甲、乙将 400 万元资金委托投资股市的行为,下列说法正确的是:(2015 - 3 - 92)
  A. 属于无权处分行为
  B. 属于改变合伙企业经营范围的行为
  C. 就委托投资失败,甲、乙应负连带赔偿责任
  D. 就委托投资失败,该受托的投资机构须承担连带责任

答案( )①

【考点】合伙财产处分

【设题陷阱与常见错误分析】本题需要明确合伙人以合伙的名义处分财产,善意第三方应该被保护,认可处分行为效力。

【解析】《合伙企业法》第 21 条:"合伙人在合伙企业清算前,不得请求分割合伙企业的财产;但是,本法另有规定的除外。

合伙人在合伙企业清算前私自转移或者处分合伙企业财产的,合伙企业不得以此对抗善意第三人。"且合伙财产应当为全体合伙人共有,所以题目中,甲、乙的处分行为应为有权处分,有效行为,保护善意第三人,所以 A 错误。

题目并未涉及合伙经营范围的问题,B 错误。

第 96 条:"合伙人执行合伙事务,或者合伙企业从业人员利用职务上的便利,将应当归合伙企业的利益据为己有的,或者采取其他手段侵占合伙企业财产的,应当将该利益和财产退还合伙企业;**给合伙企业或者其他合伙人造成损失的,依法承担赔偿责任**。"所以 C 正确;题目中受托的投资机构作为善意相对方,不应承担合伙人不当行为的损失赔偿责任,D 项错误。

> 【评价及预测】有关合伙财产的性质及财产处分行为考生需要理解。

3. 通源商务中心为一家普通合伙企业,合伙人为赵某、钱某、孙某、李某、周某。就合伙事务的执行,合伙协议约定由赵某、钱某二人负责。下列哪些表述是正确的?(2014 - 3 - 73)
  A. 孙某仍有权以合伙企业的名义对外签订合同
  B. 对赵某、钱某的业务执行行为,李某享有监督权
  C. 对赵某、钱某的业务执行行为,周某享有异议权
  D. 赵某以合伙企业名义对外签订合同时,钱某享有异议权

答案( )②

参考答案:①C ②BD

【考点】合伙事务执行

【设题陷阱与常见错误分析】合伙人可以委托一个或几个合伙人执行合伙事务,不执行合伙事务的人,对合伙事务的执行有监督权。合伙事务执行人之间,如果对某一事项存在冲突和分歧的时候,彼此有异议权。考生务必不能混淆异议权和监督权的行使主体。异议权只能是执行人之间彼此异议,监督权是非执行人对事务执行人的监督。

【解析】《合伙企业法》第27条:"依照本法第二十六条第二款规定委托一个或者数个合伙人执行合伙事务的,**其他合伙人不再执行合伙事务**。不执行合伙事务的合伙人有权**监督**执行事务合伙人执行合伙事务的情况。"所以A项中,孙某作为其他合伙人不再执行合伙事务,无权代表合伙企业签合同,A错误。但是提醒注意,此限制只是合伙企业内部的约束,不能对抗外部的善意第三人,如果题目表述为"孙某代表合伙企业与×××签订的合同无效"则是错误的。

B项正确,作为其他合伙人的李某对于事务执行人有监督权。

第29条:"合伙人分别执行合伙事务的,**执行事务合伙人可以对其他合伙人执行的事务提出异议**。提出异议时,应当暂停该项事务的执行。如果发生争议,依照本法第三十条规定作出决定。"事务执行人之间彼此存在异议的权利,所以D正确,C错误。

【评价及预测】合伙事务执行是《合伙企业法》中的核心考点。考生需要明确合伙事务的执行方式,监督权及异议权,需要合伙人一致同意的事项,有限合伙人不执行合伙事务的行为等内容和细节。

4. 王某、张某、田某、朱某共同出资180万元,于2012年8月成立绿园商贸中心(普通合伙)。其中王某、张某各出资40万元,田某、朱某各出资50万元;就合伙事务的执行,合伙协议未特别约定。

请回答第92—94题。

(1)2013年9月,鉴于王某、张某业务能力不足,经合伙人会议决定,王某不再享有对外签约权,而张某的对外签约权仅限于每笔交易额3万元以下。关于该合伙人决议,下列选项正确的是:(2014 - 3 - 92)

A. 因违反合伙人平等原则,剥夺王某对外签约权的决议应为无效

B. 王某可以此为由向其他合伙人主张赔偿其损失

C. 张某此后对外签约的标的额超过3万元时,须事先征得王某、田某、朱某的同意

D. 对张某的签约权限制,不得对抗善意相对人

答案( )①

【考点】合伙事务执行

【设题陷阱与常见错误分析】虽然普通合伙人具有同等的执行合伙事务的权利,但是合伙人共同决议可以限制事务执行人的权限。二者是彼此补充的关系,考生需要明确。

【解析】《合伙企业法》第26条:"按照合伙协议的约定或者经全体合伙人决定,可以委托一个或者数个合伙人对外代表合伙企业,执行合伙事务。"所以合伙人会议决定王某不再执行事务是合法

参考答案:①CD

的,A、B项错误。

合伙人会议对张某的权利限制基于合伙人意思自治是可以生效的,张某如果想突破此限制应当征得其他合伙人同意方可修正合伙人会议的决定,C正确。

合伙人的内部约定不能对抗外部善意第三人,所以D正确。

> **【评价及预测】** 本题是对合伙事务执行考点的又一方面的考查。合伙事务的执行基本原则是普通合伙具有同等的权利,但是这一原则并非机械不可灵活变通的,合伙人通过合法的协议对该权利作出限制,也是合法且有效的。但此限制不能对抗善意第三人,这一点考生需要明晰,在将来的考题中会用到。

(2) 2014年1月,田某以合伙企业的名义,自京顺公司订购价值80万元的节日礼品,准备在春节前转销给某单位。但对这一礼品订购合同的签订,朱某提出异议。就此,下列选项正确的是:(2014-3-93)

A. 因对合伙企业来说,该合同标的额较大,故田某在签约前应取得朱某的同意
B. 朱某的异议不影响该合同的效力
C. 就田某的签约行为所产生的债务,王某无须承担无限连带责任
D. 就田某的签约行为所产生的债务,朱某须承担无限连带责任

答案()①

【考点】 合伙事务执行

【设题陷阱与常见错误分析】 合伙事务执行人可以独立执行合伙事务,对外代表合伙企业,无需其他合伙人同意;但合伙事务执行人之间彼此有异议权,一旦发生异议,暂停事务执行,但这仅是合伙内部的关系,不能对抗合伙人与第三人签订的合同效力。

以上两点内容,考生如果混淆容易选错答案。

【解析】 合伙人事务执行人享有平等的执行事务的权限,所以A项说法缺乏法律依据而错误。《合伙企业法》第29条:"合伙人分别执行合伙事务的,**执行事务合伙人可以对其他合伙人执行的事务提出异议**。提出异议时,**应当暂停该项事务的执行**。如果发生争议,依照本法第三十条规定作出决定。

受委托执行合伙事务的合伙人不按照合伙协议或者全体合伙人的决定执行事务的,其他合伙人可以决定撤销该委托。"田某作为合伙事务的执行人,有权以合伙企业的名义从事业务活动,所以其与京顺公司的合同是合法有效的,所以B项正确。

普通合伙企业中,各合伙人均承担无限连带责任,无论是否执行合伙事务,所以C错误,D正确。

> **【评价及预测】** 本题针对合伙人的事务执行进一步细化考查,考生需要重点掌握合伙事务执行人之间的异议权,不会影响到合伙人与第三人签订的外部合同的效力。

5. 甲、乙、丙、丁以合伙企业形式开了一家餐馆。就该合伙企业事务的执行,下列哪些表述是正确

参考答案:①BD

的?(2013-3-72)

A. 如合伙协议未约定,则甲等四人均享有对外签约权
B. 甲等四人可决定任命丙为该企业的对外签约权人
C. 不享有合伙事务执行权的合伙人,以企业名义对外签订的合同一律无效
D. 不享有合伙事务执行权的合伙人,经其他合伙人一致同意,可担任企业的经营管理人

答案(　　)①

【考点】合伙事务的执行

【设题陷阱与常见错误分析】普通合伙企业的事务执行规则为:各合伙人的权利同等。但是合伙人可以协议委托一个或几个合伙人执行合伙事务。合伙人也可以通过合伙协议或合伙人决议的方式对事务执行人的权限施加限制,但该限制仅仅有内部约束力,不能对抗外部善意第三人。这一点搞清楚,本题无难度。

【解析】《合伙企业法》第26条:"合伙人对执行合伙事务享有同等的权利。

按照合伙协议的约定或者经全体合伙人决定,**可以委托一个或者数个合伙人对外代表合伙企业,执行合伙事务**。

作为合伙人的法人、其他组织执行合伙事务的,由其委派的代表执行"。所以在合伙协议没有特别约定的前提下,普通合伙人享有同等的事务执行权,A、B正确。

第37条:"**合伙企业对合伙人执行合伙事务以及对外代表合伙企业权利的限制,不得对抗善意第三人**"。所以如果善意第三人与不是合伙事务执行人的合伙人签订了合同,合同有效,保护善意第三人的利益,C错误。

对于D项,笔者持保留意见。根据《合伙企业法》第31条第6款,合伙企业聘请合伙人以外的人担任企业的经营管理人员,需经全体合伙人一致同意。该项强调了合伙企业的经营管理人员的非合伙人身份要素。纵观整个《合伙企业法》的规定可以发现,合伙企业的包括经营管理在内的合伙事务,由合伙人自己管理时称为"合伙事务执行",由合伙企业经营管理人员从事时,称为在"合伙企业授权范围内履行职务"并不当然地"执行合伙事务",这也是因为合伙企业的经营管理人员不具有合伙人身份所致,更何况,合伙人要自己从事或完成法律规定的合伙企业经营管理人员所应完成的事务时,完全可以通过事务执行来实现,没必要绕弯子降格做经营管理人员。所以笔者认为企业的经营管理人员不应当具有合伙人身份,D项错误。这一点2014年的真题也做了认可。

【修正】A、B

【评价及预测】本题是对普通合伙企业事务规则的又一次考查,考生需重点掌握。

6. 赵、钱、孙、李设立一家普通合伙企业。经全体合伙人会议决定,委托赵与钱执行合伙事务,对外代表合伙企业。对此,下列哪一表述是错误的?(2011-3-30)

A. 孙、李仍享有执行合伙事务的权限
B. 孙、李有权监督赵、钱执行合伙事务的情况
C. 如赵单独执行某一合伙事务,钱可以对赵执行的事务提出异议

参考答案:①ABD(笔者认为答案需修正为AB)

D. 如赵执行事务违反合伙协议,孙、李有权决定撤销对赵的委托

答案( )①

【考点】普通合伙企业合伙事务的执行

【设题陷阱与常见错误分析】本题考查了关于合伙事务执行中,不执行事务的合伙人对事务执行人的监督权及合伙事务执行人之间的异议权。考生明确二者区别即可选对答案。

【解析】《合伙企业法》第26条第2款:"按照合伙协议的约定或者经全体合伙人决定,**可以委托一个或者数个合伙人对外代表合伙企业,执行合伙事务**。"

第27条第1款:"依照本法第二十六条第二款规定委托一个或者数个合伙人执行合伙事务的,**其他合伙人不再执行合伙事务**。"据此可知,孙、李不再享有执行合伙企业事务的权限。选项A表述错误。

第27条第2款:"不执行合伙事务的合伙人有权**监督**执行合伙事务人执行合伙事务的情况。"选项B表述正确。

第29条第1款:"合伙人分别执行合伙事务的,**执行事务合伙人可以对其他合伙人执行的事务提出异议**。提出异议时,应当暂停该项事务的执行。如果发生争议,依照本法第三十条规定作出决定。"选项C表述正确。

第29条第2款:"受委托执行合伙事务的合伙人不按照合伙协议或者全体合伙人的决定执行事务的,**其他合伙人可以决定撤销该委托**。"选项D表述正确。

【评价及预测】合伙事务的执行规则重复考查度很高,考生要重点掌握。

7. 张、王、李、赵各出资四分之一,设立通程酒吧(普通合伙企业)。合伙协议未约定合伙期限。回答下列问题。

(1) 酒吧开业1年后,经营环境急剧变化,全体合伙人开会,协商对策。按照《合伙企业法》规定,下列事项的表决属于有效表决的是?(2011-3-93)

A. 张某认为"通程"二字没有吸引力,提议改为"同升酒吧"。王某、赵某同意,但李某反对

B. 鉴于生意清淡,王某提议暂停业1个月,装修整顿。张某、赵某同意,但李某反对

C. 鉴于酒吧之急需,赵某提议将其一批咖啡机卖给酒吧。张某、王某同意,但李某反对

D. 鉴于4人缺乏酒吧经营之道,李某提议聘任其友汪某为合伙经营管理人。张某、王某同意,但赵某反对

答案( )②

【考点】法定一致决

【设题陷阱与常见错误分析】本题基本属于对法条的直接考查,难度不大,但必须注意对C选项的分析。赵某将咖啡机卖给酒吧的行为,应当属于合伙人的自我交易,应当由全体合伙人一致同意。

【解析】根据《合伙企业法》第31条规定:"除合伙协议另有约定外,合伙企业的下列事项应当经全体合伙人一致同意:

(一)改变合伙企业的**名称**;

(二)改变合伙企业的**经营范围**、主要经营场所的**地点**;

参考答案:①A ②B

(三)处分合伙企业的**不动产**;
(四)转让或者处分合伙企业的**知识产权**和其他**财产权利**;
(五)以合伙企业名义为**他人提供担保**;
(六)聘任合伙人**以外的人担任合伙企业的经营管理人员**。"所以 A、D 属于需要全体合伙人一致同意的事项;B 项属于正常的经营决策,无需大家一致同意,属于有效决议。

第 32 条:"合伙人不得自营或者同他人合作经营与本合伙企业相竞争的业务。**除合伙协议另有约定或者经全体合伙人一致同意外,合伙人不得同本合伙企业进行交易**。合伙人不得从事损害本合伙企业利益的活动。"所以对于普通合伙人的自我交易行为,也要求法定的他人一致同意或合伙协议事前有约定授权。

> **【评价及预测】** 合伙人一致同意的事项重复考查度很高,笔者总结为"改名、改地、改范围;处分无形资产、不动产;为他人担保、请他人管理"须一致决议;
> 另外,两类不同的合伙人的敬业行为和自我交易行为的限制规则不同,考生需要明晰:

行为类型	普通合伙人	有限合伙人
竞业行为	**绝对禁止**:合伙人不得自营或者同他人合作经营与本合伙企业相竞争的业务	**原则自由**:有限合伙人可以同本限合伙企业进行交易;可以自营或者同他人合作经营与本有限合伙企业相竞争的业务;但是,**合伙协议另有约定的除外**
自我交易	**相对禁止**:除合伙协议另有约定或者经全体合伙人一致同意外,合伙人不得同本合伙企业进行交易	

(2)经全体合伙人同意,林某被聘任为酒吧经营管理人,在其受聘期间自主决定采取的下列管理措施符合《合伙企业法》规定的是?(2011-3-94)
A. 为改变经营结构扩大影响力,将经营范围扩展至法国红酒代理销售业务
B. 为改变资金流量不足情况,以酒吧不动产为抵押,向某银行借款 50 万元
C. 为营造气氛,以酒吧名义与某音乐师签约,约定音乐师每晚在酒吧表演 2 小时
D. 为整顿员工工作纪律,开除 2 名经常被顾客投诉的员工,招聘 3 名新员工

答案()①

【考点】 合伙人一致决议事项

【设题陷阱与常见错误分析】 本题与上一题的基本考点是相似的,继续考查合伙人一致决议事项。

【解析】 根据《合伙企业法》第 31 条规定:"除合伙协议另有约定外,合伙企业的下列事项应当经全体合伙人一致同意:
(一)改变合伙企业的**名称**;
(二)改变合伙企业的**经营范围**、主要经营场所的**地点**;
(三)处分合伙企业的**不动产**;
(四)转让或者处分合伙企业的**知识产权**和其他**财产权利**;

参考答案:①CD

(五)以合伙企业名义为**他人提供担保**；

(六)聘任合伙人**以外的人**担任合伙企业的经营管理人员。"

所以，A 项改变合伙企业的经营范围，B 项处分合伙企业的不动产都属于需要合伙人一致同意的事项，事务执行人无权自主决定，为应选项；C、D 项属于正常的经营事项，事务执行人可以自主决定。

> 【评价及预测】合伙事务执行是需要重点掌握的内容。

考点2　表见普通合伙

根据《合伙企业法》规定，第三人有理由相信有限合伙人为普通合伙人并与其交易的，该有限合伙人对该笔交易承担与普通合伙人同样的责任。关于此规定在合伙法原理上的称谓，下列哪一选项是正确的？（2010－3－33）

　　A. 事实合伙
　　B. 表见普通合伙
　　C. 特殊普通合伙
　　D. 隐名合伙

答案(　　)①

【考点】表见普通合伙

【设题陷阱与常见错误分析】本题只是针对"表见普通合伙"这一学理概念做了考查，难度不大。

【解析】《合伙企业法》第76条："**第三人有理由相信有限合伙人为普通合伙人并与其交易的，该有限合伙人对该笔交易承担与普通合伙人同样的责任。**有限合伙人未经授权以有限合伙企业名义与他人进行交易，给有限合伙企业或者其他合伙人造成损失的，该有限合伙人应当承担赔偿责任。"该条规定的是表见普通合伙，因此 B 项正确。

《民通意见》第50条："**当事人之间没有书面合伙协议，又未经工商行政管理部门核准登记，但具备合伙的其他条件，又有两个以上无利害关系人证明有口头合伙协议的，人民法院可以认定为合伙关系。**"该条规定了事实合伙。

《合伙企业法》第55条："以专业知识和专门技能为客户提供有偿服务的专业服务机构，可以设立为**特殊的普通合伙企业**。"

所谓隐名合伙，是指当事人的一方对另一方的生产、经营出资，不参加实际的经济活动，而分享营业利益，并仅以出资额为限承担亏损责任的合伙。**出资的一方称为隐名合伙人；利用隐名合伙人的出资以自己的名义进行经济活动的一方称为出名合伙人或出名营业人。我国尚不承认隐名合伙。**

> 【评价及预测】表见普通合伙是涉考性比较高的一个考点。考生需要了解这个概念的含义，还需要明确责任承担的规则：当有限合伙人以普通合伙人的名义从事了交易活动，要保护善意第三人，认可行为效力，合伙企业及普通合伙人均需负责，另外，从事此交易活动的有限合伙人称为"表见普通合伙人"对该笔交易也需承担连带责任。

参考答案：①B

考点3　合伙与第三人的关系

1. 兰艺咖啡店是罗飞、王曼设立的普通合伙企业，合伙协议约定罗飞是合伙事务执行人且承担全部亏损。为扭转经营亏损局面，王曼将兰艺咖啡店加盟某知名品牌，并以合伙企业的名义向陈阳借款20万元支付了加盟费。陈阳现在要求还款。关于本案，下列哪一说法是正确的？（2016-3-30）
  A. 王曼无权以合伙企业的名义向陈阳借款
  B. 兰艺咖啡店应以全部财产对陈阳承担还款责任
  C. 王曼不承担对陈阳的还款责任
  D. 兰艺咖啡店、王曼和罗飞对陈阳的借款承担无限连带责任

答案()①

【考点】合伙事务执行及责任承担

【设题陷阱与常见错误分析】本题目中考生容易躲不过去的"坑"有两处：一是D项，对于合伙企业的负债，有"一重优先"原则的约束，即"合伙的债，合伙还，还不了的，普通人连带"，D项没有考虑到这一点所以是错的；而A项，普通合伙企业不得约定部分人承担责任，所以考生需要确认题干中的合伙协议约定因为内容违法而无效，所以王曼作为普通合伙人有权执行事务，A是错的。如果考生不能明晰上述问题，容易错选答案。

【解析】根据《合伙企业法》第33条："合伙协议**不得约定将全部利润分配给部分合伙人或者由部分合伙人承担全部亏损**。"所以合伙协议的约定因为内容违法而无效。王曼作为普通合伙人享有合伙的事务执行权，A错误。

王曼作为普通合伙人，当合伙的债合伙还不了的情况下，应当承担对债权人承担连带责任，C错误。

《合伙企业法》第38条："（普通）合伙企业对其债务，应先以其全部财产进行清偿。"合伙企业作为债务人，首先以其全部资产还债，B正确。

第39条："（普通）**合伙企业不能清偿到期债务的，合伙人承担无限连带责任**。"所以合伙企业并非独立责任的主体，对其债务先以合伙的财产清偿，不足的部分由普通合伙人连带，所以D项错误。

【评价及预测】合伙人与第三人的关系是《合伙企业法》中重复考查度非常高的考点。考生要重点掌握其基本原则，笔者总结为"双重优先，两个禁止，两个允许"。具体解释为：合伙企业的债，优先由合伙的财产清偿，不足部分，普通合伙人连带；

合伙人的债优先由合伙人的财产清偿，不足部分，允许用合伙人待分配收益清偿，允许债权人申请法院强制执行合伙人份额清偿；

合伙人债权人禁止以该债权抵销其对合伙企业的债务，也禁止其要求代位执行合伙人在合伙中的权利。

2. 2015年6月，刘璋向顾谐借款50万元用来炒股，借期1个月，结果恰遇股市动荡，刘璋到期不能还款。经查明，刘璋为某普通合伙企业的合伙人，持有**44%**的合伙份额。对此，下列哪些说法是正确的？（2015-3-71）

参考答案：①B

A. 顾谐可主张以刘璋自该合伙企业中所分取的收益来清偿债务
B. 顾谐可主张对刘璋合伙份额进行强制执行
C. 对刘璋的合伙份额进行强制执行时,其他合伙人不享有优先购买权
D. 顾谐可直接向合伙企业要求对刘璋进行退伙处理,并以退伙结算所得来清偿债务

答案(　　)①

【考点】 合伙人债务清偿规则

【设题陷阱与常见错误分析】 本题是对合伙人个人债务清偿内容的考查,难度不大,考生需注意普通合伙人的人合性保护即可选出答案。

【解析】《合伙企业法》第42条:"合伙人的自有财产不足清偿其与合伙企业无关的债务的,该合伙人可以以其从合伙企业中分取的收益用于清偿;债权人也可以依法请求人民法院强制执行该合伙人在合伙企业中的财产份额用于清偿。

人民法院强制执行合伙人的财产份额时,应当通知全体合伙人,**其他合伙人有优先购买权**;其他合伙人未购买,又不同意将该财产份额转让给他人的,依照本法第五十一条的规定为该合伙人办理退伙结算,或者办理削减该合伙人相应财产份额的结算。"所以对于合伙人个人的债务,首先个人还,还不了的,"两允许"即允许债权人要求利润还,允许债权人申请法院强执份额还。A、B选项正确、D选项错误。

普通合伙企业有很强的人合性保护,所以合伙人的份额强执时,其他合伙人同等条件下享有优先购买权,C错误。

【评价及预测】 对于合伙与第三人关系或者合伙债务清偿的考点,是历年考题的重点,考生需要详细理解并掌握"双重优先、两允许、两禁止"的原则。

3. 王某、张某、田某、朱某共同出资180万元,于2012年8月成立绿园商贸中心(普通合伙)。其中王某、张某各出资40万元,田某、朱某各出资50万元;就合伙事务的执行,合伙协议未特别约定。

2014年4月,朱某因抄底买房,向刘某借款50万元,约定借期四个月。四个月后,因房地产市场不景气,朱某亏损不能还债。关于刘某对朱某实现债权,下列选项正确的是:(2014-3-94)
A. 可代位行使朱某在合伙企业中的权利
B. 可就朱某在合伙企业中分得的收益主张清偿
C. 可申请对朱某的合伙财产份额进行强制执行
D. 就朱某的合伙份额享有优先受偿权

答案(　　)②

【考点】 合伙人债务清偿

【设题陷阱与常见错误分析】 考生需要明确:合伙企业虽然没有独立的法人地位,但是合伙财产具有一定的独立性。合伙人发生的与合伙无关的债务,首先用自己其他财产清偿,不足的部分可以用合伙中收益清偿,债权人可以申请法院强制执行合伙人份额清偿。但基于合伙人合性的保护,债权人禁止以自己对合伙人的债权抵销其对合伙企业的债务;禁止以此债权要求代位执行合伙人在合伙中的权利。

【解析】《合伙企业法》第41条:"合伙人发生与合伙企业无关的债务,相关债权人不得以其债

参考答案:①AB　②BC

权抵销其对合伙企业的债务;也**不得代位行使合伙人在合伙企业中的权利**。"所以 A 错误。

第 42 条:"合伙人的自有财产不足清偿其与合伙企业无关的债务的,该合伙人**可以以其从合伙企业中分取的收益用于清偿**;债权人也可以依法请求人民法院强制执行该合伙人在合伙企业中的财产份额用于清偿。

人民法院强制执行合伙人的财产份额时,应当通知全体合伙人,**其他合伙人有优先购买权**;其他合伙人未购买,又不同意将该财产份额转让给他人的,依照本法第五十一条的规定为该合伙人办理退伙结算,或者办理削减该合伙人相应财产份额的结算。"所以 B、C 正确。

"优先受偿权"是特定债权人优先于其他债权人甚至优先于其他物权人受偿的权利。比如抵押债权人。但题目中的朱某的债权并没有"优先"之处,所以 D 错误。

> **【评价及预测】** 本题是对"双重优先,两个禁止,两个允许"的细节进行考查。

4. 周橘、郑桃、吴柚设立一家普通合伙企业,从事服装贸易经营。郑桃因炒股欠下王椰巨额债务。下列哪些表述是正确的?(2012-3-72)

A. 王椰可以郑桃从合伙企业中分取的利益来受偿
B. 郑桃不必经其他人同意,即可将其合伙财产份额直接抵偿给王椰
C. 王椰可申请强制执行郑桃的合伙财产份额
D. 对郑桃的合伙财产份额的强制执行,周橘和吴柚享有优先购买权

答案( )①

【考点】 债务清偿

【设题陷阱与常见错误分析】 本题直接考查了合伙人个人债务的清偿规则。即优先由个人财产清偿,不足部分允许用待分配收益清偿,允许债权人申请法院强制执行份额清偿。但债权人禁止抵销其对合伙企业的债务,禁止代位执行合伙人在合伙中的权利。明晰这一点本题无难度。

【解析】《合伙企业法》第 42 条:"合伙人的自有财产不足清偿其与合伙企业无关的债务的,该合伙人可以以其从合伙企业中分取的**收益用于清偿**;债权人也可以依法请求人民法院强制执行该合伙人在合伙企业中的财产份额用于清偿。"A、C 表述正确。

第 22 条:"除合伙协议另有约定外,合伙人向合伙人**以外**的人转让其在合伙企业中的全部或者部分财产份额时,**须经其他合伙人一致同意**。

合伙人之间转让在合伙企业中的全部或者部分财产份额时,应当通知其他合伙人。"B 项相当于郑桃将合伙份额对外转让给王椰,只不过王椰给付的对价是之前借给郑桃的欠款,所以需要取得其他合伙人的一致同意,B 错误。

第 74 条:"**人民法院强制执行合伙人的财产份额时,应当通知全体合伙人,其他合伙人有优先购买权**。"D 项表述正确。

> **【评价及预测】** 本题再次重复考查了合伙的债务清偿即与第三人的关系。

5. 张某向陈某借款 50 万元作为出资,与李某、王某成立一家普通合伙企业。二年后借款到期,张

参考答案:①ACD

某无力还款。对此,下列哪些说法是正确的?(2010-3-74)

A. 经李某和王某同意,张某可将自己的财产份额作价转让给陈某,以抵销部分债务
B. 张某可不经李某和王某同意,将其在合伙中的份额进行出质,用获得的贷款偿还债务
C. 陈某可直接要求法院强制执行张某在合伙企业中的财产以实现自己的债权
D. 陈某可要求李某和王某对张某的债务承担连带责任

答案( )①

【考点】债务清偿

【设题陷阱与常见错误分析】本题重复考查到了合伙人债务清偿的规则。

【解析】根据《合伙企业法》第22条:"除合伙协议另有约定外,合伙人向合伙人以外的人转让其在合伙企业中的全部或者部分财产份额时,须经其他合伙人一致同意。"A实质上为张某对外转让合伙份额,只是受让人为陈某,而陈某给付的对价是在前借给张某的借款,所以A正确。

第25条:"合伙人以其在合伙企业中的财产份额出质的,须经其他合伙人一致同意;未经其他合伙人一致同意,其行为无效,由此给善意第三人造成损失的,由行为人依法承担赔偿责任。"普通合伙人份额出质,需要他人一致同意不得变通,所以B错误。

第42条:"合伙人的自有财产不足清偿其与合伙企业无关的债务的,该合伙人可以以其从合伙企业中分取的收益用于清偿;债权人也可以依法请求人民法院强制执行该合伙人在合伙企业中的财产份额用于清偿。"C正确。

陈某对张某的债权为张某的个人债务,跟其他合伙人没有关系,D错误。

【评价及预测】合伙的债务清偿规则的重复考查率很高,考生需要明确"双重优先,两个禁止,两个允许的含义"。

第四节 合伙的变更

考点1 合伙份额的转让和出质

1. 高崎、田一、丁福三人共同出资200万元,于2011年4月设立"高田丁科技投资中心(普通合伙)",从事软件科技的开发与投资。其中高崎出资160万元,田、丁分别出资20万元,由高崎担任合伙事务执行人。

(1)2012年6月,丁福为向钟冉借钱,作为担保方式,而将自己的合伙财产份额出质给钟冉。下列说法正确的是?(2013-3-92)

A. 就该出质行为,高、田二人均享有一票否决权
B. 该合伙财产份额质权,须经合伙协议记载与工商登记才能生效
C. 在丁福伪称已获高、田二人同意,而钟冉又是善意时,钟冉善意取得该质权
D. 在丁福未履行还款义务,如钟冉享有质权并主张以拍卖方式实现时,高、田二人享有优先购买权

答案( )②

参考答案:①AC ②AD

📚【考点】普通合伙人份额出质

👤【设题陷阱与常见错误分析】普通合伙人的份额出质行为的生效要件要求法定的其他合伙人一致同意,任何一个合伙人均享有一票否决权。即使善意第三人也不可对抗此法定要求,只可以向出质的合伙人主张赔偿责任。考生如果对该项内容认识不清,容易选错答案。

📝【解析】《合伙企业法》第25条:"(普通)合伙人以其在合伙企业中的财产份额**出质**的,**须经其他合伙人一致同意**;未经其他合伙人一致同意,其行为无效,由此给善意第三人造成损失的,由行为人依法承担赔偿责任"。所以A正确。

份额出质,只要符合其他人一致同意,买卖双方签订出质合同即能生效,登记只是起到对抗第三人的效力,B错误。

丁福伪称其余二人同意,但事实上,其并未同意,所以不具备其他人一致同意的条件,质权不成立,C错误。

第23条:"合伙人向**合伙人以外的人转让**其在合伙企业中的财产份额的,**在同等条件下,其他合伙人有优先购买权**;但是,合伙协议另有约定的除外。"合伙具有人合性,份额拍卖时,相当于合伙人份额对外转让,其他合伙人享有优先购买权,D正确。

💡【评价及预测】对于合伙份额的转让和出质行为的法定要求是命题的热点考点。针对不同合伙人的份额转让、份额出质及人民法院的强制执行笔者总结如下:

类型	有限合伙人	普通合伙人
份额转让	内部转让:自由; 外部转让:提前30天通知; 【特别提示】自主转让,外转情形中交易相对方的选择和交易条件均是外转份额的有限合伙人的自主选择,且有限合伙人份额只体现资合属性,没有人合属性,外转后对合伙的人合性没有影响,所以为了尊重转让人的私权处分,此种情形中,**其他合伙人没有优先购买权**	内部转让:通知; 外部转让:其他合伙人一致同意,其他合伙人有优先购买权,合伙协议另有约定除外
份额出质	原则上自由,但合伙协议有约定的除外	其他合伙人一致同意,否则出质无效。 质押合同生效时,质权生效,登记对抗第三人。 【特别提示】此处是《合伙企业法》中唯一强制其他合伙人一致同意的事项,即其他任一合伙人对此均有一票否决权
人民法院强制执行	应当通知全体合伙人。在同等条件下,**其他合伙人有优先购买权**。 【特别提示】此种情形中,交易相对方是法院拍卖过程中的任意第三方,没有转让人的任何在先权利,所以尊重了其他合伙人的优先购买权	法院通知全体合伙人,其他合伙人的选择: (1)接受新人; (2)不接受新人,行使优先购买权 (3)既不接受新人,也不优先购买,为被执行的合伙人办理退伙结算或者削减其相应的财产份额的结算。 【特别提示】第三项权利设置的主要原因在于,普通合伙人对合伙企业债务承担无限连带责任,即使退伙后,退货人对于其退货前原因产生的债务也须承担无限连带责任。所以为被执行人办理退伙清算手续不会损害债权人利益,为了配合法院的执行,保护了此项情形

（2）2013 年 5 月，有限合伙人高崎将其一半合伙财产份额转让给贾骏。同年 6 月，高崎的债权人李耕向法院申请强制执行其另一半合伙财产份额。对此，下列选项正确的是？（2013－3－94）

A. 高崎向贾骏转让合伙财产份额，不必经田、丁的同意
B. 就高崎向贾骏转让的合伙财产份额，田、丁可主张优先购买权
C. 李耕申请法院强制执行高崎的合伙财产份额，不必经田、丁的同意
D. 就李耕申请法院强制执行高崎的合伙财产份额，田、丁可主张优先购买权

答案（　　）①

【考点】 合伙份额转让及强制执行

【设题陷阱与常见错误分析】 鉴于有限合伙人与普通合伙人的责任形式不同，合伙企业分别对二者的制度约束也不同。有限合伙人要灵活自由得多，比如有限合伙人转让合伙份额是其私权处分，为了保护有限合伙人的自主决定权，不需要征得其他合伙人的同意，且其他合伙人没有优先购买权；但考生容易混淆的一点是，如果人民法院强制执行，则要尊重其他合伙人的优先购买权。

【解析】《合伙企业法》第 73 条："有限合伙人可以按照合伙协议的约定向合伙人**以外**的人转让其在有限合伙企业中的财产份额，**但应当提前三十日通知其他合伙人**。"所以有限合伙人对外转让份额原则上是自由的，只需要履行提前 30 天通知的义务，无需取得其他合伙人同意，其他合伙人也没有优先购买权，所以 A 正确，B 错误。

第 74 条："人民法院强制执行有限合伙人的财产份额时，应当通知全体合伙人。在同等条件下，其他合伙人有优先购买权。"所以 C、D 正确。

【评价及预测】 合伙份额的转让及强制执行结合第（1）题的内容需重点把握。

2. 张、王、李、赵各出资四分之一，设立通程酒吧（普通合伙企业）。合伙协议未约定合伙期限。回答下列问题。

（1）酒吧开业半年后，张某在经营理念上与其他合伙人冲突，遂产生退出想法。下列说法正确的是？（2011－3－92）

A. 可将其份额转让给王某，且不必事先告知赵某、李某
B. 可经王某、某某同意后，将其份额转让给李某的朋友刘某
C. 可主张发生其难以继续参加合伙的事由，向其他人要求立即退伙
D. 可在不给合伙事务造成不利影响的前提下，提前 30 日通知其他合伙人要求退伙

答案（　　）②

【考点】 退伙、份额转让

【设题陷阱与常见错误分析】 普通合伙人退出合伙的途径包括了转让份额和退伙。两种不同的途径分别有不同的条件限制，考生需要熟悉相关的法条要求才可以选对答案。

【解析】 根据《合伙企业法》第 46 条："合伙协议未约定合伙期限的，合伙人在不给合伙企业事务执行造成不利影响的情况下，可以退伙，**但应当提前三十日通知其他合伙人**。"所以合伙协议没有约定合伙经营期限，但合伙人自主退货需要"预告知"，所以 C 错误，D 正确。

参考答案：①ACD　②D

第22条:"除合伙协议另有约定外,合伙人向合伙人**以外的人**转让其在合伙企业中的全部或者部分财产份额时,须经**其他合伙人一致同意**。

合伙人之间转让在合伙企业中的全部或者部分财产份额时,**应当通知其他合伙人**。"

所以合伙人之前转让份额,要通知,A错误。

合伙人外转份额,要其他合伙人一致同意,B项没有取得李某同意,错误。

> 【评价及预测】普通合伙的份额转让包括对内或对外转让两种。对内转让不破坏人合性,没有过多的法定要求,通知其他合伙人即可;对外转让原则上要争得其他合伙人一致同意。
>
> 合伙人的退出机制完整意义上包含自主退伙、法定退伙和除名退伙,考生对不同退伙情形下需要具备的法定条件要理解清楚。

考点2 合伙、合伙人转换

高崎、田一、丁福三人共同出资200万元,于2011年4月设立"高田丁科技投资中心(普通合伙)",从事软件科技的开发与投资。其中高崎出资160万元,田、丁分别出资20万元,由高崎担任合伙事务执行人。

2013年2月,高崎为减少自己的风险,向田、丁二人提出转变为有限合伙人的要求。对此,下列说法正确的是?(2013-3-93)

A. 须经田、丁二人的一致同意
B. 未经合伙企业登记机关登记,不得对抗第三人
C. 转变后,高崎可以出资最多为由,要求继续担任合伙事务执行人
D. 转变后,对于2013年2月以前的合伙企业债务,经各合伙人决议,高崎可不承担无限连带责任

答案( )①

【考点】合伙人转换

【设题陷阱与常见错误分析】考生需要明确:普通合伙人可以转换为有限合伙人,须经其他合伙人一致同意且在工商行管部门进行登记。变更后的身份即为有限合伙人。不能执行合伙事务,但对变更前的合伙债务依旧承担无限连带责任。

【解析】根据《合伙企业法》第82条规定:"除合伙协议另有约定外,普通合伙人转变为有限合伙人,或者有限合伙人转变为普通合伙人,**应当经全体合伙人一致同意**。"所以A正确。

登记起到公示公信的效力,对抗第三人,B正确。

高崎转变后变成有限合伙人,根据《合伙企业法》第67条规定:"**有限合伙企业由普通合伙人执行合伙事务。**"所以,高崎作为有限合伙人无权执行合伙事务,C错误。

第84条:"**普通合伙人转变为有限合伙人**的,对其作为**普通合伙人期间**合伙企业发生的债务承担**无限连带责任**。"高崎转为有限合伙人后,对于2013年2月以前,其作为普通合伙人期间的合伙企业债务依旧需要承担无限连带责任,D错误。

参考答案:①AB

> **【评价及预测】** 合伙人身份转换是合伙变更环节的重要内容。考生需要掌握转换的程序及转换后责任的承担。笔者总结如下：
>
> 1. 合伙人转化程序
>
> 除合伙协议另有约定外，普通合伙人转变为有限合伙人，或者有限合伙人转变为普通合伙人，应当**经全体合伙人一致同意**。
>
> 2. 合伙人身份转化时责任的承担
>
> **有限转普通：**
>
> | 身份： | 有限合伙人期间 | 普通合伙人期间 |
> | --- | --- | --- |
> | 责任： | 无限连带 | 无限连带 |
>
> **普通转有限：**
>
> | 身份： | 普通合伙人期间 | 有限合伙人期间 |
> | --- | --- | --- |
> | 责任： | 无限连带 | 有限责任 |
>
> 3. 转换的后果
>
> 有限合伙企业仅剩有限合伙人的，应当解散；有限合伙企业仅剩普通合伙人的，转为普通合伙企业。

考点3 入伙、退伙、继承

1. 李军退休后于2014年3月，以20万元加入某有限合伙企业，成为有限合伙人。后该企业的另一名有限合伙人退出，李军便成为唯一的有限合伙人。2014年6月，李军不幸发生车祸，虽经抢救保住性命，但已成为植物人。对此，下列哪一表述是正确的？（2015-3-30）

A. 就李军入伙前该合伙企业的债务，李军仅需以20万元为限承担责任

B. 如李军因负债累累而丧失偿债能力，该合伙企业有权要求其退伙

C. 因李军已成为植物人，故该合伙企业有权要求其退伙

D. 因唯一的有限合伙人已成为植物人，故该有限合伙企业应转为普通合伙企业

答案（  ）①

【考点】 有限合伙人

【设题陷阱与常见错误分析】 本题相对简单，针对有限合伙人的责任、退伙理由展开考查。考生只要注意到有限合伙人对合伙企业债务承担有限责任，所以个人丧失偿债能力及失去行为能力均不影响其合伙人资格，即可选出答案。

【解析】《合伙企业法》第77条："新入伙的有限合伙人对入伙前有限合伙企业的债务，以其认缴的出资额为限承担责任。"所以A正确。

第48条："合伙人有下列情形之一的，当然退伙：

（一）作为合伙人的自然人死亡或者被依法宣告死亡；

参考答案：①A

(二)个人丧失偿债能力;

(三)作为合伙人的法人或者其他组织依法被吊销营业执照、责令关闭撤销,或者被宣告破产;

(四)法律规定或者合伙协议约定合伙人必须具有相关资格而丧失该资格;

(五)合伙人在合伙企业中的全部财产份额被人民法院强制执行。

合伙人被依法认定为无民事行为能力人或者限制民事行为能力人的,经其他合伙人一致同意,可以依法转为有限合伙人,普通合伙企业依法转为有限合伙企业。其他合伙人未能一致同意的,该无民事行为能力或者限制民事行为能力的合伙人退伙。

退伙事由实际发生之日为退伙生效日。"

第78条:"有限合伙人有本法第四十八条第一款第一项、第三项至第五项所列情形之一的,当然退伙。"所以个人丧失偿债能力并非有限合伙人当然退伙的理由,B错误。

第79条:"**作为有限合伙人**的自然人在有限合伙企业存续期间**丧失民事行为能力的,其他合伙人不得因此要求其退伙**。"所以有限合伙人丧失行为能力并不影响其作为有限合伙人的身份。C、D错误。

> **【评价及预测】** 有限合伙人的责任及退伙,尤其是有限合伙人失去行为能力后的处理,各位考生务必记住,有限合伙人变为无或限制行为能力人之后的直接后果是其他合伙人开会,会议的结果才能决定有限合伙人的去留问题。

2. 甲、乙、丙三人共同商定出资设立一家普通合伙企业,合伙投入股市资金所剩无几。丙得知情况后突发脑溢血死亡。假设丙有继承人戊,则就戊的权利,下列说法错误的是(2015-3-94)

　A. 自丙死亡之时起,戊即取得该合伙企业的合伙人资格

　B. 因合伙企业账面上已处于亏损状态,戊可要求解散合伙企业并进行清算

　C. 就甲委托投资股市而失败的行为,戊可直接向甲主张赔偿

　D. 就乙出卖房屋而给企业造成的损失,戊可直接向乙主张赔偿

答案( )①

【考点】 合伙份额继承

【设题陷阱与常见错误分析】 本题最大的陷阱在于掌握普通合伙人死亡后,要满足相关条件才能实现继承。否则,合伙人的继承人与合伙没有直接的关系。

【解析】《合伙企业法》第50条:"合伙人死亡或者被依法宣告死亡的,对该合伙人在合伙企业中的财产份额享有合法继承权的继承人,按照合伙协议的约定或者经全体合伙人一致同意,**从继承开始之日起,取得该合伙企业的合伙人资格**。

有下列情形之一的,合伙企业应当向合伙人的继承人退还被继承合伙人的财产份额:

(一)继承人不愿意成为合伙人;

(二)法律规定或者合伙协议约定合伙人必须具有相关资格,而该继承人未取得该资格;

(三)合伙协议约定不能成为合伙人的其他情形。

合伙人的继承人为无民事行为能力人或者限制民事行为能力人的,经全体合伙人一致同意,可以依法成为有限合伙人,普通合伙企业依法转为有限合伙企业。全体合伙人未能一致同意的,合伙企业应当将被继承合伙人的财产份额退还该继承人。"题目中,"死人"为丙是普通合伙人。因其死亡,丙退

参考答案:①ABCD

伙。如果继承人要继承丙的份额，须满足上述法条中"你情、我愿、资格有"的条件，并非当然发生，所以A错误。

如果戊没能够继承为新的合伙人，其对合伙的经营及维权没有话语权，B、C、D均错误。

> 【评价及预测】合伙人死亡继承是《合伙企业法》中非常重要的考点，考生要在理解普通合伙人人合性保护的基础上，对继承的条件加以掌握。

3. 2010年5月，贾某以一套房屋作为投资，与几位朋友设立一家普通合伙企业，从事软件开发。2014年6月，贾某举家移民海外，故打算自合伙企业中退出。对此，下列哪一选项是正确的？（2014-3-30）

A. 在合伙协议未约定合伙期限时，贾某向其他合伙人发出退伙通知后，即发生退伙效力
B. 因贾某的退伙，合伙企业须进行清算
C. 退伙后贾某可向合伙企业要求返还该房屋
D. 贾某对退伙前合伙企业的债务仍须承担无限连带责任

答案（①）

【考点】普通合伙人退伙

【设题陷阱与常见错误分析】本题考到合伙人自主退伙的情形。自主退伙又细分为合伙协议约定经营期限和未约定合伙经营期限两种。当合伙协议约定有经营期限是自愿退伙必须满足相关的条件，未约定经营期限，需要提前30天预告知，以免给合伙的经营造成负面的影响，考生需要熟悉此内容。

另外，本题的一个设计陷阱在于，合伙人退伙时出资的处理问题。合伙人如果以财产的所有权出资，那么出资完成后，资产转由合伙人共用。退伙时只能进行清算，将合伙人的份额退还给他。根据合伙经营的情况，或退钱或退物。

【解析】A项错误，《合伙企业法》第46条："合伙协议未约定合伙期限的，合伙人在不给合伙企业事务执行造成不利影响的情况下，可以退伙，**但应当提前三十日通知其他合伙人**。"即自主退伙"有期限，要有理由；无期限，要预告知"。

B项错误，贾某退伙只要合伙企业仍具备符合法定人数的其他合伙人即可继续存续，并非因贾某的离开必然导致合伙的解散清算。

C错误，第52条："退伙人在合伙企业中财产份额的退还办法，由合伙协议约定或者由全体合伙人决定，**可以退还货币，也可以退还实物**。"

D项正确，第53条："**退伙人对基于其退伙前的原因发生的合伙企业债务，承担无限连带责任**。"

> 【评价及预测】合伙人退伙是合伙变更环节很重要的一项内容，包括自主退伙、法定退伙、除名退伙。本题就自主退伙进行了全面的考查。考生同样需要掌握法定退伙适用情形，尤其是普通合伙人的法定退伙，笔者总结为"人死、财空、资格无"。人死指作为合伙人的自然人

参考答案：①D

死亡或宣告死亡或者作为合伙人的公司、法人其他组织解散、注销、破产丧失主体资格;财空指合伙人丧失偿债能力,或者合伙份额被人民法院强制执行完毕;资格无指法定或约定的合伙人资格丧失。

除名退伙,主要适用于合伙人有过错在先的情况,考生需要做了解。

4. 甲、乙、丙于2010年成立一家普通合伙企业,三人均享有合伙事务执行权。2013年3月1日,甲被法院宣告为无民事行为能力人。3月5日,丁因不知情找到甲商谈一笔生意,甲以合伙人身份与丁签订合同。下列哪些选项是错误的?(2013-3-71)

A. 因丁不知情,故该合同有效,对合伙企业具有约束力
B. 乙与丙可以甲丧失行为能力为由,一致决议将其除名
C. 乙与丙可以甲丧失行为能力为由,一致决议将其转为有限合伙人
D. 如甲因丧失行为能力而退伙,其退伙时间为其无行为能力判决的生效时间

答案(　　　)①

【考点】合伙人丧失民事行为能力的处理

【设题陷阱与常见错误分析】甲作为无民事行为能力人,其行为根据民法通则的相关规定被认定为当然无效。题目中的陷阱在于,提到第三人的所谓"善意",但是甲是无民事行为能力人,无论在法条还是在法理,第三人都不能主张善意,所以此处的丁不能受到善意第三人的保护。另外,合伙人丧失行为能力并不是法定退伙的适用情形,其他合伙人一致同意可以将其转为有限合伙人。

【解析】《民法通则》第58条:"下列民事行为无效:
(一)**无民事行为能力人实施的**;
(二)限制民事行为能力人依法不能独立实施的;
(三)一方以欺诈、胁迫的手段或者乘人之危,使对方在违背真实意思的情况下所为的;
(四)恶意串通,损害国家、集体或者第三人利益的;
(五)违反法律或者社会公共利益的;
(六)经济合同违反国家指令性计划的;
(七)以合法形式掩盖非法目的的。
无效的民事行为,从行为开始起就没有法律约束力。"
《合伙企业法》第48条:"合伙人被依法认定为无民事行为能力人或者限制民事行为能力人的,经**其他合伙人一致同意,可以依法转为有限合伙人**,普通合伙企业依法转为有限合伙企业。其他合伙人未能一致同意的,该无民事行为能力或者限制民事行为能力的合伙人退伙。**退伙事由实际发生之日为退伙生效日**。"所以C为合法项,B违法;D项的退伙时间应当为退伙事由的发生之时,为各合伙人未能一致同意将甲变为有限合伙人时。所以D错误。

甲被宣告无民事行为能力是公示公信的状态,且民法通则明确无行为能力人实施的法律行为无效。所以丁不可主张善意保护,A错误。

参考答案:①ABD

> **【评价及预测】** 注意民商结合的题目设计。另外,需要注意分清楚:合伙协议或合伙人决议对合伙事务执行人的权限作出限制,此限制仅内部生效不能对抗外部善意第三人;但民事法律规定的无效事项,比如《民法通则》第58条涉及的内容,则是法定的自始无效,第三人不得主张善意保护。
>
> 普通合伙人丧失行为能力并非其当然退伙的理由,这一点将来涉考性也很强,考生要清楚此种情况下的处理规则:可以通过其他合伙人一致决议的形式将其转为有限合伙人。

5. 2009年3月,周、吴、郑、王以普通合伙企业形式开办一家湘菜馆。2010年7月,吴某因车祸死亡,其妻欧某为唯一继承人。在下列哪些情形中,欧某不能通过继承的方式取得该合伙企业的普通合伙人资格?(2011-3-71)

A. 吴某之父对欧某取得合伙人资格表示异议
B. 合伙协议规定合伙人须具有国家一级厨师资格证,欧某不具有
C. 郑某不愿意接纳欧某为合伙人
D. 欧某因夫亡突遭打击,精神失常,经法院宣告为无民事行为能力人

答案(①)

【考点】 合伙人资格继承

【设题陷阱与常见错误分析】 本题的陷阱出现在题干的要求是对欧某继承为"普通合伙人"的条件选择。D项欧某为无民事行为能力人,可以继承为有限合伙人。考生如果审题不细,容易漏选D选项。

【解析】 根据《合伙企业法》第50条:"合伙人死亡或者被依法宣告死亡的,对该合伙人在合伙企业中的财产份额享有合法继承权的继承人,按照合伙协议的约定或者经全体合伙人一致同意,从继承开始之日起,取得该合伙企业的合伙人资格。

有下列情形之一的,合伙企业应当向合伙人的继承人退还被继承合伙人的财产份额:
(一)继承人不愿意成为合伙人;
(二)法律规定或者合伙协议约定合伙人必须具有相关资格,而该继承人未取得该资格;
(三)合伙协议约定不能成为合伙人的其他情形。

合伙人的继承人为无民事行为能力人或者限制民事行为能力人的,经全体合伙人一致同意,可以依法成为有限合伙人,普通合伙企业依法转为有限合伙企业。全体合伙人未能一致同意的,合伙企业应当将被继承合伙人的财产份额退还该继承人。"

A项,吴某的父亲对于吴某的合伙人份额没有任何的权利(题干表明欧某是唯一的继承人),所以吴某父亲的异议无效,不会阻碍欧某继承。

B项属于继承人资格不具备,C项属于其他合伙人不同意,D项因为欧某被宣告为无限人而不再能做普通合伙人,所以都成为阻碍欧某继承为普通合伙人的障碍,为应选项。

参考答案:①BCD

> 【评价及预测】合伙份额的继承,尤其是普通合伙人份额的继承是考试的重点。考生要掌握普通合伙份额不能当然继承,需要满足相关的条件:
> 1. 继承人愿意继承为合伙人(你情);
> 2. 其他合伙人同意吸纳继承人为新的合伙人(我愿);
> 3. 继承人具备法定或约定的合伙人资格(资格有)。

6. 普通合伙企业合伙人李某因车祸遇难,生前遗嘱指定**16**岁的儿子李明为其全部财产继承人。下列哪一表述是错误的?(2009-3-28)

A. 李明有权继承其父在合伙企业中的财产份额

B. 如其他合伙人均同意,李明可以取得有限合伙人资格

C. 如合伙协议约定合伙人必须是完全行为能力人,则李明不能成为合伙人

D. 应当待李明成年后由其本人作出其是否愿意成为合伙人的意思表示

答案(①)

【考点】普通合伙企业中合伙人资格及其财产份额的继承

【设题陷阱与常见错误分析】继承人是无行为能力人或限制行为能力人并不能当然成为阻断继承的理由,只有其他合伙人一致同意,就可以吸纳该继承人继承为有限合伙人。考生如果没有认清这一点,容易选错答案。

【解析】《合伙企业法》第50条:"合伙人死亡或者被依法宣告死亡的,对该合伙人在合伙企业中的财产份额享有合法继承权的继承人,按照合伙协议的约定或者经全体合伙人一致同意,从继承开始之日起,取得该合伙企业的合伙人资格。

有下列情形之一的,合伙企业应当向合伙人的继承人退还被继承合伙人的财产份额:

(一)继承人不愿意成为合伙人;

(二)法律规定或者合伙协议约定合伙人必须具有相关资格,而该继承人未取得该资格;

(三)合伙协议约定不能成为合伙人的其他情形。

合伙人的继承人为无民事行为能力人或者限制民事行为能力人的,经全体合伙人一致同意,可以依法成为有限合伙人,普通合伙企业依法转为有限合伙企业。全体合伙人未能一致同意的,合伙企业应当将被继承合伙人的财产份额退还该继承人。"

根据上述规定可知,李明有权继承其父在合伙企业中的财产份额,A项正确。

如其他合伙人均同意,李明可以取得有限合伙人资格,原来的普通合伙企业依法转为有限合伙企业。因此,B项正确。

如果合伙协议事先约定合伙人必须具有完全民事行为能力的,那么李某不能成为合伙人,只能要求退还其父在合伙企业中的财产份额。因此,C项正确。

另外,李某是否愿意取得合伙人的资格由其法定代理人代替作出意思表示即可,不需要等到李明成年后由其本人作出,另外,即便是本人愿意也需要其他全体合伙人一致同意才可以实现。因此,D项错误。

参考答案:①D

【评价及预测】普通合伙企业是由合伙人共同出资、共同经营、共负盈亏的组织形态，所以当普通合伙企业设立的时候，合伙人需要具有完全的行为能力且可以承担无限责任。但在合伙运行的过程中，合伙人可能完全或部分丧失行为能力或者合伙人死亡或被宣告死亡，而继承人是无行为能力人或限制行为能力人。为了保护合伙人及其继承人的利益，当合伙人变为无或限制行为能力人时，经其他合伙人同意可以转为有限合伙人。当合伙人死亡或被宣告死亡时，其继承人是无或限制行为能力人的，经其他合伙人一致同意可以继承为有限合伙人。

第五节　合伙的破产

汪、钱、潘、刘共同投资设立了一个有限合伙企业，其中汪、钱为普通合伙人，潘、刘为有限合伙人。后因该合伙企业长期拖欠供货商货款，企业资产不足以清偿到期债务。依照我国相关法律的规定，下列哪些选项是正确的？（2007－3－73）

　　A. 债权人可以根据企业破产法申请该合伙企业破产
　　B. 债权人可以要求任一合伙人清偿全部债务
　　C. 债权人只能要求汪、钱清偿全部债务
　　D. 如果该合伙企业被宣告破产，则汪、钱仍需承担无限连带责任

答案(　　　　)①

【考点】合伙企业破产、责任承担

【设题陷阱与常见错误分析】本题难度不大，主要针对有限合伙人承担有限责任，普通合伙人承担无限连带责任，即使合伙企业破产后，普通合伙人的连带责任也不能免除。分清这一点即可答对此题。

【解析】根据《企业破产法》第135条规定："其他法律规定企业法人以外的组织的清算，属于破产清算的，**参照适用**本法规定的程序。"《合伙企业法》第92条："合伙企业不能清偿到期债务的，**债权人可以依法向人民法院提出破产清算申请，也可以要求普通合伙人清偿**。合伙企业依法被宣告破产的，普通合伙人对合伙企业债务仍应承担无限连带责任。"所以，选项A、D说法成立，为应选项。

根据《合伙企业法》第2条规定："本法所称合伙企业，是指自然人、法人和其他组织依照本法在中国境内设立的**普通合伙企业**和**有限合伙企业**。普通合伙企业由普通合伙人组成，合伙人对合伙企业债务承担无限连带责任。本法对普通合伙人承担责任的形式有特别规定的，从其规定。有限合伙企业由普通合伙人和有限合伙人组成，**普通合伙人对合伙企业债务承担无限连带责任，有限合伙人以其认缴的出资额为限对合伙企业债务承担责任**。"所以，汪、钱作为普通合伙人，应该承担无限连带责任，因此是对全部债务负责，而有限合伙人只以其出资额为限来承担责任。选项B说法错误，应排除。选项C说法正确，为应选项。

参考答案：①ACD

> 【评价及预测】各类合伙人在不同情形下的责任承担,是《合伙企业法》中的核心考点,历年重复考查概率很高。考生要从简单的有限合伙人承担有限责任,普通合伙人承担无限连带责任,到相对复杂的合伙人身份转换时责任的承担;退伙时责任的承担;表见普通合伙人的情况下责任承担等内容。

第六节 有限合伙企业及有限合伙人

1. 灏德投资是一家有限合伙企业,专门从事新能源开发方面的风险投资。甲公司是灏德投资的有限合伙人,乙和丙是普通合伙人。关于合伙协议的约定,下列哪些选项是正确的?(2016-3-72)
 A. 甲公司派驻灏德投资的员工不领取报酬,其劳务折抵10%的出资
 B. 甲公司不得与其他公司合作从事新能源方面的风险投资
 C. 甲公司不得将自己在灏德投资中的份额设定质权
 D. 甲公司不得将自己在灏德投资中的份额转让给他人

答案(　　)①

【考点】有限合伙人

【设题陷阱与常见错误分析】本体难度不大,但综合性很强,综合考查了有限合伙人的出资、竞业限制、份额出质及份额转让等内容,考生需要全面掌握才能准确作答。

【解析】《合伙企业法》第64条:"有限合伙人不得以劳务出资。"甲公司作为有限合伙人,不得以劳务折抵出资,所以A错误。

第71条:"有限合伙人可以自营或者同他人合作经营与本有限合伙企业相竞争的业务;但是,合伙协议另有约定的除外。"有限合伙人的竞业行为限制,可以通过协议约定,B正确。

第72条:"有限合伙人可以将其在有限合伙企业中的财产份额出质;但是,合伙协议另有约定的除外。"所以C正确。

第73条:"有限合伙人可以按照合伙协议的约定向合伙人以外的人转让其在有限合伙企业中的财产份额,但应当提前三十日通知其他合伙人。"有限合伙人份额外转,不能通过合伙协议排除,所以D项错误。

> 【评价及预测】有限合伙人的权利或限制是《合伙企业法》中比较重要的考点,考生需要与普通合伙人对比掌握。

项目	普通合伙人	有限合伙人
资格	不能为无限人	可以为无限人
责任	无限连带	有限责任
执行合伙事务	执行合伙事务	不执行合伙事务

参考答案:①BC

续表

项目	普通合伙人	有限合伙人
出资	可以以劳务出资	不可以劳务出资
资格继承	不能当然继承	当然继承
利润分配	不可将利润约定分配给部分合伙人	可以约定将利润分配给部分合伙人
竞业行为	绝对禁止	原则允许,协议可限制
自我交易	相对禁止	原则允许,协议可限制
对外转让股权	原则其他合伙人一致同意,协议可灵活	随便转,提前30天通知即可
出质行为	必须其他合伙人一致同意	原则自由,协议可限制

2. 甲是某有限合伙企业的有限合伙人,持有该企业15%的份额。在合伙协议无特别约定的情况下,甲在合伙期间未经其他合伙人同意实施了下列行为,其中哪一项违反《合伙企业法》规定?(2009－3－27)

A. 将自购的机器设备出租给合伙企业使用
B. 以合伙企业的名义购买汽车一辆归合伙企业使用
C. 以自己在合伙企业中的财产份额向银行提供质押担保
D. 提前一个月通知其他合伙人将其部分合伙份额转让给合伙人以外的人

答案( )①

【考点】 有限合伙人的行为限制

【设题陷阱与常见错误分析】 有限合伙人与普通合伙人鉴于其承担的责任不一样,《合伙企业法》对其约束和限制也不同。总体来讲,有限合伙人更灵活一些,普通合伙人的限制要更多。考生需要分清有限合伙人与普通合伙人所受的法律规制的不同才能答对此题。

【解析】《合伙企业法》第70条:"有限合伙人**可以同本有限合伙企业进行交易**;但是,合伙协议另有约定的除外。"本题中,有限合伙企业中的合伙协议并没有就有限合伙人同本有限合伙企业进行交易的问题进行特别的约定,因此,甲作为有限合伙人是可以与本有限合伙企业进行交易的。故A项中的行为不违反《合伙企业法》的规定。

第68条:"**有限合伙人不执行合伙事务,不得对外代表有限合伙企业**。"因此,B项代表合伙与第三人交易的行为,违反《合伙企业法》的规定。

第72条:"**有限合伙人可以将其在有限合伙企业中的财产份额出质**;但是,合伙协议另有约定的除外。"本题题干已经给出合伙协议无特别约定的信息,因此,C项中有限合伙人甲将自己在合伙企业中的财产份额出质的行为不违反《合伙企业法》的规定。

第73条:"合伙人可以按照合伙协议的约定向合伙人**以外**的人转让其在有限合伙企业中的财产份额,但应当提前三十日通知其他合伙人。"据此可知,D项中的行为不违反《合伙企业法》的规定。

【评价及预测】 有限合伙人和普通合伙人的区别点,是《合伙企业法》中综合性较强的一个考点,需要考生综合、全面地掌握相关的知识。

参考答案:①B

3. 甲乙丙三人拟共同设立一个有限合伙企业,下列哪些表述是错误的?(2009-3-74)
  A. 该有限合伙企业至少应当有一个普通合伙人
  B. 经合伙协议约定,有限合伙人可以货币、实物、劳务、知识产权或其他财产作价出资
  C. 经合伙协议约定,有限合伙人可以执行部分合伙事务
  D. 如有限合伙人转为普通合伙人,则对其作为有限合伙人期间企业的债务不承担连带责任

答案( )①

【考点】有限合伙企业的相关规定

【设题陷阱与常见错误分析】本题主要是针对有限合伙企业及有限合伙人所应受到的限制设计题目。有限合伙人不得以劳务出资,不能执行合伙事务。如果在有限合伙人转为普通合伙人的情形下,需要对合伙企业所有的债务承担无限连带责任。

【解析】《合伙企业法》第61条第2款:"有限合伙企业至少应当有一个普通合伙人。"因此,A项正确。

《合伙企业法》第64条:"有限合伙人可以用货币、实物、知识产权、土地使用权或者其他财产权利作价出资。

有限合伙人不得以劳务出资。"因此,B项错误。

《合伙企业法》第68条第1款:"**有限合伙人不执行合伙事务,不得对外代表有限合伙企业**。"因此,C项错误。

《合伙企业法》第83条:"有限合伙人转变为普通合伙人的,对其作为**有限合伙人期间有限合伙企业发生的债务承担无限连带责任**。"因此,D项错误。

【评价及预测】有限合伙人基于其承担有限责任的属性,合伙企业对其作出了不同于普通合伙人的规定。考生需要对比普通合伙人及有限合伙人的规定差异进行详细掌握。

第三章 个人独资、三资企业法

本章考查情况统计表

考点	考查次数	考查年份	大致分值	考查概率/%
个人独资企业	1	1	1	11
合营企业	2	2	3	22

考点1 个人独资企业

为开拓市场需要,个人独资企业主曾水决定在某市设立一个分支机构,委托朋友霍火为分支机构负责人。关于霍火的权利和义务,下列哪一表述是正确的?(2012-3-29)
  A. 应承担该分支机构的民事责任

参考答案:①BCD

B. 可以从事与企业总部相竞争的业务
C. 可以将自己的货物直接出卖给分支机构
D. 经曾水同意可以分支机构财产为其弟提供抵押担保

答案( )①

【考点】个人独资企业分支机构

【设题陷阱与常见错误分析】个人独资企业的分支机构同样不具有独立的主体资格，其民事责任由个人独资企业承担。个人独资企业委托或聘请的经营管理人员受到法定的禁止性规定，不得擅自从事自我交易、对外担保、从事竞业行为等，本题的难点在于把分支机构与经营管理人员的禁止行为结合到一起考查，考生容易混淆。

【解析】《个人独资企业法》第14条第三款规定："**分支机构的民事责任由设立该分支机构的个人独资企业承担。**"霍火作为分支机构的被聘用的管理者，不应当承担分支机构的责任，A项表述错误。

第20条："投资人委托或者聘用的管理个人独资企业事务的人员不得有下列行为：……（五）**擅自以企业财产提供担保**；（六）**未经投资人同意，从事与本企业相竞争的业务**；（七）**未经投资人同意，同本企业订立合同或者进行交易**；……"受托人或被聘用人不是绝对不可以从事竞业和自我交易行为，关键前提是看投资人是否同意。如果投资人同意，则是可以的。因此B项的竞业行为，C项的自我交易均没有得到投资人的同意，所以错误。

D项属于正常的经营决策，霍火作为分支机构负责人，可以独立作出决策，正确。

【评价及预测】个人独资企业的经营管理模式（投资人自己经营、委托或聘请他人经营均可），以及被委托或聘请的经营管理人员的禁止义务是考试的重点，需要掌握。

考点2 合营企业

1. 中外合资经营企业是重要的外商投资企业类型。关于中外合资经营企业，下列哪一表述是错误的？（2010-3-28）

A. 合营各方可在章程中约定不按出资比例分配利润
B. 合营企业设立董事会并作为企业的最高权力机构
C. 合营者如欲转让其在合营企业中的股份，需经审批机构批准
D. 合营企业的组织形式为有限责任公司

答案( )②

【考点】合营企业相关

【设题陷阱与常见错误分析】本题综合考查了合营企业的组织形式、利润分配、组织结构、股份转让等内容，具有一定的综合性和灵活性，需要考生详细且准确地了解相关法条的内容。

【解析】根据《中外合资经营企业法》第4条："合营企业的形式为**有限责任公司**。"

在合营企业的注册资本中，外国合营者的投资比例**一般不低于百分之二十五**。合营各方按注册资

参考答案：①D ②A

本比例分享利润和分担风险及亏损。合营者的注册资本如果转让必须经合营各方同意。"所以，D正确。

据此条内容，合营企业只能按照出资比例分配利润，不能由公司章程灵活约定，A错误。

《中外合资经营企业法实施条例》第30条："**董事会是合营企业的最高权力机构**，决定合营企业的一切重大问题。"B正确。

《中外合资经营企业法实施细则》第23条："合营一方向第三者转让其全部或者部分股权的，须**经合营他方同意，并报审批机构批准**，向登记管理机构办理变更登记手续"。C正确。

> **【评价及预测】** 合营企业的相关内容是考查三资企业法中最常见、重复考查频度最高的部分，考生需要对合营企业的投资者、组织形式、组织结构、利润分配方式、股权转让流程、外资比例、担保原则、仲裁、诉讼、保险制度等做清晰的掌握。

2. 鲁南水泊公司欲与某国梁山公司在阳谷市设立一家中外合资企业，双方初步拟定的合作框架包括以下事项，其中哪些符合我国法律规定？（2009－3－75）

　　A. 合资企业不设股东会，由董事会作为最高权力机构
　　B. 合资企业合同文本采用英文
　　C. 合资企业注册资本在企业成立时全部缴清
　　D. 合资企业合同约定由瑞典斯德哥尔摩仲裁院仲裁解决纠纷

答案（　）①

【考点】 合营企业相关

【设题陷阱与常见错误分析】 本题综合考查了合营企业的相关制度和内容，但B、C两项的迷惑性较大，增加了本题的难度。根据《中外合资经营企业法实施条例》的规定，向审批机关报送的合营企业合同必须用中文的版本，但是可以同时用各方商定的外文书写。B项并没有标明只用英文书写合营企业合同，所以不违反法律的规定。

我国法律对合营企业出资采用了授权资本制，即可以一次性全部缴清也可以分期缴纳，所以C项合营各方自愿在企业成立时全部缴清，是不违法的。

【解析】《中外合资经营企业法实施条例》第30条："**董事会是合营企业的最高权力机构**，决定合营企业的一切重大问题。"因此，A项正确。

《中外合资经营企业法实施条例》第11条："合营企业合同应当包括下列主要内容：

……

（十三）合同文本采用的文字和合同生效的条件。

合营企业合同的附件，与合营企业合同具有同等效力。"

根据《中外合资经营企业法实施条例》第11条第（十三）项："合同文本采用的文字可以由合同来约定"。即本案中合资合同中约定采用英文文本没有违反法律规定。B项正确。

《中外合资经营企业法实施条例》第28条："**合营各方应当按照合同规定的期限缴清各自的出资额**。逾期未缴或者未缴清的，应当按合同规定支付迟延利息或者赔偿损失。"据此可知，合资企业注册资本的缴纳期限是通过合资合同来约定的。因此，C项中关于合资企业注册资本在企业成立时全部缴

参考答案：①ABCD

清的约定是合法的。

《中外合资经营企业法》第15条第1款:"合营各方发生纠纷,董事会不能协商解决时,由**中国仲裁机构进行调解或仲裁**,也可由**合营各方协议在其他仲裁机构仲裁**。"因此,D项中合资企业合同约定由瑞典斯德哥尔摩仲裁院仲裁解决纠纷是合法的。

> 【评价及预测】合营企业的相关制度和内容需要重点把握。

第四章 企业破产法

本章考查情况统计表

考点	考查次数	考查年份	大致分值	考查概率/%
破产案件的适用范围及适用程序	2	2	3	22
破产管理人	2	2	3	22
破产原因	2	2	3	22
破产债权	3	3	5	33
申请和受理	2	2	3	22
债务人财产	6	5	9	56
重整程序	2	2	3	22

考点1 破产案件的适用范围及适用程序

1. 关于破产清算、重整与和解的表述,下列哪些选项是正确的?(2010-3-79)
A. 债务人一旦被宣告破产,则不可能再进入重整或者和解程序
B. 破产案件受理后,只有债务人才能提出和解申请
C. 即使债务人未出现现实的资不抵债情形,也可申请重整程序
D. 重整是破产案件的必经程序

答案( )①

【考点】破产、重整、和解的转换

【设题陷阱与常见错误分析】本题综合考查了破产重整、和解程序的启动以及破产清算、重整、和解三程序之间的转换关系,具有一定的综合性和难度。

【解析】债务人一旦被宣告破产后,**只能走破产清算的程序**,所以不能再进入重整及和解的程序,A正确。

《企业破产法》第95条:"**债务人**可以依照本法规定,直接向人民法院**申请和解**;也可以在人民法院受理破产申请后、宣告债务人破产前,向人民法院申请和解。"

参考答案:①ABC

债务人申请和解,应当提出和解协议草案。"所以和解只能由债务人启动,B正确。

第2条:"企业法人**不能清偿到期债务**,并且资产不足以清偿全部债务或者明显缺乏清偿能力的,依照本法规定清理债务。企业法人有前款规定情形,**或者有明显丧失清偿能力可能的,可以依照本法规定进行重整**。"所以,当企业具备资不抵债可能性不要求现实的资不抵债也可以启动重整程序,C正确。

第70条:"**债务人或者债权人可以依照本法规定,直接向人民法院申请对债务人进行重整**。

债权人申请对债务人进行破产清算的,在人民法院受理破产申请后、宣告债务人破产前,债务人或者出资额占债务人注册资本十分之一以上的出资人,可以向人民法院申请重整。"

重整可以依据利益相关者的申请而启动,并非破产案件的必经程序,所以D错误。

> **【评价及预测】**破产清算、重整、和解是广义破产的三个程序,各自有自己的适用情况和细节。三者的转换关系是理论性比较强的一个考点,考生需要在理解的基础上掌握。
>
> 破产清算,是以企业终结为目的的程序,重整、和解是以企业重生为目的的程序。所以重整、和解一定发生于企业被宣告破产以前,一旦破产宣告后,则只能进入破产清算的程序。
>
> 就三者的转换关系,笔者总结如下:
>
> 1."由死到活,可以主动申请":即债权人申请债务人破产清算,债务人可以申请重整或和解;债务人的持股1/10以上的出资可以申请重整;
>
> 2."由活到死,只能被动转换":即当债权人申请债务人重整,债务人不能申请破产清算,只有当重整程序失败被动进入破产清算程序;或者,当债务人申请和解后,债务人不能再申请破产清算,只有当和解程序失败,被动进入破产清算程序。

2. 关于破产案件受理后、破产宣告前的程序转换,下列哪一表述是正确的?(2009-3-30)

A. 如为债务人申请破产清算的案件,债权人可以申请和解

B. 如为债权人申请债务人破产清算的案件,债务人可以申请重整

C. 如为债权人申请债务人重整的案件,债务人可以申请破产清算

D. 如为债权人申请债务人破产清算的案件,债务人的出资人可以申请和解

答案(　　)①

【考点】 破产的相关程序性规定

【设题陷阱与常见错误分析】 本题再次考查到了破产清算、重整、和解三程序之间的转换关系,具有一定的理论性和综合性。考生需要理解三程序的内涵,才能更好地梳理三程序之间的转换。

【解析】《破产法》第7条:"**债务人有本法第二条规定的情形,可以向人民法院提出重整、和解或者破产清算申请。**

债务人不能清偿到期债务,债权人可以向人民法院提出对债务人进行重整或破产清算的申请。

企业法人已解散但未清算或者未清算完毕,资产不足以清偿债务的,依法负有清算责任的人应当向人民法院申请破产清算。"

根据上述规定,以及和解程序的实质是债权人的妥协和让步的结果,所以,只有债务人有权申请和解,债权人在任何情况下都无权申请和解。因此,A项错误。

参考答案:①B

《破产法》第70条第2款:"债权人申请对债务人进行破产清算的,在人民法院受理破产申请后、宣告债务人破产前,**债务人**或者**出资额占债务人注册资本十分之一以上的出资人**,可以向人民法院**申请重整**。"因此,B项正确。

《破产法》第70条第1款规定:"**债务人**或者**债权人**可以依照本法规定,**直接向人民法院申请对债务人进行重整**。"据此可知,债权人和债务人都有权直接申请重整,如果债权人先申请了重整,债务人是不能再申请破产清算的。因此,C项错误。

如为债权人申请债务人破产清算的案件,债务人的出资人可以申请重整,不能申请和解,只有债务人才能申请和解。因此,D项错误。

> **【评价及预测】** 考生需要梳理清楚破产清算、重整、和解三程序间的转换关系,可以借助笔者的总结加以理解。

考点2 破产原因

中南公司不能清偿到期债务,债权人天一公司向法院提出对其进行破产清算的申请,但中南公司以其账面资产大于负债为由表示异议。天一公司遂提出各种事由,以证明中南公司属于明显缺乏清偿能力的情形。下列哪些选项符合法律规定的关于债务人明显缺乏清偿能力、无法清偿债务的情形?(2012-3-71)

A. 因房地产市场萎缩,构成中南公司核心资产的房地产无法变现

B. 中南公司陷入管理混乱,法定代表人已潜至海外

C. 天一公司已申请法院强制执行中南公司财产,仍无法获得清偿

D. 中南公司已出售房屋质量纠纷多,市场信誉差

答案( )①

【考点】 明显缺乏清偿能力的表现

【设题陷阱与常见错误分析】 本题无难度,是对法条的直接考查,考生只需要了解《破产法司法解释一》有关"明显缺乏清偿能力"的表现,即可选出答案。

【解析】《破产法司法解释一》第4条:"债务人账面资产虽大于负债,但存在下列情形之一的,人民法院应当认定其明显缺乏清偿能力:(一)**因资金严重不足或者财产不能变现等原因,无法清偿债务**;(二)**法定代表人下落不明且无其他人员负责管理财产,无法清偿债务**;(三)**经人民法院强制执行,无法清偿债务**;(四)**长期亏损且经营扭亏困难,无法清偿债务**;(五)**导致债务人丧失清偿能力的其他情形**。"本题中A项属于(一),B项属于(二);C项属于(三);而D选项出售房屋质量纠纷多,市场信誉差,并不能说明资产不足,缺乏清偿能力,不选。所以应选A、B、C。

> **【评价及预测】** 本题是对破产原因的考查。考生对破产原因需要理解表面、实质两个层面。即表面上需要具备"不能清偿到期债务"的事实;实质上需要具备"资产不足以清偿全部债

参考答案:①ABC

务"或"明显缺乏清偿能力"的事实。《破产法司法解释一》对这些事实的具体表现做了细化的规定,考生需要关注并熟悉。对于明显缺乏清偿能力的表现,笔者总结为"钱没了""人没了""强执不能""长期亏损,扭亏无望",便于考生理解和记忆。

考点3 申请和受理

1. 2013年3月,债权人甲公司对债务人乙公司提出破产申请。下列哪些选项是正确的?(2013-3-73)

A. 甲公司应提交乙公司不能清偿到期债务的证据

B. 甲公司应提交乙公司资产不足以清偿全部债务的证据

C. 乙公司就甲公司的破产申请,在收到法院通知之日起七日内可向法院提出异议

D. 如乙公司对甲公司所负债务存在连带保证人,则其可以该保证人具有清偿能力为由,主张其不具备破产原因

答案(　　)①

【考点】 破产申请

【设题陷阱与常见错误分析】 企业的破产申请可以由债务人提出,也可以由债权人提出。只是基于二者对债务人的经营情况掌握的证据不同,法律对二者提出的要求也不同。债务人需要提供全面的支持其具有破产原因的证据,包括:1.债务人不能清偿到期债务;2.债务人资产不足以清偿全部债务或明显缺乏清偿能力。而债权人申请债务人破产只需要提供债务人表面上资产不能清偿到期债务即可。至于实质是否有资不抵债的事实,由债务人自己在7日内提出异议。本题的主要陷阱在于债权人申请债务人破产应提交的证据内容,考生如不了解容易错选B项。

【解析】《破产法》第7条:"**债务人不能清偿到期债务,债权人可以向人民法院提出对债务人进行重整或者破产清算的申请**。"所以债务人乙公司"资产不足以清偿全部债务或明显缺乏清偿能力"并非债权人甲公司的举证范围,所以A正确,B错误。

第10条:"债权人提出破产申请的,**人民法院应当自收到申请之日起五日内通知债务人**。债务人对申请有异议的,**应当自收到人民法院的通知之日起七日内向人民法院提出**。人民法院应当自异议期满之日起十日内裁定是否受理。"C正确。

《破产法司法解释一》第1条:"**相关当事人以对债务人的债务负有连带责任的人未丧失清偿能力为由,主张债务人不具备破产原因的,人民法院应不予支持**。"所以D错误。

【评价及预测】 关于破产,考生需要明晰有两方面原因:一是表面原因,即债务人不能清偿到期债务;二是实质原因,即债务人资产不能清偿全部债务(通过资产负债表、财产清单、审计报告等资料来支持),或明显缺乏清偿能力("钱没了""人没了""强执不能""长期亏损,扭亏无望")。

参考答案:①AC

> 债务人自己提出破产申请,需要提供表面、实质全部的证据;债权人对债务人的实质经营情况无从了解,所以只需要提供表面不能偿还到期债务的证据即可,至于债务人是否实质资不抵债由债务人在法定期限内提出异议来推翻。

2. 某公司经营不善,现进行破产清算。关于本案的诉讼费用,下列哪一说法是错误的?(2012-3-30)

A. 在破产申请人未预先交纳诉讼费用时,法院应裁定不予受理破产申请
B. 该诉讼费用可由债务人财产随时清偿
C. 债务人财产不足时,诉讼费用应先于共益费用受清偿
D. 债务人财产不足以清偿诉讼费用等破产费用的,破产管理人应提请法院终结破产程序

📖 答案( )①

📁【考点】 破产案件诉讼费用

👤【设题陷阱与常见错误分析】《破产法司法解释一》对诉讼费用,规定了在债务人财产中拨付,这与一般的民事案件预交诉讼费不同。考生需要了解司法解释的内容。

📝【解析】根据《破产法司法解释一》第8条:"相关当事人以申请人未预先交纳诉讼费用为由,对破产申请提出异议的,人民法院不予支持。"所以破产案件的诉讼费用,并不需要提前预交,A项错误。

《企业破产法》第41条:"破产案件的**诉讼费用属于破产费用**。"第43条:"破产费用和共益债务由债务人财产随时清偿。**债务人财产不足以清偿所有破产费用和共益债务的,先行清偿破产费用。债务人财产不足以清偿所有破产费用或者共益债务的,按照比例清偿**。债务人财产不足以清偿破产费用的,管理人应当提请人民法院终结破产程序。"

归纳4点方便大家理解记忆:(1)破产费用和共益债务具有优先受偿性,不属于破产债权;(2)破产费用优先于共益债务;(3)债务人财产不足以完全清偿破产费用或共益债务的,内部按比例清偿;(4)债务人财产不能清偿破产费用的,终结破产程序。据此,B、C、D都是正确的。

> 💡【评价及预测】破产案件的诉讼费用作为破产费用的一种,随时发生随时由债务人财产清偿,无须预交。另外,关于破产费用和共益债务,考生需要掌握其清偿规则:
> 1. 破产费用和共益债务随时发生、随时清偿的原则;
> 2. 当债务人财产不足以清偿破产费用和共益费用时,破产费用优先;
> 3. 当债务人财产不足以清偿破产费用或共益费用时,内部按比例受偿;
> 4. 当债务人财产不足以清偿破产费用,则破产程序终结。

考点4 破产管理人

1. 祺航公司向法院申请破产,法院受理并指定甲为管理人。债权人会议决定设立债权人委员会。现昊泰公司提出要受让祺航公司的全部业务与资产。甲的下列哪一做法是正确的?(2016-3-31)

参考答案:①A

A. 代表祺航公司决定是否向昊泰公司转让业务与资产
B. 将该转让事宜交由法院决定
C. 提议召开债权人会议决议该转让事宜
D. 作出是否转让的决定并将该转让事宜报告债权人委员会

答案( )①

【考点】管理人职权

【设题陷阱与常见错误分析】本题主要考查了管理人的职权及职责的细节内容,尤其是与法院、与债权人委员会及债权人会议之间的关系,考生需要掌握准确,否则容易错选答案。

【解析】《破产法》第25条:"管理人履行下列职责:
(一)接管债务人的财产、印章和账簿、文书等资料;
(二)调查债务人财产状况,制作财产状况报告;
(三)决定债务人的内部管理事务;
(四)决定债务人的日常开支和其他必要开支;
(五)在第一次债权人会议召开之前,决定继续或者停止债务人的营业;
(六)管理和处分债务人的财产;
(七)代表债务人参加诉讼、仲裁或者其他法律程序;
(八)提议召开债权人会议;
(九)人民法院认为管理人应当履行的其他职责。
本法对管理人的职责另有规定的,适用其规定。""管理和处分债务人财产"是管理人的权限,所以将祺航公司的义务和资产转让的决议,应该由管理人作出,B、C错误。

第69条:"管理人实施下列行为,应当及时报告债权人委员会:
(一)涉及土地、房屋等不动产权益的转让;
(二)探矿权、采矿权、知识产权等财产权的转让;
(三)全部库存或者营业的转让;
(四)借款;
(五)设定财产担保;
(六)债权和有价证券的转让;
(七)履行债务人和对方当事人均未履行完毕的合同;
(八)放弃权利;
(九)担保物的取回;
(十)对债权人利益有重大影响的其他财产处分行为。
未设立债权人委员会的,管理人实施前款规定的行为应当及时报告人民法院。"所以管理人处分债务人全部库存及营业的时候,需及时报告债权人委员会,而不能直接自行决定,只有D项的程序正确。

【评价及预测】近年来司法考试主要通过细节和综合性来提高考题的难度,本题属于典型的细节考查,考生需要对法条的细节掌握准确来应对。管理人的职责内容及重大事项报告制度需要考生结合上述法条详细掌握。

参考答案:①D

2. 某破产案件中,债权人向法院提出更换管理人的申请。申请书中指出了如下事实,其中哪些属于主张更换管理人的正当事由?（2009 - 3 - 76）

    A. 管理人列席债权人会议时,未如实报告债务人财产接管情况,并拒绝回答部分债权人询问

    B. 管理人将债务人的一处房产转让给第三人,未报告债权人委员会

    C. 债权人对债务人在破产申请前曾以还债为名向关联企业划转大笔资金的情况多次要求调查,但管理人一再拖延

    D. 管理人将对外追收债款的诉讼业务交给其所在律师事务所办理,并单独计收代理费

答案(①)

【考点】 管理人的职责

【设题陷阱与常见错误分析】 本题综合考查了破产管理人的职责,包括一般职责和特别职责,考生需要熟悉法条的相关内容。

【解析】《破产法》第23条:"管理人有依法履行职务并在列席债权人会议时,**向债权人会议报告职务执行情况并回答询问的义务**。"A项中,管理人不如实报告债务人财产接管情况,并拒绝回答部分债权人询问的行为违反了法律规定的法定义务,属于《破产法》第22条第2款:"债权人会议认为**管理人不能依法、公正执行职务**或者有其他不能胜任职务情形的,可以**申请人民法院予以更换**。"规定的不能依法、公正执行职务的情况。债权人可以此为由申请更换管理人。因此,A项正确。

《破产法》第69条第(一)项:"**管理人实施涉及土地、房屋等不动产权益的转让应当及时报告债权人委员会。**"B项中,管理人将债务人的一处房产转让给第三人,未报告债权人委员会的行为违反了法律规定的法定义务,属于《破产法》第22条第2款规定的不能依法、公正执行职务的情况。债权人可以此为由申请更换管理人。因此,B项正确。

《破产法》第33条第(一)项:"债务人为逃避债务而隐匿、转移财产的行为无效。"第34条:"因本法第三十一条、第三十二条或者第三十三条规定的行为而取得的债务人的财产,管理人有权追回。"据此可知,管理人有义务对债务人在破产申请前为逃避债务而转移财产的行为进行调查,如果属实应当将转移财产追回。本题C项中,管理人怠于行使上述法定职权,属于《破产法》第22条第2款规定的不能依法、公正执行职务的情况。债权人可以此为由申请更换管理人。因此,C项正确。

《破产法》第24条:"管理人可以由有关部门、机构的人员组成的**清算组**或者依法设立的**律师事务所、会计师事务所、破产清算事务所**等社会中介机构担任。"据此可知,律师事务所可以担任破产企业的管理人,如果管理人是律师事务所来担任的,那么管理人将对外追收债款的诉讼业务交给其所在律师事务所办理,并单独计收代理费的行为是合法的,不属于债权人申请更换管理人的理由。因此,D项错误。

【评价及预测】 本题主要是对法条内容的直接考查,在将来的考试中,新修订的法条直接考查的概率比较大。传统的重点考点重在理解和细节掌握,考生需要关注命题规律。

考点5 债务人财产

1. 法院受理了利捷公司的破产申请。管理人甲发现,利捷公司与翰扬公司之间的债权债务关系较

参考答案:①ABC

为复杂。下列哪些说法是正确的？（2016-3-73）

A. 翰扬公司的某一项债权有房产抵押,可在破产受理后行使抵押权
B. 翰扬公司与利捷公司有一合同未履行完毕,甲可解除该合同
C. 翰扬公司曾租给利捷公司的一套设备被损毁,侵权人之前向利捷公司支付了赔偿金,翰扬公司不能主张取回该笔赔偿金
D. 茹洁公司对利捷公司负有债务,在破产受理后茹洁公司受让了翰扬公司的一项债权,因此茹洁公司无须再向利捷公司履行等额的债务

答案（　　）①

【考点】受理、取回权、抵销权

【设题陷阱与常见错误分析】本题综合考查了破产受理后的行为限制、取回权、抵销权等内容,提高了题目的难度,考生需要对涉考点的细节内容准确掌握才能做答。尤其是 A 项容易出现问题,考生需要分析出来,A 项实际上体现的是受理后的个别债务偿付,尽管是担保债权也不能进行,需要等到破产分配的环节再行偿付；C 项对于赔偿金落入了债务人利捷公司的账户,则与利捷公司的财产融合成为债务人财产被概括保全,原所有权人翰扬公司则不能再行使取回权,考生如果没有分析到位容易错选答案。

【解析】根据《企业破产法》第16条："人民法院受理破产申请后,债务人对个别债权人的债务清偿无效。"此处的清偿无效,包括对抵押债权或普通债权的清偿,都是无效的,抵押债权也须在最终破产分配的时候,按照权利属性受偿。所以 A 错误。

第18条："人民法院受理破产申请后,管理人对破产申请受理前成立而债务人和对方当事人均未履行完毕的合同有权决定解除或者继续履行,并通知对方当事人。管理人自破产申请受理之日起二个月内未通知对方当事人,或者自收到对方当事人催告之日起三十日内未答复的,视为解除合同。"所以"待定合同"由管理人掌握主动权或履行或解除,B 正确。

第40条第1款："债权人在破产申请受理前对债务人负有债务的,可以向管理人主张抵销。但是,有下列情形之一的,不得抵销：

（一）债务人的债务人在破产申请受理后取得他人对债务人的债权的；……"所以 D 项属于不可抵销的情形,表述错误。

《破产法司法解释二》第32条："债务人占有的他人财产毁损、灭失,因此获得的保险金、赔偿金、代偿物尚未交付给债务人,或者代偿物虽已交付给债务人但能与债务人财产予以区分的,权利人主张取回就此获得的保险金、赔偿金、代偿物的,人民法院应予支持。

保险金、赔偿金已经交付给债务人,或者代偿物已经交付给债务人且不能与债务人财产予以区分的,人民法院应当按照以下规定处理：

（一）财产毁损、灭失发生在破产申请受理前的,权利人因财产损失形成的债权,作为普通破产债权清偿；

（二）财产毁损、灭失发生在破产申请受理后的,因管理人或者相关人员执行职务导致权利人损害产生的债务,作为共益债务清偿。"题目中属于第二款的情形,对于借用标的毁损灭失,且代偿金与债务人财产融合,所以不能取回,只能按不同情形取得对应的保障权利,C 错误。

参考答案：①BC

【评价及预测】债务人财产是破产法中内容最复杂,难度最高,重复考查率最高的考点,考生需要重点掌握和理解:债务人财产的范围、撤销权、取回权、抵销权等内容的细节。

2. 2014年6月经法院受理,甲公司进入破产程序。现查明,甲公司所占有的一台精密仪器,实为乙公司委托甲公司承运而交付给甲公司的。关于乙公司的取回权,下列哪一表述是错误的?(2014-3-31)

A. 取回权的行使,应在破产财产变价方案或和解协议、重整计划草案提交债权人会议表决之前

B. 乙公司未在规定期限内行使取回权,则其取回权即归于消灭

C. 管理人否认乙公司的取回权时,乙公司可以诉讼方式主张其权利

D. 乙公司未支付相关运输、保管等费用时,保管人可拒绝其取回该仪器

答案(　　)①

【考点】取回权

【设题陷阱与常见错误分析】《破产法司法解释二》对取回权行使的费用、期限等做了细化的规定。为了保证破产程序的顺利进行,取回权人应该在规定的期限内行使取回权。取回权毕竟是基于物权的请求权,即使逾期行使,也并不因此而消灭,只是将承担相应增加的费用。考生如果不能熟悉掌握法条内容可能会出现错误。

【解析】《破产法司法解释二》第26条:"行使取回权,应当在破产财产变价方案或者和解协议、重整计划草案提交债权人会议**表决前**向管理人提出。权利人在上述期限后主张取回相关财产的,应当承担延迟行使取回权增加的相关费用。"所以A正确,B错误。

第27条:"权利人依据企业破产法第三十八条的规定向管理人主张取回相关财产,管理人不予认可,权利人以债务人为被告向人民法院提起诉讼请求行使取回权的,人民法院应予受理。"所以C正确。

第28条:"权利人行使取回权时未依法向管理人支付相关的**加工费、保管费、托运费、委托费、代销费**等费用,管理人拒绝其取回相关财产的,人民法院应予支持。"所以D正确。

【评价及预测】《破产法司法解释二》作为相对新的司法解释,成为近年来考试的热点。取回权是《破产法司法解释二》的重点。考生需要掌握取回权行使的期限、费用、债务人相关费用的支持和保护、鲜活易腐财产的处理、债务人占有他人财产违法转让他人或毁损灭失的处理、交运途中且债务人未付清价款的标的物取回权行使等问题。

3. 甲公司因不能清偿到期债务且明显缺乏清偿能力,遂于2014年3月申请破产,且法院已受理。经查,在此前半年内,甲公司针对若干债务进行了个别清偿。关于管理人的撤销权,下列哪些表述是正确的?(2014-3-74)

A. 甲公司清偿对乙银行所负的且以自有房产设定抵押担保的贷款债务的,管理人可以主张撤销

B. 甲公司清偿对丙公司所负的且经法院判决所确定的货款债务的,管理人可以主张撤销

C. 甲公司清偿对丁公司所负的为维系基本生产所需的水电费债务的,管理人不得主张撤销

D. 甲公司清偿对戊所负的劳动报酬债务的,管理人不得主张撤销

答案(　　)②

参考答案:①B ②CD

【考点】撤销权

【设题陷阱与常见错误分析】《破产法》中对清偿个别债权的清偿行为的撤销权进行了规定,即满足在破产受理前6个月内,债务人具备破产原因的情况下,对个别债权人的清偿,管理人可以主张撤销。但《破产法司法解释二》对此种情况下,不适用撤销权的例外情形进行了列举。笔者总结为:1.担保债权偿付不撤;2.强制执行不撤;3.为了基本生存支出不撤。考生需要把握这一点,才能答对此题。

【解析】《破产法司法解释二》第14条:"**债务人对以自有财产设定担保物权的债权进行的个别清偿**,管理人依据企业破产法第三十二条的规定请求撤销的,人民法院不予支持。但是,债务清偿时担保财产的价值低于债权额的除外。"

第15条:"**债务人经诉讼、仲裁、执行程序对债权人进行的个别清偿**,管理人依据企业破产法第三十二条的规定请求撤销的,人民法院不予支持。但是,债务人与债权人恶意串通损害其他债权人利益的除外。"

第16条:"债务人对债权人进行的以下个别清偿,管理人依据企业破产法第三十二条的规定请求撤销的,人民法院不予支持:

(一)债务人为维系基本生产需要而支付**水费**、**电费**等的;

(二)债务人支付**劳动报酬**、**人身损害赔偿金**的;

(三)**使债务人财产受益**的其他个别清偿。"

所谓撤销权行使的三例外:(1)自有财产设定的担保债权偿付不撤销;(2)强制执行不撤;(3)基本生产生活资料的支付不撤,所以A、B项错误,C、D项正确。

【评价及预测】关于破产撤销权,不仅是破产法考试的重点,还是与公司法结合命题的连接点。考生需要对撤销权的内容全面了解。笔者将撤销权的全部内容总结如下:

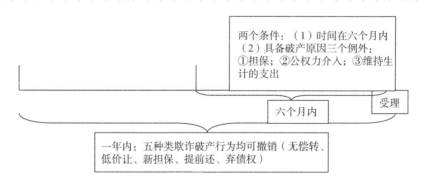

4. 甲公司依据买卖合同,在买受人乙公司尚未付清全部货款的情况下,将货物发运给乙公司。乙公司尚未收到该批货物时,向法院提出破产申请,且法院已裁定受理。对此,下列哪些选项是正确的?(2012—3—70)

A. 乙公司已经取得该批货物的所有权

B. 甲公司可以取回在运货物

C. 乙公司破产管理人在支付全部价款情况下,可以请求甲公司交付货物

D. 货物运到后,甲公司对乙公司的价款债权构成破产债权

答案(　①　)

参考答案:①BCD

【考点】 在途货物取回权、破产债权

【设题陷阱与常见错误分析】 在《破产法》中,为了更好地保护卖方的权益,规定了:异地交易中,卖方已经将货物发运,买方没付清货款,而于收到标的物以前被宣告破产的,卖方有权解除合同并取回标的物。此考点与民法的交付转移所有权的规则不同,考生不要混淆而出错。

【解析】《破产法》第39条:"人民法院受理破产申请时,**出卖人已将买卖标的物向作为买受人的债务人发运**,债务人尚未收到且未付清全部价款的,出卖人可以取回在运途中的标的物。但是,管理人可以**支付全部价款,请求出卖人交付标的物**。"结合题意,乙公司暂未取得该货物所有权,卖方甲公司行使取回权。乙公司如果支付全款,其管理人可请求交付货物。所以,A错,B、C正确。

第30条:"**破产申请受理时属于债务人的全部财产,以及破产申请受理后至破产程序终结前债务人取得的财产,为债务人财产**。"该批货物运到乙公司后,即属于破产申请受理后至破产程序终结前债务人乙公司取得的财产,乙公司欠甲公司的货款则构成甲公司对乙公司的破产债权。所以选项D正确。

【评价及预测】 出卖人取回权是《破产法》的高频考点之一,考上需要牢牢把握其适用条件:1. 货物尚在运输途中,即买方没有收到货;2. 买方还没有付清货款。此种情况下,买方破产,卖方可以取回标的物。

《破产法司法解释二》对卖方行使取回权的时间做了细化,即只要买方既没收到货又没付清价款的时刻,卖方通过承运人或管理人主张了取回权,即使因为种种客观原因使得货物又运抵买方,那么卖方的取回权也应该被保护。

5. 2010年8月1日,某公司申请破产。8月10日,法院受理并指定了管理人。该公司出现的下列哪一行为属于《破产法》中的欺诈破产行为,管理人有权请求法院予以撤销?(2011-3-31)

A. 2009年7月5日,将市场价格100万元的仓库以30万元出售给母公司
B. 2009年10月15日,将公司一辆价值30万元的汽车赠与甲
C. 2010年5月5日,向乙银行偿还欠款50万元及利息4万元
D. 2010年6月10日,以协议方式与债务人丙相互抵销20万元债务

答案( )①

【考点】 撤销权

【设题陷阱与常见错误分析】《破产法》对撤销权规定了两种情形:一是破产申请前一年内的欺诈破产行为;二是破产申请前6个月内有破产原因前提下的个别清偿行为。需要提醒考生重点注意:破产申请前6个月内的个别清偿行为可撤销必须基于清偿当时债务人具备破产原因的前提,考生如果没有注意到这一点,容易选错C、D选项。

【解析】《企业破产法》第31条:"**人民法院受理破产申请前一年内**,涉及债务人财产的下列行为,管理人有权请求人民法院予以撤销:

(一)无偿转让财产的;
(二)以明显不合理的价格进行交易的;

参考答案:①B

(三)对没有财产担保的债务提供财产担保的;
(四)对未到期的债务提前清偿的;
(五)放弃债权的。"

A项发生在受理破产申请一年前,不可撤销。

B项属于发生在破产申请受理前一年内发生的无偿转让财产,可撤销。

第32条:"人民法院受理破产申请前六个月内,债务人有本法第二条第一款规定的情形,仍对个别债权人进行清偿的,管理人有权请求人民法院予以撤销。但是,个别清偿使债务人财产受益的除外。"此种情况下的撤销权需要在公司具备破产原因的前提下做了个别清偿,C、D两项并没有表明立足于此前提,所以不选。

> 【评价及预测】两种撤销权的适用细节以及三种例外的情形是《破产法》中的重点考点,考生需要重点掌握。

6. 甲公司严重资不抵债,因不能清偿到期债务向法院申请破产。下列哪一财产属于债务人财产?(2009-3-29)

A. 甲公司购买的一批在途货物,但尚未支付货款
B. 甲公司从乙公司租用的一台设备
C. 属于甲公司但已抵押给银行的一处厂房
D. 甲公司根据代管协议合法占有的委托人丙公司的两处房产

答案(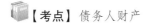)①

【考点】债务人财产

【设题陷阱与常见错误分析】是否属于债务人财产的判断标准在于"所有权"归属,即判断标的物的所有权是否属于债务人,而不考虑该财产是否有抵押,是否为他人占有;另外,对于运输途中,债务人尚未付清全部货款的财产,《破产法》特殊规定了卖方可以取回,所以这部分财产不能纳入债务人财产的范围,考生需要分清楚,否则容易判断错A、C项的性质。

【解析】根据《破产法司法解释二》第2条:"下列财产不应认定为债务人财产:

(一)债务人基于仓储、保管、承揽、代销、借用、寄存、租赁等合同或者其他法律关系占有、使用的他人财产;
(二)债务人在所有权保留买卖中尚未取得所有权的财产;
(三)所有权专属于国家且不得转让的财产;
(四)其他依照法律、行政法规不属于债务人的财产。"

所以A项属于运输在途,债务人没有付清全部货款的财产,B项属于租用财产,D项属于保管财产均不是债务人财产。

《破产法司法解释二》第3条:"债务人已依法设定担保物权的特定财产,人民法院应当认定为债务人财产。"所以C项属于债务人财产。

参考答案:①C

【评价及预测】债务人财产的归属判断,是《破产法》中非常重要的考点,考生需要抓住"所有权"的标准对标的物进行判断。

考点6 破产债权

1. A公司因经营不善,资产已不足以清偿全部债务,经申请进入破产还债程序。关于破产债权的申报,下列哪些表述是正确的?(2015-3-73)

A. 甲对A公司的债权虽未到期,仍可以申报
B. 乙对A公司的债权因附有条件,故不能申报
C. 丙对A公司的债权虽然诉讼未决,但丙仍可以申报
D. 职工丁对A公司的伤残补助请求权,应予以申报

答案(　　)①

【考点】债权申报

【设题陷阱与常见错误分析】本题考查债权申报的内容,最大的陷阱在于D项,职工债权,虽然要参加破产分配,属于破产债权但无需申报,管理人审核记录之后,直接按照顺序偿付。

【解析】《企业破产法》第46条:"未到期的债权,在破产申请受理时视为到期。
附利息的债权自破产申请受理时起停止计息。"所以A正确。
第47条:"附条件、附期限的债权和诉讼、仲裁未决的债权,债权人可以申报。"所以B错误,C正确。
第48条:"债权人应当在人民法院确定的债权申报期限内向管理人申报债权。
债务人所欠职工的工资和医疗、**伤残补助**、抚恤费用,所欠的应当划入职工个人账户的基本养老保险、基本医疗保险费用,以及法律、行政法规规定应当支付给职工的补偿金,**不必申报**,由管理人调查后**列出清单并予以公示**。职工对清单记载有异议的,可以要求管理人更正;管理人不予更正的,职工可以向人民法院提起诉讼。"所以D错误。

【评价及预测】债权申报是《破产法》中很重要的考点,考生需要掌握可申报的债权、不可申报的债权、逾期申报等内容。

2. 2011年9月1日,某法院受理了湘江服装公司的破产申请并指定了管理人,管理人开始受理债权申报。下列哪些请求权属于可以申报的债权?(2011-3-73)

A. 甲公司的设备余款给付请求权,但根据约定该余款的支付时间为2011年10月30日
B. 乙公司请求湘江公司加工一批服装的合同履行请求权
C. 丙银行的借款偿还请求权,但该借款已经设定财产抵押担保
D. 当地税务机关对湘江公司作出的8万元行政处罚决定

答案(　　)②

【考点】债权申报

参考答案:①AC　②AC

【设题陷阱与常见错误分析】破产债权必须是破产受理前发生的平等主体之间的请求权,因此D项中罚款性行政性处罚,不得作为破产债权来申报。其实,在企业破产清算的情况下,债务人财产最终将归属债权人,如果执行债务人的行政性处罚,最终实质上是对债权人的处罚,法律是不能支持的。

另外,破产债权应该是具有确定的财产给付内容的请求权,B项的内容是以提供加工服务为内容的请求权,不具备此特征。另外,该合同属于双方均未履行完毕的合同,是否继续履行应当取决于管理人的意见。

考生如果混淆这些内容,容易选错答案。

【解析】《企业破产法》第46条:"未到期的债权,在破产申请受理时视为到期。"所以A正确。

B项不具有确定的财产给付请求权的性质,且为双方未履行完毕的合同,管理人具有决定权,乙公司不能以此申报债权。

《破产法》第44条:"人民法院受理破产申请时对债务人享有债权的债权人,依照本法规定的程序行使权利。"只要在法院受理破产申请时对债务人享有的债权都属于破产债权,无论是否有担保,C项设定担保的债权作为债权申报没有问题,只是因为此债权享有优先受偿权。

D项作为罚款,不是平等主体之间的请求权,不可申报债权。

【评价及预测】对于破产债权这一考点,未来涉考性也很强,考生一方面要了解破产债权的性质,可申报的债权,同时也要了解通常遇到的不作为破产债权申报的权利:1. 属于破产债权但无需申报的:职工债权;

2. 不属于破产债权的:(1)罚款罚金;(2)双方未履行完毕的合同请求权;(3)债权人参加债权人会议的支付或费用。

3. 辽沈公司因不能清偿到期债务而申请破产清算。法院受理后,管理人开始受理债权人的债权申报。对此,下列哪一债权人申报的债权属于应当受偿的破产债权?(2010-3-32)
A. 债权人甲的保证人,以其对辽沈公司的将来求偿权进行的债权申报
B. 债权人乙,以其已超过诉讼时效的债权进行的债权申报
C. 债权人丙,要求辽沈公司作为承揽人继续履行承揽合同进行的债权申报
D. 某海关,以其对辽沈公司进行处罚尚未收取的罚款进行的债权申报

答案(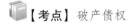)①

【考点】破产债权

【设题陷阱与常见错误分析】本题是对破产债权的再一次考查。考生需要明确破产债权的性质:1. 成立与破产申请之前,是否到期不影响申报资格;2. 具有确定的财产给付性质;3. 平等主体之间的请求权,排除罚款罚金;4. 合法有效具有强制执行力的请求权,排除超过诉讼时效或超过强制执行期间的债权。

【解析】《企业破产法》第51条:"债务人的保证人或者其他连带债务人**已经代替债务人清偿**债务的,以其对债务人的**求偿权申报债权**。"

债务人的保证人或者其他连带债务人**尚未代替债务人清偿债务**的,以其对债务人的将来求偿权申

参考答案:①A

报债权。但是,债权人已经向管理人申报全部债权的除外。"

所以 A 项应受偿;B 项超过诉讼时效,转变为自然债权,不是应当受偿的破产债权;C 项,对于双方未履行完毕的合同,管理人具有选择权是否继续履行,丙没有主动权,不能因此申报债权;D 项罚款不属于破产债权。

> 【评价及预测】破产债权的重复考查度很高,考生需要对相关内容重点掌握。

考点7 重整程序

1. 关于破产重整的申请与重整期间,下列哪一表述是正确的?(2015 - 3 - 31)
A. 只有在破产清算申请受理后,债务人才能向法院提出重整申请
B. 重整期间为法院裁定债务人重整之日起至重整计划执行完毕时
C. 在重整期间,经债务人申请并经法院批准,债务人可在管理人监督下自行管理财产和营业事务
D. 在重整期间,就债务人所承租的房屋,即使租期已届至,出租人也不得请求返还

答案( )①

【考点】重整

【设题陷阱与常见错误分析】本题针对重整的申请和重整期间进行考查,相对比较细致,需要考生对相关的法条内容细节掌握清楚,有一定的难度,否则容易错选答案。

【解析】《企业破产法》第70条:"债务人或者债权人可以依照本法规定,**直接向人民法院申请对债务人进行重整**。债权人申请对债务人进行破产清算的,**在人民法院受理破产申请后、宣告债务人破产前,债务人或者出资额占债务人注册资本十分之一以上的出资人,可以向人民法院申请重整**。"所以,重整的申请可以因直接申请或间接申请而启动,即使间接启动,破产受理后,不仅仅债务人能向法院申请重整,债务人的出资额在 1/10 以上的出资人也可以申请,所以 A 错误。

第72条:"自人民法院**裁定债务人重整之日起至重整程序终止**,为重整期间。"所以 B 错误。

第73条:"在重整期间,经债务人申请,人民法院批准,债务人可以在管理人的监督下自行管理财产和营业事务。"所以 C 正确。

第76条:"债务人合法占有的他人财产,该财产的权利人在重整期间要求取回的,应当符合事先约定的条件。"房屋租赁合同如果已经到期,说明事先约定的条件具备,房屋所有权人取回房屋是合法的,所以 D 错误。

> 【评价及预测】重整申请包括直接和间接两种形式,考生需要掌握具体的适用细节。重整期间对债务人的保护需要重点掌握。

2. 尚友有限公司因经营管理不善,决定依照《破产法》进行重整。关于重整计划草案,下列哪些选项是正确的?(2013 - 3 - 74)
A. 在尚友公司自行管理财产与营业事务时,由其自己制作重整计划草案
B. 债权人参加讨论重整计划草案的债权人会议时,应按法定的债权分类,分组对该草案进行表决

参考答案:①C

C. 出席会议的同一表决组的债权人过半数同意重整计划草案,即为该组通过重整计划草案

D. 三分之二以上表决组通过重整计划草案,重整计划即为通过

答案(　　)①

【考点】重整计划制订及通过

【设题陷阱与常见错误分析】《企业破产法》对破产重整的程序规定得相对复杂。尤其是重整计划的制订及通过。首先要根据债权人的性质进行分组,分组对重整计划进行表决;其次组内通过。标准是:出席会议的债权人人数过半数同意该方案,同时其所代表的债权额要达到该组债权总额的2/3以上;再次,公司内部通过,标准是各表决组均通过;最后是生效,标准是人民法院批准。考生需要对每一个环节的标准都清楚,才能选对答案。

【解析】《企业破产法》第80条:"债务人**自行管理**财产和营业事务的,由债务人制作重整计划草案。管理人负责管理财产和营业事务的,由**管理人制作重整计划草案**。"A正确。

第82条:"下列各类债权的债权人参加讨论重整计划草案的债权人会议,依照下列债权分类,**分组对重整计划草案进行表决**。"所以重整计划实行分组表决,B正确。

第84条:"人民法院应当自收到重整计划草案之日起三十日内召开债权人会议,对重整计划草案进行表决。出席会议的同一表决组的**债权人过半数同意**重整计划草案,并且其所代表的债权额占该组**债权总额的三分之二以上**的,即为该组通过重整计划草案。"所以重整计划通过要求同意的债权人人数过半,同时代表的债权额达到2/3以上方为通过,C错误。

第86条:"**各表决组均通过重整计划草案时,重整计划即为通过**。"D错误。

【评价及预测】重整程序中,重整计划的制订、表决、通过、生效,执行是考试的重点,考生需要对其中的细节把握清楚。

第五章　票据法

本章考查情况统计表

考点	考查次数	考查年份	大致分值	考查概率/%
本票和支票	1	1	2	11
汇票保证	2	2	2	22
汇票背书	1	1	1	11
汇票出票	1	1	2	11
票据抗辩	4	4	6	44
票据权利瑕疵	3	3	5	33
票据特征	1	1	1	11
票据追索权	1	1	2	11
失票救济	2	2	3	22

参考答案:①AB

考点 1　票据特征

依票据法原理,票据具有无因性、设权性、流通性、文义性、要式性等特征。关于票据特征的表述,下列哪一选项是错误的?（2014 - 3 - 32）

A. 没有票据,就没有票据权利

B. 任何类型的票据都必须能够进行转让

C. 票据的效力不受票据赖以发生的原因行为的影响

D. 票据行为的方式若存在瑕疵,不影响票据的效力

答案(　　)①

【考点】票据特征

【设题陷阱与常见错误分析】票据的特征具有较强的理论性,考生需要掌握理论层面的内容,否则容易选错答案。

【解析】票据是设权性证券,票据上所表示的权利,是由出票行为创设,没有票据就没有票据权利,所以票据与票据权利是相伴而生的,A 项正确。

票据具有流通性,指的是票据可以通过背书或交付的方式自由转让,流通性是票据的基本特征。我国《票据法》规定的汇票、本票、支票均可以流通。单纯从理论层面来分析票据的特征,B 项是对的。但《票据法》第 27 条:"出票人在汇票上记载'不得转让'字样的,**汇票不得转让**。"所以并非所有的票据都能够转让,B 项的表述有些过于绝对。

票据具有无因性,是指票据的效力与做成票据的原因相分离,票据产生的原因有效与否,与票据本身的效力无关,原因关系并不影响票据的权利及流转,C 正确。

票据具有要式性,是指票据的出票、背书、保证等票据行为必须依照票据法规定的方式进行。我国《票据法》规定了票据的绝对必要记载事项,票据当事人必须记载,否则票据无效,所以票据行为方式存在瑕疵,会影响到票据的效力,所以 D 项错误。

【评价及预测】票据的特征是理论性较强的一个知识点,但近年来考试针对理论性问题的考查在增加,考生需要关注。

考点 2　票据追索权

甲公司在与乙公司交易中获得由乙公司签发的面额 50 万元的汇票一张,付款人为丙银行。甲公司向丁某购买了一批货物,将汇票背书转让给丁某以支付货款,并记载"不得转让"字样。后丁某又将此汇票背书给戊某。如戊某在向丙银行提示承兑时遭拒绝,戊某可向谁行使追索权?（2009 - 3 - 77）

A. 丁某

B. 乙公司

C. 甲公司

D. 丙银行

答案(　　)②

参考答案:①D　②AB

【考点】追索权

【设题陷阱与常见错误分析】本题考查了追索权的行使对象,考生要理解追索权是二次性的权利,所以当向付款人的付款请求权得不到或无法得到实现的时候,向"其他债务人"行使追索权。其他债务人即排除了付款人。

同时,本题再次考查到了背书人"禁转背书"的法律效力,背书人载明"不得转让"后,则该背书人不再被间接后手追索,所以甲不再受丁之后的任何持票人的追索。

【解析】《票据法》第61条:"汇票到期被拒绝付款的,持票人可以对背书人、出票人以及汇票的**其他债务人**行使追索权。"本案中,乙公司是出票人,丁是背书人,戊在被拒绝付款后,可以向乙公司与丁某行使追索权。因此,A、B项正确。

《票据法》第34条:"**背书人在汇票上记载'不得转让'字样,其后手再背书转让的,原背书人对后手的被背书人不承担保证责任**。"本题中,甲公司是在背书时记载了"不得转让"字样的背书人,根据法律的规定,甲对其后手丁的被背书人戊不承担保证责任。因此,戊不能向甲公司行使追索权。因此,C项错误。

另外,丙银行是付款人,在戊提示付款时丙银行已经拒绝了戊的付款请求,丙银行不是票据债务人,不属于被追索对象的范围。因此,D项错误。

【评价及预测】追索权是票据权利中最重要的一种,考生要理解其二次性权利的性质,掌握追索权行使的条件、行使的对象及行使的原则。

考点3　票据权利瑕疵

1. 甲公司为清偿对乙公司的欠款,开出一张收款人是乙公司财务部长李某的汇票。李某不慎将汇票丢失,王某拾得后在汇票上伪造了李某的签章,并将汇票背书转让给外地的丙公司,用来支付购买丙公司电缆的货款,王某收到电缆后转卖得款,之后不知所踪。关于本案,下列哪些说法是正确的?(2016-3-74)

　　A. 甲公司应当承担票据责任
　　B. 李某不承担票据责任
　　C. 王某应当承担票据责任
　　D. 丙公司应当享有票据权利

答案()①

【考点】票据伪造

【设题陷阱与常见错误分析】本题比较单一地考查了票据的伪造情形中,各方主体的权利和义务关系。考生需要明确,王某作为伪造人不承担票据责任,但须承担违法行为带来的民事或刑事责任,李某作为被伪造人不承担票据责任。其余的甲公司作为出票人,丙公司作为持票人都是真实签章主体,正常享有票据权利履行票据义务。

【解析】根据《票据法》第4条"**票据出票人制作票据,应当按照法定条件在票据上签章,并按**

参考答案:①ABD

照所记载的事项承担票据责任。

持票人行使票据权利,应当按照法定程序在票据上签章,并出示票据。

其他票据债务人在票据上签章的,按照票据所记载的事项承担票据责任。"所以在票据上签章,成为票据当事人是承担票据责任的前提,题目中的被伪造人李某及伪造人王某均没有真实签章,均不承担票据责任,B 正确,C 错误。

第 14 条:"票据上有伪造、变造签章的,不影响票据上其他真实签章的效力。"甲公司和丙都是真实的签章主体,按照签章内容承担票据责任,享有票据权利,不受票据伪造的影响,所以 A、D 正确。

【评价及预测】票据权利瑕疵中,具有考试价值的是票据的伪造和变造。考生需要关注,伪造和变造不影响票据的效力,也不影响真实签章人按照其签章内容享受票据权利承担义务。

2. 甲未经乙同意而以乙的名义签发一张商业汇票,汇票上记载的付款人为丙银行。丁取得该汇票后将其背书转让给戊。下列哪一说法是正确的?（2013 - 3 - 31）

A. 乙可以无权代理为由拒绝承担该汇票上的责任
B. 丙银行可以该汇票是无权代理为由而拒绝付款
C. 丁对甲的无权代理行为不知情时,丁对戊不承担责任
D. 甲未在该汇票上签章,故甲不承担责任

答案()①

【考点】票据伪造

【设题陷阱与常见错误分析】本题综合考查了票据被伪造带来的后果,涉及民事的无权代理以及票据法的票据权利瑕疵等内容,综合性较强。

【解析】《票据法司法解释》第 67 条:"伪造、变造票据者除应当依法承担刑事、行政责任外,给他人造成损失的,还应当承担民事赔偿责任。**被伪造签章者不承担票据责任。**"题目中乙作为被伪造者不承担票据责任,而甲作为伪造者没有在票据上签章不承担票据责任,但要承担相应的民事、行政乃至刑事责任,所以 A 正确,D 错误。

《票据法》第 14 条:"**票据上有伪造、变造的签章的,不影响票据上其他真实签章的效力。**"所以真实签章的丙和丁都应当承担票据责任,B、C 项错误。

【评价及预测】票据权利瑕疵,近两年重复考查率很高,成为热点考点。考生需要对票据的伪造、变造的细节内容加以掌握。

3. 甲公司签发一张汇票给乙,票面记载金额为 10 万元,乙取得汇票后背书转让给丙,丙取得该汇票后又背书转让给丁,但将汇票的记载金额由 10 万元变造为 20 万元。之后,丁又将汇票最终背书转让给戊。其中,乙的背书签章已不能辨别是在记载金额变造之前,还是在变造之后。下列哪些选项是正确的?（2012 - 3 - 74）

A. 甲应对戊承担 10 万元的票据责任
B. 乙应对戊承担 20 万元的票据责任

参考答案:①A

C. 丙应对戊承担20万元的票据责任

D. 丁应对戊承担10万元的票据责任

答案（　　）①

【考点】票据变造

【设题陷阱与常见错误分析】票据的记载事项应当真实,一旦被变造,不仅影响变造者的责任,还会影响到其他签章人的责任问题。考生需要在联系票据文义性的基础上,理解票据被变造前后签章人的责任范围。

【解析】根据《票据法》第26条:"**出票人签发汇票后,即承担保证该汇票承兑和付款的责任。**"甲是汇票的出票人,签发的票面金额为10万元,应对戊承担10万元的票据责任。所以A项正确。

第37条:"**背书人以背书转让汇票后,即承担保证其后手所持汇票承兑和付款的责任。**"

第14条:"票据上其他记载事项被变造的,在**变造之前签章的人,对原记载事项负责**;在**变造之后签章的人,对变造之后的记载事项负责**;不能辨别是在票据被变造之前或者之后签章的,视同在变造之前签章。"

根据上述法条,本题中乙、丙、丁都是票据背书人,应对最后持票人承担责任。但乙的背书签章已不能辨别是在记载金额变造之前,还是在变造之后,视同在变造之前签章,应对原记载事项负责,即乙对戊承担10万元票据责任。故B项错误。

丙变造票据金额,丁在变造之后转让,应对变造后的记载事项负责,即丙和丁应对戊承担20万元票据责任。所以C项正确,D项错误。

【评价及预测】票据的记载事项一旦被变造,带来的法律后果笔者总结如下,考生需要清楚:

1. 票据是有效的;

2. 变造前签章的人,对变造前的记载事项负责;变造后签章的人,对变造后的记载事项负责;

3. 无法辨别变造前还是变造后签章的,推定为变造前,对变造前的记载事项负责。

考点4　失票救济

1. 甲向乙购买原材料,为支付货款,甲向乙出具金额为**50万元**的商业汇票一张,丙银行对该汇票进行了承兑。后乙不慎将该汇票丢失,被丁拾到。乙立即向付款人丙银行办理了挂失止付手续。下列哪些选项是正确的?（2014－3－75）

A. 乙因丢失票据而确定性地丧失了票据权利

B. 乙在遗失汇票后,可直接提起诉讼要求丙银行付款

C. 如果丙银行向丁支付了票据上的款项,则丙应向乙承担赔偿责任

D. 乙在通知挂失止付后十五日内,应向法院申请公示催告

答案（　　）②

【考点】票据权利补救

参考答案:①AC　②BC

【设题陷阱与常见错误分析】票据权利与票据密不可分,票据是权利的物质载体,权利的行使以提示票据为必要,持票人一旦丧失票据,其权利的行使便丧失了法律依据。但是,如果非出于持票人本人的真实意愿而丧失票据,并不意味着票据权利的绝对丧失,为了救济失票人,也为了保障票据的正常流通,我国《票据法》规定了挂失止付、公示催告和民事诉讼三种救济措施,考生需要对三种救济手段的细节及关系掌握清楚,才能完整答对此题。

【解析】《票据法》第15条:"票据丧失,**失票人可以及时通知票据的付款人挂失止付**,但是,未记载付款人或者无法确定付款人及其代理付款人的票据除外。"

收到挂失止付通知的付款人,应当暂停支付。

失票人应当在通知挂失止付后**三日内**,也可以在票据丧失后,**依法向人民法院申请公示催告**,或者向人民法院提起诉讼。"

A项错误,持票人遗失票据还有相应的补救措施,并非当然失去票据权利。

D项错误,申请公示催告的时间应当是挂失止付后3日内或票据丧失后直接进行。

C项正确,丙银行接到挂失止付的通知后不应当再行止付,如果依旧向丁止付了票据款项,即行为本身有过错,应当向权利人乙赔偿。

《票据法司法解释》第36条:"失票人因请求出票人补发票据或者请求债务人付款遭到拒绝而向人民法院提起诉讼的,**被告为与失票人具有票据债权债务关系的出票人**、拒绝付款的**票据付款人或者承兑人**。"所以B项正确。

【评价及预测】失票的救济手段,未来涉考性也很强。从完整意义上来讲,包括挂失止付、公示催告和民事诉讼三种,这三种程序没有必然的前后相继关系,具体选择哪一种,由失票人根据自己的实际情况来决定。

挂失止付,应当由失票人向付款人发出暂停付款的指令,付款人应当暂停止付,否则将承担相应的赔偿责任。挂失止付只有3天的有效期,失票人应当在挂失止付3天内向法院申请公示催告,但考生需要明确,并非所有的票据都可以挂失止付。

公示催告和民事诉讼没有前后相继关系,票据丧失后,失票人可以选择公示催告也可以直接提起诉讼。

2. 关于票据丧失时的法律救济方式,下列哪一说法是错误的?(2012-3-32)

A. 通知票据付款人挂失止付

B. 申请法院公示催告

C. 向法院提起诉讼

D. 不经挂失止付不能申请公示催告或者提起诉讼

答案( )①

【考点】失票救济

【设题陷阱与常见错误分析】本题考查了失票救济的途径和手段,考生需要明确,三种程序并没有必然的前后相继的关系,所以挂失止付并非公示催告和民事诉讼的前置程序。

【解析】《票据法》第15条:"票据丧失,失票人可以及时通知票据的付款人**挂失止付**,但是,未

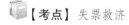

参考答案:①D

记载付款人或者无法确定付款人及其代理付款人的票据除外。

收到挂失止付通知的付款人,应当暂停支付。失票人应当在通知挂失止付后三日内,也可以在票据丧失后,依法向人民法院申请**公示催告**,或者向人民法院提起**诉讼**。"因此,1. 票据权利的补救措施包括:挂失止付、公示催告和普通诉讼。2. 挂失止付并不是票据丧失后票据权利补救的必经程序,而只是一种暂行性的应急措施,失票人应当在通知挂失止付后3日内,依法向人民法院申请公示催告或者提起普通诉讼,也可以在票据丧失后直接向人民法院申请公示催告或者提起普通诉讼。所以A、B、C均正确。D项错误。

> 【评价及预测】本题再次考查了失票救济的三种措施,以及三者之间的关系。

考点6 票据抗辩

1. 甲公司为履行与乙公司的箱包买卖合同,签发一张以乙公司为收款人、某银行为付款人的汇票,银行也予以了承兑。后乙公司将该汇票背书赠与给丙。此时,甲公司发现乙公司的箱包为假冒伪劣产品。关于本案,下列哪一选项是正确的?(2016 - 3 - 32)
A. 该票据无效
B. 甲公司不能拒绝乙公司的票据权利请求
C. 丙应享有票据权利
D. 银行应承担票据责任

答案()①

【考点】票据无因性、票据抗辩

【设题陷阱与常见错误分析】本题综合考查了票据的无效、票据承兑、票据抗辩等内容,难度很大。尤其是对于题干中描述的乙公司在自身权利受到甲公司抗辩的前提下,将票据无偿赠与给丙,考生需要明确,此时,丙因为没有给付对价而取得的票据权利不得优于前手(乙),否则容易错选C选项。

【解析】基于票据无因性,票据的原因关系无效、解除或有瑕疵不影响票据本身的效力,所以A错误。

根据《票据法》第13条规定:"票据债务人可以对不履行约定义务的与自己有直接债权债务关系的持票人,进行抗辩。"结合票据法基本理论,甲乙两公司属于买卖合同的直接前后手,原因关系可以起到抗辩效应,所以作为卖方、权利人的乙公司交付的标的物是假冒伪劣产品,作为买方、义务人的甲公司可以以此为由提出抗辩,B错误。

第11条:"因税收、继承、赠与可以依法无偿取得票据的,不受给付对价的限制。但是,所享有的票据权利不得优于其前手的权利。"因赠与关系得到票据的丙,其权利不能优于其前手乙公司,而乙公司的权利本身受制于甲公司的抗辩,所以C项表述不严谨。

第44条:"付款人承兑汇票后,应当承担到期付款的责任。"所以银行作为承兑人,承担票据责任,D正确。

> 【评价及预测】随着考题难度的加大,知识点综合考查成为趋势,尤其是理论性比较强的无因性、独立性、票据抗辩等内容需要重点理解。

参考答案:①D

2. 潇湘公司为支付货款向楚天公司开具一张金额为 20 万元的银行承兑汇票,付款银行为甲银行。潇湘公司收到楚天公司货物后发现有质量问题,立即通知甲银行停止付款。另外,楚天公司尚欠甲银行贷款 30 万元未清偿。下列哪些说法是错误的?(2011-3-74)

A. 该汇票须经甲银行承兑后才发生付款效力
B. 根据票据的无因性原理,甲银行不得以楚天公司尚欠其贷款未还为由拒绝付款
C. 如甲银行在接到潇湘公司通知后仍向楚天公司付款,由此造成的损失甲银行应承担责任
D. 潇湘公司有权以货物质量瑕疵为由请求甲银行停止付款

答案( )①

【考点】票据抗辩

【设题陷阱与常见错误分析】本题考查了承兑汇票中承兑行为的法律效力及票据的无因性和票据抗辩的内容,偏理论性的考查,具有一定的难度。

【解析】银行承兑汇票是由承兑银行开立存款账户的存款人出票,向开户银行申请并经银行审查同意承兑的,保证在指定日期无条件支付确定的金额给收款人或持票人的票据。所以银行承兑汇票经承兑后才能产生付款的效力,A 正确。

根据票据无因性原理,银行作为票据债务人,不得以原因关系瑕疵来对抗持票人,所以 C、D 不合法;

《票据法》第 13 条:"票据债务人可以对不履行约定义务的与自己有直接债权债务关系的持票人,进行抗辩。"所以 B 项说法不合法。

【评价及预测】票据的无因性,指的是票据的原因关系无效或有瑕疵,均不影响票据的效力。票据权利人行使票据权利时,票据债务人不得以原因关系对抗善意持票人。无因性唯一的例外出现在票据抗辩的领域,如果票据原因关系的当事人双方,是直接的票据权利和义务人双方,此时票据的义务人可以原因关系对抗直接的票据权利人。但本题中原因关系的双方是潇湘公司和楚天公司,而票据的当事人双方是楚天公司和银行,所以银行不得以原因关系对抗楚天公司,同样潇湘公司不得以原因关系要求银行停止付款。

3. 2005 年 10 月 5 日,甲、乙签订房屋买卖合同,约定年底前办理房屋过户登记。乙签发一张面额 80 万元的转账支票给甲以支付房款。一星期后,甲提示银行付款。2006 年 1 月中旬,甲到银行要求支付支票金额,但此时甲尚未将房屋登记过户给乙。对此,下列哪些说法是正确的?(2010-3-76)

A. 尽管甲尚未履行房屋过户登记义务,但银行无权拒绝支付票据金额
B. 如甲向乙主张票据权利,因甲尚未办理房屋的过户登记,乙可拒付票据金额
C. 如被银行拒付,甲可根据房屋买卖合同要求乙支付房款
D. 如该支票遗失,甲即丧失票据权利

答案( )②

【考点】票据权利、票据抗辩

【设题陷阱与常见错误分析】本题综合考查了票据的无因性,票据基础关系和票据关系,票据

参考答案:①BCD　②AC(笔者认为应当修正为 ABC)

抗辩以及失票救济等内容,综合性很高,具有一定的迷惑性和难度。

【解析】 基于票据独立性和无因性,尽管甲没有办理房屋的过户登记手续,但银行作为票据义务人依然不能拒绝支付票据金额。所以 A 正确。

《票据法》第 17 条:"票据权利在下列期限内不行使而消灭:

(一)持票人对票据的出票人和承兑人的权利,自票据到期日起二年。见票即付的汇票、本票,自出票日起二年;

(二)**持票人对支票出票人的权利,自出票日起六个月**;

(三)持票人对前手的追索权,自被拒绝承兑或者被拒绝付款之日起六个月;

(四)持票人对前手的再追索权,自清偿日或者被提起诉讼之日起三个月。

票据的出票日、到期日由票据当事人依法确定。"持票人对支票出票人的权利期限是 6 个月,本题中,到 2006 年 1 月中旬,并未超过 6 个月,所以甲对乙仍享有票据权利,银行拒付后,乙可以向甲行使票据权利,也可以依据房屋买卖合同,要求甲承担合同中约定的付款责任。C 选项正确。

《票据法》第 15 条:"票据丧失,**失票人可以及时通知票据的付款人挂失止付**,但是,未记载付款人或者无法确定付款人及其代理付款人的票据除外。

收到挂失止付通知的付款人,应当暂停支付。

失票人应当在通知挂失止付后三日内,也可以在票据丧失后,依法向人民法院申请公示催告,或者向人民法院提起诉讼。"《票据法》规定了失票后的救济手段,所以失票并不等于失去票据权利,D 项错误。

《票据法》第 13 条:"票据债务人可以对不履行约定义务的与自己有直接债权债务关系的持票人,进行抗辩。本法所称抗辩,是指票据债务人根据本法规定对票据债权人拒绝履行义务的行为。"本题中,甲乙是有直接债权债务关系的当事人,如甲向乙主张票据权利,乙可以因甲尚未办理房屋的过户登记,拒付票据金额,B 选项正确。

【修正】 笔者认为本题正确答案应该为 A、B、C。

> 【评价及预测】本题结合票据无因性、票据抗辩、失票救济等内容设计题目,难度很大,但不失为未来命题的趋势,考生需要掌握各个考点的细节才能应对此类综合性的题目。

4. 甲公司购买乙公司电脑 20 台,向乙公司签发金额为 10 万元的商业承兑汇票一张,丁公司在汇票上签章承诺:"本汇票已经本单位承兑,到期日无条件付款。"当该汇票的持票人行使付款请求权时,下列哪一说法是正确的?(2009-3-31)

A. 如该汇票已背书转让给丙公司,丙公司恰好欠汇票付款人某银行 10 万元到期贷款,则银行可以提出抗辩而拒绝付款

B. 如该汇票已背书转让给丙公司,则甲公司可以乙公司交付的电脑质量存在瑕疵为抗辩理由拒绝向丙公司付款

C. 因该汇票已经丁公司无条件承兑,故丁公司不可能再以任何理由对持票人提出抗辩

D. 甲公司在签发汇票时可以签注"以收到货物为付款条件"

答案(　　)①

【考点】 票据抗辩、出票、承兑

参考答案:①A

【设题陷阱与常见错误分析】 汇票出票时,"无条件支付的委托"是绝对必要的记载事项,所以如果记载了付款条件,则带来票据无效的法律后果。虽然汇票具有无条件付款的性质,但并非意味着票据义务人没有抗辩权,当符合对人抗辩或对物抗辩的情形时,票据义务人可以行使抗辩权。要想答对本题,必须融会贯通地理解票据的无条件付款特性与票据抗辩之间的关系。

【解析】 根据《票据法》第13条:"票据债务人**不得以自己与出票人或者与持票人的前手之间的抗辩事由,对抗持票人**。但是,持票人明知存在抗辩事由而取得票据的除外。**票据债务人可以对不履行约定义务的与自己有直接债权债务关系的持票人,进行抗辩**。本法所称抗辩,是指票据债务人根据本法规定对票据债权人拒绝履行义务的行为。"

A项中,持票人丙和付款人某银行间是有直接债权债务关系的双方主体,在票据关系中,丙是权利人,某银行是义务人,在贷款关系中,某银行是权利人,丙是义务人,此种情况下,某银行可以提出抗辩,所以A正确。

票据具有无因性,票据的抗辩理由不能随着票据的流转关系而流转,所以B错误。

票据抗辩分为对物抗辩和对人抗辩,如果票据本身存在瑕疵、为无效票据或经除权判决的票据,即使第一义务人承兑人也有权提出抗辩,另,如果持票人和承兑人间有另外的直接债权债务关系,承兑人也可对该持票人行使对人抗辩权,所以C项的表述错误。

《票据法》第22条:"汇票必须记载下列事项:
(一)表明'汇票'的字样;
(二)无条件支付的委托;
(三)确定的金额;
(四)付款人名称;
(五)收款人名称;
(六)出票日期;
(七)出票人签章。

汇票上未记载前款规定事项之一的,汇票无效。"所以汇票上必须有无条件支付的委托,若出票附条件,则票据无效,所以D错误。

【评价及预测】 本题综合考查汇票的出票、承兑和抗辩的内容,综合性很强,有一定的难度。考生需要充分理解各个考点的细节和内容,融会贯通才可以应对此类问题。

考点7 汇票出票

关于汇票的表述,下列哪些选项是正确的?(2013-3-75)
A. 汇票可以质押,当持票人将汇票交付给债权人时质押生效
B. 如汇票上记载的付款人在承兑之前即已破产,出票人仍须承担付款责任
C. 汇票的出票人既可以是银行、公司,也可以是自然人
D. 如汇票上未记载出票日期,该汇票无效

答案(①)

参考答案:①BCD

【考点】汇票相关

【设题陷阱与常见错误分析】本题综合考查了汇票的持票人资格、汇票的绝对必要记载事项、汇票质押,出票人票据责任等问题。考生如不熟悉相关法条的内容容易选错答案。

【解析】《票据法》第35条:"汇票可以设定质押;质押时应当以背书记载'质押'字样。被背书人依法实现其质权时,可以行使汇票权利。"所以汇票质押的成立应当是背书记载"质押"字样并交付债权人时成立,A项错误。

《票据法》第26条:"出票人签发汇票后,即承担保证该汇票承兑和付款的责任。出票人在汇票得不到承兑或者付款时,应当向持票人清偿本法第七十条、第七十一条规定的金额和费用。"出票人合法签章后即应向收款人及其后手承担票据责任,当汇票得不到承兑时,持票人有权要求出票人承担责任,B项正确。

第22条:"汇票必须记载下列事项:

(一)表明'汇票'的字样;

(二)无条件支付的委托;

(三)确定的金额;

(四)付款人名称;

(五)收款人名称;

(六)出票日期;

(七)出票人签章。

汇票上未记载前款规定事项之一的,汇票无效。"D项正确。

司法部教材中,补充确认了汇票的出票人资格没有限制,可以是**银行、公司也可以是自然人**,C项正确。

【评价及预测】用汇票相关的考点来综合设计题目是未来出题的方向,考生需要对关联考点,尤其是具有一定理论性的考点,在理解理论的基础上,熟悉相关法条的内容。

考点8 汇票背书

甲公司开具一张金额50万元的汇票,收款人为乙公司,付款人为丙银行。乙公司收到后将该汇票背书转让给丁公司。下列哪一说法是正确的?(2011-3-32)

A. 乙公司将票据背书转让给丁公司后即退出票据关系

B. 丁公司的票据债务人包括乙公司和丙银行,但不包括甲公司

C. 乙公司背书转让时不得附加任何条件

D. 如甲公司在出票时于汇票上记载有"不得转让"字样,则乙公司的背书转让行为依然有效,但持票人不得向甲行使追索权

答案(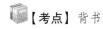)①

【考点】背书

参考答案:①C

【设题陷阱与常见错误分析】 本题主要针对背书这一票据行为综合设计题目。最重要的陷阱在于出票人的"禁转背书"和背书人的"禁转背书"的法律效力之间的差异,如果考生混淆,容易错选D选项。

【解析】《票据法》第37条:"背书人以背书转让汇票后,即承担保证其后手所持汇票承兑和付款的责任。"

背书人在票据上真实签章后即需要对其后手承担责任,除非整个票据权利终结,不会退出票据关系。所以A错误。

票据关系中,签章在前的人是义务人,签章在后的人为权利人,持票人作为最终的权利人,乙公司、丙和甲公司都是其前手,都为他的义务人,B错误。

第33条:"背书不得附有条件。背书时附有条件的,所附条件不具有汇票上的效力。"所以C正确。

第27条:"出票人在汇票上记载'不得转让'字样的,汇票不得转让。"所以D错误。

【评价及预测】 背书行为是非常重要且涉考性非常强的一类票据行为。考生需要掌握背书的法律效力、背书的连续性要求、附条件背书的后果、出票人及背书人的"禁转背书"的差异、期后背书的效力等内容。

考点9 汇票保证

1. 甲从乙处购置一批家具,给乙签发一张金额为**40**万元的汇票。乙将该汇票背书转让给丙。丙请丁在该汇票上为"保证"记载并签章,随后又将其背书转让给戊。戊请求银行承兑时,被银行拒绝。对此,下列哪一选项是正确的?(2015-3-32)

A. 丁可以采取附条件保证方式
B. 若丁在其保证中未记载保证日期,则以出票日期为保证日期
C. 戊只有在向丙行使追索权遭拒绝后,才能向丁请求付款
D. 在丁对戊付款后,丁只能向丙行使追索权

答案()①

【考点】汇票保证

【设题陷阱与常见错误分析】 本题主要针对汇票的保证内容进行考查,考生需要重点分析D项,丁作为票据保证人,如果承担付款责任后即成为持票人,对其前手都是有追索权利的,并非只能针对被保证人做追索。

【解析】《票据法》第48条:"保证不得附有条件;附有条件的,不影响对汇票的保证责任。"所以A项错误。

第46条:"保证人必须在汇票或者粘单上记载下列事项:
(一)表明'保证'的字样;
(二)保证人名称和住所;
(三)被保证人的名称;
(四)保证日期;

参考答案:①B

(五)保证人签章。"

第47条:"保证人在汇票或者粘单上未记载前条**第(三)项的**,已承兑的汇票,承兑人为被保证人;未承兑的汇票,出票人为被保证人。

保证人在汇票或者粘单上未记载前条第(四)项的,出票日期为保证日期。"保证日期并非保证行为成立的必要条件,没有记载的可以做推定,所以 B 项正确。

第50条:"**被保证的汇票,保证人应当与被保证人对持票人承担连带责任。**汇票到期后得不到付款的,持票人有权向保证人请求付款,保证人应当足额付款。"所以 C 错误,保证人与被保证人对持票人承担的是连带责任。

第52条:"保证人清偿汇票债务后,**可以行使持票人对被保证人及其前手的追索权。**"所以 D 项错误。

> 【评价及预测】关于票据的保证,是《票据法》很重要的内容。考生需要重点掌握:
> 1. 保证成立的条件(三要素);
> 2. 被保证人及保证日期的推定;
> 3. 保证不得附条件;
> 4. 保证责任的独立性;
> 5. 保证责任的连带性;
> 6. 保证的代位追索。

2. 甲公司向乙公司签发了一张付款人为丙银行的承兑汇票。丁向乙公司出具了一份担保函,承诺甲公司不履行债务时其承担连带保证责任。乙公司持票向丙银行请求付款,银行以出票人甲公司严重丧失商业信誉为由拒绝付款。对此,下列哪一表述是正确的?(2010-3-29)

A. 乙公司只能要求丁承担保证责任
B. 丙银行拒绝付款不符合法律规定
C. 乙公司应先向甲公司行使追索权,不能得到清偿时方能向丁追偿
D. 丁属于票据法律关系的非基本当事人

答案(　　)

【考点】票据权利实现、票据抗辩

【设题陷阱与常见错误分析】本题综合考查了票据的保证、票据的无因性、追索权以及票据当事人的内容,既具有理论性又有法条细节的考查,有一定的难度。

【解析】《票据法》第61条:"汇票到期被拒绝付款的,持票人可以对**背书人**、**出票人**以及汇票的**其他债务人**行使追索权。"所以乙公司作为持票人,被拒绝付款后,可以向出票人、背书人等票据其他义务人主张追索权,所以乙公司可以找甲公司追索,并非只有找丁公司承担保证责任,A错误。

丙银行作为付款人,独立承担票据责任,"出票人甲公司严重丧失商业信誉"并非其合法的抗辩理由,所以 B 正确。

题干中所述丁通过担保函向乙公司承担保证责任,没有在票据上签字,所以并非票据保证人,即并

参考答案:①B

非票据当事人,更无所谓非基本当事人,只是民事中的连带责任保证人,所以 D 错误;丁的担保函中,保证责任约定不清,推定为连带责任保证,所以 C 错误。

> 【评价及预测】 本题考查了票据当事人这一理论性的问题。简单来讲,所有当事人具有的基本特征是在票据上真实签章。根据是否随出票行为而出现,分为基本当事人和非基本当事人。所以在汇票关系中,随出票行为即出现的出票人、付款人和收款人是基本当事人,背书人、被背书人、承兑人、保证人等是非基本当事人。本题中的丁只是出具了单独的保函,成为民事关系中的保证人,并没有在票据上签章,所以并没有成为票据的当事人,不存在非基本当事人说法。

考点10 本票和支票

关于支票的表述,下列哪些选项是正确的?（2015－3－74）
A. 现金支票在其正面注明后,可用于转账
B. 支票出票人所签发的支票金额不得超过其付款时在付款人处实有的存款金额
C. 支票上不得另行记载付款日期,否则该记载无效
D. 支票上未记载收款人名称的,该支票无效

答案( )①

【考点】 支票相关

【设题陷阱与常见错误分析】 本题是对支票相关内容的考查,考生需要熟悉相关法条的细节内容。

【解析】《票据法》第83条:"支票可以支取现金,也可以转账,用于转账时,应当在支票正面注明。

支票中专门用于支取现金的,可以另行制作现金支票,**现金支票只能用于支取现金**。

支票中专门用于转账的,可以另行制作转账支票,转账支票只能用于转账,不得支取现金。"现金支票与转账支票不能混用,A 错误。

第86条:"**支票上未记载收款人名称的,经出票人授权,可以补记**。

支票上未记载付款地的,付款人的营业场所为付款地。

支票上未记载出票地的,出票人的营业场所、住所或者经常居住地为出票地。**出票人可以在支票上记载自己为收款人。**"所以收款人并非支票的绝对必要记载事项,D 错误。

第90条:"**支票限于见票即付,不得另行记载付款日期。另行记载付款日期的,该记载无效**。"所以 C 正确。

第87条:"**支票的出票人所签发的支票金额不得超过其付款时在付款人处实有的存款金额**。

出票人签发的支票金额超过其付款时在付款人处实有的存款金额的,为空头支票。禁止签发空头支票。"所以 B 正确。

> 【评价及预测】 支票的见票即付的性质以及禁止空头的内容需要重点掌握,有重复考查的可能。

参考答案:①BC

第六章 证券法

本章考查情况统计表

考点	考查次数	考查年份	大致分值	考查概率/%
上市公司收购	1	1	2	11
信息披露	2	2	2	22
证券的特征	1	1	1	11
证券发行	1	1	1	11
证券机构	2	1	3	11
证券基金	3	3	5	33
证券交易的一般限制	1	1	2	11

考点1 证券的特征

股票和债券是我国《证券法》规定的主要证券类型。关于股票与债券的比较,下列哪一表述是正确的?(2011-3-33)

A. 有限责任公司和股份有限公司都可以成为股票和债券的发行主体

B. 股票和债券具有相同的风险性

C. 债券的流通性强于股票的流通性

D. 股票代表股权,债券代表债权

答案( )①

【考点】股票和债券

【设题陷阱与常见错误分析】股票和债券都是有价证券,都可以作为筹资手段和投资工具,但二者在发行主体、风险系数、所代表的权利性质等方面存在一定的差别,本题是对基础理论知识的考查,难度不大。陷阱在于A选项的审题要细致,股票只有股份公司可以发行,有限公司无法发行,如果考生没能看清A项的表述,容易选错答案。

【解析】股票是股权的物质载体,代表了投资的关系,债券是债权的物质载体,代表了债的关系。所以D正确。

有限公司不能发行股票,A错误。

债券兼有投资及储蓄的性质,以资本保值和获取固定收益为目的,债券到期后,除非发行人破产,否则发行人应当按照约定向持券人支付本息,因此债券的投资回报固定,风险小;购买股票是单纯的投资行为,股息收入随股份公司盈利情况而定。所以股票的风险更大。所以B错误。

《证券法》规定,股票和债权都可以自由转让及上市流通,不分强弱,所以C错误。

参考答案:①D

> **【评价及预测】** 股票和债券的基本差别考生需要掌握。股票和债券的发行主体不同。笔者总结如下:

证券	发行主体
股票	单一主体:股份公司
债券	多种主体:有限公司、股份公司、国家、地方政府等

考点2 证券发行

为扩大生产规模,筹集公司发展所需资金,鄂神股份有限公司拟发行总值为1亿元的股票。下列哪一说法符合《证券法》的规定?(2012 – 3 – 34)

A. 根据需要可向特定对象公开发行股票
B. 董事会决定后即可径自发行
C. 可采取溢价发行方式
D. 不必将股票发行情况上报证券监管机构备案

答案()①

【考点】 股票发行

【设题陷阱与常见错误分析】 本题综合考查了股票发行的条件,设题陷阱在于A选项,笼统地说"向特定对象公开发行股票"缺少了"累计超过200人"的限定条件,这样笼统的说法是错误的,考生不要混淆。

【解析】《证券法》第32条:"向不特定对象发行的证券票面总值超过人民币五千万元的,应当由承销团承销。承销团应当由主承销和参与承销的证券公司组成。"

第10条:"公开发行证券,必须符合法律、行政法规规定的条件,并依法报经国务院证券监督管理机构或者国务院授权的部门核准;未经依法核准,任何单位和个人不得公开发行证券。

有下列情形之一的,为公开发行:

(一)向不特定对象发行证券的;

(二)向特定对象发行证券累计超过二百人的;

(三)法律、行政法规规定的其他发行行为。

非公开发行证券,不得采用广告、公开劝诱和变相公开方式。"

所以,公开发行应向不特定对象公开发行,或者特定对象200人以上发行。选项A错。

《公司法》第127条:"股票发行价格可以按票面金额,也可以超过票面金额,但不得低于票面金额。"所以股票发行价格可以平价,也可以溢价,但不得折价发行。选项C正确。

《证券法》第14条:"公司公开发行新股,应当向国务院证券监督管理机构报送募股申请和下列文件:

(一)公司营业执照;

参考答案:①C

（二）公司章程；

（三）股东大会决议；

（四）招股说明书；

（五）财务会计报告；

（六）代收股款银行的名称及地址；

（七）承销机构名称及有关的协议。

依照本法规定聘请保荐人的，还应当报送保荐人出具的发行保荐书。"

第10条："**公开发行证券**，必须符合法律、行政法规规定的条件，并**依法报经国务院证券监督管理机构或者国务院授权的部门核准**；未经依法核准，任何单位和个人不得公开发行证券。"

所以，公开发行新股，须经股东大会认可且依法报经国务院证券监督管理机构或者国务院授权的部门核准。由此，选项 B 错误。

第36条："公开发行股票，代销、包销期限届满，**发行人应当在规定的期限内将股票发行情况报国务院证券监督管理机构备案**。"选项 D 错误。

故本题只有 C 项符合规定。

> **【评价及预测】** 本题综合性很强，考查到了股票发行中的很多内容，将来涉考性也很强。考生需要掌握：1. 证券发行分为公开和非公开两种方式。公开发行必须是向完全不特定对象或特定对象累计超过 200 人发行；2. 公开发行股票的，程序上需要公司的股东大会同意，且向证监会备案；3. 股票发行价格可以平价，可以溢价，但不可以折价发行。

考点3　证券交易的一般限制

某上市公司董事吴某，持有该公司6%的股份。吴某将其持有的该公司股票在买入后的第5个月卖出，获利600万元。关于此收益，下列哪些选项是正确的？（2008-1-68）

A. 该收益应当全部归公司所有

B. 该收益应由公司董事会负责收回

C. 董事会不收回该收益的，股东有权要求董事会限期收回

D. 董事会未在规定期限内执行股东关于收回吴某收益的要求的，股东有权代替董事会以公司名义直接向法院提起收回该收益的诉讼

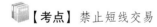①

【考点】 禁止短线交易

【设题陷阱与常见错误分析】《证券法》和《公司法》对上市公司的董、监、高做出禁止短线交易的限制，来避免内幕交易，损害证券市场的正常秩序和其他投资人的权益。但如果董、监、高做出了短线交易，行为是有效的，处罚的规则是将受益收归公司，公司董事会有义务负责收回，否则可能引发股东的代位诉讼。

【解析】《证券法》第47条："上市公司董事、监事、高级管理人员、持有上市公司股份百分之五以上的股东，将其持有的该公司的股票在买入后六个月内卖出，或者在**卖出后六个月内又买入**，由此所

参考答案：①ABC

得收益归该公司所有,公司董事会应当收回其所得收益。但是,证券公司因包销购入售后剩余股票而持有百分之五以上股份的,卖出该股票不受六个月时间限制。

公司董事会不按照前款规定执行的,股东有权要求董事会在三十日内执行。公司董事会未在上述期限内执行的,**股东有权为了公司的利益以自己的名义直接向人民法院提起诉讼**。

公司董事会不按照第一款的规定执行的,负有责任的董事依法承担连带责任。"所以A、B、C正确。

股东行使代位诉讼权利,需要以自己的名义起诉侵权人,不得代替公司以该公司名义起诉,D错误。

> **【评价及预测】** 董、监、高的短线交易禁止容易与股东的代位诉讼结合出题,考生需要注意。另外,考生需要注意,董、监、高一旦做出短线交易的行为,该行为是有效的,只是收益归公司所有。

考点4 上市公司收购

吉达公司是一家上市公司,公告称其已获得某地块的国有土地使用权。嘉豪公司资本雄厚,看中了该地块的潜在市场价值,经过细致财务分析后,拟在证券市场上对吉达公司进行收购。下列哪些说法是正确的?(2016-3-75)

A. 若收购成功,吉达公司即丧失上市资格
B. 若收购失败,嘉豪公司仍有权继续买吉达公司的股份
C. 嘉豪公司若采用要约收购则不得再与吉达公司的大股东协议购买其股份
D. 待嘉豪公司持有吉达公司已发行股份30%时,应向其全体股东发出不得变更的收购要约

答案(① **)**

【考点】 上市公司收购

【设题陷阱与常见错误分析】 本题考查了上市公司收购的相关制度,考生需要明确,要约收购中最关键的内容是对被收购公司的股东要平等对待,不可单独交易。而且收购可能成功也可能失败,如果成功后,根据股份的集中度不同,可能引起被收购公司不再具有上市资格,但也可能不会带来这样的后果,考生如果没有注意这一点容易错选A选项。

【解析】 根据《证券法》第97条:"收购期限届满,被收购公司股权分布不符合上市条件的,该**上市公司的股票应当由证券交易所依法终止上市交易**;其余仍持有被收购公司股票的股东,有权向收购人以收购要约的同等条件出售其股票,收购人应当收购。"所以,收购完成后,只有被收购公司不再符合上市条件的,才会被终止上市,丧失上市资格,不是收购完成,必然丧失上市资格,A错误。

如果收购的行为失败,也不影响吉达公司的股票正常交易,嘉豪公司买吉达公司股票不会受到影响,B正确。

第88条:"通过证券交易所的证券交易,投资者持有或者通过协议、其他安排与他人共同持有一个上市公司已发行的股份**达到百分之三十时,继续进行收购的,应当依法向该上市公司所有股东发出收购上市公司全部或者部分股份的要约**。"

第91条:"在收购要约确定的承诺期限内,收购人不得撤销其收购要约。**收购人需要变更收购要约的,必须及时公告**,载明具体变更事项。"

参考答案:①BC

持股30%是要约收购的临界值,要约需要对被收购公司的所有股东一视同仁,不能单独协议,所以C正确;要约不得撤销,但必要时候可以变更,所以D错误。

> 【评价及预测】上市公司收购中最重要的两项制度:一是预警制度,二是要约收购,考生需要掌握其细节。尤其是要约收购的流程相对复杂,包括公告上市公司收购报告书、要约收购的过程、要约不可撤销、要约的更改、要约收购完成后可能引发的强制收购等内容,需要理解透彻。

考点5　信息披露

1. 申和股份公司是一家上市公司,现该公司董事会秘书依法律规定,准备向证监会与证券交易所报送公司年度报告。关于年度报告所应记载的内容,下列哪一选项是错误的?（2015-3-33）

A. 公司财务会计报告和经营情况

B. 董事、监事、高级管理人员简介及其持股情况

C. 已发行股票情况,含持有股份最多的前二十名股东的名单和持股数额

D. 公司的实际控制人

答案(　　)①

【考点】上市公司年度报告

【设题陷阱与常见错误分析】本题对上市公司年度报告的内容做考查,没有难度。

【解析】《证券法》第66条:"上市公司和公司债券上市交易的公司,应当在每一会计年度结束之日起四个月内,向国务院证券监督管理机构和证券交易所报送记载以下内容的年度报告,并予公告:

(一)公司概况;

(二)公司财务会计报告和经营情况;

(三)董事、监事、高级管理人员简介及其持股情况;

(四)已发行的股票、公司债券情况,包括持有公司股份最多的前十名股东的名单和持股数额;

(五)公司的实际控制人;

(六)国务院证券监督管理机构规定的其他事项。"所以C错误。

> 【评价及预测】《证券法》中信息披露是相对重要的考点,中期报告和年度报告的内容及二者区别,以及违反信息披露的责任考生需要掌握。

2. 某上市公司因披露虚假年度财务报告,导致投资者在证券交易中蒙受重大损失。关于对此承担民事赔偿责任的主体,下列哪一选项是错误的?（2010-3-30）

A. 该上市公司的监事

B. 该上市公司的实际控制人

C. 该上市公司财务报告的刊登媒体

D. 该上市公司的证券承销商

答案(　　)②

参考答案:①C　②C

【考点】信息披露的责任承担

【设题陷阱与常见错误分析】本题主要考查了信息披露不实的责任承担主体。考生只要熟悉相关法条内容即可选对答案。

【解析】《证券法》第69条:"发行人、上市公司公告的招股说明书、公司债券募集办法、财务会计报告、上市报告文件、年度报告、中期报告、临时报告以及其他信息披露资料,有虚假记载、误导性陈述或者重大遗漏,致使投资者在证券交易中遭受损失的,发行人、上市公司应当承担赔偿责任;发行人、上市公司的董事、监事、高级管理人员和其他直接责任人员以及保荐人、承销的证券公司,应当与发行人、上市公司承担连带赔偿责任,但是能够证明自己没有过错的除外;发行人、上市公司的控股股东、实际控制人有过错的,应当与发行人、上市公司承担连带赔偿责任。"

依据该条的规定,上市公司披露虚假信息的责任主体包括:第一,发行人、上市公司;第二,上市公司的董事、监事、高级管理人员和其他直接责任人员;第三,保荐人、承销的证券公司;第四,上市公司的控股股东、实际控制人。可见,上市公司财务报告的刊登媒体并不包括在内,C项是错误的,当选;A、B、D正确,不当选。

【评价及预测】信息披露是股票发行和交易过程中非常重要的一环,因为股票的价值依赖于发行人的生产经营情况,如果发行人不提供这些情况,投资者无法对股票的投资决策作出判断。对于信息披露真实性的保证,主要通过两个手段来进行:
1. 事后追究相关人员的法律责任,主要包括:
(1)发行人、上市公司的无过错责任;
(2)发行人、上市公司的董、监、高、其他直接责任人员;
(3)发行人、上市公司的控股股东、实际控制人的过错责任。
2. 通过要求各类中介服务机构介入信息披露活动,以自己的信誉对信息披露的真实性做保证。主要有承销商、保荐人的过错推定责任。
考生不仅需要对信息披露不实的责任主体了解清楚,还要掌握不同主体的责任追究原则。

考点6 证券机构

1. 关于证券交易所,下列哪一表述是正确的?(2009-3-34)
A. 会员制证券交易所从事业务的盈余和积累的财产可按比例分配给会员
B. 证券交易所总经理由理事会选举产生并报国务院证券监督管理机构批准
C. 证券交易所制定和修改章程应报国务院证券监督管理机构备案
D. 证券交易所的设立和解散必须由国务院决定

答案(①)

【考点】证券交易所

【设题陷阱与常见错误分析】本题综合考查了证券交易所的性质、组织结构、设立及解散、章程等内容,都是对法条的直接考查,考生需要熟悉法条内容来应对此题。

参考答案:①D

【解析】根据《证券法》第105条:"实行会员制的证券交易所的财产积累归会员所有,其权益由会员共同享有,**在其存续期间,不得将其财产积累分配给会员**。"A错误。

第107条:"证券交易所设**总经理一人,由国务院证券监督管理机构任免**。"B错误。

第103条:"设立证券交易所必须制定章程。证券交易所**章程的制定和修改,必须经国务院证券监督管理机构批准**。"所以C错误。

第102条:"证券交易所的**设立和解散,由国务院决定**。"所以D正确。

> 【评价及预测】证券交易所作为非常特殊的法人,其设立、解散、监管、组织结构、运行模式等都有特殊的规则,考生需要对这些特殊规则加以掌握。

2. 某证券公司在业务活动中实施了下列行为,其中哪些违反《证券法》规定?(2009-3-78)
  A. 经股东会决议为公司股东提供担保
  B. 为其客户买卖证券提供融资服务
  C. 对其客户证券买卖的收益作出不低于一定比例的承诺
  D. 接受客户的全权委托,代理客户决定证券买卖的种类与数量

答案(　　)①

【考点】证券公司监管

【设题陷阱与常见错误分析】本题主要是对证券公司的禁忌行为作出的考查,考生要明确,证券公司在整个证券投资活动中的角色是提供中立的服务,所以不能影响投资人的自主决策。另外,法条明确禁止了证券公司的对内担保,考生不要和公司法中普通公司的担保行为相混淆。

【解析】《证券法》第130条:"证券公司**不得为其股东**或者**股东的关联人提供融资或者担保**。"所以A错误。

第142条:"证券公司为**客户买卖证券提供融资融券服务,应当按照国务院的规定并经国务院证券监督管理机构批准**。"所以B正确。

第144条:"证券公司**不得**以任何方式对客户证券买卖的收益或者赔偿证券买卖的损失**作出承诺**。"所以C错误。

第143条:"证券公司办理经纪业务,**不得接受客户的全权委托**而决定证券买卖、选择证券种类、决定买卖数量或者买卖价格。"所以D错误。

> 【评价及预测】对证券公司监管,是证券机构考点下最重要的内容。提醒考生注意:
> 1. 证券公司禁止对内担保;
> 2. 证券公司的融资活动(包括融资融券):对内禁止,对外经批准可以进行。

考点7 证券基金

1. 赢鑫投资公司业绩骄人。公司拟开展非公开募集基金业务,首期募集1000万元。李某等老客户知悉后纷纷表示支持,愿意将自己的资金继续交其运作。关于此事,下列哪一选项是正确的?

参考答案:①ACD

(2016-3-33)

A. 李某等合格投资者的人数可以超过200人
B. 赢鑫公司可在全国性报纸上推介其业绩及拟募集的基金
C. 赢鑫公司可用所募集的基金购买其他的基金份额
D. 赢鑫公司就其非公开募集基金业务应向中国证监会备案

答案( )①

【考点】非公开募集基金

【解析】根据《基金法》第88条:"非公开募集基金应当向合格投资者募集,合格投资者累计不得超过二百人。"所以A错误。

第92条:"非公开募集基金,不得向合格投资者之外的单位和个人募集资金,不得通过报刊、电台、电视台、互联网等公众传播媒体或者讲座、报告会、分析会等方式向不特定对象宣传推介。"所以B错误。

第74条:"基金财产不得用于下列投资或者活动:
(一)承销证券;
(二)违反规定向他人贷款或者提供担保;
(三)从事承担无限责任的投资;
(四)买卖其他基金份额,但是国务院证券监督管理机构另有规定的除外;
(五)向基金管理人、基金托管人出资;
(六)从事内幕交易、操纵证券交易价格及其他不正当的证券交易活动;
(七)法律、行政法规和国务院证券监督管理机构规定禁止的其他活动。"所以基金不是绝对不能购买其他基金份额,有除外项规定,所以C项正确。

第95条:"非公开募集基金募集完毕,基金管理人应当向基金行业协会备案。对募集的资金总额或者基金份额持有人的人数达到规定标准的基金,基金行业协会应当向国务院证券监督管理机构报告。"所以,基金管理人向基金行业协会备案,规模以上的,基金行业协会向证券会报告,所以D错误。

【评价及预测】对于《基金法》中的两大重点考点一是公开募集基金的内容,二是非公司募集基金的内容,考生需要从概念、程序、规制等层面掌握相关的法条内容。涉考一般会按原文法条出题。

2. 张某手头有一笔闲钱欲炒股,因对炒股不熟便购买了某证券投资基金。关于张某作为基金份额持有人所享有的权利,下列哪些表述是正确的?(2015-3-75)

A. 按份额享有基金财产收益
B. 参与分配清算后的剩余基金财产
C. 可回赎但不能转让所持有的基金份额
D. 可通过基金份额持有人大会来更换基金管理人

答案( )②

【考点】基金份额持有人权利

参考答案:①C ②ABD

【设题陷阱与常见错误分析】本题主要针对法条原文进行考查,考生只有熟悉相关法条内容才可作答。

【解析】《证券投资基金法》第70条:"基金份额持有人享有下列权利:
(一)分享基金财产收益;
(二)参与分配清算后的剩余基金财产;
(三)依法转让或者申请赎回其持有的基金份额;
(四)按照规定要求召开基金份额持有人大会;
(五)对基金份额持有人大会审议事项行使表决权;
(六)查阅或者复制公开披露的基金信息资料;
(七)对基金管理人、基金托管人、基金份额发售机构损害其合法权益的行为依法提起诉讼;
(八)基金合同约定的其他权利。"所以A、B正确,C错误。

第71条:"下列事项应当通过召开基金份额持有人大会审议决定:
(一)提前终止基金合同;
(二)基金扩募或者延长基金合同期限;
(三)转换基金运作方式;
(四)提高基金管理人、基金托管人的报酬标准;
(五)更换基金管理人、基金托管人;
(六)基金合同约定的其他事项。"所以D项正确。

【评价及预测】对于基金法,本题中涉及的基金份额持有人权利需要做了解,另外,具有考试价值的考点还有基金财产的投资限制、公开募集基金的规制内容、非公开募集基金的法律规制、基金管理人的监管等,考生需要做了解。

3. 华新基金管理公司是信泰证券投资基金(信泰基金)的基金管理人。华新公司的下列哪些行为是不符合法律规定的?(2012-3-73)

A. 从事证券投资时,将信泰基金的财产独立于自己固有的财产
B. 以信泰基金的财产为公司大股东鑫鑫公司提供担保
C. 就其管理的信泰基金与其他基金的财产,规定不同的基金收益条款
D. 向信泰基金份额持有人承诺年收益率不低于12%

答案()①

【考点】基金管理人

【设题陷阱与常见错误分析】《证券投资基金法》对基金管理人的设立条件、从业人员、职责、禁止行为等做了比较详细的规定,考生需要熟悉相关法条的内容方可选对答案。

【解析】《证券投资基金法》第21条:"公开募集基金的基金管理人及其董事、监事、高级管理人员和其他从业人员不得有下列行为:
(一)将其固有财产或者他人财产混同于基金财产从事证券投资;

参考答案:①BCD

(二)不公平地对待其管理的不同基金财产;

(三)利用基金财产为基金份额持有人以外的第三人牟取利益;

(四)向基金份额持有人违规承诺收益或者承担损失;

(五)侵占、挪用基金财产;

(六)泄露因职务便利获取的未公开信息、利用该信息从事或者明示、暗示他人从事相关的交易活动;

(七)玩忽职守,不按照规定履行职责;

(八)法律、行政法规和国务院证券监督管理机构规定禁止的其他行为。"

A 项不违反规定,C 项违反第(二)项规定;B 项违反第(三)项规定;D 项违反第(四)项规定。

因此,本题 B、C、D 所述行为均不符合法律规定,A 符合法律规定。应选 B、C、D。

> **【评价及预测】** 证券投资基金是通过发行基金份额,集中投资者的资金,由基金托管人托管,基金管理人管理和运用资金,从事股票、债券等金融工具投资,并将投资收益按基金份额持有人的投资比例进行分配的一种间接投资方式。为了保证基金份额持有人的利益,法律对基金管理人的要求极为严格,尤其是从业人员的禁忌行为,考生需要关注相关法条的细节内容。

第七章 保 险 法

本章考查情况统计表

考点	考查次数	考查年份	大致分值	考查概率/%
保险合同订立	3	2	4	22
保险合同解除	3	3	4	33
保险基本原则	3	3	5	33
财产保险合同特征	1	1	1	11
代位求偿	3	3	4	33
年龄误报	1	1	2	11
人身保险合同特征	1	1	1	11
受益人制度	2	2	3	22
死亡险	1	1	1	11
责任保险	1	1	2	11

考点1 保险基本原则

1. 关于投保人在订立保险合同时的告知义务,下列哪些表述是正确的?(2014-3-76)

A. 投保人的告知义务,限于保险人询问的范围和内容

B. 当事人对询问范围及内容有争议的,投保人负举证责任

C. 投保人未如实告知投保单询问表中概括性条款时,则保险人可以此为由解除合同

D. 在保险合同成立后,保险人获悉投保人未履行如实告知义务,但仍然收取保险费,则保险人不得解除合同

答案()①

【考点】投保人的告知义务

【设题陷阱与常见错误分析】《保险法司法解释二》将投保人的告知义务进行了详细的规定,考生如果不熟悉相关法条的内容,尤其是 C 项中的概括性条款,投保人是否负有如实告知的义务,容易出现错误。

【解析】《保险法司法解释二》第 6 条:"投保人的告知义务限于保险人询问的范围和内容。当事人对询问范围及内容有争议的,**保险人负举证责任**。

保险人以投保人违反了对投保单询问表中所列**概括性条款**的如实告知义务为由请求解除合同的,**人民法院不予支持**。但该概括性条款有具体内容的除外。"

所以 A 项正确。

B 项错误,应由保险人承担举证责任。

C 项错误,概括性条款不是投保人告知的义务范围,保险公司不得以概括性条款投保人没告知而要求解除合同。

第 7 条:"保险人在保险合同成立后知道或者应当知道投保人未履行如实告知义务,仍然**收取保险费**,又依照保险法第十六条第二款的规定主张解除合同的,**人民法院不予支持**。"所以 D 项正确。

【评价及预测】对于投保人的告知义务《保险法司法解释二》做了非常详细的解释,重复考查概率很高,笔者总结如下:

1. 告知的义务限于保险公司的询问范围和内容,有争议的,保险人负有举证责任;

2. 投保人对投保单所列的概括性条款不负告知义务;

由于将判断哪些属于应当如实告知事项的义务分配给保险人,保险人可能会选择概括式的询问方式,从而变相地将询问告知转为投保人的主动告知,对此,《保险法司法解释二》也作出应对来保护投保人;

3. 保险人知道或应当知道投保人未履行如实告知义务的,仍然收取保费,视为保险人放弃合同解除权。

2. 根据《保险法》规定,人身保险投保人对下列哪一类人员具有保险利益?(2010 - 3 - 31)

A. 与投保人关系密切的邻居

B. 与投保人已经离婚但仍一起生活的前妻

C. 与投保人有劳动关系的劳动者

D. 与投保人合伙经营的合伙人

答案(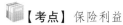)②

【考点】保险利益

参考答案:①AD ②C

【设题陷阱与常见错误分析】保险利益原则是《保险法》的基本原则之一,投保人需要对被保险人具有法律上承认的利益,才具有成为投保人为被保险人投保的资格,否则保险合同无效。考生需要对人身保险合同中,具有保险利益的主体掌握清楚,才能选对答案。

【解析】根据《保险法》第31条:"投保人对下列人员具有保险利益:

(一)本人;

(二)配偶、子女、父母;

(三)前项以外与投保人有抚养、赡养或者扶养关系的家庭其他成员、近亲属;

(四)与投保人有劳动关系的劳动者。

除前款规定外,被保险人同意投保人为其订立合同的,视为投保人对被保险人具有保险利益。订立合同时,投保人对被保险人不具有保险利益的,合同无效。"

所以只有 C 正确。

【评价及预测】保险利益是人身保险合同中考查频度很高的考点。主要目的是防止道德风险的发生。对于保险利益的主体范围,笔者总结如下:

1. 本人或具有亲属亲缘关系的家庭成员或近亲属;
2. 与投保人有劳动关系的劳动者;
3. 被保险人同意。

3. 关于保险利益,下列哪些表述是错误的?(2009 – 3 – 79)

A. 保险利益本质上是一种经济上的利益,即可以用金钱衡量的利益

B. 人身保险的投保人在保险事故发生时,对保险标的应当具有保险利益

C. 财产保险的被保险人在保险合同订立时,对保险标的应当具有保险利益

D. 责任保险的投保人在保险合同订立时,对保险标的应当具有保险利益

答案(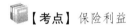)①

【考点】保险利益

【设题陷阱与常见错误分析】财产合同和人身合同对具备保险利益要求的时间是不同的,考生如果混淆会选错答案;责任险属于财产险的一种,对保险利益的时间要求与一般财产险是相同的。对于 A 选项,学界有一定的争议,即保险利益是否应当具有经济性,是否能用金钱来衡量?大部分学者认为保险利益应当具有经济性。也有少部分学者有异议,认为这一性质在财产险中毫无争议,在人身险中,因为标的是人的生命和健康,不能用具体的金钱数量来衡量,不应认定有经济性。但是司法考试的教材及出题人均选择了大部分学者的意见,认可保险利益的经济性。

【解析】《保险法》第12条:"**人身保险**的投保人在保险**合同订立时**,对被保险人应当**具有保险利益**。

财产保险的被保险人**在保险事故发生时**,对保险标的应当**具有保险利益**。保险利益是指投保人或者被保险人对保险标的具有的法律上承认的利益。"保险利益应当具有**合法性、经济性、确定性**,所以 A 正确,B、C 错误;责任保险作为财产保险的一种,其投保人也应该在保险合同发生时具有保险利益即

参考答案:①BCD

可,所以 D 错误。

> 【评价及预测】本题涉及的两个问题都很重要,考生需要全面掌握,笔者总结如下:
> 1. 保险利益的性质:经济性、确定性、合法性;
> 2. 保险利益具备的时间:财产险要求事故发生时具备保险利益;人身险要求保险合同订立时具备保险利益。

考点2 保险合同订立

1. 甲公司代理人谢某代投保人何某签字,签订了保险合同,何某也依约交纳了保险费。在保险期间内发生保险事故,何某要求甲公司承担保险责任。下列哪一表述是正确的?(2014-3-34)

A. 谢某代签字,应由谢某承担保险责任

B. 甲公司承保错误,无须承担保险责任

C. 何某已经交纳了保险费,应由甲公司承担保险责任

D. 何某默认谢某代签字有过错,应由何某和甲公司按过错比例承担责任

答案(_____)①

【考点】保险合同效力追认

【设题陷阱与常见错误分析】保险合同的当事人是投保人和保险人,基于保险合同的诺成性,双方签字盖章后保险合同生效。但现实生活是复杂的,往往大量存在的情况是,投保人一方没签字,而是由保险公司或保险公司代理人代为签字的情况,此种情形下对投保人不生效,即保险合同不生效。但是投保人如果通过签字确认或缴纳保费则证明了对此合同的追认。再发生保险事故,保险公司应当按照保险合同约定赔付。考生需要熟悉《保险法司法解释二》的内容。

【解析】《保险法司法解释二》第3条:"投保人或者投保人的代理人订立保险合同时没有亲自签字或者盖章,而由保险人或者保险人的代理人代为签字或者盖章的,对投保人不生效。但投保人已经交纳保险费的,视为其对代签字或者盖章行为的追认。"所以何某的交费意味了何某对谢某签字的追认,保险合同有效,发生保险事故,保险公司应当赔付,只有C正确。

> 【评价及预测】对于2013年6月8日生效的《保险法司法解释二》的考查,成为近年来保险法考查的重点。保险合同代签字的效力问题是《保险法司法解释二》中比较重要的问题。笔者总结如下,考生需要理顺:
> 1. 投保人不签字,由保险公司或保险公司代理人代签字的,对投保人不生效,但投保人可以通过(1)缴纳保费或者;(2)对代签字的保险单签字盖章确认来对此合同效力进行追认。
> 2. 如果投保人缴纳了保费,保险公司虽然收取了保费但未承保,保险合同的效力问题,需要判断被保险人是否符合承保条件,符合的,合同生效保险公司要承担赔付责任;不符合的,合同不生效,保险公司不予赔付。对于不符合承保条件的证据,需要保险公司来承担。

2. 甲公司将其财产向乙保险公司投保。因甲公司要向银行申请贷款,乙公司依甲公司指示将保险

参考答案:①C

单直接交给银行。下列哪一表述是正确的？（2013－3－34）

  A. 因保险单未送达甲公司,保险合同不成立

  B. 如保险单与投保单内容不一致,则应以投保单为准

  C. 乙公司同意承保时,保险合同成立

  D. 如甲公司未缴纳保险费,则保险合同不成立

答案( )①

【考点】保险合同成立

【设题陷阱与常见错误分析】《保险法》规定,保险合同是诺成合同,双方签字盖章,合同成立,不以保险费的缴纳或者保险单的交付为生效要件,考生如果混淆这一点,容易将C、D选项判断错误。

  另外,对于投保单与保险单不一致的情形,《保险法司法解释二》给出了答案,即原则上应该以投保单为准,但是如果经保险公司说明并经投保人同意的,则应该以投保人签收的保险单为准。所以B项并不必然以投保单为准。

【解析】《保险法》第13条:"投保人提出保险要求,经保险人同意承保,保险合同成立。保险人应当及时向投保人签发保险单或者其他保险凭证。

  保险单或者其他保险凭证应当载明当事人双方约定的合同内容。当事人也可以约定采用其他书面形式载明合同内容。

  依法成立的保险合同,自成立时生效。投保人和保险人可以对合同的效力约定附条件或者附期限。"保险合同是诺成合同,送达和缴纳保费都不是保险合同成立的要件,A、D错,C正确。

  《保险法司法解释二》第14条第一款:"保险合同中记载的内容不一致的,按照下列规则认定:

  (一)投保单与保险单或者其他保险凭证不一致的,以投保单为准。但不一致的情形系经保险人说明并经投保人同意的,以投保人签收的保险单或者其他保险凭证载明的内容为准……"保险单和投保单内容不一致的时候,并不必然以投保单为准,B错。

【评价及预测】对于保险合同的诺成性的考查,屡次出现,考生要明确,保险合同以双方当事人签字盖章生效。保险单的交付和保险费的缴纳都是履行保险合同的表现。

  另外,对于保险合同中记载内容不一致的处理规则考生要明确:

  1. 投保人与保险单不一致,原则以投保单为准,但如果经保险公司说明并投保人同意,则以投保人签收的保险单为准;

  2. 非格式条款与格式条款不一致的,以非格式条款为准;

  3. 保险凭证记载的时间不同的,以形成时间在后的为准;

  4. 保险凭证存在手写和打印两种方式的,以双方签字、盖章的手写部分的内容为准。

3. 甲公司交纳保险费为其员工张某投保人身保险,投保单由保险公司业务员代为填写和签字。保险期间内,张某找到租用甲公司槽罐车的李某催要租金。李某与张某发生争执,张某打碎车窗玻璃,并挡在槽罐车前。李某怒将张某撞死。关于保险受益人针对保险公司的索赔理由的表述,下列哪些选项是正确的？（2013－3－76）

  A. 投保单虽是保险公司业务员代为填写和签字,但甲公司交纳了保险费,因此保险合同成立

参考答案:①C

B. 张某的行为不构成犯罪,保险公司不得以此为由主张免责
C. 张某的行为属于合法的自助行为,保险公司应予理赔
D. 张某的死亡与张某的行为并无直接因果关系,保险公司应予理赔

【答案】①

【考点】 理赔

【设题陷阱与常见错误分析】 本题综合考查了人身保险合同的签订及理赔,陷阱出现于结合了对张某行为性质的认定,涉及刑法中犯罪行为的认定及民法中自助行为的认定,具有一定的难度。

【解析】《保险法司法解释二》第3条:"**投保人或者投保人的代理人**订立保险合同时**没有亲自签字或者盖章**,而由保险人或者保险人的代理人代为签字或者盖章的,对投保人不生效。但**投保人已经交纳保险费的,视为其对代签字或者盖章行为的追认**。"甲公司交纳保费,即是对保险合同的确认,A正确;张某的行为虽有过激,但并未达到违法的程度,所以C错误,B正确;张某的死亡并非直接由自己造成,不属于免责范围,D正确。

【评价及预测】 本题中,同样涉及投保人没签字而缴纳保费后对保险合同效力追认的问题。

另外,对于保险公司的理赔免责的问题,应当认定为被保险人犯罪或者抗拒依法采取的刑事强制措施导致其伤残或者死亡,题目中张某行为的性质需要比对此标准进行判断。

考点3 保险合同解除

1. 甲公司投保了财产损失险的厂房被烧毁,甲公司伪造证明,夸大此次火灾的损失,向保险公司索赔100万元,保险公司为查清此事,花费5万元。关于保险公司的权责,下列哪些选项是正确的?(2016-3-76)

A. 应当向甲公司给付约定的保险金
B. 有权向甲公司主张5万元花费损失
C. 有权拒绝向甲公司给付保险金
D. 有权解除与甲公司的保险合同

【答案】②

【考点】 保险合同解除、夸大保险事故处理

【设题陷阱与常见错误分析】 保险的基本原则是补救保险事故发生后的损失,如果没有实际损失发生或没有投保人或被保险人所声称的损失发生,保险公司的理赔义务会根据实际情况评估。如果骗保,保险公司有权解除合同,不退不赔,如果夸大保险事故,毕竟有实际损失发生,保险公司只按实际损失赔付。

【解析】《保险法》第27条第3款:"保险事故发生后,投保人、被保险人或者受益人以伪造、变造的有关证明、资料或者其他证据,**编造虚假的事故原因**或者**夸大损失程度的**,**保险人对其虚报的部分不承担赔偿或者给付保险金的责任**。"所以,投保人、被保险人夸大保险事故,对于夸大或虚报的部分,

参考答案:①ABD ②AB

保险公司不予赔偿,但合同是有效的,正常的范围内应该赔偿,所以 A 正确,C、D 错误。

第27条第4款:"投保人、被保险人或者受益人有前三款规定行为之一,**致使保险人支付保险金或者支出费用的,应当退回或者赔偿。**"所以 B 正确。

> **【评价及预测】** 保险合同的解除规则及保险公司的理赔规则,近年成为考查的重点。考生需要对两类保险合同的解除内容做充分、全面的掌握。

2. 甲以自己为被保险人向某保险公司投保健康险,指定其子乙为受益人,保险公司承保并出具保单。两个月后,甲突发心脏病死亡。保险公司经调查发现,甲两年前曾做过心脏搭桥手术,但在填写投保单以及回答保险公司相关询问时,甲均未如实告知。对此,下列哪一表述是正确的?(2015-3-34)

A. 因甲违反如实告知义务,故保险公司对甲可主张违约责任

B. 保险公司有权解除保险合同

C. 保险公司即使不解除保险合同,仍有权拒绝乙的保险金请求

D. 保险公司虽可不必支付保险金,但须退还保险费

答案(　　)①

【考点】 保险公司解除权

【设题陷阱与常见错误分析】 本题针对投保人没有履行如实告知义务,保险公司的解除权进行考查。考生需要明晰 A 项,如实告知义务本质上属于先合同义务,而非违约责任。

【解析】《保险法》第16条:"订立保险合同,保险人就保险标的或者被保险人的有关情况提出询问的,投保人应当如实告知。

投保人故意或者因重大过失未履行前款规定的如实告知义务,足以影响保险人决定是否同意承保或者提高保险费率的,保险人有权解除合同。

前款规定的合同解除权,自保险人知道有解除事由之日起,超过三十日不行使而消灭。自合同成立之日起超过二年的,保险人不得解除合同;发生保险事故的,保险人应当承担赔偿或者给付保险金的责任。

投保人**故意**不履行如实告知义务的,保险人对于合同解除前发生的保险事故,**不承担赔偿或者给付保险金的责任,并不退还保险费。**

投保人因**重大过失**未履行如实告知义务,对保险事故的发生有严重影响的,保险人对于合同解除前发生的保险事故,**不承担赔偿或者给付保险金的责任,但应当退还保险费。**

保险人在合同订立时已经知道投保人未如实告知的情况的,保险人不得解除合同;发生保险事故的,保险人应当承担赔偿或者给付保险金的责任。

保险事故是指保险合同约定的保险责任范围内的事故。"题目中,甲自己作为投保人和被保险人,没有坦白事先做过心脏搭桥手术的事实,只能认定故意不告知,所以,投保人故意没有履行如实告知义务的,保险公司可以解除合同,不给付赔偿金也不退还保费,所以 B 正确,C、D 错误。

投保人的如实告知义务属于先合同义务,而非违约责任,A 错误。

参考答案:①B

> **【评价及预测】**以如实告知义务为核心的最大诚信原则是《保险法》的核心原则之一,考点重复考查查很高,考生需要全面掌握。另外,以如实告知为基础的保险公司的解除权及解除权行使的限制也是高频考点,要重点掌握。

3. 依据《保险法》规定,保险合同成立后,保险人原则上不得解除合同。下列哪些情形下保险人可以解除合同?(2011 - 3 - 34)

A. 人身保险中投保人在交纳首期保险费后未按期交纳后续保费
B. 投保人虚报被保险人年龄,保险合同成立已1年6个月
C. 投保人在投保时故意未告知投保汽车曾遇严重交通事故致发动机受损的事实
D. 投保人未履行对保险标的安全维护之责任

答案()①

【考点】 保险合同的解除

【设题陷阱与常见错误分析】 保险合同成立生效后,保险人原则上不能解除合同,除非满足法定的条件。本题综合考查了保险人可以解除保险合同的多种情形,具有一定的综合性,考生需要熟悉相关的法条内容,才可以选出正确的答案。

【解析】《保险法》第36条:"合同约定分期支付保险费,投保人支付首期保险费后,除合同另有约定外,**投保人自保险人催告之日起超过三十日未支付当期保险费,或者超过约定的期限六十日未支付当期保险费的,**合同效力中止,或者由保险人按照合同约定的条件减少保险金额。被保险人在前款规定期限内发生保险事故的,保险人应当按照合同约定给付保险金,但可以扣减欠交的保险费。"

第37条:"合同效力依照本法第三十六条规定中止的,经保险人与投保人协商并达成协议,在投保人补交保险费后,合同效力恢复。但是,**自合同效力中止之日起满二年双方未达成协议的,保险人有权解除合同。**保险人依照前款规定解除合同的,应当按照合同约定退还保险单的现金价值。"据此可知,人身保险中投保人在交纳首期保险费后未按期交纳后续保费的,保险人不可以立即解除保险合同,选项A错误。

《保险法》第32条:"投保人申报的被保险人年龄不真实,并且其真实年龄不符合合同约定的年龄限制的,保险人可以解除合同,并按照合同约定退还保险单的现金价值。保险人行使合同解除权,适用本法第十六条第三款、第六款的规定。"

第16条第3款:"前款规定的合同解除权,自保险人知道有解除事由之日起,超过三十日不行使而消灭。自合同成立之日起超过二年的,保险人不得解除合同;发生保险事故的,保险人应当承担赔偿或者给付保险金的责任。"该条第6款:"保险人在合同订立时已经知道投保人未如实告知的情况的,保险人不得解除合同;发生保险事故的,保险人应当承担赔偿或者给付保险金的责任。"据此可知,投保人虚报被保险人年龄,保险人在订立合同时不知道且保险合同成立未超过二年的,保险人可以解除合同,选项B正确。

《保险法》第16条第2款:"投保人**故意或者因重大过失未履行前款规定的如实告知义务,足以影响保险人决定是否同意承保**或者提高保险费率的,保险人有权解除合同。"选项C正确。

《保险法》第51条第3款:"**投保人、被保险人未按照约定履行其对保险标的的安全应尽责任的,**保

参考答案:①BCD

险人有权要求增加保险费或者解除合同。"选项 D 正确。

> 【评价及预测】保险公司需要在满足法定条件的情形才可以解除合同。对于投保人未尽到如实告知义务的情形下,保险公司的解除权需要仔细理解。

考点4 人身保险合同特征

丁某于 2005 年 5 月为其九周岁的儿子丁海购买一份人身保险。至 2008 年 9 月,丁某已支付了三年多的保险费。当年 10 月,丁海患病住院,因医院误诊误治致残。关于本案,下列哪一表述是正确的?(2009-3-32)

A. 丁某可以在向保险公司索赔的同时要求医院承担赔偿责任
B. 应当先由保险公司支付保险金,再由保险公司向医院追偿
C. 丁某应先向医院索赔,若医院拒绝赔偿或无法足额赔偿,再要求保险公司支付保险金
D. 丁某不能用诉讼方式要求保险公司支付保险金

答案(　　)①

【考点】人身保险合同理赔、代位求偿的适用性判断

【设题陷阱与常见错误分析】本题考查的是人身保险合同中,因第三人侵权造成保险事故时,人身保险索赔及民事侵权索赔的关系问题。或者说判断人身险是否适用代位求偿的问题。考生应该从人身险的性质入手理解此问题。人身险的保险标的是人的生命或健康,不能用金钱来衡量。所以不存在作为受害人的被保险人获得多于自己所受损害的赔偿问题。所以人身险不适用代位求偿。另外,本题涉及被保险人以诉讼方式要求保险公司支付保险金的问题,考生如果与人寿险的保险费,保险公司不能通过诉讼的方式强制投保人缴纳的规定相混淆,容易选错答案。

【解析】根据《保险法》第 46 条:"被保险人因第三者的行为而发生死亡、伤残或者疾病等保险事故的,保险人向被保险人或者受益人给付保险金后,不享有向第三者追偿的权利,但被保险人或者受益人仍有权向第三者请求赔偿。"由第三者责任造成人身保险合同中被保险人损失的,其可以要求保险人也可以要求侵权人赔偿损失,没有顺序的要求,并且保险公司赔偿后不得代位求偿;所以 B、C 错误,A 正确。

第 38 条:"保险人对人寿保险的保险费,不得用诉讼方式要求投保人支付。"但不限制受益人或被保险人以诉讼的方式要求保险公司支付保险金,所以 D 错误。

> 【评价及预测】人身险不适用代位求偿,此制度的涉考性很强。考生需要在理论层面理解透彻。当第三人侵权造成人身保险事故的,被保险人可以要求保险公司赔付,同时要求侵权人赔付。

考点5 受益人制度

1. 甲向某保险公司投保人寿保险,指定其秘书乙为受益人。保险期间内,甲、乙因交通事故意外身

参考答案:①A

亡,且不能确定死亡时间的先后。该起交通事故由事故责任人丙承担全部责任。现甲的继承人和乙的继承人均要求保险公司支付保险金。下列哪一选项是正确的?(2012-3-33)

A. 保险金应全部交给甲的继承人
B. 保险金应全部交给乙的继承人
C. 保险金应由甲和乙的继承人平均分配
D. 某保险公司承担保险责任后有权向丙追偿

答案(　　)①

【考点】死亡险、保险赔偿金分配

【设题陷阱与常见错误分析】受益人是人身保险合同中的关系人,是当被保险人发生保险事故后,有权利主张赔偿的人。但是如果受益人先于被保险人死亡,则其受益权因此丧失,被保险人的死亡赔偿金由被保险人的继承人继承。同一保险事故中,被保险人和受益人同时死亡,不能确定死亡先后顺序的,法律推定受益人先死。考生需要明晰以上考点,方能答对此题。

【解析】《保险法》第42条:"被保险人死亡后,有下列情形之一的,保险金作为被保险人的遗产,由保险人依照《中华人民共和国继承法》的规定履行给付保险金的义务:

(一)没有指定受益人,或者受益人指定不明无法确定的;
(二)受益人先于被保险人死亡,没有其他受益人的;
(三)受益人依法丧失受益权或者放弃受益权,没有其他受益人的。

受益人与被保险人在同一事件中死亡,且不能确定死亡先后顺序的,推定受益人死亡在先。"

所以题目中的受益人秘书被推定为先死;甲死亡后,其保险金作为甲的遗产由甲的继承人继承,A正确,B、C错误。

《保险法》第46条:"被保险人因第三者的行为而发生死亡、伤残或者疾病等保险事故的,保险人向被保险人或者受益人给付保险金后,不享有向第三者追偿的权利,但被保险人或者受益人仍有权向第三者请求赔偿。"据此,保险公司无权向第三人丙追偿。选项D错误。

请注意:保险代位求偿权只存在于财产保险合同中,人身保险合同中,保险人不享有代位求偿权。

【评价及预测】受益人制度是《保险法》中涉考性非常强的考点。笔者总结如下,考生要全面掌握。

1. 受益人的指定和变更。被保险人具有最终决定权,投保人要指定或变更受益人的需征得被保险人同意,且变更受益人需要在保险事故发生之前进行;需要关注《保险法司法解释三》中有关受益人指定时,如果约定为身份关系、法定或法定继承人、既有身份关系又有自然人姓名时的处理规则。

2. 受益人的范围。只有投保人为与其有劳动关系的劳动者投人身险的时候,受益人有法律限制,应当是被保险人自己或其近亲属,其余的情形中受益人的范围无法律限制;

3. 受益人丧失受益权的情形及后果。受益人在如下情形中丧失受益权,保险赔偿金由被保险人的继承人继承:

参考答案:①A

(1)没有指定受益人;
(2)受益人先于被保险人死亡,没有其他受益人;
(3)受益人丧失收益权,没有其他受益人;

4. 推定死亡制度。同一保险事故中,被保险人和受益人同时死亡,不能确定死亡先后顺序的,法律推定受益人先死。

2. 甲为其妻乙投保意外伤害保险,指定其子丙为受益人。对此,下列哪些选项是正确的?(2010-3-78)

A. 甲指定受益人时须经乙同意
B. 如因第三人导致乙死亡,保险公司承担保险金赔付责任后有权向该第三人代位求偿
C. 如乙变更受益人无须甲同意
D. 如丙先于乙死亡,则出现保险事故时保险金作为乙的遗产由甲继承

答案( )①

【考点】受益人的指定及变更,受益人先于被保险人死亡保险赔偿金的处理

【设题陷阱与常见错误分析】本题综合考查了受益人的指定及变更;以及受益人先于被保险人死亡后,保险赔偿金的处理;另外涉及人身保险合同中代位求偿权的适用问题。综合性较强,考生需要对各考点内容均掌握才能全面选对答案。

【解析】《保险法》第39条:"人身保险的受益人由**被保险人**或者**投保人**指定。

投保人指定受益人时须经被保险人同意。投保人为与其有劳动关系的劳动者投保人身保险,不得指定被保险人及其近亲属以外的人为受益人。

被保险人为无民事行为能力人或者限制民事行为能力人的,可以由其监护人指定受益人。"

第41条:"**被保险人**或者**投保人**可以**变更受益人**并书面通知保险人。保险人收到变更受益人的书面通知后,应当在保险单或者其他保险凭证上批注或者附贴批单。"

投保人变更受益人时须经被保险人同意。所以A、C正确。

第42条:"被保险人死亡后,有下列情形之一的,保险金作为被保险人的遗产,由保险人依照《中华人民共和国继承法》的规定履行给付保险金的义务:

(一)**没有指定受益人,或者受益人指定不明无法确定的**;
(二)**受益人先于被保险人死亡,没有其他受益人的**;
(三)**受益人依法丧失受益权或者放弃受益权,没有其他受益人的**。

受益人与被保险人在同一事件中死亡,且不能确定死亡先后顺序的,推定受益人死亡在先。"

所以D正确,人身保险合同没有代位求偿制度,B错误。

【评价及预测】本题涉及的考点均是涉考性非常强的考点,每一个都可以单独设计题目。

受益人的指定和变更,要关注被保险人才是最终决定者,投保人只是建议权,投保人要指定或变更受益人,需要征得被保险人同意,被保险人自己可以指定或变更受益人。

参考答案:①ACD

> 受益人先于被保险人死亡的,保险赔偿金应该由被保险人的继承人继承,与受益人的继承人没有任何关系。
>
> 人身保险合同中不适用代位求偿,如果因第三人侵权造成保险事故,被保险人可以分别向侵权人和保险公司索赔。

考点6　年龄误报

2007年7月,陈某为其母投保人身保险时,为不超过保险公司规定的承保年龄,在申报被保险人年龄时故意少报了二岁。2009年9月保险公司发现了此情形。对此,下列哪些选项是正确的?(2010-3-77)

A. 保险公司有权解除保险合同,但需退还投保人已交的保险费
B. 保险公司无权解除保险合同
C. 如此时发生保险事故,保险公司不承担给付保险金的责任
D. 保险人有权要求投保人补交少交的保险费,但不能免除其保险责任

答案(　①　)

【考点】年龄误保

【设题陷阱与常见错误分析】本题考查了投保人谎报被保险人年龄的处理后果。如果真实年龄不符合保险合同约定的年龄限制,保险公司具有解除权,但此解除权受到限制,应当在知情之日起30天行使,合同履行两年后不得行使,订立保险合同时保险人对谎报年龄的事实知情的,不得以此为由解除合同。本题的关键是,考生要在题干中分析出来,该合同已经履行两年以上,所以保险公司已经没有了解除权。但可以要求投保人补交保费。

【解析】《保险法》第32条:"投保人申报的被保险人年龄不真实,**并且其真实年龄不符合合同约定的年龄限制的**,保险人**可以解除合同**,并按照合同约定退还保险单的现金价值。保险人行使合同解除权,适用本法第十六条第三款、第六款的规定。

投保人申报的被保险人年龄不真实,**致使投保人支付的保险费少于应付保险费的**,保险人有权更正并**要求投保人补交保险费**,或者在给付保险金时按照实付保险费与应付保险费的**比例支付**。

投保人申报的被保险人年龄不真实,致使投保人支付的保险费**多于应付保险费的**,保险人应当将多收的保险费**退还投保人**。"

第16条第3款:"前款规定的合同解除权,自保险人知道有解除事由之日起,**超过三十日不行使而消灭**。自合同成立之日起超过二年的,**保险人不得解除合同**;发生保险事故的,保险人应当承担赔偿或者给付保险金的责任。"

所以年龄误保的情况下,真实年龄不符合保险合同限制的,保险人有解除权,但受行使期间的限制,本题中合同履行已经超过2年,所以解除权丧失,保险公司应该承担保险责任,但可以对保险费要求多退少补。B、D为正确选项。

参考答案:①BD

> 【评价及预测】关于谎报年龄的处理情况,涉考性很强,考生需要明确如下内容:
> 1. 如果被保险人的真实年龄不符合保险合同约定的年龄限制的,保险公司可以解除合同,但受到如下限制:
> (1)知情30天;
> (2)履行两年;
> (3)主观善意。
> 如果因为受到限制,无法解除合同的,保险公司可以要求投保人补交保费。
> 2. 如果被保险人的真实年龄符合保险合同约定的年龄限制的,保险公司不能解除合同,但可以重新核算保险费,多交保费的要退还,少交保费的要求投保人补交保费或者按比例赔付。

考点7 死亡险

杨某为其妻王某购买了某款人身保险,该保险除可获得分红外,还约定若王某意外死亡,则保险公司应当支付保险金20万元。关于该保险合同,下列哪一说法是正确的?(2016-3-34)

A. 若合同成立2年后王某自杀,则保险公司不支付保险金
B. 王某可让杨某代其在被保险人同意处签字
C. 经王某口头同意,杨某即可将该保险单质押
D. 若王某现为无民事行为能力人,则无需经其同意该保险合同即有效

答案(①)

【考点】死亡险

【设题陷阱与常见错误分析】本题针对死亡险的对象、设定原则、理赔、保单质押等问题做了全面的考查,有一定的难度。考生需要注意:死亡险的被保险人原则上不能是无民事行为能力人,除了父母为未成年子女买的情形。另外,死亡险签订之前需要被保险人同意,对于同意形式法律不做要求,可以被保险自己事前同意,也可以推定同意;但是保险合同质押的话,需要被保险人书面同意。

【解析】根据《保险法》第44条:"以被保险人死亡为给付保险金条件的合同,自合同成立或者合同效力恢复之日起二年内,被保险人自杀的,保险人不承担给付保险金的责任,但被保险人自杀时为无民事行为能力人的除外。"对于被保险人自杀,如果发生在合同生效后两年内,保险公司有权解除合同不予赔付,如果两年以后,保险公司正常赔付,A错误。

《保险法司法解释三》第1条第2款:"有下列情形之一的,应认定为被保险人同意投保人为其订立保险合同并认可保险金额:

(一)被保险人明知他人代其签名同意而未表示异议的;
(二)被保险人同意投保人指定的受益人的;
(三)有证据足以认定被保险人同意投保人为其投保的其他情形。"所以B正确。

《保险法》第33条:"投保人不得为无民事行为能力人投保以死亡为给付保险金条件的人身保险,

参考答案:①B

保险人也不得承保。"所以"无行为能力人不入死亡险"是基本原则,D错误。

第34条第2款:"**按照以死亡为给付保险金条件的合同所签发的保险单,未经被保险人书面同意,不得转让或者质押**。"所以 C 错误。

> 【评价及预测】死亡险是《保险法司法解释三》充分细化和补充的一个考点。考生需要重点关注新增的内容。比如本题中考到的被保险人推定同意的制度;另外,为未成年人购买死亡险的范围扩充至父母之外的其他监护主体经父母同意可以为其购买死亡险;被保险人撤销同意造成死亡险合同无效等情形,需要重点掌握。

考点8 责任保险

甲参加乙旅行社组织的沙漠一日游,乙旅行社为此向红星保险公司购买了旅行社责任保险。丙客运公司受乙旅行社之托,将甲运送至沙漠,丙公司为此向白云保险公司购买了承运人责任保险。丙公司在运送过程中发生交通事故,致甲死亡,丙公司负事故全责。甲的继承人为丁。在通常情形下,下列哪些表述是正确的?(2012-3-75)

A. 乙旅行社有权要求红星保险公司直接对丁支付保险金
B. 丙公司有权要求白云保险公司直接对丁支付保险金
C. 丁有权直接要求红星保险公司支付保险金
D. 丁有权直接要求白云保险公司支付保险金

答案()①

【考点】第三者责任险

【设题陷阱与常见错误分析】本题考查了责任保险的赔付。责任保险是以被保险人对第三人应当承担的赔偿责任为保险标的的保险。责任险的法律关系更复杂一些,不仅有投保人、被保险人和保险人,还涉及第三人即受害人的权益保护,考生需要对各主体的关系了解清楚。

【解析】根据《保险法》第65条:"保险人对责任保险的被保险人给第三者造成的损害,可以依照法律的规定或者合同的约定,直接向该第三者赔偿保险金。

责任保险的被保险人给第三者造成损害,被保险人对第三者应负的赔偿责任确定的,**根据被保险人的请求,保险人应当直接向该第三者赔偿保险金。被保险人怠于请求的,第三者有权就其应获赔偿部分直接向保险人请求赔偿保险金**。

责任保险的被保险人给第三者造成损害,被保险人未向该第三者赔偿的,保险人不得向被保险人赔偿保险金。

责任保险是指以被保险人对第三者依法应负的赔偿责任为保险标的的保险。"

本题中,乙旅行社为甲向红星保险公司购买了责任险,甲在旅行途中死亡,乙旅行社对甲的继承人丁负有赔付的义务,所以乙旅行社可以要求红星保险公司直接对丁进行赔付。同理,丙公司有权要求白云公司直接对丁进行赔付。第三者责任险中,只有当被保险人怠于请求保险公司向第三人赔付的,第三人才可以直接向保险公司要求赔付,本题中并不存在这个前提,所以C、D项错误。

参考答案:①AB

【评价及预测】第三者责任险最重要的是对第三人的赔付,原则来讲应该根据被保险人的请求或法定约定事项,由保险公司直接赔付第三人;如果被保险人怠于请求,也没有相应的法定约定事项,第三人可以直接要求保险公司赔付。

考点9 代位求偿

1. 潘某请好友刘某观赏自己收藏的一件古玩,不料刘某一时大意致其落地摔毁。后得知,潘某已在甲保险公司就该古玩投保了不足额财产险。关于本案,下列哪些表述是正确的?(2015-3-76)

A. 潘某可请求甲公司赔偿全部损失
B. 若刘某已对潘某进行全部赔偿,则甲公司可拒绝向潘某支付保险赔偿金
C. 甲公司对潘某赔偿保险金后,在向刘某行使保险代位求偿权时,既可以自己的名义,也可以潘某的名义
D. 若甲公司支付的保险金不足以弥补潘某的全部损失,则就未取得赔偿的部分,潘某对刘某仍有赔偿请求权

答案(　　)①

【考点】不足额保险、代位求偿

【设题陷阱与常见错误分析】本题的难点在于综合了不足额保险和代位求偿两个考点的内容,因为潘某投保的是不足额保险,所以保险公司不会全额赔付其损失,那么在保险公司赔付的范围内保险公司获得相应的代位求偿权,未获赔偿的部分受害人潘某可以找侵权人刘某要求赔偿。

【解析】《保险法》第55条:"保险金额低于保险价值的,除合同另有约定外,**保险人按照保险金额与保险价值的比例承担赔偿保险金的责任**。"所以对于不足额保险,保险公司不会全额赔付被保险人的损失,所以 A 错误。

第60条:"因第三者对保险标的的损害而造成保险事故的,保险人自向被保险人赔偿保险金之日起,在赔偿金额范围内代位行使被保险人对第三者请求赔偿的权利。

前款规定的保险事故发生后,被保险人已经从第三者取得损害赔偿的,保险人赔偿保险金时,**可以相应扣减被保险人从第三者已取得的赔偿金额**。

保险人依照本条第一款规定行使代位请求赔偿的权利,**不影响被保险人就未取得赔偿的部分向第三者请求赔偿的权利**。"所以 B 项正确,D 项正确。

保险人的代位求偿权的行使,学界通说认为应当以保险人的名义进行,所以 C 错误。

【评价及预测】代位求偿权是《保险法》中财产险的重点内容,考生需要针对代位求偿权行使的前提、代位求偿权的内容、被保险人弃权的处理、侵权人为特殊第三人的例外情形等内容做掌握。

2. 张三向保险公司投保了汽车损失险。某日,张三的汽车被李四撞坏,花去修理费 5000 元。张三向李四索赔,双方达成如下书面协议:张三免除李四修理费 1000 元,李四将为张三提供 3 次免费咨询

参考答案:①BD

服务,剩余的 4000 元由张三向保险公司索赔。后张三请求保险公司按保险合同支付保险金 5000 元。下列哪一说法是正确的?(2011-3-34)

A. 保险公司应当按保险合同全额支付保险金 5000 元,且不得向李四求偿
B. 保险公司仅应当承担 4000 元保险金的赔付责任,且有权向李四求偿
C. 因张三免除了李四 1000 元的债务,保险公司不再承担保险金给付责任
D. 保险公司应当全额支付 5000 元保险金,再向李四求偿

答案( )①

【考点】代位求偿权

【设题陷阱与常见错误分析】本题考查了代位求偿权。在代位求偿权中,如果在保险公司赔付之前,被保险人放弃对第三人的索赔请求的,在弃权范围内,保险公司也不再承担赔付责任。但未放弃的部分,保险公司正常赔付,且在赔付的范围内有向第二人追偿的权利。考生如果对此制度理解不够全面,容易选错答案。

【解析】根据《保险法》第 60 条:"因**第三者对保险标的的损害而造成保险事故**的,保险人自向被保险人赔偿保险金之日起,**在赔偿金额范围内代位行使被保险人对第三者请求赔偿的权利**。

前款规定的保险事故发生后,被保险人已经从第三者取得损害赔偿的,保险人赔偿保险金时,可以相应扣减被保险人从第三者已取得的赔偿金额。

保险人依照本条第一款规定行使代位请求赔偿的权利,不影响被保险人就未取得赔偿的部分向第三者请求赔偿的权利。"

第 61 条:"保险事故发生后,**保险人未赔偿保险金之前**,被保险人**放弃**对第三者请求赔偿的权利的,**保险人不承担赔偿保险金的责任**。

保险人向被保险人赔偿保险金后,被保险人未经保险人同意**放弃**对第三者请求赔偿的权利的,**该行为无效**。"

所以在保险公司赔付之前,张三对李四免除的 1000 元的赔付义务,保险公司也不再承担此 1000 元的赔偿责任,余款 4000 元,保险公司应该赔付且有代位求偿的权利,只有 B 正确。

【评价及预测】代位求偿权是财产保险中最常考的考点。考生需要对以下内容充分掌握:

1. 代位求偿的起因,是侵权人侵害了被保险人的权益,从而引发了保险合同约定的保险事故;
2. 被保险具有自主选择权,选择要求保险公司赔付或要求侵权人赔付;
3. 如果保险公司先行赔付,在赔付的范围内取得向第三人追偿的代位求偿权;
4. 如果保险公司赔付前,被保险人放弃对第三人的求偿权,在弃权范围内,保险公司也不再承担赔付责任;如果保险公司赔付后,被保险人放弃对第三人的求偿权,此行为无效;
5. 如果第三人是被保险人的家庭成员或组成人员,非故意造成的保险事故,保险公司赔付后不能代位求偿;
6. 人身保险合同不适用代位求偿。

参考答案:①B

3. 潘某向保险公司投保了一年期的家庭财产保险。保险期间内,潘某一家外出,嘱托保姆看家。某日,保姆外出忘记锁门,窃贼乘虚而入,潘某家被盗财物价值近5000元。下列哪一表述是正确的?(2009-3-33)

  A. 应由保险公司赔偿,保险公司赔偿后无权向保姆追偿

  B. 损失系因保姆过错所致,保险公司不承担赔偿责任

  C. 潘某应当向保险公司索赔,不能要求保姆承担赔偿责任

  D. 潘某只能要求保姆赔偿,不能向保险公司索赔

答案( )①

【考点】代位求偿权

【设题陷阱与常见错误分析】本题考查了财产险的代位求偿问题,很多考生会纠结于保姆的身份,是否属于代位求偿中特殊的第三人的范围即是否属于被保险人的"家庭成员或组成人员"从而陷入不能理顺的争议的漩涡。但笔者认为,本题的陷阱恰恰在这里。其实本题的第三人应该是盗贼,而非保姆。保姆并没有牵扯入保险关系中,只是与潘某形成了劳务关系。所以在保险的代位求偿关系中,潘某可以向保险公司索赔,保险公司赔偿后可以向盗贼索赔,而不能向保姆索赔。在保姆和潘某的劳务关系中,保姆有一定的过失之处,潘某有权在劳务关系中追究保姆的责任。

【解析】根据《保险法》第60条:"**因第三者对保险标的的损害而造成保险事故**的,保险人自向被保险人赔偿保险金之日起,**在赔偿金额范围内代位行使被保险人对第三者请求赔偿的权利。**"注意本题目中解题的关键在于造成保险事故的第三人是盗贼,如果潘某追究保险公司的责任,保险公司赔付后应当向盗贼追偿,不能向保姆追偿,所以A正确,B错误。

保姆和潘某家有劳务关系,因为保姆的过失造成潘某的损失,潘某可以追究保姆的责任,C错误。

潘某作为权利人,可以向保险公司追偿也可以向盗贼追偿。D错误。

【评价及预测】代位求偿的细节问题,考生需要全面掌握。

第八章 海 商 法

本章考查情况统计表

考点	考查次数	考查年份	大致分值	考查概率/%
船舶物权	1	1	1	11
船舶担保权	1	1	1	11
船舶优先权	2	2	4	22

考点1 船舶物权

依据我国《海商法》和《物权法》的相关规定,关于船舶所有权,下列哪一表述是正确的?

参考答案:①A

(2014-3-33)

A. 船舶买卖时,船舶所有权自船舶交付给买受人时移转
B. 船舶建造完成后,须办理船舶所有权的登记才能确定其所有权的归属
C. 船舶不能成为共同共有的客体
D. 船舶所有权不能由自然人继承

答案(①)

【考点】船舶物权

【设题陷阱与常见错误分析】《物权法》规定,动产所有权变动的,以交付为转移权利的节点。但是船舶、航空器和机动车等特殊的动产,不登记不能对抗善意第三人。对此《海商法》与《物权法》的规定是一致的,考生如果不熟悉这一点,容易误选 B 项。船舶虽然是特殊的动产,但对于船舶的共用以及继承的问题,法律并没有特殊的限制,考生需要了解。

【解析】《海商法》第 9 条:"船舶所有权的取得、转让和消灭,应当向船舶登记机关登记;**未经登记的,不得对抗第三人**。

船舶所有权的转让,应当签订书面合同。"船舶作为动产,交付转移所有权,A 正确;登记起到对抗第三人的效力,B 错误。

第 10 条:"**船舶由两个以上的法人或者个人共有的**,应当向船舶登记机关登记;未经登记的,不得对抗第三人。"船舶作为共有的客体没有问题,C 错误。

船舶所有权的继承,并不能限制自然人,D 项明显没有法律依据。

【评价及预测】船舶物权是《海商法》常考的考点,船舶作为特殊的动产,交付转移所有权,但登记才能对抗善意第三人,考生需要熟悉此制度以应对将来的题目设计。

考点2 船舶担保权

依据我国《海商法》和《物权法》的相关规定,关于船舶物权的表述,下列哪一选项是正确的?
(2013-3-33)

A. 甲的船舶撞坏乙的船舶,则乙就其损害赔偿对甲的船舶享有留置权
B. 甲以其船舶为乙设定抵押担保,则一经签订抵押合同,乙即享有抵押权
C. 以建造中的船舶设定抵押权的,抵押权仅在办理登记后才能产生效力
D. 同一船舶上设立数个抵押权时,其顺序以抵押合同签订的先后为准

答案(②)

【考点】船舶抵押权、留置权

【设题陷阱与常见错误分析】《海商法》对于船舶抵押做了详细的规定,抵押权自抵押合同生效时成立,但不登记不得对抗第三人。所以船舶抵押采用的是登记对抗主义,考生需要明确这一点,否则容易错选 C 选项。

如果同一船舶上有几个抵押权存在的,则先后顺序以登记的时间先后为准。

参考答案:①A ②B

另外,题目中还涉及了留置权,《海商法》明确规定,船舶留置权的享有者只有造船人或修船的人,其他主体是没有资格享有船舶的留置权的。考生需要熟悉此法条内容,否则容易错选 A 选项。

【解析】《海商法》第25条:"前款所称船舶留置权,是指**造船人**、**修船人**在合同另一方未履行合同时,**可以留置所占有的船舶**,以保证造船费用或者修船费用得以偿还的权利。船舶留置权在造船人、修船人不再占有所造或者所修的船舶时消灭。"留置权适用于合法占有船舶的修船人、造船人,乙并没有事先合法占有船舶,无法享有留置权。A 错误。

第12条:"**船舶所有人**或者船舶所有人**授权的人可以设定船舶抵押权**。船舶抵押权的设定,应当签订书面合同。"

第13条:"设定船舶抵押权,由抵押权人和抵押人共同向船舶登记机关办理抵押权登记;**未经登记的,不得对抗第三人**。"船舶抵押合同是诺成合同,登记对抗主义。B 正确,C 错误。

第19条:"同一船舶可以设定两个以上抵押权,其顺序以登记的先后为准。

同一船舶设定两个以上抵押权的,**抵押权人按照抵押权登记的先后顺序,从船舶拍卖所得价款中依次受偿**。同日登记的抵押权,按照同一顺序受偿。"D 错误。

【评价及预测】船舶担保物权是《海商法》最高频的考点。主要涉及的内容如下,考生需要全面掌握:
1. 船舶优先权(法定)(优先权的内容、优先权的行使、优先权的灭失);
2. 船舶抵押权(约定)(抵押权的生效、数个抵押权的顺序、抵押登记的效力);
3. 船舶留置权(法定)(享有主体,适用情形)
4. 优先权、抵押权、留置权的受偿顺位(优先权＞留置权＞抵押权)

考点3　船舶优先权

1. 关于船舶担保物权及针对船舶的请求权的表述,下列哪些选项是正确的?(2012－3－76)
A. 海难救助的救助款项给付请求,先于在船舶营运中发生的人身伤亡赔偿请求而受偿
B. 船舶在营运中因侵权行为产生的财产赔偿请求,先于船舶吨税、引航费等的缴付请求而受偿
C. 因保存、拍卖船舶和分配船舶价款产生的费用,应从船舶拍卖所得价款中先行拨付
D. 船舶优先权先于船舶留置权与船舶抵押权受偿

答案()①

【考点】船舶优先权

【设题陷阱与常见错误分析】船舶优先权是指相关的海事请求人按照《海商法》的规定,向船舶所有人、光船承租人、船舶经营人提出海事请求,对产生该海事请求的船舶具有优先受偿的权利。《海商法》对船舶优先权的内容,以及各项船舶优先权的行使顺位做了详细的规定,考生如不熟悉相关内容容易选错答案。

【解析】《海商法》第22条:"下列各项海事请求具有船舶优先权:

(一)船长、船员和在船上工作的其他在编人员根据劳动法律、行政法规或者劳动合同所产生的工资、其他劳动报酬、船员遣返费用和社会保险费用的给付请求;

参考答案:①ACD

(二)在船舶营运中发生的人身伤亡的赔偿请求;

(三)船舶吨税、引航费、港务费和其他港口规费的缴付请求;

(四)海难救助的救助款项的给付请求;

(五)船舶在营运中因侵权行为产生的财产赔偿请求。"

第23条:"本法第二十二条第一款所列各项海事请求,依照顺序受偿。但是,第(四)项海事请求,后于第(一)项至第(三)项发生的,应当先于第(一)项至第(三)项受偿。……"

据此,第(四)项海难救助先于前三项优先受偿,A正确。

其他依照顺序受偿,所以(五)船舶在营运中因侵权行为产生的财产赔偿请求,应"后于"(三)船舶吨税、引航费等的缴付请求而受偿。B错误。

第24条:"因行使船舶优先权产生的诉讼费用,保存、拍卖船舶和分配船舶价款产生的费用,以及为海事请求人的共同利益而支付的其他费用,应当从船舶拍卖所得价款中先行拨付。"C选项正确。

第25条:"船舶优先权先于船舶留置权受偿,船舶抵押权后于船舶留置权受偿。"简单归纳三者受偿顺序为:船舶优先权>船舶留置权>船舶抵押权。D选项正确。

因此,本题正确选项为A、C、D。

> 【评价及预测】船舶优先权各项内容及各项优先权的受偿顺序是该考点的核心,也是考试的高频考点。考生尤其要注意"海难救助"的费用,按照其发生的时间来确定其受偿的顺序,发生在后的优先受偿。

2. 南岳公司委托江北造船公司建造船舶一艘。船舶交付使用时南岳公司尚欠江北公司费用200万元。南岳公司以该船舶抵押向银行贷款500万元。后该船舶不慎触礁,需修理费50万元,有多名船员受伤,需医药费等40万元。如以该船舶的价值清偿上述债务,下列哪些表述是正确的?(2011-3-76)

A. 修船厂的留置权优先于银行的抵押权
B. 船员的赔偿请求权优先于修船厂的留置权
C. 造船公司的造船费用请求权优先于银行的抵押权
D. 银行的抵押权优先于修船厂的留置权

答案(　　)①

【考点】船舶优先权、抵押权、留置权竞合

【设题陷阱与常见错误分析】本题针对船舶优先权、抵押权及留置权的受偿顺序设计题目。考生需要分析出"造船公司的造船费用"属于普通债权,不属于船舶优先权也不属于留置权的范畴,毕竟该船已经交付南岳公司,造船厂已经不再占有该船舶,无法行使留置权。如果不能很好地认识这一点,容易错选答案。

【解析】《海商法》第22条:"下列各项海事请求具有船舶优先权:

(一)船长、船员和在船上工作的其他在编人员根据劳动法律、行政法规或者劳动合同所产生的工资、其他劳动报酬、船员遣返费用和社会保险费用的给付请求;

(二)在船舶营运中发生的人身伤亡的赔偿请求;

参考答案:①AB

(三)船舶吨税、引航费、港务费和其他港口规费的缴付请求；

(四)海难救助的救助款项的给付请求；

(五)船舶在营运中因侵权行为产生的财产赔偿请求。"

第25条:"船舶优先权先于船舶留置权受偿,船舶抵押权后于船舶留置权受偿。"简单归纳三者受偿顺序为:船舶优先权＞船舶留置权＞船舶抵押权。

所以A、B两项正确。

选项C错误。造船公司的造船费用请求权属于普通债权,"银行的抵押权"属于有担保的债权,按照法律规定,有担保的债权优先于无担保的债权受偿。

【评价及预测】本题再次重复考查了船舶优先权优于留置权,优于抵押权的竞合处理规则。

3. 依照我国《海商法》的规定,附于甲轮上的船舶优先权会因下列哪些原因而消灭？（2006 - 3 - 72）

A. 甲轮沉没

B. 甲轮原船东将该船出售给另一船公司

C. 甲轮被法院强制出售

D. 请求人在船舶优先权产生之日起满1年仍不行使

答案()①

【考点】船舶优先权的消灭

【设题陷阱与常见错误分析】本题考查了船舶优先权灭失的情形,船舶优先权作为法定的优先受偿的权利,必须符合法定情形时才有可能灭失,考生对于法定的船舶灭失情形要掌握,否则容易选错答案。

【解析】《海商法》第26条:"船舶优先权**不因船舶所有权的**转让而消灭。但是,船舶转让时,船舶优先权自法院应受让人申请予以公告之日起满六十日不行使的除外。"

第29条:"船舶优先权,除本法第26条规定的外,因下列原因之一而消灭:

(一)具有船舶优先权的海事请求,自优先权产生之日起满一年不行使;

(二)船舶经法院强制出售;

(三)船舶灭失。

前款第(一)项的一年期限,不得中止或者中断。"

可见本题应选择A、C、D项。

【评价及预测】提醒考生注意:船舶优先权不因船舶的转移而灭失,必须符合法定的条件才会灭失。包括一年的行使期间,此一年为除斥期间;船舶经法院强制出售;船舶灭失。

参考答案：①ACD

第二编 经济法

第一章 竞争法

本章考查情况统计表

考点	考查次数	考查年份	大致分值	考查概率/%
诋毁商誉	1	1	1	11
反垄断机构及反垄断调查	1	1	1	11
行政垄断	2	2	3	22
混淆行为	3	3	5	33
经营者集中	1	1	2	11
滥用市场支配地位	2	2	3	22
侵犯商业秘密	2	2	4	22
商业贿赂	1	1	2	11
协议行为	5	5	9	56
虚假宣传	1	1	2	11

考点1 协议行为

1． 某县会计师行业自律委员会成立之初，达成统筹分配当地全行业整体收入的协议，要求当年市场份额提高的会员应分出自己的部分收入，补贴给市场份额降低的会员。事后，有会员向省级工商行政管理部门书面投诉。关于此事，下列哪些说法是正确的？（2016－1－67）

  A．该协议限制了当地会计师行业的竞争，具有违法性
  B．抑强扶弱有利于培育当地会计服务市场，法律不予禁止
  C．此事不能由省级工商行政管理部门受理，应由该委员会成员自行协商解决
  D．即使该协议尚未实施，如构成违法，也可予以查处

答案（）①

【考点】协议行为

参考答案：①AD

【设题陷阱与常见错误分析】本题针对行业协会促成行业内经营者达成协同效应的活动进行判断,考生需要明确,此行为也能确认《反垄断法》所规制的协议行为。且协议行为的惩罚规则是"以行为论,而非结果罚",只要有协议达成,无论是否实施,均需受到《反垄断法》规制。

【解析】根据《反垄断法》第16条:"**行业协会不得组织本行业的经营者从事本章禁止的垄断行为。**"题目所述情形属于行业协会组织的协议行为,应当为反垄断法所限制,所以A正确,B、C错误。

第46条:"经营者违反本法规定,达成并实施垄断协议的,由反垄断执法机构责令停止违法行为,没收违法所得,并处上一年度销售额百分之一以上百分之十以下的罚款;**尚未实施所达成的垄断协议的,可以处五十万元以下的罚款。**"所以对于协议行为的法律责任,要求"以行为论,而非结果罚"。所以,只要达成协议,哪怕没有实施,也可以处以罚款。D正确。

【评价及预测】协议行为是我国《反垄断法》规定的四大垄断行为之一,涉考性很强。考生需要明确,横向协议、纵向协议以及适用除外的规定,另外,考生需要掌握:经营者只要实施了达成协议的行为,即可认定协议行为,无须考虑结果。当然如果经营者只是达成协议并未实施,对竞争的危害性相对较小,但不能因此认定不违法,只是在处罚的时候可以酌情考虑区别对待。

关于行业协会的限制竞争行为,考生容易混淆的一点是,行业协会作为维护成员利益并代表行业利益从事活动的社团法人,对本行业的经营者具有一定的自律管理权,但不得组织经营者实施反竞争的行为,否则会认定违法。

对于反垄断机构,我国《反垄断法》规定,只有国务院反垄断机构及其授权的省级人民政府相应机构才有权进行反垄断执法工作,实际上只有国家发改委、商务部、工商总局及其授权的省一级相应的机构才能执行反垄断执法工作。

宽容条款主要体现在违法的经营者如果能主动坦白并提供相应重要证据的,反垄断执法机构可以酌情免其责任,来鼓励更多的违法者"自首"。

2. 某市甲、乙、丙三大零售企业达成一致协议,拒绝接受产品供应商丁的供货。丙向反垄断执法机构举报并提供重要证据,经查,三企业构成垄断协议行为。关于三企业应承担的法律责任,下列哪些选项是正确的?(2015–1–67)

A. 该执法机构应责令三企业停止违法行为,没收违法所得,并处以相应罚款
B. 丙企业举报有功,可酌情减轻或免除处罚
C. 如丁因垄断行为遭受损失的,三企业应依法承担民事责任
D. 如三企业行为后果极为严重,应追究其刑事责任

答案()①

【考点】垄断行为、违反垄断法的法律责任

【设题陷阱与常见错误分析】对于协议行为,尤其是横向协议行为的考查历来是司法考试的重点内容。本题最容易出现错误的地方在于引入了刑事责任。我国《反垄断法》中涉嫌刑事责任的只有经营者在面对反垄断调查过程中的妨害公务罪(52条)以及反垄断执法者的渎职罪、侵犯商业秘密罪,但这两点都没有针对垄断行为。本题如果对相关内容不熟悉,想当然认为"后果极为严重"即应追究刑事责任,容易错选D选项。

参考答案:①ABC

【解析】根据《反垄断法》第46条:"经营者违反本法规定,达成并实施垄断协议的,由反垄断执法机构责令停止违法行为,没收违法所得,并处上一年度销售额百分之一以上百分之十以下的罚款;尚未实施所达成的垄断协议的,可以处五十万元以下的罚款。

经营者主动向反垄断执法机构报告达成垄断协议的有关情况并提供重要证据的,反垄断执法机构可以酌情减轻或者免除对该经营者的处罚。"所以A、B项正确。

第50条:"经营者实施垄断行为,给他人造成损失的,依法承担民事责任。"所以C正确。

【评价及预测】协议行为细节内容的重复考查。

3. 某省L市旅游协会为防止零团费等恶性竞争,召集当地旅行社商定对游客统一报价,并根据各旅行社所占市场份额,统一分配景点返佣、古城维护费返佣等收入。此计划实施前,甲旅行社主动向反垄断执法机构报告了这一情况并提供了相关证据。关于本案,下列哪些判断是错误的?(2014-1-64)

A. 旅游协会的行为属于正当的行业自律行为
B. 由于尚未实施,旅游协会的行为不构成垄断行为
C. 如构成垄断行为,L市发改委可对其处以50万元以下的罚款
D. 如构成垄断行为,对甲旅行社可酌情减轻或免除处罚

答案(　　)①

【设题陷阱与常见错误分析】本题综合考查了垄断协议的构成要件,行业协会的限制竞争行为,反垄断调查机构,垄断行为的行政责任及宽容条款。考生需要掌握相关法条的细节才能应对此题。

【考点】协议行为、反垄断审查机构

【解析】《反垄断法》第16条:"行业协会不得组织本行业的经营者从事本章禁止的垄断行为。"所以旅游协会作为行业协会促成本行业内的旅行社达成价格、市场、利益分配等方面的协议,构成了垄断行为,A、B错误。

反垄断执法机构应该为国务院的**商务部**、**发改委**、**工商总局**及在必要条件下三机构的**省、自治区、直辖市的派出机构**,L市发改委没有相应的资格进行反垄断行为的处罚,C错误。

第46条:"经营者**主动向反垄断执法机构报告达成垄断协议的有关情况**并**提供重要证据的**,反垄断执法机构可以酌情减轻或者免除对该经营者的处罚。"甲旅行社的行为符合可以减免的适用情形,所以D项正确。

【评价及预测】协议行为的细节内容的重复考查。尤其引入了"自首"者的优惠,考生需要重点掌握,重复考查概率很高。

4. 某品牌白酒市场份额较大且知名度较高,因销量急剧下滑,生产商召集经销商开会,令其不得低于限价进行销售,对违反者将扣除保证金、减少销售配额直至取消销售资格。关于该行为的性质,下列哪一判断是正确的?(2013 1-27)

A. 维护品牌形象的正当行为

参考答案:①ABC

B. 滥用市场支配地位的行为
C. 价格同盟行为
D. 纵向垄断协议行为

答案（　　）①

【考点】 垄断协议

【设题陷阱与常见错误分析】 本题常见的错误是将滥用市场支配地位以及横向协议、纵向协议的构成要件相混淆。滥用市场支配地位有自己的控制市场的认定标准,题目中的"市场份额较大且知名度较高"如果被考生误认为市场支配地位容易错选 B 项。

协议行为包括的协议、决定或其他协同行为,不仅仅机械地单独指达成协议签订合同,另外,根据协同的主体所处的经营环节的不同细分为横向协议和纵向协议。

【解析】《反垄断法》第14条:"禁止经营者与交易相对人达成下列垄断协议:
（一）固定向第三人转售商品的价格；
（二）限定向第三人转售商品的最低价格；
（三）国务院反垄断执法机构认定的其他垄断协议。"
题目中生产商与相对人经销商限定向第三者转售商品的最低价格,属于纵向垄断协议。

【评价及预测】 协议行为是考试重复涉考性很强的考点,四大垄断行为之一。考生需要详细掌握横向协议、纵向协议的具体情形及主体特征,适用豁免制度以及行业协会限制竞争行为的细节内容。

5. 根据《反垄断法》规定,下列哪些选项不构成垄断协议?（2009 - 1 - 66）
A. 某行业协会组织本行业的企业就防止进口原料时的恶性竞争达成保护性协议
B. 三家大型房地产公司的代表聚会,就商品房价格达成共识,随后一致采取涨价行动
C. 某品牌的奶粉含有毒物质的事实被公布后,数家大型零售公司联合声明拒绝销售该产品
D. 数家大型煤炭企业就采用一种新型矿山安全生产技术达成一致意见

答案（　　）②

【考点】 垄断协议

【设题陷阱与常见错误分析】 垄断协议是指排除、限制竞争的协议、决定或其他协同行为。其目的是排除、限制竞争,如果没有此目的不认定为垄断协议。另外,考生还需判断即使具备了垄断协议的外观特征,是否符合适用豁免的情形,如果有豁免情形,也不认定为垄断协议,不应当被规制。

【解析】《反垄断法》第15条:"经营者能够证明所达成的协议属于下列情形之一的,不适用本法第十三条、第十四条的规定:
（一）为改进技术、研究开发新产品的；
（二）为提高产品质量、降低成本、增进效率,统一产品规格、标准或者实行专业化分工的；
（三）为提高中小经营者经营效率,增强中小经营者竞争力的；
（四）为实现节约能源、保护环境、救灾救助等社会公共利益的；

参考答案:①D　②ACD

(五)因经济不景气,为缓解销售量严重下降或者生产明显过剩的;
(六)为保障对外贸易和对外经济合作中的正当利益的;
(七)法律和国务院规定的其他情形。

属于前款第一项至第五项情形,不适用本法第十三条、第十四条规定的,经营者还应当证明所达成的协议不会严重限制相关市场的竞争,并且能够使消费者分享由此产生的利益。"所以 A、C、D 为可以豁免的协议,不受《反垄断法》规制。

> 【评价及预测】考生要掌握认定垄断协议的实质要件是排除、限制竞争;表面要件是有协同性质的协议、决定或其他安排。明确横向协议、纵向协议的主体及具体行为表现,另外要掌握适用除外的具体情形。

考点2 滥用市场支配地位

1. 某燃气公司在办理燃气入户前,要求用户缴纳一笔"预付气费款",否则不予供气。待不再用气时,用户可申请返还该款项。经查,该款项在用户日常购气中不能冲抵燃气费。根据《反垄断法》的规定,下列哪一说法是正确的?(2016-1-28)

A. 反垄断机构执法时应界定该公司所涉相关市场
B. 只要该公司在当地独家经营,就能认定其具有市场支配地位
C. 如该公司的上游气源企业向其收取预付款,该公司就可向客户收取"预付气费款"
D. 县政府规定了"一个地域只能有一家燃气供应企业",故该公司行为不构成垄断

答案(　① 　)

【考点】市场支配地位

【设题陷阱与常见错误分析】本题针对滥用市场支配地位设计考题,引入了理论性的考点,及"相关市场"的界定,这是认定垄断行为存在与否的前提,只有界定了"相关市场"各种垄断行为才有了判断的边界。另外考查了市场支配地位的确认要素、推定因素、参考因素之间的区别。C、D 选项比较艺术,考生需要明确,对于当事企业来讲,其上游的违法行为不能成为其向下游实施违法行为的依据,另外,具有支配地位不是其实施滥用行为的理由,所以考生需要准确判断 C、D 项。

【解析】根据《反垄断法》第 12 条:"本法所称经营者,是指从事商品生产、经营或者提供服务的自然人、法人和其他组织。**本法所称相关市场,是指经营者在一定时期内就特定商品或者服务(以下统称商品)进行竞争的商品范围和地域范围**。"垄断行为都是基于一定的市场范围内形成的,所以对于相关市场的界定应该是反垄断执法工作的内容之一,A 正确。

第 19 条:"有下列情形之一的,可以**推定经营者具有市场支配地位**:
(一)一个经营者在**相关市场**的市场份额达到二分之一的;
(二)两个经营者在**相关市场**的市场份额合计达到三分之二的;
(三)三个经营者在相关市场的市场份额合计达到四分之三的。

有前款第二项、第三项规定的情形,其中有的经营者市场份额不足十分之一的,不应当推定该经营者具有市场支配地位。

参考答案:①A

被推定具有市场支配地位的经营者,有证据证明不具有市场支配地位的,不应当认定其具有市场支配地位。"市场占有率只起到"推定"经营者有支配地位,起不到"认定"的作用,所以B项错误。

C、D选项与是否构成垄断行为没有直接的法律关系,于法无据,错误。

> 【评价及预测】滥用市场支配地位是《反垄断法》规定的四大垄断行为之一,涉考性很强。考生需要掌握如下内容:
> 1. 市场支配地位的判定标准
> (1)参考因素(市场份额;自身的财力、技术条件;对市场的控制能力;市场进入的难易程度;其他经营者对其的依赖程度)。
> (2)推定制度(市场占有率)。
> 2. 市场支配地位的滥用行为表现(注意"无滥用者、无惩罚")
> 3. 法律责任:民事、行政

2. 关于市场支配地位,下列哪些说法是正确的?(2011-1-64)
A. 有市场支配地位而无滥用该地位的行为者,不为《反垄断法》所禁止
B. 市场支配地位的认定,只考虑经营者在相关市场的市场份额
C. 其他经营者进入相关市场的难易程度,不影响市场支配地位的认定
D. 一个经营者在相关市场的市场份额达到二分之一的,推定为有市场支配地位

答案()①

【考点】市场支配地位

【设题陷阱与常见错误分析】本题针对滥用市场支配地位这一考点设计题目。没有太大的难度,只要考生熟悉相关法条即可选出答案。

【解析】《反垄断法》第18条:"认定经营者具有市场支配地位,应当依据下列因素:
(一)该经营者在相关市场的**市场份额**,以及相关市场的竞争状况;
(二)该经营者**控制销售市场或者原材料采购市场的能力**;
(三)该经营者的财力和技术条件;
(四)**其他经营者对该经营者在交易上的依赖程度**;
(五)其他经营者**进入相关市场的难易程度**;
(六)与认定该经营者市场支配地位有关的其他因素。"

所以市场份额及其他经营者进入相关市场的难易程度作为评估经营者是否有支配地位的参考因素,都会影响到结果认定,B、C错误。

第19条:"有下列情形之一的,可以**推定**经营者具有市场支配地位:
(一)一个经营者在相关市场的市场份额达到**二分之一**的;
(二)**两个经营者**在相关市场的市场份额合计达到**三分之二**的;
(三)**三个经营者**在相关市场的市场份额合计达到**四分之三**的。

有前款第二项、第三项规定的情形,其中有的经营者市场份额不足十分之一的,不应当推定该经营者具有市场支配地位。

参考答案:①AD

被推定具有市场支配地位的经营者,有证据证明不具有市场支配地位的,不应当认定其具有市场支配地位。"所以 D 正确。

第17条:"禁止具有市场支配地位的经营者从事下列**滥用市场支配地位的行为**:
(一)以不公平的高价销售商品或者以不公平的低价购买商品;
(二)没有正当理由,以低于成本的价格销售商品;
(三)没有正当理由,拒绝与交易相对人进行交易;
(四)没有正当理由,限定交易相对人只能与其进行交易或者只能与其指定的经营者进行交易;
(五)没有正当理由搭售商品,或者在交易时附加其他不合理的交易条件;
(六)没有正当理由,对条件相同的交易相对人在交易价格等交易条件上实行差别待遇;
(七)国务院反垄断执法机构认定的其他滥用市场支配地位的行为。
本法所称市场支配地位,是指经营者在相关市场内具有能够控制商品价格、数量或者其他交易条件,或者能够阻碍、影响其他经营者进入相关市场能力的市场地位。"所以《反垄断法》规制的是"滥用"市场支配地位的行为,所以 A 正确。

> 【评价及预测】对滥用市场支配地位的细节的重复考查。

考点3 经营者集中

根据《反垄断法》规定,关于经营者集中的说法,下列哪些选项是正确的?(2010-1-66)
A. 经营者集中就是指企业合并
B. 经营者集中实行事前申报制,但允许在实施集中后补充申报
C. 经营者集中被审查时,参与集中者的市场份额及其市场控制力是一个重要的考虑因素
D. 经营者集中如被确定为可能具有限制竞争的效果,将会被禁止

答案()①

【考点】经营者集中

【设题陷阱与常见错误分析】我国的《反垄断法》没有对经营者集中这一概念给出定义,而是以列举的方式进行了限定,包括了经营者的合并、收购以及以合同等方式对其他经营者进行控制或施加决定性影响。经营者集中对市场经济的发展和有序竞争具有积极的促进和消极的妨碍双重作用,所以,在进行法律调控时,一方面允许适度集中,另一方面又要防止形成垄断的不当竞争。所以事先申报制度是反垄断设立的重要制度,防患于未然,不允许任何理由的事后补报。国务院反垄断执法机构对申报进行审查,一旦发现集中有可能妨碍或影响竞争则会作出禁止或干预的处理决定。经营者集中相对专业性比较强,考生需要熟悉相关法律规定的内容。

【解析】《反垄断法》第20条:"经营者集中是指下列情形:
(一)经营者合并;
(二)经营者通过取得股权或者资产的方式取得对其他经营者的控制权;
(三)经营者通过合同等方式取得对其他经营者的控制权或者能够对其他经营者施加决定性影响。"故 A 选项说法不全面,不当选。

参考答案:①CD

第21条:"经营者集中达到国务院规定的申报标准的,经营者应当**事先**向国务院反垄断执法机构**申报,未申报的不得实施集中**。"故 B 选项中"允许在实施集中后补充申报"的说法错误,不当选。

第27条第(一)项:"审查经营者集中,应当考虑下列因素:(一)**参与集中的经营者在相关市场的市场份额及其对市场的控制力**;"故 C 选项正确,当选。

第28条:"经营者集中具有或者可能具有排除、限制竞争效果的,国务院反垄断执法机构应当作出**禁止经营者集中的决定**。但是,经营者能够证明该集中对竞争产生的有利影响明显大于不利影响,或者符合社会公共利益的,国务院反垄断执法机构可以作出对经营者集中不予禁止的决定。"故经营者集中如被确定为可能具有限制竞争的效果,则会被禁止,D 选项正确,当选。

> 【评价及预测】经营者集中是我国《反垄断法》的四大垄断行为之一,专业性较强,需要考生掌握如下几个方面的内容来应对考试:
> 1. 经营者集中的行为表现方式(合并、收购、合同等其他方式);
> 2. 事先申报制度;
> 3. 两阶段审查机制(初步审查30天,进一步审查90天,特殊延长不超过60天);
> 4. 三种处理结果(允许集中、附条件允许集中、禁止集中。对于后两种处理结果当事人有异议的,复议前置才能进行诉讼)。

考点4 行政垄断

某县政府规定:施工现场不得搅拌混凝土,只能使用预拌的商品混凝土。2012 年,县建材协会组织协调县内 6 家生产企业达成协议,各自按划分的区域销售商品混凝土。因货少价高,一些施工单位要求县工商局处理这些企业的垄断行为。根据《反垄断法》,下列哪些选项是错误的?(2013-1-64)

A. 县政府的规定属于行政垄断行为
B. 县建材协会的行为违反了《反垄断法》
C. 县工商局有权对6 家企业涉嫌垄断的行为进行调查和处理
D. 被调查企业承诺在反垄断执法机构认可的期限内采取具体措施消除该行为后果的,该机构可决定终止调查

答案()①

【考点】行政垄断、反垄断调查机制

【设题陷阱与常见错误分析】本题常见的错误对是行政垄断及反垄断调查机制的掌握不够全面。行政垄断的行为表现判断标准关键在于"内外有别",使得本地经营者和外地经营者的竞争环境和地位有差别,从而限制、影响竞争,而县政府行为并没有这样的情况,所以不应认定为行政垄断。

另外,反垄断调查机构根据《反垄断法》的规定只有国务院反垄断机构(商务部、工商总局、发改委)及其对应的省一级授权单位,其他单位无权执行反垄断执法工作。

被调查者的许诺带来的程序是反垄断执法结构中止调查,只有兑现承诺才会带来终止调查的后果。

考生如果对以上制度不能全面掌握,容易错选答案。

【解析】县政府的行为并没有涉及垄断的表现,所以 A 错;县建材协会的行为属于划分市场的

参考答案:①ACD

垄断行为,B 正确。

《反垄断法》第 38 条:"反垄断执法机构依法对涉嫌垄断行为进行调查。"反垄断执法机构应该为国务院的**商务部**、**发改委**、**工商总局**及在必要条件下三机构的**省**、**自治区**、**直辖市**的**派出机构**,县工商局并没有处理垄断行为的权限,C 错。

第 45 条:"对反垄断执法机构调查的涉嫌垄断行为,**被调查的经营者承诺**在反垄断执法机构认可的期限内采取具体措施消除该行为后果的,**反垄断执法机构可以决定中止调查**。中止调查的决定应当载明被调查的经营者承诺的具体内容。"所以 D 项情形应该是中止调查而非终止调查,D 错误。

> 【评价及预测】行政垄断是我国《反垄断法》不同于世界其他国家或地区反垄断的制度,在考试中的涉考频度很高。考生需要掌握:
> 1. 行政垄断的实施主体:行政机关或其授权组织;
> 2. 行政垄断的行为表现:实施内外有别、厚此薄彼的行为,包括了:
>   (1)商品流通流域的限定经营或地区封锁;
>   (2)招投标领域限制外地经营者平等竞标;
>   (3)投资领域限制外地经营者到本地投资;
>   (4)要求某些经营者实施垄断行为;
>   (5)发布具有限制、影响竞争的文件或政策等。
> 3. 行政垄断的责任:由其上级机关追究行政责任。
> 另外,反垄断调查机构及调查程序的内容需要根据法条的内容加以掌握。

考点 5　反垄断机构及反垄断调查

对于国务院反垄断委员会的机构定位和工作职责,下列哪一选项是正确?（2009 - 1 - 24）

A. 是承担反垄断执法职责的法定机构
B. 应当履行协调反垄断行政执法工作的职责
C. 可以授权国务院相关部门负责反垄断执法工作
D. 可以授权省、自治区、直辖市人民政府的相应机构负责反垄断执法工作

答案(　　)①

【考点】反垄断调查机构

【设题陷阱与常见错误分析】根据《反垄断法》的规定,负责反垄断工作的机构包括反垄断委员会和反垄断执法机构。反垄断委员会的定位属于调研型、智囊型的宏观调控机构,而非直接的执法机构,主要负责组织、协调、指导反垄断工作。反垄断执法机构属于直接的执法机关。考生如果将二者混淆容易选错答案。

【解析】《反垄断法》第 9 条:"国务院设立反垄断委员会,负责组织、协调、指导反垄断工作,履行下列职责:
(一)研究拟订有关竞争政策;
(二)组织调查、评估市场总体竞争状况,发布评估报告;

参考答案:①B

(三)制定、发布反垄断指南;

(四)协调反垄断行政执法工作;

(五)国务院规定的其他职责。

国务院反垄断委员会的组成和工作规则由国务院规定。"所以B正确。

第10条:"国务院规定的承担反垄断执法职责的机构(以下统称国务院反垄断执法机构)依照本法规定,负责反垄断执法工作。

国务院反垄断执法机构根据工作需要,可以授权省、自治区、直辖市人民政府相应的机构,依照本法规定负责有关反垄断执法工作。"所以A、C、D都是反垄断执行机构的职责。

【评价及预测】对于负责反垄断工作的机构和各自的职责是近年来考试的热点。笔者总结如下,需要考生掌握:

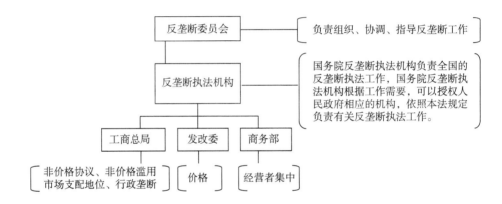

考点6 混淆行为

1. 甲公司拥有"飞鸿"注册商标,核定使用的商品为酱油等食用调料。乙公司成立在后,特意将"飞鸿"登记为企业字号,并在广告、企业厂牌、商品上突出使用。乙公司使用违法添加剂生产酱油被媒体曝光后,甲公司的市场声誉和产品销量受到严重影响。关于本案,下列哪些说法是正确的?(2015 - 1 - 68)

A. 乙公司侵犯了甲公司的注册商标专用权

B. 乙公司将"飞鸿"登记为企业字号并突出使用的行为构成不正当竞争行为

C. 甲公司因调查乙公司不正当竞争行为所支付的合理费用应由乙公司赔偿

D. 甲公司应允许乙公司在不变更企业名称的情况下以其他商标生产销售合格的酱油

答案(①)

【考点】不正当竞争行为、违法不正当竞争行为的法律责任

【设题陷阱与常见错误分析】混淆行为主要强调主体为市场中的经营者,客观上有"混"的动作,结果上有"淆"的后果,即经营者的欺骗性行为已经或可能使得消费者或用户误认。本题需要考生分析出来乙公司通过冒用甲公司注册商标,使消费者产生混淆后果,构成不正当竞争。另外,容易出错

参考答案:①ABC

的地方在于受害人合理调查费用的求偿权,在《反不正当竞争法》中是有所涉及的。

【解析】 根据《反不正当竞争法》第5条:"经营者不得采用下列不正当手段从事市场交易,损害竞争对手:

(一)假冒他人的注册商标;……"

《商标法》第58条规定:"将他人注册商标作为企业名称中的字号使用,误导公众,构成不正当竞争行为,依照《反不正当竞争法》处理。"题目中乙公司的行为可以认定为混淆行为,属于不正当竞争行为。A、B 正确。

《反不正当竞争法》第20条:"经营者违反本法规定,给被侵害的经营者造成损害的,应当承担损害赔偿责任,被侵害的经营者的损失难以计算的,赔偿额为侵权人在侵权期间因侵权所获得的利润;并应当承担被侵害的经营者因调查该经营者侵害其合法权益的不正当竞争行为所支付的合理费用"不正当竞争行为人的赔付范围应当包括被侵害经营者的必要合理的调查费用,C正确。

乙公司存在不正当竞争行为,应当被责令停止侵害,承担赔偿责任,D错误。

> **【评价及预测】** 混淆行为的三要素需要考生搞清楚:1. 主体是市场中的经营者;2. 客观上有"混"的动作和行为;3. 有"淆"的后果。

2. 甲酒厂为扩大销量,精心模仿乙酒厂知名白酒的包装、装潢。关于甲厂的模仿行为,下列哪些判断是错误的?(2014-3-65)

A. 如果乙厂的包装、装潢未获得外观设计专利,则甲厂模仿行为合法

B. 如果甲厂在包装、装潢上标明了自己的厂名、厂址、商标,则不构成混淆行为

C. 如果甲厂白酒的包装、装潢不足以使消费者误认为是乙厂白酒,则不构成混淆行为

D. 如果乙厂白酒的长期消费者留意之下能够辨别出二者差异,则不构成混淆行为

答案(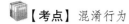)①

【考点】 混淆行为

【设题陷阱与常见错误分析】 本题考查了混淆行为的内容。考生容易犯错误的地方在于:

1. 混淆行为的对象,不仅包括注册商标,还包括知名商品的信息,而这些并非知识产权法保护的专利等情形,但受到《反不正当竞争法》的保护;

2. 混淆行为的结果要件,要求经营者的欺骗性行为已经或足以使得消费者误认。而这里的判断标准应该是以一般消费者的普遍注意为标准,能够产生误认的后果即可认定。

【解析】《反不正当竞争法》第5条:"经营者不得采用下列不正当手段从事市场交易,损害竞争对手:

(一)假冒他人的注册商标;

(二)擅自使用知名商品特有的名称、包装、装潢,或者使用与知名商品近似的名称、包装、装潢,造成和他人的知名商品相混淆,使购买者误认为是该知名商品;

(三)擅自使用他人的企业名称或者姓名,引人误认为是他人的商品;

(四)在商品上伪造或者冒用认证标志、名优标志等质量标志,伪造产地,对商品质量作引人误解的虚假表示。"

参考答案:①ABD

混淆行为的侵害标的并非一定是受知识产权保护的,A错误。

混淆行为者是否披露自己的信息,并不影响混淆行为的认定,B错误。

混淆行为从后果上要能达到一般消费者混淆的后果,所以C正确,D错误。

> 【评价及预测】混淆行为的重复考查率很高。考生要掌握认定违法的标准一方面要有混淆行为的行为表现;另一方面要有能使一般消费者"误认"的后果。

3. 某县"大队长酒楼"自创品牌后声名渐隆,妇孺皆知。同县的"牛记酒楼"经暗访发现,"大队长酒楼"经营特色是,服务员统一着20世纪60年代服装,播放该年代歌曲,店堂装修、菜名等也具有时代印记。"牛记酒楼"遂改名为"老社长酒楼",服装、歌曲、装修、菜名等一应照搬。根据《反不正当竞争法》的规定,"牛记酒楼"的行为属于下列哪一种行为?(2012-1-27)

A. 正当的竞争行为

B. 侵犯商业秘密行为

C. 混淆行为

D. 虚假宣传行为

答案()①

【考点】混淆行为

【设题陷阱与常见错误分析】本题相对简单地考查了混淆行为的行为表现,考生只要从题干中分析出来,"牛记酒楼"擅自使用了同业竞争者"大队长酒楼"的整体营业形象,构成与知名商品相混淆,就能轻松选出答案。

【解析】混淆行为是指经营者在市场经营活动中,以种种不实手段对自己的商品或服务作虚假表示、说明或承诺,或利用他人的智力劳动成果推销自己的商品或服务,使用户或消费者产生误解,扰乱市场秩序、损害同业竞争者的利益或消费者利益的行为。

《反不正当竞争法》第5条:"经营者不得采用下列不正当手段从事市场交易,损害竞争对手:

(一)假冒他人的注册商标;

(二)**擅自使用知名商品特有的名称、包装、装潢,或者使用与知名商品近似的名称、包装、装潢,造成和他人的知名商品相混淆,使购买者误认为是该知名商品**;

(三)**擅自使用他人的企业名称或者姓名,引人误认为是他人的商品**;

(四)**在商品上伪造或者冒用认证标志、名优标志等质量标志,伪造产地,对商品质量作引人误解的虚假表示**。"

"牛记酒楼"的行为是典型的第二种方式,属于混淆行为。所以C正确,A错误。

另,商业秘密,是指**不为公众所知悉**、能为权利人带来**经济利益**、具有**实用性**并经权利人**采取保密措施**的技术信息和经营信息。"大队长酒楼"经营特色不属商业秘密,"牛记酒楼"的行为不构成侵犯商业秘密。B项不选。

《反不正当竞争法》第9条:"经营者不得利用广告或者其他方法,对商品的质量、制作成分、性能、用途、生产者、有效期限、产地等作**引人误解的虚假宣传**"。虚假宣传是经营者对其产品或服务的不实介绍。"牛记酒楼"的行为不是虚假宣传。故不选D。

参考答案:①C

【评价及预测】混淆行为的行为表现有如下四种,考生要掌握:
1. 侵犯注册商标;
2. 与知名商品相混淆;
3. 擅自使用他人企业名称或姓名,引人误认为是他人的商品;
4. 伪造、冒用各种质量标志和产地的行为。
另外,混淆行为要达到"引起一般消费者误认"的后果才能认定。

考点7 虚假宣传

甲县善福公司(简称甲公司)的前身为创始于清末的陈氏善福铺,享誉百年,陈某继承祖业后注册了该公司,并规范使用其商业标识。乙县善福公司(简称乙公司)系张某先于甲公司注册,且持有"善福100"商标权。乙公司在其网站登载善福铺的历史及荣誉,还在其产品包装标注"百年老牌""创始于清末"等字样,但均未证明其与善福铺存在历史联系。甲、乙公司存在竞争关系。关于此事,下列哪些说法是正确的?(2016 - 1 - 68)

A. 陈某注册甲公司的行为符合诚实信用原则
B. 乙公司登载善福铺历史及标注字样的行为损害了甲公司的商誉
C. 甲公司使用"善福公司"的行为侵害了乙公司的商标权
D. 乙公司登载善福铺历史及标注字样的行为构成虚假宣传行为

答案(　　)①

【考点】不正当竞争

【设题陷阱与常见错误分析】本题中最大的难点在于反不正当竞争法与知识产权法的结合。对于"善福"的标识,陈某及甲公司使用在前,张某及乙公司注册在前。为了衡平保护二者的利益,法律规定,当相应的商标注册之后,原使用权人在原范围内继续使用是允许的。所以甲乙两公司用"善福"标识都是合法的。考生如果不清楚这一点,容易错选答案。

【解析】根据《商标法》第59条第3款:"**商标注册人申请商标注册前,他人已经在同一种商品或者类似商品上先于商标注册人使用与注册商标相同或者近似并有一定影响的商标的,注册商标专用权人无权禁止该使用人在原使用范围内继续使用该商标,但可以要求其附加适当区别标识。**"虽然乙公司对"善福100"申请了注册商标,但甲公司的"陈氏善福铺"起源早于乙公司,使用早于乙公司,所以陈某及甲公司有权在原使用范围内继续使用。所以A正确,C错误。

乙公司在其网站记载善福铺历史等内容都是**甲公司的真实信息传递**,不涉及损害其商誉的情形,B错误。

《反不正当竞争法》第9条:"经营者不得利用广告或者其他方法,对商品的质量、制作成分、性能、用途、生产者、有效期限、产地等作**引人误解的虚假宣传**。"乙公司登载本属于甲公司的相关信息,自己并没有这些历史属于虚假信息传递,D项正确。

【评价及预测】本题体现了跨部门融合考查的趋势,这也是加大考试难度的一种方式,考生需要注意,尤其是《反不正当竞争法》与《知识产权法》的结合。

参考答案:①AD

考点8 侵犯商业秘密

1. 甲厂与工程师江某签订了保密协议。江某在劳动合同终止后应聘至同行业的乙厂,并帮助乙厂生产出与甲厂相同技术的发动机。甲厂认为保密义务理应包括竞业限制义务,江某不得到乙厂工作,乙厂和江某共同侵犯其商业秘密。关于此案,下列哪些选项是正确的?(2013-3-65)

A. 如保密协议只约定保密义务,未约定支付保密费,则保密义务无约束力
B. 如双方未明确约定江某负有竞业限制义务,则江某有权到乙厂工作
C. 如江某违反保密协议的要求,向乙厂披露甲厂的保密技术,则构成侵犯商业秘密
D. 如乙厂能证明其未利诱江某披露甲厂的保密技术,则不构成侵犯商业秘密

答案( )①

【考点】保密协议、竞业禁止、侵犯商业秘密

【设题陷阱与常见错误分析】 本题常见的错误是混淆了保密义务与竞业限制义务的关系及不同的规则。不能全面理解侵犯商业秘密的行为类型,尤其包括第三人共同侵权的情形。尤其是 D 项的判断,第三人共同侵权的要件不包括第三人的"利诱"等行为要件,考生如果混淆容易选错答案。

【解析】《劳动合同法》第23条:"用人单位与劳动者可以在劳动合同中约定保守用人单位的**商业秘密和与知识产权相关的保密事项**。对负有保密义务的劳动者,用人单位可以在劳动合同或者保密协议中与劳动者约定竞业限制条款,并约定在解除或者终止劳动合同后,在竞业限制期限内按月给予劳动者经济补偿。**劳动者违反竞业限制约定的,应当按照约定向用人单位支付违约金。**"劳资双方约定保密义务并非一定要有保密费,也不是与竞业条款绑定的,A 错,B 对。

《反不正当竞争法》第10条:"经营者不得采用下列手段侵犯商业秘密:

(一)以盗窃、利诱、胁迫或者其他不正当手段获取权利人的商业秘密;
(二)披露、使用或者允许他人使用以前项手段获取的权利人的商业秘密;
(三)违反约定或者违反权利人有关保守商业秘密的要求,披露、使用或者允许他人使用其所掌握的商业秘密。

第三人明知或者应知前款所列违法行为,获取、使用或者披露他人的商业秘密,视为侵犯商业秘密。"

所以 C 正确,第三人共同侵权,并不以"诱惑"为必要条件,D 错。

【评价及预测】保密与竞业限制既相关联,又有很大的区别。考生要掌握:保密义务是否成立与保密费用无关,当事人约定了保密费就应当支付,没约定保密费用的则不必支付。

保密义务和竞业限制义务虽然都有利于商业秘密的保护,但二者是不同的独立义务。基于劳动关系的人身属性,劳动者负有忠实义务或保密义务,但并不当然具有竞业限制义务。劳动关系解除或终止后的竞业限制义务,当事人必须明确约定,无约定则无此限制。本题与劳动法相关内容相关联,考生要联系考点,共同理解。

2. 下列哪些选项属于不正当竞争行为?(2012-1-64)

A. 甲灯具厂捏造乙灯具厂偷工减料的事实,私下告诉乙厂的几家重要客户

参考答案:①BC

B. 甲公司发布高薪招聘广告,乙公司数名高管集体辞职前往应聘,甲公司予以聘用

C. 甲电器厂产品具有严重瑕疵,媒体误报道为乙电器厂产品,甲厂未主动澄清

D. 甲厂使用与乙厂知名商品近似的名称、包装和装潢,消费者经仔细辨别方可区别二者差异

答案( )①

【考点】不正当竞争行为

【设题陷阱与常见错误分析】本题综合考查了多种不正当行为的判断,除了法条明确列举出的混淆行为、诋毁商誉等行为外,对于法条没有明确列举出来的,经营者在市场竞争中采取的其他以非法或者有悖于商业道德的手段和方法,与其他竞争者相竞争的行为也属于不正当竞争行为。如何划分竞争的正当与不正当,尤其是法律未明确规定的不正当竞争的类型,成为考生遇到的最大的困难。

【解析】《反不正当竞争法》第 14 条:"经营者不得捏造、散布虚伪事实,损害竞争对手的商业信誉、商品声誉。"A 项构成了诋毁商誉的行为。

第 5 条:"经营者不得采用下列不正当手段从事市场交易,损害竞争对手:

(一)假冒他人的注册商标;

(二)擅自使用知名商品特有的名称、包装、装潢,或者使用与知名商品近似的名称、包装、装潢,造成和他人的知名商品相混淆,使购买者误认为是该知名商品;

(三)擅自使用他人的企业名称或者姓名,引人误认为是他人的商品;

(四)在商品上伪造或者冒用认证标志、名优标志等质量标志,伪造产地,对商品质量作引人误解的虚假表示。"据此,D 项属于混淆行为。

不正当竞争是经营者有悖于商业道德且违反法律规定的市场竞争行为。不正当竞争的行为主体是经营者,所以 C 选项中,媒体不是经营者,误报行为不构成不正当竞争。B 项所说内容是正常经营者行为。因此,本题正确答案为 AD。

【评价及预测】对于多种不正当竞争行为的综合考查,是《反不正当竞争法》常考的题目类型,需要考生对主要的不正当竞争行为的构成要件掌握细致透彻。对于法条没有明确列举的类型,要有自己独立的判断。

考点9 诋毁商誉

红心地板公司在某市电视台投放广告,称"红心牌原装进口实木地板为你分忧",并称"强化木地板甲醛高、不耐用"。此后,本地市场上的强化木地板销量锐减。经查明,该公司生产的实木地板是用进口木材在国内加工而成。关于该广告行为,下列哪一选项是正确的?(2014-3-27)

A. 属于正当竞争行为

B. 仅属于诋毁商誉行为

C. 仅属于虚假宣传行为

D. 既属于诋毁商誉行为,又属于虚假宣传行为

答案( )②

【考点】诋毁商誉、虚假宣传

参考答案:①AD ②D

【设题陷阱与常见错误分析】本题中常见的错误有两类:一是混淆了诋毁商誉和虚假宣传这两类行为的区别;二是机械地理解法条中的"虚假"和"虚伪"。考生需要对这两种行为的适用情形深刻理解,才能应对此类问题。

【解析】《反不正当竞争法》第14条:"**经营者不得捏造、散布虚伪事实,损害竞争对手的商业信誉、商品声誉**。"红心地板公司发布对比性广告,损害了竞争对手的商品信誉,可以认定为诋毁商誉。

第9条:"经营者不得利用广告或者其他方法,对商品的**质量、制作成分、性能、用途、生产者、有效期限、产地**等作引人误解的虚假宣传。"红心地板公司的产品并非原装进口实木地板而宣称原装进口,所以认定为虚假宣传,D项正确。

> 【评价及预测】诋毁商誉和虚假宣传是《反不正当竞争法》中非常重要的两类不正当竞争行为,也是高频考点,考生需要理解二者的差异。
>
> 其实虚假宣传与诋毁商誉两种行为有着诸多的联系,都具有"虚假的事实"和"引人误解"的性质,实务中,诋毁商誉往往也会通过虚假宣传的手段来实现。但二者显著的区别在于:在诋毁商誉行为中,即使有虚假宣传,那么虚假宣传也仅仅是手段,其目的是降低竞争对手的社会评价,所以诋毁商誉一定会有一个或几个特定的对象。而判断对象是否特定的标准即在于能否被消费者识别,消费者是否会对诋毁对象产生清晰的记忆,且据此作出消费判断或消费决策。所以,以同行业所有其他经营者为竞争对手而进行贬低宣传的对比性广告,属于简单的诋毁商誉行为。

考点10 商业贿赂

根据《反不正当竞争法》规定,下列哪些行为属于不正当竞争行为?(2010-1-67)

A. 甲企业将所产袋装牛奶标注的生产日期延后了两天

B. 乙企业举办抽奖式有奖销售,最高奖为5000元购物券,并规定用购物券购物满1000元的可再获一次抽奖机会

C. 丙企业规定,销售一台电脑给中间人5%佣金,可不入账

D. 丁企业为清偿债务,按低于成本的价格销售商品

答案()①

【考点】不正当竞争行为

【设题陷阱与常见错误分析】《反不正当竞争法》对各种不正当竞争行为的认定标准或构成要件做了规定,考生需要明确每一种不正当竞争行为的关键要素,才能选对答案。本题中考生容易犯错误的是B选项,《反不正当竞争法》规定,不正当有奖销售的标准之一是"抽奖式有奖销售最高奖金额不得超过5000元"有两个关键点,一是该标准是以一次销售活动进行计算的;二是违法的临界值是超过5000元,正好5000元是不违法的。考生要对B项准确理解,B项所述情形中,如果抽中5000元购物券的顾客,再用购物券购买商品是两次销售活动,金额不能累计。而一次的金额正好是5000元,所以是不违法的。

【解析】《反不正当竞争法》第9条:"经营者不得利用广告或者其他方法,对**商品的质量、制作**

参考答案:①AC

成分、性能、用途、生产者、有效期限、产地等作引人误解的虚假宣传。"所以 A 构成虚假宣传；

第 13 条："经营者不得从事下列有奖销售：

（一）采用谎称有奖或者故意让内定人员中奖的欺骗方式进行有奖销售；

（二）利用有奖销售的手段推销质次价高的商品；

（三）抽奖式的有奖销售，最高奖的金额超过五千元。"

所以 B 项抽奖奖金金额正好 5000 元，不构成不正当有奖销售。

第 8 条："经营者不得采用财物或者其他手段进行贿赂以销售或者购买商品。在账外暗中给予对方单位或者个人回扣的，以行贿论处；对方单位或者个人在账外暗中收受回扣的，以受贿论处。"所以 C 构成商业贿赂。

第 11 条："经营者不得以排挤竞争对手为目的，以低于成本的价格销售商品。

有下列情形之一的，不属于不正当竞争行为：

（一）销售鲜活商品；

（二）处理有效期限即将到期的商品或者其他积压的商品；

（三）季节性降价；

（四）因清偿债务、转产、歇业降价销售商品。"

所以 D 项没有打压竞争对手的主观恶意，不构成不正当竞争。

【评价及预测】综合考查各种不正当竞争行为，是考试中非常常见的一种题型。考生要对各个不正当竞争行为的要件和关键要素掌握清楚才能轻松应对。

第二章 消费者法

本章考查情况统计表

考点	考查次数	考查年份	大致分值	考查概率/%
经营者义务	3	2	6	22
缺陷产品责任	2	2	2	22
食品安全法的适用范围	1	1	2	11
食品安全监测和评估	1	1	2	11
食品安全控制	3	3	4	33
食品安全事故通报及处理	1	1	2	11
食品安全责任	2	2	3	22
消费者权利	2	1	4	11
消费者权利保护、争议解决	5	3	9	33

考点 1　消费者权利

1. 张某从某网店购买一套汽车坐垫。货到拆封后，张某因不喜欢其花色款式，多次与网店交涉要

求退货。网店的下列哪些回答是违法的？（2014-1-66）

A. 客户下单时网店曾提示"一经拆封，概不退货"，故对已拆封商品不予退货
B. 该商品无质量问题，花色款式也是客户自选，故退货理由不成立，不予退货
C. 如网店同意退货，客户应承担退货的运费
D. 如网店同意退货，货款只能在一个月后退还

答案（　　）①

【考点】消费者权利、经营者义务

【设题陷阱与常见错误分析】本题考查了消费者后悔权及经营者不得单方作出对消费者不利的规定的义务的理解。消费者的后悔权是2014年3月15日修订实施的新的《消费者权益保护法》中新增加的一项内容，仅适用于网络购物等远程购物的方式。鉴于远程购物的"非现场性"导致消费者和商家的信息极不对称，为了促进买卖双方地位的实质平等，新修订的消法赋予了网购等远程消费者7天后悔权的权利。

【解析】《消费者权益保护法》第25条："经营者采用网络、电视、电话、邮购等方式销售商品，消费者有权自收到商品之日起**七日内退货**，**且无需说明理由**，但下列商品除外：
（一）消费者定作的；
（二）鲜活易腐的；
（三）在线下载或者消费者拆封的音像制品、计算机软件等数字化商品；
（四）交付的报纸、期刊。
除前款所列商品外，其他根据商品性质并经消费者在购买时确认不宜退货的商品，不适用无理由退货。
消费者退货的商品应当完好。**经营者应当自收到退回商品之日起七日内返还消费者支付的商品价款**。退回商品的运费由消费者承担；经营者和消费者另有约定的，按照约定。"
所以以上网店的回答中只有C项是合法的，其余均违法，答案为A、B、D。

【评价及预测】新消法中，增加对网购等远程消费者的保护规定了专门的制度，未来涉考性也很强，考生需要全面掌握如下内容：

1. 远程购物消费者知情权的保护
经营者除了应当披露提供产品或服务的基本信息外，还需要披露商家的经营地址和联系方式。

2. 7天后悔权的保护：远程购物消费者收到商品之日起7日内可以无理由退货，但需要满足如下条件：
（1）保证商品完好，不影响二次销售；
（2）四类商品不许后悔包括定制商品；鲜活易腐商品；在线下载或者消费者拆封的音像制品、计算机软件等数字化商品；已经交付的报纸、期刊；
（3）时间是7天内；
（4）一般无特殊约定情况下，消费者自负运费。

参考答案：①ABD

3. 网络平台提供者承担的责任：

(1) 网络平台提供者附条件赔偿：网络平台提供者如不能提供销售者或者服务者的真实名称、地址和有效联系方式的，消费者也可以向网络交易平台提供者要求赔偿；

(2) 网络交易平台提供者应知或明知的过错连带责任：网络交易平台提供者明知或者应知销售者或者服务者利用其平台侵害消费者合法权益，未采取必要措施的，依法与该销售者或者服务者承担连带责任。

2. 彦某将一套住房分别委托甲、乙两家中介公司出售。钱某通过甲公司看中该房，但觉得房价太高。双方在看房前所签协议中约定了防"跳单"条款：钱某对甲公司的房源信息负保密义务，不得利用其信息撇开甲公司直接与房主签约，否则支付违约金。事后钱某又在乙公司发现同一房源，而房价比甲公司低得多。钱某通过乙公司买得该房，甲公司得知后提出异议。关于本案，下列哪些判断是错误的？（2014-1-68）

A. 防"跳单"条款限制了消费者的自主选择权
B. 甲公司抬高房价侵害了消费者的公平交易权
C. 乙公司的行为属于不正当竞争行为
D. 钱某侵犯了甲公司的商业秘密

答案（① ）

【考点】消费者权利保护

【设题陷阱与常见错误分析】本题考查了消费者的自主选择权、公平交易权等权利，以及经营者的不正当竞争行为等内容。考生容易犯的错误在于，虽然消法就消费者的弱势地位，给予消费者若干权利的保护，同时也增加了经营者的义务，但是经营者的正当权益同样需要受到保护。题干中指出彦某作为业主，并非独家委托房屋中介机构进行房屋的售卖，所以甲、乙两家对房屋信息是合法的共享关系和正当的竞争关系，考生如果混淆这一点，容易选错答案。

【解析】《消费者权益保护法》第9条："消费者享有自主选择商品或者服务的权利。

消费者有权自主选择提供商品或者服务的经营者，自主选择商品品种或者服务方式，自主决定购买或者不购买任何一种商品、接受或者不接受任何一项服务。

消费者在自主选择商品或者服务时，有权进行比较、鉴别和挑选。"

第10条："消费者享有公平交易的权利。

消费者在购买商品或者接受服务时，有权获得质量保障、价格合理、计量正确等公平交易条件，有权拒绝经营者的强制交易行为。"

本题目中，甲公司与钱某约定的"跳单"条款并无不妥，且钱某也并没有违反"跳单"条款。且钱某并未对甲公司的房源信息进行泄露，乙公司的房源信息来源于业主的委托。

乙公司接受业主的委托，根据自己的经营策略定价，带客户看房也并无不妥。

所以A、B、C、D的说法都不正确。

参考答案：①ABCD

> 【评价及预测】消费者权利是《消费者权益保护法》中最常涉考的考点之一，考生要针对消费者的安全保障权、知情权、自主选择权、公平交易权、获取赔偿权等权利的细节全面掌握。

考点2　经营者义务

1. 甲在乙公司办理了手机通信服务，业务单约定：如甲方（甲）预付费使用完毕而未及时补交款项，乙方（乙公司）有权暂停甲方的通信服务，由此造成损失，乙方概不担责。甲预付了费用，1年后发现所用手机被停机，经查询方得知公司有"话费有效期满暂停服务"的规定，此时账户尚有余额，遂诉之。关于此事，下列哪些说法是正确的？（2016-1-69）

A. 乙公司侵犯了甲的知情权
B. 乙公司提供格式条款时应提醒甲注意暂停服务的情形
C. 甲有权要求乙公司退还全部预付费
D. 法院应支持甲要求乙公司承担惩罚性赔偿的请求

答案（　　）①

【考点】消费者权利保护、经营者义务

【设题陷阱与常见错误分析】本题的难点在于乙公司的行为认定，乙公司作为经营者，提供的格式合同中，对于价款费用等与消费者有重大利害关系的内容需要以显著的方式提醒消费者注意。而题目中停机的情况则属于这种信息。乙公司的服务中，两种情况会引起停机：一是预付话费使用完毕；二是话费有效期满。对于第二种情况乙公司没有充分提示给消费者，所以侵犯到消费者的知情权，但并没有欺诈或故意侵权造成严重后果，所以不适用惩罚性赔偿。考生如果不能明确这一点，容易错选答案。

【解析】《消费者权益保护法》第8条："**消费者享有知悉其购买、使用的商品或者接受的服务的真实情况的权利。**

消费者有权根据商品或者服务的不同情况，要求经营者提供商品的价格、产地、生产者、用途、性能、规格、等级、主要成份、生产日期、有效期限、检验合格证明、使用方法说明书、售后服务，或者服务的内容、规格、费用等有关情况。"题目中，乙公司与甲的合同是乙公司的格式合同，没有披露"话费有效期满暂停服务"的内容，乙公司涉嫌侵害甲的知情权，A正确。

第26条："经营者在经营活动中**使用格式条款的，应当以显著方式提请消费者注意**商品或者服务的数量和质量、**价款或者费用、履行期限和方式、安全注意事项和风险警示、售后服务、民事责任等与消费者有重大利害关系的内容**，并按照消费者的要求予以说明。"业务单作为经营者单方制定的格式条款，应承担如实告知、充分提醒的义务，所以B正确。

题目中甲已经使用了乙公司提供的通信服务，需要支付相应的费用，不能要求全部预付费均退还，C错误。

题目中乙公司作为经营者没有欺诈行为也没有故意侵权造成严重后果的情形，所以D项的惩罚性赔偿错误不能支持。

参考答案：①AB

【评价及预测】经营者义务及责任是现行《消费者权益保护法》的重点内容。考生需要针对其安全保障义务；格式合同限制；真实名称标识；维护消费者个人信息安全；知假买假的责任承担等方面的内容做掌握。

2. 某家具店出售的衣柜，如未被恰当地固定到墙上，可能发生因柜子倾倒致人伤亡的危险。关于此事，下列哪些说法是正确的？（2016－1－70）

A. 该柜质量应符合产品安全性的要求
B. 该柜本身或其包装上应有警示标志或者中文警示说明
C. 质检部门对这种柜子进行抽查，可向该店收取检验费
D. 如该柜被召回，该店应承担购买者因召回支出的全部费用

答案（①　）

【考点】经营者义务、检验

【设题陷阱与常见错误分析】本题中主要的难点在于 D 项，对于召回后，经营者承担的费用，应该是承担消费者因召回而支付的必要费用，而非全部费用。考生如果没注意到此法条细节，容易错选答案。

【解析】《消费者权益保护法》第 18 条："**经营者应当保证其提供的商品或者服务符合保障人身、财产安全的要求**。对可能危及人身、财产安全的商品和服务，应当向消费者作出真实的**说明和明确的警示**，并说明和标明正确使用商品或者接受服务的方法以及防止危害发生的方法。"所以 A、B 项正确。

《消费者权益保护法》第 33 条："有关行政部门在各自的职责范围内，应当定期或者不定期对**经营者提供的商品和服务进行抽查检验**，并及时向社会公布抽查检验结果。"抽查检验是质检部门的职责所在，不能收取检验费，C 错误。

第 17 条："经营者发现其提供的商品或者服务存在缺陷，有危及人身、财产安全危险的，应当立即向有关行政部门报告和告知消费者，并采取停止销售、警示、召回、无害化处理、销毁、停止生产或者服务等措施。**采取召回措施的，经营者应当承担消费者因商品被召回支出的必要费用**。"商品召回，经营者承担"必要费用"而非"全部费用"，D 项表述太绝对，错误。

【评价及预测】经营者的安全保障职责是经营者义务中最重要的一环，考生需要重点掌握。另外，考生需要关注：产品检验应该由检验部门购买检材且不能收取费用。

3. F 公司是一家专营进口高档家具的企业。媒体曝光该公司有部分家具是在国内生产后，以"先出口，再进口"的方式取得进口报关凭证，在销售时标注为外国原产，以高于出厂价数倍的价格销售。此时，已经在 F 公司购买家具的顾客，可以行使下列哪些权利？（2011－1－65）

A. 顾客有权要求 F 公司提供所售商品的产地、制造商、采购价格、材料等真实信息并提供充分证明
B. 如 F 公司不能提供所售商品的真实信息和充分证明，顾客有权要求退货

参考答案：①AB

C. 如能够确认F公司对所售商品的产地、材质等有虚假陈述，顾客有权要求双倍返还价款

D. 即使F公司提供了所售商品的真实信息和充分证明，顾客仍有权以"对公司失去信任"为由要求退货

【考点】经营者义务

答案()①

【设题陷阱与常见错误分析】本题针对经营者提供真实信息维护消费者知情权的角度设计题目。考生需要明确新、旧法律的衔接。现行法律中，针对经营者的欺诈行为，保护的是"退一赔三，最低赔500元"的标准。C项的双倍返还价款就不再准确。当然也不能说消费者要求双倍返还有错误。只是新法体系下，不会再如此表述。考生需要明确这一点。

【解析】根据《消费者权益保护法》第8条："消费者有权根据商品或者服务的不同情况，要求经营者提供**商品的价格、产地、生产者、用途、性能、规格、等级、主要成份、生产日期、有效期限、检验合格证明、使用方法说明书、售后服务**，或者服务的内容、规格、费用等有关情况。"消费者具有知情权，所以 A、B 正确。

《产品质量法》第40条："售出的产品有下列情形之一的，**销售者应当负责修理、更换、退货**；给购买产品的消费者造成损失的，**销售者应当赔偿损失**：

（一）不具备产品应当具备的使用性能而事先未作说明的；

（二）**不符合在产品或者其包装上注明采用的产品标准的**；

（三）不符合以产品说明、实物样品等方式表明的质量状况的。

销售者依照前款规定负责修理、更换、退货、赔偿损失后，属于生产者的责任或者属于向销售者提供产品的其他销售者（以下简称供货者）的责任的，销售者有权向生产者、供货者追偿。

销售者未按照第一款规定给予修理、更换、退货或者赔偿损失的，由产品质量监督部门或者工商行政管理部门责令改正。

生产者之间，销售者之间，生产者与销售者之间订立的买卖合同、承揽合同有不同约定的，合同当事人按照合同约定执行。"如果F公司不能提供所售商品的真实信息和充分证明，即意味着F公司销售的产品不符合在产品或者其包装上注明采用的产品标准，消费者有权要求退货，所以B项正确。

《消费者权益保护法》第55条："经营者提供商品或者服务有**欺诈**行为的，应当按照消费者的要求增加赔偿其受到的损失，**增加赔偿的金额为消费者购买商品的价款或者接受服务的费用的三倍**；增加赔偿的金额不足五百元的，为五百元。法律另有规定的，依照其规定。"所以对于欺诈的赔偿责任，已经修正为退一赔三，最低赔500元的标准，根据新法，C选项表述不再准确。

【评价及预测】《消费者权益保护法》对消费者权利的保护是最重要的考点，考生需要对权利的种类，以及消费者权利被侵害后的争议解决的规则重点掌握。另外，新《消费者权益保护法》对于经营者的民事责任做了全新的修正，考生需要重点注意：

1. 欺诈赔偿原则：退一赔三，最低赔500元；

2. 明知过错下的惩罚性赔偿，如果经营者明知商品或者服务存在缺陷，仍然向消费者提供，造成消费者或者其他受害人死亡或者健康严重损害的，消费者不仅可以主张实际损失的赔偿，而且可以主张所受损失两倍以下的惩罚性赔偿。

参考答案：①ABC

考点3 消费者权利保护、争议解决

1. 甲在 A 银行办理了一张可异地跨行存取款的银行卡,并曾用该银行卡在 A 银行一台自动取款机上取款。甲取款数日后,发现该卡内的全部存款被人在异地 B 银行的自动取款机上取走。后查明:甲在 A 银行取款前一天,某盗卡团伙已在该自动取款机上安装了摄像和读卡装置(一周后被发现);甲对该卡和密码一直妥善保管,也从未委托他人使用。关于甲的存款损失,下列哪一说法是正确的?(2015-1-27)

  A. 自行承担部分损失
  B. 有权要求 A 银行赔偿
  C. 有权要求 A 银行和 B 银行赔偿
  D. 只能要求复制盗刷银行卡的罪犯赔偿

答案( )①

【考点】消费者权益保护

【设题陷阱与常见错误分析】本题的最大陷阱在于分析清楚甲作为消费者的身份,A 银行是为其提供服务的经营者。B 银行与本案没有直接关系。所以对于甲的伤害,只有 A 银行承担赔偿责任。

【解析】《消费者权益保护法》第18条:"经营者应当**保证其提供的商品或者服务符合保障人身、财产安全的要求**。对可能危及人身、财产安全的商品和服务,应当向消费者作出真实的说明和明确的警示,并说明和标明正确使用商品或者接受服务的方法以及防止危害发生的方法。"银行作为提供服务的经营者,应当确保其提供的服务无损消费者的人身和财产损失,所以 B 正确

【评价及预测】新消法对于消费者的维权力度在加大,对应经营者的义务也就相对重要了。考生需要重点掌握。

2. 某商场使用了由东方电梯厂生产、亚林公司销售的自动扶梯。某日营业时间,自动扶梯突然逆向运行,造成顾客王某、栗某和商场职工薛某受伤,其中栗某受重伤,经治疗半身瘫痪,数次自杀未遂。现查明,该型号自动扶梯在全国已多次发生相同问题,但电梯厂均通过更换零部件、维修进行处理,并未停止生产和销售。

请回答第95—97题。

(1) 关于赔偿主体及赔偿责任,下列选项正确的是:(2015-1-95)

  A. 顾客王某、栗某有权请求商场承担赔偿责任
  B. 受害人有权请求电梯厂和亚林公司承担赔偿责任
  C. 电梯厂和亚林公司承担连带赔偿责任
  D. 商场和电梯厂承担按份赔偿责任

答案( )②

【考点】缺陷商品消费者权利保护

【设题陷阱与常见错误分析】本题主要考查缺陷商品生产者和销售者的连带赔付责任,另外,

参考答案:①B ②ABC

本题中,需要明确顾客王某与商场,以及与电梯的生产者、销售者之间存在两重消费合同关系。顾客到商场消费,属于商场的消费者,同时,顾客在商场使用扶梯,也是扶梯的消费者。注意明确,消费者是为生活消费购买、使用商品或接受服务的人,所以使用扶梯的人均为扶梯的消费者。

【解析】《消费者权益保护法》第18条:"经营者应当保证其提供的商品或者服务符合保障人身、财产安全的要求。对可能危及人身、财产安全的商品和服务,应当向消费者作出真实的说明和明确的警示,并说明和标明正确使用商品或者接受服务的方法以及防止危害发生的方法。

宾馆、商场、餐馆、银行、机场、车站、港口、影剧院等经营场所的经营者,应当对消费者尽到安全保障义务。"王某、贾某在商场受伤,且商场的设施——电梯出现质量问题,导致消费者受伤,所以受害的消费者有权利要求商场进行赔偿,A 正确。

第40条:"消费者在购买、使用商品时,其合法权益受到损害的,可以向销售者要求赔偿。销售者赔偿后,属于生产者的责任或者属于向销售者提供商品的其他销售者的责任的,销售者有权向生产者或者其他销售者追偿。

消费者或者其他受害人因商品缺陷造成人身、财产损害的,可以向销售者要求赔偿,也可以向生产者要求赔偿。属于生产者责任的,销售者赔偿后,有权向生产者追偿。属于销售者责任的,生产者赔偿后,有权向销售者追偿。

消费者在接受服务时,其合法权益受到损害的,可以向服务者要求赔偿。"对于缺陷商品,生产者和销售者承担连带赔付的义务,B、C 正确,D 错误。

【评价及预测】消费者权利保护是消法中最重要的考点之一,几乎每年必考,考生需要重点掌握。

(2)关于顾客王某与栗某可主张的赔偿费用,下列选项正确的是:(2015-1-96)
A. 均可主张为治疗支出的合理费用
B. 均可主张因误工减少的收入
C. 栗某可主张精神损害赔偿
D. 栗某可主张所受损失 2 倍以下的惩罚性赔偿

答案()①

【考点】 经营者责任

【设题陷阱与常见错误分析】 本题是对于消费者受伤害后的赔付请求的进一步考查。出题的陷阱在于 C、D 两个选项,对于精神损害赔偿需要以严重后果为前提,2 倍以下惩罚性赔偿适用于经营者故意侵权的前提下,且要求严重后果,考生需要明晰以上内容才能准确作答。

【解析】《消费者权益保护法》第49条:"经营者提供商品或者服务,造成消费者或者其他受害人人身伤害的,应当赔偿**医疗费、护理费、交通费**等为治疗和康复支出的合理费用,以及**因误工减少的收入。**造成残疾的,还应当赔偿残疾生活辅助具费和残疾赔偿金。造成死亡的,还应当赔偿丧葬费和死亡赔偿金。"所以 A、B 正确。

《最高人民法院关于确定民事侵权精神损害赔偿责任若干问题的解释》第1条:"自然人因下列人格权利遭受非法侵害,向人民法院起诉请求赔偿精神损害的,人民法院应当依法予以受理:

参考答案:①ABCD

(一)生命权、健康权、身体权;

(二)姓名权、肖像权、名誉权、荣誉权;

(三)人格尊严权、人身自由权。

违反社会公共利益、社会公德侵害他人隐私或者其他人格利益,受害人以侵权为由向人民法院起诉请求赔偿精神损害的,人民法院应当依法予以受理。"

第8条:"因侵权致人精神损害,但未造成严重后果,受害人请求赔偿精神损害的,一般不予支持,人民法院可以根据情形判令侵权人停止侵害、恢复名誉、消除影响、赔礼道歉。

因侵权致人精神损害,**造成严重后果的,人民法院除判令侵权人承担停止侵害、恢复名誉、消除影响、赔礼道歉等民事责任外,可以根据受害人一方的请求判令其赔偿相应的精神损害抚慰金**。"

《消费者权益保护法》第55条:"经营者提供商品或者服务有欺诈行为的,应当按照消费者的要求增加赔偿其受到的损失,增加赔偿的金额为消费者购买商品的价款或者接受服务的费用的三倍;增加赔偿的金额不足五百元的,为五百元。法律另有规定的,依照其规定。

经营者明知商品或者服务存在缺陷,仍然向消费者提供,造成消费者或者其他受害人死亡或者健康严重损害的,受害人有权要求经营者依照本法第四十九条、第五十一条等法律规定赔偿损失,并有权要求所受损失二倍以下的惩罚性赔偿。"题干所述情形贾某受重伤,且受到重大精神伤害,已然符合了本条第2款的故意侵权的加重责任,所以D正确。

> **【评价及预测】**对于经营者需要承担的法律责任是消法的重点新增内容,考生需要充分掌握,在将来出题的可能性也很大。

3. 孙某从某超市买回的跑步机在使用中出现故障并致其受伤。经查询得知,该型号跑步机数年前已被认定为不合格产品,超市从总经销商煌煌商贸公司依正规渠道进货。下列哪些选项是正确的?(2013-1-66)

A. 孙某有权向该跑步机生产商索赔

B. 孙某有权向煌煌商贸公司、超市索赔

C. 超市向孙某赔偿后,有权向该跑步机生产商索赔

D. 超市向孙某赔偿后,有权向煌煌商贸公司索赔

答案()①

【考点】 消费者权利保护

【设题陷阱与常见错误分析】 本题常见的错误在于两点:1. 区分缺陷产品责任和瑕疵产品责任,题目中的跑步机致人损伤,存在着危及人身安全的不合理危险,应当认定为缺陷产品,受害人有权向产品的销售者要求赔偿。2."销售者"的范围是否包含上游批发商或经销商,学界有一定的争议,鉴于消法对于受害人请求赔偿的对象划定为生产者和销售者的连带责任,本意是为了便利诉讼,若将"销售者"的范围仅仅划定在最前端的零售商,有悖立法本意。所以考生如果理解到这一层面,本题就可以迎刃而解。

【解析】《消费者权益保护法》第40条:"消费者在购买、使用商品时,其合法权益受到损害的,**可以向销售者要求赔偿。销售者赔偿后,属于生产者的责任或者属于向销售者提供商品的其他销售者**

参考答案:①ABCD

的责任的,**销售者有权向生产者或者其他销售者追偿**。

消费者或者其他受害人因**商品缺陷**造成人身、财产损害的,可以向**销售者**要求赔偿,也可以向**生产者**要求赔偿。属于生产者责任的,销售者赔偿后,有权向生产者追偿。属于销售者责任的,生产者赔偿后,有权向销售者追偿。

消费者在接受服务时,其合法权益受到损害的,可以向服务者要求赔偿。"

对于缺陷产品,A项跑步机的生产厂商有义务赔付;销售者超市、供货商煌煌公司都有义务对消费者赔付,B正确;销售者赔付后,有权向生产者和供货者追偿,C、D正确。

> 【评价及预测】缺陷商品的责任追究及消费者权利的相应保护是考试的重点。对于缺陷商品的责任追究,考生需要明确两点:
> 1. 求偿主体可以是消费者也可以是其他受害人;
> 2. 生产者和销售者承担连带赔偿责任。

4. 甲公司租赁乙公司大楼举办展销会,向众商户出租展台,消费者李某在其中丙公司的展台购买了一台丁公司生产的家用电暖器,使用中出现质量问题并造成伤害,李某索赔时遇上述公司互相推诿。上述公司的下列哪些主张是错误的?(2010－1－68)

A. 丙公司认为属于产品质量问题,应找丁公司解决
B. 乙公司称自己与产品质量问题无关,不应承担责任
C. 丁公司认为产品已交丙公司包销,自己不再负责
D. 甲公司称展销会结束后,丙公司已撤离,自己无法负责

答案(①)

【考点】争议解决

【设题陷阱与常见错误分析】本题主要考查了在展销会、租赁柜台购买商品,消费者的权利保障体系。考生如果不熟悉展销会举办者、柜台出租者的责任承担条件容易错选答案。另外,考生需要明确,题目中的乙公司,作为场地的提供者,并不承担任何的产品质量责任。

【解析】《消费者权益保护法》第40条:"**消费者**在购买、使用商品时,其合法权益受到损害的,**可以向销售者要求赔偿**。销售者赔偿后,属于生产者的责任或者属于向销售者提供商品的其他销售者的责任的,销售者有权向生产者或者其他销售者追偿。

消费者或者其他受害人因商品缺陷造成人身、财产损害的,可以向销售者要求赔偿,也可以向生产者要求赔偿。属于生产者责任的,销售者赔偿后,有权向生产者追偿。属于销售者责任的,生产者赔偿后,有权向销售者追偿。

消费者在接受服务时,其合法权益受到损害的,可以向服务者要求赔偿。"

所以对产品质量问题造成的伤害,生产者、销售者对消费者承担连带责任,缺陷产品的生产者、销售者对消费者均有赔付的义务,所以A、C错误。

第43条:"消费者在展销会、租赁柜台购买商品或者接受服务,其合法权益受到损害的,可以向销售者或者服务者要求赔偿。**展销会结束或者柜台租赁期满后,也可以向展销会的举办者、柜台的出租者要求赔偿**。展销会的举办者、柜台的出租者赔偿后,有权向销售者或者服务者追偿。"所以D错误;乙

参考答案:①ACD

公司只是大楼的所有人,与产品质量没有任何关系,所以不承担相关责任,B 正确。

> 【评价及预测】 对于展销会的举办者、柜台的出租者,在展销会结束、柜台租赁期满应当向消费者负责的责任体系的设置,有利于更好地保护在展销会或出租柜台进行消费的消费者的合法权益。

考点4　缺陷产品责任

1. 赵某从某商场购买了某厂生产的高压锅,烹饪时邻居钱某到其厨房聊天,高压锅爆炸致2人受伤。下列哪一选项是错误的?(2012－1－28)

　　A. 钱某不得依据《消费者权益保护法》请求赔偿
　　B. 如高压锅被认定为缺陷产品,赵某可向该厂也可向该商场请求赔偿
　　C. 如高压锅未被认定为缺陷产品则该厂不承担赔偿责任
　　D. 如该商场证明目前科技水平尚不能发现缺陷存在则不承担赔偿责任

答案(　　)①

【考点】 产品责任

【设题陷阱与常见错误分析】 本题综合考查了《消费者权益保护法》的保护对象,产品责任的构成要件以及法定的免责事由,具有一定的综合性和难度。

【解析】《消费者权益保护法》第2条:"消费者为**生活消费需要购买、使用商品或者接受服务**,其权益受本法保护;**本法未作规定的,受其他有关法律、法规保护**。"本题中钱某不是本法所规定的消费者,故不适用《消费者权益保护法》。从这个角度说,A 说法正确,这也是本题的考点所在。但是《消费者权益保护法》第40条第2款:"**消费者或者其他受害人因商品缺陷**造成人身、财产损害的,可以向**销售者**要求赔偿,也可以向**生产者**要求赔偿。属于生产者责任的,销售者赔偿后,有权向生产者追偿。属于销售者责任的,生产者赔偿后,有权向销售者追偿。"也规定了缺陷商品造成损害,"其他受害人"的索赔权。所以全面来看,A 项表述有瑕疵,但基于本题目作为单选题,应选择最符合题意者。

《产品质量法》第43条:"因产品存在**缺陷**造成人身、他人财产损害的,**受害人可以向产品的生产者要求赔偿,也可以向产品的销售者要求赔偿**。属于产品的生产者的责任,产品的销售者赔偿的,产品的销售者有权向产品的生产者追偿。属于产品的销售者的责任,产品的生产者赔偿的,产品的生产者有权向产品的销售者追偿。"据此,赵某可向该厂也可向该商场请求赔偿,B 项正确。

《产品质量法》第41条:"因产品存在缺陷造成人身、缺陷产品以外的其他财产(以下简称他人财产)损害的,生产者应当承担赔偿责任。生产者能够证明有下列情形之一的,不承担赔偿责任:

(一)未将产品投入流通的;
(二)**产品投入流通时,引起损害的缺陷尚不存在的**;
(三)将产品投入流通时的科学技术水平尚不能发现缺陷的存在的。"C 项内容属于生产者的免责事由,缺陷不存在,该厂可免责。故 C 项正确。

《产品质量法》第42条:"由于销售者的过错使产品存在缺陷,造成人身、他人财产损害的,销售者

参考答案:①D

应当承担赔偿责任。**销售者不能指明缺陷产品的生产者也不能指明缺陷产品的供货者的,销售者应当承担赔偿责任。**"因此,销售者对产品承担过错责任(过错推定责任),除非证明无过错才可免责。D 项不是销售者商场的免责事由。故 D 项错误。

> **【评价及预测】**产品责任是高频考点。考生需要明确如下几点内容:
> 1. 产品责任是侵权责任,对生产者实行严格责任的归责原则,对销售者实行过错责任的归责原则;
> 2. 消费者和其他受害人都有权向销售者及生产者追究责任,销售者和生产者承担连带责任;
> 3. 产品责任有法定的免责事由:
> (1)未将产品投入流通的;
> (2)产品投入流通时,引起损害的缺陷尚不存在的。

2. 根据《产品质量法》规定,下列哪一说法是正确的?(2010 - 1 - 24)
A.《产品质量法》对生产者、销售者的产品缺陷责任均实行严格责任
B.《产品质量法》对生产者产品缺陷实行严格责任,对销售者实行过错责任
C. 产品缺陷造成损害要求赔偿的诉讼时效期间为二年,从产品售出之日起计算
D. 产品缺陷造成损害要求赔偿的请求权在缺陷产品生产日期满十年后丧失

答案( )①

【考点】 缺陷产品责任

【设题陷阱与常见错误分析】 根据《产品质量法》的规定,产品责任针对生产者来讲承担的是严格责任,针对销售者来讲承担的是过错责任。考生容易混淆的地方在于,《产品质量法》和《消费者权益保护法》都规定了,对于缺陷产品,消费者或其他受害人,既可以要求生产者赔偿也可以要求销售者赔偿,规定除了销售者的先行赔付义务,但这只是为了救济消费者或受害人的权宜之计。如果销售者自身没有过错,其赔偿消费者或其他受害人后还可以向生产者或其他经销商追偿。

另外,缺陷产品的最长保护期限十年,是从产品交付最初使用者开始计算的,考生需要熟悉法条的细节,否则容易错选 D 项。

【解析】《产品质量法》第41条:"因产品存在缺陷造成人身、缺陷产品以外的其他财产(以下简称他人财产)损害的,**生产者应当承担赔偿责任。**生产者能够证明有下列情形之一的,不承担赔偿责任:

(一)未将产品投入流通的;
(二)产品投入流通时,引起损害的缺陷尚不存在的;
(三)将产品投入流通时的科学技术水平尚不能发现缺陷的存在的。"体现了对于缺陷产品,生产者承担严格责任。

第42条:"由于销售者的**过错**使产品存在缺陷,造成人身、他人财产损害的,**销售者应当承担赔偿责任。**销售者不能指明缺陷产品的生产者也不能指明缺陷产品的供货者的,销售者应当承担赔偿责任。"体现了针对缺陷产品造成的损害,销售者实行过错责任。A 选项错误,B 选项正确。

参考答案:①B

第45条:"因产品存在缺陷造成损害要求赔偿的诉讼时效期间为**二年**,自当事人知道或者应当知道其权益受到损害时起计算。因产品存在缺陷造成损害要求赔偿的请求权,**在造成损害的缺陷产品交付最初消费者满十年丧失**;但是,尚未超过明示的安全使用期的除外。"可见,C选项中"从产品售出之日起计算"的说法错误,应自当事人知道或者应当知道其权益受到损害时起计算。

D选项中"在缺陷产品生产日期满十年后丧失"的说法错误,最长保护期限应当是自造成损害的缺陷产品交付最初消费者满十年丧失。

> 【评价及预测】产品责任的归责原则考生要明确,生产者是严格责任,除非法定免责事由出现,否则要承担相应责任;销售者是过错责任,虽然对于缺陷产品造成的损害,具有先行赔付的义务,但从最终承担责任来讲,如果无过错是可以追偿的。

考点5 食品安全控制

1. 红星超市发现其经营的"荷叶牌"速冻水饺不符合食品安全标准,拟采取的下列哪一措施是错误的?(2013-1-28)

A. 立即停止经营该品牌水饺
B. 通知该品牌水饺生产商和消费者
C. 召回已销售的该品牌水饺
D. 记录停止经营和通知情况

答案(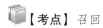)①

【考点】召回

【设题陷阱与常见错误分析】本题常见的错误是混淆了食品生产者和食品销售者对于召回的义务,我国《食品安全法》明确规定,食品生产者承担食品召回的义务。销售者因自身的原因造成食品安全问题的,才要承担召回义务。

【解析】《食品安全法》第63条:"**国家建立食品召回制度。食品生产者发现其生产的食品不符合食品安全标准或者有证据证明可能危害人体健康的**,应当立即停止生产,**召回已经上市销售的食品**,通知相关生产经营者和消费者,并记录召回和通知情况。

食品经营者发现其经营的食品有前款规定情形的,应当立即停止经营,通知相关生产经营者和消费者,并记录停止经营和通知情况。食品生产者认为应当召回的,应当立即召回。**由于食品经营者的原因造成其经营的食品有前款规定情形的,食品经营者应当召回。**"

所以召回是生产者的责任,销售者要承担召回义务的前提是,产品的问题是因为销售者的原因造成的,本题中并未体现出来红星水饺的质量问题与销售者有关,所以应该只有生产者承担召回义务。所以答案C正确。

> 【评价及预测】缺陷产品召回制度发端于汽车产销,后扩展到儿童玩具等领域,因其能够主动、有效地预防或减少缺陷产品损害的产生,而被《食品安全法》吸纳入食品安全领域,2014

参考答案:①C

年修订《消费者权益保护法》时又被纳入消费品领域。从修订后的《食品安全法》的内容看，承担召回义务的应该是食品的生产者，销售者一般只是停止销售、通知、记录等义务。但如果食品的质量问题是销售者的原因造成的，则销售者应当承担召回义务，考生需要注意新的《食品安全法》修改的内容。

2. 关于食品添加剂管制，下列哪一说法符合《食品安全法》的规定？（2011－1－28）
A. 向食品生产者供应新型食品添加剂的，必须持有省级卫生行政部门发放的特别许可证
B. 未获得食品添加剂销售许可的企业，不得销售含有食品添加剂的食品
C. 生产含有食品添加剂的食品的，必须给产品包装加上载有"食品添加剂"字样的标签
D. 销售含有食品添加剂的食品的，必须在销售场所设置载明"食品添加剂"字样的专柜

答案（　　）①

【考点】食品添加剂

【设题陷阱与常见错误分析】本题考查食品添加剂的管理问题，因为是单项选择题，考生很容易将 C 项选择出来，所以难度不大。本题的难点在于 A 选项的判断，生产新型食品添加剂，须通过国务院有关部门批准，列入名录，再由生产企业向所在地省级主管部门申请生产许可证，取得生产许可证之后，才能投入生产。向食品生产者销售食品添加剂的，不需要办理销售许可证。

【解析】根据《食品安全法》第37条："利用新的食品原料生产食品，或者生产食品添加剂新品种、食品相关产品新品种，应当向国务院卫生行政部门提交相关产品的安全性评估材料。国务院卫生行政部门应当自收到申请之日起六十日内组织审查；对符合食品安全要求的，准予许可并公布；对不符合食品安全要求的，不予许可并书面说明理由。"所以供应新型食品添加剂的，应该由国务院卫生行政部门发放特别许可证，A 错误。

没有食品添加剂的销售许可，不可以销售食品添加剂，但并不意味着不能销售含有食品添加剂的食品，B 错误。

第70条："食品添加剂应当有标签、说明书和包装。标签、说明书应当载明本法第六十七条第一款第一项至第六项、第八项、第九项规定的事项，以及食品添加剂的使用范围、用量、使用方法，**并在标签上载明'食品添加剂'字样。**"所以 C 正确；D 错误。

【评价及预测】食品添加剂的管理是食品安全控制非常重要的一环，考生尤其需要注意食品添加剂的管控更多集中在生产的环节、食品销售环节的公示要求。

考点6 食品安全监测和评估

关于国家食品安全风险监测制度，下列哪些表述是正确的？（2009－1－67）
A. 食品安全风险监测制度以食源性疾病、食品污染以及食品中的有害因素为监测对象
B. 食品安全风险监测计划由国务院卫生行政部门会同有关部门制定、实施
C. 通过食品安全风险监测发现食品安全隐患时，国务院卫生行政部门应当立即进行检验和食品

参考答案：①C

安全风险评估

D. 食品安全风险监测信息是制定、修订食品安全标准和对食品安全实施监督管理的科学依据

答案（　　）①

【考点】 食品安全风险监测和评估

【设题陷阱与常见错误分析】 本题考查了食品安全风险监测和评估制度,二者相对比,监测制度更为基础,通过监测发现有可能存在食品安全隐患的,应当立即启动食品安全风险评估制度,评估结果是修订食品安全标准和对食品安全实施监督管理的科学依据。

【解析】《食品安全法》第14条:"国家建立食品安全风险监测制度,对**食源性疾病、食品污染以及食品中的有害因素进行监测**。

国务院卫生行政部门会同国务院食品药品监督管理、质量监督等部门,制定、实施国家食品安全风险监测计划。……"所以A、B正确。

第18条:"有下列情形之一的,应当进行食品安全风险评估:

(一)**通过食品安全风险监测或者接到举报发现食品、食品添加剂、食品相关产品可能存在安全隐患的**;

(二)为制定或者修订食品安全国家标准提供科学依据需要进行风险评估的;

(三)为确定监督管理的重点领域、重点品种需要进行风险评估的;

(四)发现新的可能危害食品安全因素的;

(五)需要判断某一因素是否构成食品安全隐患的;

(六)国务院卫生行政部门认为需要进行风险评估的其他情形。"所以C正确。

第21条第1款:"**食品安全风险评估结果**是制定、修订食品安全标准和实施食品安全监督管理的**科学依据**。"所以D不正确。

【评价及预测】 食品安全风险监测制度包括了监测的对象、实施机构、监测计划等内容,考生需要了解。另外,考生需要掌握食品安全风险监测和评估之间的关系,及二者不同的作用。

考点7　食品安全法的适用范围

某省发现有大米被镉污染的情况,立即部署各地成立联合执法组,彻查市场中的大米及米制品。对此,下列哪些说法是正确的?（2013-1-67）

A. 大米、米制品的质量安全管理须以《食品安全法》为依据

B. 应依照《食品安全法》有关规定公布大米、米制品安全有关信息

C. 县有关部门进入某米粉加工厂检查时,该厂不得以商业秘密为由予以拒绝

D. 虽已构成重大食品安全事故,但影响仅限于该省,可由省卫生行政部门公布有关食品安全信息

答案（　　）②

【考点】《食品安全法》的适用范围,政府监管机构的职权

【设题陷阱与常见错误分析】 本题最常见的错误在于对《食品安全法》的适用范围容易忽略供食

参考答案:①ABC　②BC(根据新的食品安全法答案修正为B、C)

用的源于农业的初级产品,其质量安全管理遵守《中华人民共和国农产品质量安全法》,但是制定食品安全标准、公布食用农产品安全有关信息,要遵守《食品安全法》。考生如果混淆这二者的差别容易选错答案。

【解析】 根据《食品安全法》第2条:"供食用的源于农业的初级产品(以下称**食用农产品**)的**质量安全管理**,遵守《中华人民共和国农产品质量安全法》的规定。但是,食用农产品的市场销售、**有关质量安全标准的制定**、有关**安全信息的公布**和本法对农业投入品作出规定的,应当**遵守本法的规定**。"所以,大米作为食用农产品,质量安全管理适用《农产品质量安全法》,但公布大米有关的食品安全信息,依照《食品安全法》所以A错,B正确。

县有关部门有权对米粉加工厂现场检查,工厂应该配合,C正确。

第118条:"国家建立统一的食品安全信息平台,实行食品安全信息统一公布制度。国家食品安全**总体情况**、食品安全风险警示信息、重大食品安全事故及其调查处理信息和国务院确定需要统一公布的其他信息由**国务院食品药品监督管理**部门统一公布。食品安全风险警示信息和重大食品安全事故及其调查处理信息的影响**限于特定区域**的,也可以由**有关省、自治区、直辖市人民政府食品药品监督管理部门公布**。未经授权不得发布上述信息。"所以根据新法,公布信息的机关为食品药品监督管理部门,限于特定区域影响的,为省一级食药监管部门公布,而非卫生行政部门,所以D不正确。

【评价及预测】 对于《食品安全法》的适用范围,考生需要注意两点:
1.《食品安全法》遵从属地的管辖原则,即只对"中华人民共和国境内"的食品相关的经营活动适用;
2. 食用农产品的法律适用问题。

考点8 食品安全责任

1. 李某从超市购得橄榄调和油,发现该油标签上有"橄榄"二字,侧面标示"配料:大豆油,橄榄油",吊牌上写明:"添加了特等初榨橄榄油",遂诉之。经查,李某事前曾多次在该超市"知假买假"。关于此案,下列哪些说法是正确的?(2016-1-71)
  A. 该油的质量安全管理,应遵守《农产品质量安全法》的规定
  B. 该油未标明橄榄油添加量,不符合食品安全标准要求
  C. 如李某只向该超市索赔,该超市应先行赔付
  D. 超市以李某"知假买假"为由进行抗辩的,法院不予支持

答案()①

【考点】 食品安全相关知识点

【设题陷阱与常见错误分析】 本题囊括的知识点比较多,涉及了食安法的适用范围,需要确认"食用农产品"的范围;食品标签的规则,对于有特殊用途的原料,需要在标签中明示其用量,否则有违食品安全标准,这一点容易被考生忽略,成为这道题的拦路虎。再有就是食品安全法律责任,首付责任制及"知假买假"的保护,考生需要全面掌握才能准确作答。

【解析】《食品安全法》第2条:"供食用的源于农业的初级产品(以下称**食用农产品**)的质量**安全管理,遵守《中华人民共和国农产品质量安全法》的规定**。但是,食用农产品的市场销售、有关质量

参考答案:①BCD

安全标准的制定、有关安全信息的公布和本法对农业投入品作出规定的,应当遵守本法的规定。"橄榄调和油显然不属于**食用农产品**,须适用《食品安全法》而非《农产品质量安全法》,所以 A 错误。

第 67 条:"预包装食品的包装上应当有标签。标签应当标明下列事项:

(一)名称、规格、净含量、生产日期;

(二)成分或者配料表;

(三)生产者的名称、地址、联系方式;

(四)保质期;

(五)产品标准代号;

(六)贮存条件;

(七)所使用的食品添加剂在国家标准中的通用名称;

(八)生产许可证编号;

(九)法律、法规或者食品安全标准规定应当标明的其他事项。

专供婴幼儿和其他特定人群的主辅食品,其标签还应当标明主要营养成分及其含量。

食品安全国家标准对标签标注事项另有规定的,从其规定。"

GB7718—2004《预包装食品标签通则》4.1.4.1:"如果在食品标签或食品说明书上特别强调添加了或含有一种或多种有价值、有特性的配料或成分,应标示所强调配料或成分的添加量或在成品中的含量。"所以题目所属情形,经营者在标签中标明"橄榄"字样,应该属于有价值、有特定的配料,需要标明其含量,否则有违食品安全标准,所以 B 正确。

《食品安全法》第 148 条:"消费者因不符合食品安全标准的食品受到损害的,可以向经营者要求赔偿损失,也可以向生产者要求赔偿损失。**接到消费者赔偿要求的生产经营者,应当实行首负责任制**,先行赔付,不得推诿;属于生产者责任的,经营者赔偿后有权向生产者追偿;属于经营者责任的,生产者赔偿后有权向经营者追偿。"所以 C 正确。

《最高人民法院关于审理食品药品纠纷案件适用法律若干问题的规定》第 3 条:"**因食品、药品质量问题发生纠纷,购买者向生产者、销售者主张权利,生产者、销售者以购买者明知食品、药品存在质量问题而仍然购买为由进行抗辩的,人民法院不予支持。**"所以"知假买假"在食药争议案件中,不能成为经营者抗辩的理由,D 正确。

> 【评价及预测】本题的难度系数比较大,主要是多考点综合,而且考查细致。提醒考生注意,食安法的考查基本以法条原文考查为主,但对于法条的细节需要掌握准确。

2. 曾某在某超市以 80 元购买酸奶数盒,食用后全家上吐下泻,为此支付医疗费 800 元。事后发现,其所购的酸奶在出售时已超过保质期,曾某遂要求超市赔偿。对此,下列哪些判断是正确的?(2014－1－67)

A. 销售超过保质期的食品属于违反法律禁止性规定的行为

B. 曾某在购买时未仔细查看商品上的生产日期,应当自负其责

C. 曾某有权要求该超市退还其购买酸奶所付的价款

D. 曾某有权要求该超市赔偿 800 元医疗费,并增加赔偿 800 元

答案( )①

参考答案:①ACD

【考点】食品安全控制、食品安全法律责任

【设题陷阱与常见错误分析】本题考查了《食品安全法》对经营者的禁止性规定,以及经营者违反《食品安全法》应当承担的一般法律责任和惩罚性法律责任。另外,本题的难度在于和新的《消费者权益保护法》的竞合。尤其是最高院《最高人民法院关于审理食品药品纠纷案件适用法律若干问题的规定》中有关食品药品领域"知假买假"的保护,考生如果不熟悉相关法律规定,容易选错答案。

【解析】《食品安全法》第34条:"**禁止生产经营下列食品、食品添加剂、食品相关产品:**

(一)用非食品原料生产的食品或者添加食品添加剂以外的化学物质和其他可能危害人体健康物质的食品,或者用回收食品作为原料生产的食品;

(二)致病性微生物,农药残留、兽药残留、生物毒素、重金属等污染物质以及其他危害人体健康的物质含量超过食品安全标准限量的食品、食品添加剂、食品相关产品;

(三)用超过保质期的食品原料、食品添加剂生产的食品、食品添加剂;

(四)超范围、超限量使用食品添加剂的食品;

(五)营养成分不符合食品安全标准的专供婴幼儿和其他特定人群的主辅食品;

(六)腐败变质、油脂酸败、霉变生虫、污秽不洁、混有异物、掺假掺杂或者感官性状异常的食品、食品添加剂;

(七)病死、毒死或者死因不明的禽、畜、兽、水产动物肉类及其制品;

(八)未按规定进行检疫或者检疫不合格的肉类,或者未经检验或者检验不合格的肉类制品;

(九)被包装材料、容器、运输工具等污染的食品、食品添加剂;

(十)标注虚假生产日期、保质期或者超过保质期的食品、食品添加剂;

(十一)无标签的预包装食品、食品添加剂;

(十二)国家为防病等特殊需要明令禁止生产经营的食品;

(十三)其他不符合法律、法规或食品安全标准的食品、食品添加剂、食品相关产品。"所以A项说法正确。

《食品安全法》第148条第2款:"生产不符合食品安全标准的食品或者经营明知是不符合食品安全标准的食品,消费者除要求赔偿损失外,还可以向生产者或者经营者要求支付价款十倍或者损失三倍的赔偿金;增加赔偿的金额不足一千元的,为一千元。"

对于从事食品经营的商家来讲,只要其提供的食品出现缺陷,给消费者造成损失了,就应当承担相应的赔付及惩罚性赔偿责任,所以C、D的说法正确。

因为食品药品关乎消费者的生命健康,所以在《最高人民法院关于审理食品药品纠纷案件适用法律若干问题的规定》中第3条:"因食品、药品质量问题发生纠纷,**购买者向生产者、销售者主张权利,生产者、销售者以购买者明知食品、药品存在质量问题而仍然购买为由进行抗辩的,人民法院不予支持。**"所以在食品领域,支持了"知假买假"情形下消费者的保护原则。所以B错误。

【评价及预测】食品安全领域的责任是考试的重点,考生要掌握经营者应当承担的一般性赔偿责任和惩罚性赔偿责任。尤其是《食品安全法》与《消费者权益保护法》及相关司法解释的综合适用。

3. 某企业明知其产品不符合食品安全标准,仍予以销售,造成消费者损害。关于该企业应承担的法律责任,下列哪一说法是错误的?(2010-1-25)

A. 除按消费者请求赔偿实际损失外,并消费者要求支付所购食品价款十倍的赔偿金
B. 应当承担民事赔偿责任和缴纳罚款、罚金的,优先支付罚款、罚金
C. 可能被采取的强制措施种类有责令改正、警告、停产停业、没收、罚款、吊销许可证
D. 如该企业被吊销食品生产许可证,其直接负责的主管人员五年内不得从事食品生产经营管理工作

答案( )①

【考点】食品安全责任

【设题陷阱与常见错误分析】为了更好地保证食品安全,《食品安全法》对食品安全的法律责任规定了一系列特别的规定,生产或销售不符合食品安全标准食品的十倍赔偿制度,民事责任优先制度,责任主体禁止从业制度,包括被吊销食品生产、流通或者餐饮服务许可证的单位,直接负责人员五年禁止从业;受到刑事处分或开除处分的食品检验机构人员,自刑罚执行完毕或处分决定之日起禁止从业10年。考生如果对相关法律规定不够熟悉,容易错选答案。

【解析】根据《食品安全法》第148条:"生产不符合食品安全标准的食品或者经营明知是不符合食品安全标准的食品,消费者除要求赔偿损失外,还可以向生产者或者经营者要求支付价款十倍或者**损失三倍**的赔偿金;增加赔偿的金额不足一千元的,为一千元。但是,食品的标签、说明书存在不影响食品安全且不会对消费者造成误导的瑕疵的除外。"所以A正确。

第147条:"违反本法规定,造成人身、财产或者其他损害的,依法承担赔偿责任。**生产经营者财产不足以同时承担民事赔偿责任和缴纳罚款、罚金时,先承担民事赔偿责任**"所以B错误。

结合《食品安全法》中对有明知过错的食品经营者的处罚措施,C正确。

第135条:"被吊销许可证的食品生产经营者及其法定代表人、直接负责的主管人员和其他直接责任人员自处罚决定作出之日起**五年内不得申请食品生产经营许可**,或者从事食品生产经营管理工作、担任食品生产经营企业食品安全管理人员。"D正确。

【评价及预测】食品安全的责任制度,考生需要熟悉相关法条的内容,尤其针对相关主体的禁止从业制度,要区分生产经营者和食品检验机构人员,禁止从业的期限要求不同。

第三章 金融法

本章考查情况统计表

考点	考查次数	考查年份	大致分值	考查概率/%
接管和破产	5	3	8	33
商业银行贷款及其他业务基本规则	3	2	4	22
商业银行的设立和组织结构	2	1	4	11
央行的监管职责	1	1	2	11
银监会监督管理措施	3	3	6	33
银监会监管职责	4	2	8	22

参考答案:①B

考点 1　商业银行贷款及其他业务基本规则

1. 某商业银行通过同业拆借获得一笔资金。关于该拆入资金的用途,下列哪一选项是违法的?（2014 - 1 - 28）

A. 弥补票据结算的不足

B. 弥补联行汇差头寸的不足

C. 发放有担保的短期固定资产贷款

D. 解决临时性周转资金的需要

答案（　①　）

【考点】同业拆借

【设题陷阱与常见错误分析】本题考查了银行之间同业拆借的问题。只针对一个法条设计题目,难度不大,关键是考生需要分清楚银行之间的借贷跟普通人之间的借贷,在制度层面是有很大差异的。

【解析】《商业银行法》第46条:"同业拆借,应当遵守中国人民银行的规定。**禁止利用拆入资金发放固定资产贷款或者用于投资。**

拆出资金限于交足存款准备金、留足备付金和归还中国人民银行到期贷款之后的闲置资金。拆入资金用于**弥补票据结算、联行汇差头寸的不足和解决临时性周转资金的需要。**"所以 C 项为拆入资金禁止的用途,答案为 C。

> 【评价及预测】考生对于同业拆借要明确两点内容:
> 1. 拆出资金的范围必须是闲置资金,即交足存款准备金、留足备付金、归还央行到期贷款之后的闲置资金。
> 2. 拆入资金的用途:只能是(1)弥补票据结算;(2)联行汇差头寸的不足;(3)解决临时性周转资金的需要。禁止利用拆借资金发放固定资产贷款(无论是否有担保)或用于投资(无论长期还是短期)。

2. 某市商业银行2010年通过实现抵押权取得某大楼的所有权,2013年卖出该楼获利颇丰。2014年该银行决定修建自用办公楼,并决定入股某知名房地产企业。该银行的下列哪些做法是合法的?（2014 - 1 - 69）

A. 2010 年实现抵押权取得该楼所有权

B. 2013 年出售该楼

C. 2014 年修建自用办公楼

D. 2014 年入股某房地产企业

答案（　②　）

【考点】商业银行的业务

【设题陷阱与常见错误分析】本题对商业银行的投资业务进行了考查。《商业银行法》对商业

参考答案:①C　②AC

银行的投资业务做了严格的限制,商业银行不得在我国境内从事信托投资和证券经营业务,不得投资于非自用不动产和非银行金融机构的企业投资;商业银行因行使抵押权、质权而取得的不动产或股权,应当自取得之日起2年之内处分。考生如果不熟悉这些规定,容易选错答案。

【解析】《商业银行法》第42条:"借款人应当按期归还贷款的本金和利息。

借款人到期不归还担保贷款的,商业银行依法享有要求保证人归还贷款本金和利息或者就该担保物优先受偿的权利。**商业银行因行使抵押权、质权而取得的不动产或者股权,应当自取得之日起二年内予以处分。**"银行取得抵押、质押的不动产或股权是正确的,但最多在2年内处分掉,所以A正确;B错误。

第43条:"商业银行在中华人民共和国境内不得从事信托投资和证券经营业务,**不得向非自用不动产投资**或者向非银行金融机构和企业投资,但国家另有规定的除外。"所以银行投资自用不动产办公楼是合法的,C正确;但向非金融类的房地产公司投资是非法的,D错误。

【评价及预测】为了保证银行运行的安全,《商业银行法》对银行的投资业务作出诸多的限制,这也是近年来考试的重点。包括2015年5月1日起生效的《存款保险条例》都是为了保证存款人利益的手段和措施。

3. 根据现行银行贷款制度,关于商业银行贷款,下列哪一说法是正确的?(2013-1-29)
  A. 商业银行与借款人订立贷款合同,可采取口头、书面或其他形式
  B. 借款合同到期未偿还,经展期后到期仍未偿还的贷款,为呆账贷款
  C. 政府部门强令商业银行向市政建设项目发放贷款的,商业银行有权拒绝
  D. 商业银行对关系人提出的贷款申请,无论是信用贷款还是担保贷款,均应予拒绝

答案(　　)①

【考点】商业银行贷款制度

【设题陷阱与常见错误分析】本题容易混淆的地方在于对于商业银行的各项不良贷款的具体情况不熟悉,另外,混淆关系人贷款和人情贷款之间的关系。

【解析】《商业银行法》第37条:"**商业银行贷款,应当与借款人订立书面合同。**合同应当约定贷款种类、借款用途、金额、利率、还款期限、还款方式、违约责任和双方认为需要约定的其他事项。"A项的口头形式错误。

呆账是指已过偿付期限,经催讨尚不能收回,长期处于呆滞状态,有可能成为坏账的应收款项,B项只是逾期贷款不是呆账贷款,错误。

商业银行是独立的法人,自主经营、自负盈亏,政府部分不能强行干预,C正确。

第40条:"**商业银行不得向关系人发放信用贷款;向关系人发放担保贷款的条件不得优于其他借款人同类贷款的条件。**"D错。

【评价及预测】本题主要考查的两个考点,未来涉考性也很强,需要考生掌握:
1. 商业银行的不良贷款
(1)呆账贷款,是指按财政部有关规定确认为无法偿还,而列为呆账的贷款;

参考答案:①C

(2) 呆滞贷款,是指按财政部有关规定,逾期(含展期后到期)超过2年仍未归还的贷款,或虽未逾期或逾期不满规定年限但生产经营已经终止、项目已经停建的贷款(不含呆帐贷款);

(3) 逾期贷款,借款合同约定到期(含展期后到期)未归还的贷款(不含呆滞贷款和呆账贷款)。

2. 关系人贷款制度

(1) 关系人的范围:

①商业银行的董事、监事、管理人员、信贷业务人员及其近亲属;

②前项所列人员投资或者担任高级管理职务的公司、企业和其他经济组织。

(2) 关系人贷款的限制,只允许向关系人发放担保贷款,不能发放信用贷款。且担保贷款的条件不得优于其他同类贷款人的条件,即不能发放人情贷款。

考点2 银监会监管职责

1. 某商业银行决定推出一批新型理财产品,但该业务品种在已获批准的业务范围之外。该银行在报批的同时要求下属各分行开展试销。对此,下列哪些选项是正确的?(2013-1-68)

A. 该业务品种应由中国银监会审批

B. 该业务品种应由中国人民银行审批

C. 因该业务品种在批准前即进行试销,有关部门有权对该银行进行处罚

D. 该业务品种在批准前进行的试销交易为效力待定的民事行为

答案()①

【考点】 银监会的监管职责

【设题陷阱与常见错误分析】 银监会及央行的权限划分是本题最大的难点。考生需要明确新的业务品种的审批应当划归银监会的审批范围之内。

【解析】《银行业监督管理法》第16条:"**国务院银行业监督管理机构**依照法律、行政法规规定的条件和程序,**审查批准银行业金融机构**的设立、变更、终止以及业务范围。"题干中描述的情形为新增业务范围,属于银监会的监管范围,A 正确,B 错误。

第45条:"银行业金融机构有下列情形之一,由**国务院银行业监督管理机构责令改正**,有违法所得的,没收违法所得,违法所得五十万元以上的,并处违法所得一倍以上五倍以下罚款;没有违法所得或者违法所得不足五十万元的,处五十万元以上二百万元以下罚款;情节特别严重或者逾期不改正的,可以责令停业整顿或者吊销其经营许可证;构成犯罪的,依法追究刑事责任:

(一)未经批准设立分支机构的;

(二)未经批准变更、终止的;

(三)违反规定从事未经批准或者未备案的业务活动的;……"

C 正确,D 错误。

【评价及预测】 央行和银监会的权限划分是金融法体系涉考性最强的一个考点,笔者总结如下,考生需要掌握:

参考答案:①AC

项目	银行业监督管理机构	中国人民银行
事务属性	银监会主要就银行业金融机构的行政性事务监管	央行主要执行货币政策
单独查处事项（组织机构的监管）	1. 未经批准设立分支机构；分立；合并；变更；终止的； 2. 未经任职资格审查任命董事、高级管理人员的； 3. 严重违反审慎经营规则的； 4. 出租、出借经营许可证的； 5. 将单位的资金以个人名义开立账户存储的； 6. 未按照规定进行信息披露的； 7. 违反规定从事未经批准或者未备案的业务活动的； 8. 违反商行法43条业务限制的；违法提供贷款的； 9. 未经批准购买商业银行股份总额5%以上的； 10. 未经批准在名称中使用"银行"字样的	违反规定同业拆借的
均有权查处事项	提供虚假的或者隐瞒重要事实的财务会计报告、报表和统计报表的	
容易混淆事项	未经批准买卖政府债券或者发行、买卖金融债券的	未经批准在银行间债券市场发行、买卖金融债券或者到境外借款的
	拒绝或者阻碍非现场监管或者现场检查的	拒绝或者阻碍中国人民银行检查监督的
	违反规定提高或者降低存款利率、贷款利率的	未按照中国人民银行规定的比例交存存款准备金的

2. 李大伟是M城市商业银行的董事，其妻张霞为S公司的总经理，其子李小武为L公司的董事长。2009年9月，L公司向M银行的下属分行申请贷款1000万元。其间，李大伟对分行负责人谢二宝施加压力，令其按低于同类贷款的优惠利息发放此笔贷款。L公司提供了由保证人陈富提供的一张面额为2000万元的个人储蓄存单作为贷款质押。贷款到期后，L公司无力偿还，双方发生纠纷。根据《商业银行法》的规定，请回答下列问题。

(1) 关于M银行向L公司发放贷款的行为，下列判断正确的是？（2011-1-92）
A. L公司为M银行的关系人，依照法律规定，M银行不得向L公司发放任何贷款
B. L公司为M银行的关系人，依照法律规定，M银行可以向L公司发放担保贷款，但不得提供优于其他借款人同类贷款的条件
C. 该贷款合同无效
D. 该贷款合同有效

答案(①)

【考点】关系人贷款

【设题陷阱与常见错误分析】本题考查了关系人贷款的规则，难点在于，如果商业银行违法向关系人发放了人情贷款，该贷款合同效力如何？《商业银行法》只是规范商业银行的行为，并不规范商

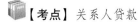
参考答案：①BD

业银行与贷款人之间的合同效力问题。商业银行违反《商业银行法》的规定向关系人发放贷款,应承担行政或刑事责任,但不影响贷款合同的效力。贷款合同只要符合《合同法》规定的生效要件,则合同有效。考生如果对这一问题理解不够透彻,容易错选答案。

📖【解析】《商业银行法》第40条:"商业银行**不得向关系人发放信用贷款;向关系人发放担保贷款的条件不得优于其他借款人同类贷款的条件。**"所以A错误;B正确。

《合同法》第52条:"有下列情形之一的,合同无效:

(一)一方以欺诈、胁迫的手段订立合同,损害国家利益;

(二)恶意串通,损害国家、集体或者第三人利益;

(三)以合法形式掩盖非法目的;

(四)损害社会公共利益;

(五)违反法律、行政法规的强制性规定。"《商业银行法》虽然禁止商业银行以优于其他同类贷款人的条件向关系人发放担保贷款,但如果商业银行违法发放了人情贷款,贷款合同是有效的。M银行向L公司的贷款合同符合《合同法》的生效条件,应当为有效,D正确,C错误。

> 💬【评价及预测】关系人贷款的重复考查。另外,考生需要关注商业银行违法向关系人发放贷款,只会带来行政或刑事责任的追究,并不影响贷款合同的效力。

(2)关于李大伟在此项贷款交易中的行为,下列判断正确的是:(2011-1-93)

A. 李大伟强令下属机构发放贷款,是《商业银行法》禁止的行为
B. 该贷款合同无效,李大伟应当承担由合同无效引起的一切损失
C. 该贷款合同有效,李大伟应当承担因不正当优惠条件给银行造成的包括利息差额在内的损失
D. 分行负责人谢二宝也应当承担相应的赔偿责任

📖 答案(　　　)①

📚【考点】违法发放贷款的责任承担

👤【设题陷阱与常见错误分析】结合上一题的解析,确认该贷款合同为有效合同。但是毕竟存在商业银行违法发放贷款的行为,根据《商业银行法》应当追究相关主体的责任。

📖【解析】《商业银行法》第41条:"任何单位和个人不得强令商业银行发放贷款或者提供担保。商业银行有权拒绝任何单位和个人强令要求其发放贷款或者提供担保。"所以A正确。

第88条:"单位或者个人强令商业银行发放贷款或者提供担保的,应当对直接负责的主管人员和**其他直接责任人员或者个人给予纪律处分**;造成**损失**的,应当承担**全部或者部分赔偿责任**。

商业银行的工作人员对单位或者个人强令其发放贷款或者提供担保未予拒绝的,应当给予纪律处分;造成**损失**的,应当承担相应的**赔偿责任**。"所以C、D正确。

> 💬【评价及预测】考生需要明确:商业银行违法发放贷款,相关主体应根据《商业银行法》的规定承担行政或刑事责任,与合同的有效与否没有直接的关系。

(3)现查明,保证人陈富为S公司财务总监,其用于质押的存单是以S公司的资金办理的存储。并查

参考答案:①ACD

明,L 公司取得贷款后,曾向 S 公司管理层支付 50 万元报酬。对此,下列判断正确的是:(2011-1-94)

A. S 公司公款私存,是我国银行法禁止的行为
B. S 公司公款私存,只是一般的财务违纪行为
C. S 公司管理层获取的 50 万元报酬应当由银监会予以收缴
D. S 公司管理层获取的 50 万元报酬应当归 S 公司所有

【考点】 银行业务规则

【答案】①

【设题陷阱与常见错误分析】《商业银行法》明确禁止了公款私存的行为,并对该行为规定了相应的责任。考生如果不熟悉相关法律规定,容易错选答案。

【解析】《商业银行法》第 48 条:"企业事业单位可以自主选择一家商业银行的营业场所开立一个办理日常转账结算和现金收付的基本账户,不得开立两个以上基本账户。

任何单位和个人不得将单位的资金以个人名义开立账户存储。"所以公款私存是《商业银行法》明确禁止的行为,不是一般的财务违纪,所以 A 正确,B 错误。

第 79 条:"有下列情形之一,由**国务院银行业监督管理机构**责令改正,**有违法所得的,没收违法所得**,违法所得五万元以上的,并处违法所得一倍以上五倍以下罚款;没有违法所得或者违法所得不足五万元的,处五万元以上五十万元以下罚款:

(一)未经批准在名称中使用'银行'字样的;
(二)未经批准购买商业银行股份总额百分之五以上的;
(三)**将单位的资金以个人名义开立账户存储的**。" S 公司公款私存,有违法所得 50 万元,应当由银监会没收,所以 C 项正确,D 项错误。

【评价及预测】提醒考生注意:银行的对公业务和对私业务是两套并行的体系,彼此不发生交叉。对于公款私存的情形是坚决禁止的,并且会追究相关的责任。

3. 下列哪一选项不属于国务院银行业监督管理机构职责范围?(2010-1-26)
A. 审查批准银行业金融机构的设立、变更、终止以及业务范围
B. 受理银行业金融机构设立申请或者资本变更申请时,审查其股东的资金来源、财务状况、诚信状况等
C. 审查批准或者备案银行业金融机构业务范围内的业务品种
D. 接收商业银行交存的存款准备金和存款保险金

【答案】②

【考点】 银监会的监管范围

【设题陷阱与常见错误分析】2003 年银监会成立后,原来央行的监管职能剥离出来给银监会,重构了银行业的监督管理体系。《银行业监督管理法》和《中国人民银行法》对二者的职责做了相对清晰的界定。银监会主要履行银行业的监督管理职责,央行的主要职责在于货币政策的制定与执行。考生如果对央行和银监会的职责不熟悉,对相关法条记忆不准确,容易错选答案。

参考答案:①AC ②D

【解析】《银行业监督管理法》第16条:"国务院银行业监督管理机构依照法律、行政法规规定的条件和程序,审查批准银行业金融机构的**设立、变更、终止以及业务范围**。"故A选项属于银监会的职责范围,不当选。

第17条:"申请**设立银行业金融机构**,或者银行业金融机构**变更**持有资本总额或者股份总额达到规定比例以上的股东的,**国务院银行业监督管理机构**应当对股东的**资金来源、财务状况、资本补充能力和诚信状况**进行**审查**。"故B选项属于银监会的职责范围,不当选。

第18条:"银行业金融机构业务**范围内**的业务品种,应当按照规定**经国务院银行业监督管理机构审查批准或者备案**。需要审查批准或者备案的业务品种,由国务院银行业监督管理机构依照法律、行政法规作出规定并公布。"故C选项属于银监会的职责范围,不当选。

《中国人民银行法》第23条第1款第(一)项:"中国人民银行为执行货币政策,可以运用下列货币政策工具:(一)**要求银行业金融机构按照规定的比例交存存款准备金**……;"故D选项,存准备金的接收属于央行的职责范围,存款保险金的接收属于保险公司的权限,均不属于银监会的职责范围,当选。

【评价及预测】央行和银监会的权限划分的重复考查。

考点3 银监会监督管理措施

1. 陈某在担任某信托公司总经理期间,该公司未按照金融企业会计制度和公司财务规则严格管理和审核资金使用,违法开展信托业务,造成公司重大损失。对此,陈某负有直接管理责任。关于此事,下列哪些说法是正确的?(2016-1-72)

A. 该公司严重违反审慎经营规则
B. 银监会可责令该公司停业整顿
C. 国家工商总局可吊销该公司的金融许可证
D. 银监会可取消陈某一定期限直至终身的任职资格

答案()①

【考点】银监会监管权限

【设题陷阱与常见错误分析】本题首先需要确认信托公司也属于银监会的监管范围,违反审慎经营的规则,如果涉嫌个人责任的,银监会对机构和个人都有权处罚。另外综合考查了金融许可证这一专业问题。金融许可证是指中国银行业监督管理委员会(以下简称银监会)依法颁发的特许金融机构经营金融业务的法律文件。金融许可证的颁发、更换、扣押、吊销等由银监会依法行使,其他任何单位和个人不得行使上述职权。

【解析】《银行业监督管理法》第2条第3款:"对在中华人民共和国境内设立的金融资产管理公司、**信托投资公司**、财务公司、金融租赁公司以及经国务院银行业监督管理机构批准设立的其他金融机构的监督管理,适用本法对银行业金融机构监督管理的规定。"

信托公司也属于银监会的监管范围,该信托公司,违法开展信托业务,明显违反审慎经营的规则,银监会可以对其停业整顿,A、B正确。

参考答案:①ABD

第48条第3款:"银行业金融机构违反法律、行政法规以及国家有关银行业监督管理规定的,银行业监督管理机构除依照本法第四十三条至第四十六条规定处罚外,还可以区别不同情况,采取下列措施:……(三)取消直接负责的董事、高级管理人员一定期限直至终身的任职资格,禁止直接负责的董事、高级管理人员和其他直接责任人员一定期限直至终身从事银行业工作。……"所以D正确。

金融许可证是指中国银行业监督管理委员会(以下简称银监会)依法颁发的特许金融机构经营金融业务的法律文件。所以吊销也应该由银监会来实施,不应该是工商总局,所以C项错误。

> 【评价及预测】银监会针对监管对象机构及人员的监管权限近年来成为考查的热点,考生需要对相关法条内容做充分且细致的理解。

2. 某商业银行违反审慎经营规则,造成资本和资产状况恶化,严重危及稳健运行,损害存款人和其他客户合法权益。对此,银行业监督管理机构对该银行依法可采取下列哪些措施?(2013-1-69)

A. 限制分配红利和其他收入

B. 限制工资总额

C. 责令调整高级管理人员

D. 责令减员增效

答案(　　)①

【考点】商业银行监管措施

【设题陷阱与常见错误分析】银行业金融机构违反审慎经营规则的,法律所规定的强制整改制度的对象是银行及其责任人,整改的目的是提高商业银行的资产质量,因此不属于此范围的措施皆不是本题的正确选项。当然,如果考生对相关法条的内容非常熟悉,也能轻松应对此题。

【解析】《银行业监督管理法》第37条:"银行业金融机构违反审慎经营规则的,**国务院银行业监督管理机构或者其省一级派出机构应当责令限期改正**;逾期未改正的,或者其行为严重危及该银行业金融机构的稳健运行、损害存款人和其他客户合法权益的,经国务院银行业监督管理机构或者其省一级派出机构负责人批准,可以区别情形,采取下列措施:

(一)责令暂停部分业务、停止批准开办新业务;

(二)**限制分配红利和其他收入**;

(三)限制资产转让;

(四)责令控股股东转让股权或者限制有关股东的权利;

(五)**责令调整董事、高级管理人员或者限制其权利**;

(六)停止批准增设分支机构。"

所以只有A、C正确。

> 【评价及预测】现在的命题趋势越来越倾向于立足法条的基础,灵活设置题目选项,考生需要在理解的基础上作答。所以对于银行的监督管理措施,考生尽量熟悉法条的内容,同时对于其立法目的和法理背景也须做理解,这样有利于提高答题的准确性。

参考答案:①AC

3. 根据《银行业监督管理法》,国务院银行业监督管理机构有权对银行业金融机构的信用危机依法进行处置。关于处置规则,下列哪一说法是错误的?(2012-1-29)

A. 该信用危机必须已经发生

B. 该信用危机必须达到严重影响存款人和其他客户合法权益的程度

C. 国务院银行业监督管理机构可以依法对该银行业金融机构实行接管

D. 国务院银行业监督管理机构也可以促成其机构重组

答案（　　）①

【考点】银监会的监督管理措施

【设题陷阱与常见错误分析】本题主要针对银行业金融机构出现信用危机的情况下,银监会可以采取的措施,包括了接管、托管、重组等。考生容易混淆的是,银监会实施接管、重组等措施并不是以商业银行信用危机的实际发生为前提,而只要求具有发生信用危机的可能性,但对于存款人或其他客户权益的严重影响是法定的前提要求。如果不能分清楚这一点,容易错选答案。

【解析】《银行业监督管理法》第38条:"银行业金融机构**已经**或者**可能发生**信用危机,**严重影响存款人和其他客户合法权益的**,国务院银行业监督管理机构可以依法对该银行业金融机构**实行接管**或者**促成机构重组**,接管和机构重组依照有关法律和国务院的规定执行。"据此,B、C、D正确,A项信用危机可以是已经或者可能发生,故错误。

【评价及预测】《银行业监督管理法》规定了银监会对于银行业金融机构的监督管理措施,提醒考生注意:强制信息披露制度,强制整改措施,接管,重组与撤销,冻结账户等细节。

4. 银行业监督管理机构依法对银行业金融机构进行检查时,经设区的市一级以上银行业监督管理机构负责人批准,可以对与涉嫌违法事项有关的单位和个人采取下列哪些措施?(2010-1-70)

A. 询问有关单位或者个人,要求其对有关情况作出说明

B. 查阅、复制有关财务会计、财产权登记等文件与资料

C. 对涉嫌转移或者隐匿违法资金的账户予以冻结

D. 对可能被转移、隐匿、毁损或者伪造的文件与资料予以先行登记保存

答案（　　）②

【考点】银行业监督管理措施

【设题陷阱与常见错误分析】《商业银行法》对银监会的监管措施做了比较详尽的规定,包括信息披露,强制整改,接管,重组与撤销,冻结账户等。考生容易混淆的事项是冻结账户的措施,银监会不能自行采取此措施,需要申请司法机关予以冻结。考生如果没有关注到这一点,容易错选答案。

【解析】《银行业监督管理法》第42条第1款:"银行业监督管理机构依法对银行业金融机构进行检查时,经设区的市一级以上银行业监督管理机构负责人批准,可以对与涉嫌违法事项有关的单位和个人采取下列措施:

(一)询问有关单位或者个人,要求其对有关情况作出说明;

(二)查阅、复制有关财务会计、财产权登记等文件、资料;

参考答案:①A　②ABD

(三)对可能被转移、隐匿、毁损或者伪造的文件、资料,予以先行登记保存。"可见,ABD 选项符合法律规定,当选。而对涉嫌转移或者隐匿违法资金的账户进行冻结只能申请司法机关进行,C 选项不当选。

> 【评价及预测】本题再次考查了银监会的监管措施,主要针对强制信息披露和冻结账户设计题目。考生需要注意:强制信息披露包括了获取财务资料、现场检查、询问制度、信息披露制度等内容。冻结账户需要申请司法机关来进行。

考点4 接管和破产

1. 某城市商业银行在合并多家城市信用社的基础上设立,其资产质量差,经营队伍弱,长期以来资本充足率、资产流动性、存贷款比例等指标均不能达到监管标准。

(1) 某日,该银行行长卷款潜逃。事发后,大量存户和票据持有人前来提款。该银行现有资金不能应付这些提款请求,又不能由同行获得拆借资金。根据相关法律,下列判断正确的是?(2009-1-95)

A. 该银行即将发生信用危机
B. 该银行可以由中国银监会实行接管
C. 该银行可以由中国人民银行实施托管
D. 该银行可以由当地人民政府实施机构重组

答案()①

【考点】 商业银行的接管

【设题陷阱与常见错误分析】 本题在认定商业银行的信用危机方面具有一定的灵活性。商业银行的信用危机主要表现为:商业银行不能应付存款人的提款,不能清偿到期债务,同业拒绝拆借资金,原客户及市场普遍拒绝其服务。本题中已经出现了不能应付存款人提款,且同行拒绝拆借,所以已经发生信用危机而非即将发生信用危机。商业银行的接管、托管、促成重组的机构都是银监会,而非央行或其他机构,考生如未能关注到的话,容易错选答案。

【解析】《商业银行法》第 64 条:"商业银行**已经或者可能发生信用危机**,严重影响存款人的利益时,国务院银行业监督管理机构可以对该银行实行**接管**。"所以 B 正确;C 错误。

该银行已经发生信用危机不是即将发生,所以 A 错误。

《银行业监督管理法》第 38 条:"银行业金融机构**已经或**可能发生信用危机,严重影响存款人和**其他客户合法权益的**,国务院银行业监督管理机构可以依法对该银行业金融机构实行**接管**或者促成机构**重组**,接管和机构重组依照有关法律和国务院的规定执行。"所以 D 错误。

> 【评价及预测】商业银行的接管考生需要掌握以下几点:
> 1. 接管的前提是商业银行已经或可能发生信用危机,严重影响存款人及其他客户的利益;

参考答案:①B

2. 由银监会决定并负责实施接管；
3. 接管的期限一般为一年,最长不超过两年；
4. 接管不是破产的必经程序。

(2) 在作出对该银行的行政处置决定后,负责处置的机构对该银行的人员采取了以下措施,其中符合法律规定的是？（2009-1-96）

A. 对该行全体人员发出通知,要求各自坚守岗位,认真履行职责

B. 该行副行长邱某、薛某持有出境旅行证件却拒不交出。对此,通知出境管理机关阻止其出境

C. 该行董事范某欲抛售其持有的一批股票。对此,申请司法机关禁止其转让股票

D. 该行会计师佘某欲将自己的一处房屋转让给他人。对此,通知房产管理部门停止办理该房屋的过户登记

答案(①)

【考点】 接管机构的职权

【设题陷阱与常见错误分析】 银监会接管商业银行后,有权对直接负责的董事、高级管理人员和其他直接责任人员,采取限制其行为的措施。包括两类措施:一是通知出入境管理机关阻止其出境,二是申请司法机关禁止其处分财产。考生容易混淆的是 D 项,银监会无权直接通知房管部门停止房屋过户,而应该申请司法机关进行。

【解析】《银行业监督管理法》第39条:"银行业金融机构**被接管、重组或者被撤销的**,国务院**银行业监督管理机构**有权要求该银行业金融机构的董事、高级管理人员和其他工作人员,按照国务院银行业监督管理机构的要求履行职责。

在接管、机构重组或者撤销清算期间,经国务院银行业监督管理机构负责人批准,对直接负责的董事、高级管理人员和其他直接责任人员,可以采取下列措施:

(一)直接负责的董事、高级管理人员和其他直接责任人员出境将对国家利益造成重大损失的,**通知出境管理机关依法阻止其出境**；

(二)**申请司法机关禁止其转移、转让财产或者对其财产设定其他权利**。"

所以 B、C 正确；D 项会计师佘某不在受限制的"董事、高级管理人员或直接责任人员"之列,且银监会无权直接通知房产管理部门停止房屋的过户登记,所以错误；A 项作为题中之意,应选。

【评价及预测】 接管期间,银监会有权针对直接负责的董事、高管及其他直接责任人员采取的措施是常考的考点,考生需要关注,尤其是禁止处分财产,银监会不能直接进行,必须申请司法机关介入。

(3) 经采取处置措施,该银行仍不能在规定期限内恢复正常经营能力,且资产情况进一步恶化,各方人士均认为可适用破产程序。如该银行申请破产,应当遵守的规定是？（2009-1-97）

A. 该银行应当证明自己已经不能支付到期债务,且资产不足以清偿全部债务

B. 该银行在提出破产申请前应当成立清算组

参考答案：①ABC

C. 该银行在向法院提交破产申请前应当得到中国银监会的同意
D. 该银行在向法院提交破产申请时应当提交债务清偿方案和职工安置方案

答案(　　)

【考点】商业银行破产

【设题陷阱与常见错误分析】商业银行的破产原因和普通企业法人的破产原因并不相同,根据《企业破产法》的规定,普通企业法人的破产原因包括"不能清偿到期债务,并且资产不足以清偿全部债务或明显缺乏清偿能力",而《商业银行法》规定的商业银行破产只需要"不能清偿到期债务",考生如果不熟悉两部法律之间的差异,容易错选A项。

鉴于商业银行的终止关乎金融市场的稳定及广大债权人的利益,所以其终止需要银监会的批准,考生需要关注到这一点。

另外,根据《企业破产法》的规定,债务人申请破产的,要向法院提交职工安置方案,并不要求提供债务清偿方案,此法条的细节考生如果注意不到,会错选D项。

【解析】《商业银行法》第71条:"**商业银行不能支付到期债务,经国务院银行业监督管理机构同意,由人民法院依法宣告其破产**。商业银行被宣告破产的,由人民法院组织国务院银行业监督管理机构等有关部门和有关人员成立清算组,进行清算。"所以C正确。

商业银行的破产原因只需要表面资不抵债,即"不能支付到期债务",所以A错误。

清算组是人民法院宣告银行破产时,组织成立的,B错误。

《企业破产法》第8条:"向人民法院提出破产申请,应当提交破产申请书和有关证据。

破产申请书应当载明下列事项:

(一)申请人、被申请人的基本情况;

(二)申请目的;

(三)申请的事实和理由;

(四)人民法院认为应当载明的其他事项。

债务人提出申请的,还应当向人民法院提交财产状况说明、债务清册、债权清册、有关财务会计报告、**职工安置预案**以及职工工资的支付和社会保险费用的缴纳情况。"所以商业银行提交破产申请时需要提交职工安置方案并不要求提交债务清偿方案,D错误。

【评价及预测】本题结合《商业银行法》和《破产法》对比了商业银行和普通企业法人破产的区别点,有一定的难度。但涉考性很强,针对此考点,笔者总结如下,提醒考生掌握。

区别点	商业银行	其他企业法人
破产原因	既定表面事实:不能支付到期债务	既定表面+实质事实:不能支付到期债务+资产不足以清偿全部债务或者明显缺乏清偿能力 或然事实:出现破产原因或者明显丧失清偿能力可能可以重整
是否需要审批	需要银监会的同意	不需要上级主管部门的批准同意

参考答案:①C

续表

区别点	商业银行	其他企业法人
破产管理人	人民法院组织国务院银行业监督管理机构等有关部门和有关人员成立清算组	人民法院指定具有相应能力和中立性的组织或个人
清偿顺序	个人储蓄存款本金和利息具有特殊地位,仅次于职工工资和劳动保险费用	按破产清偿顺序清偿

考点5 央行的监管职责

商业银行出现下列哪些行为时,中国人民银行有权建议银行业监督管理机构责令停业整顿或吊销经营许可证?（2010-1-69）

A. 未经批准分立、合并的
B. 未经批准发行、买卖金融债券的
C. 提供虚假财务报告、报表和统计报表的
D. 违反规定同业拆借的

答案()①

【考点】央行的监管范围

【设题陷阱与常见错误分析】央行和银监会根据各自的职责分工,对商业银行进行监管,央行主要负责货币政策的制定和执行,银监会主要负责对商业银行全面的监督管理。央行在行使自己的职责过程中,发现商业银行有严重的违法行为,认为应当责令商业银行停业整顿或吊销经营许可证的,有权向银监会提出建议。本题中有很大混淆性的是 B 项,未经批准发行、买卖金融债券的是银监会的监管权限,如果未经批准在银行间债券市场发行、买卖金融债券的则由银监会监管。考生需要关注到细节的内容。

【解析】《商业银行法》第76条:"商业银行有下列情形之一,由中国人民银行责令改正,有**违法所得的,没收违法所得**,违法所得五十万元以上的,并处违法所得一倍以上五倍以下罚款;没有违法所得或者违法所得不足五十万元的,处五十万元以上二百万元以下罚款;情节特别严重或者逾期不改正的,**中国人民银行可以建议国务院银行业监督管理机构责令停业整顿或者吊销其经营许可证**;构成犯罪的,依法追究刑事责任:

(一)**未经批准办理结汇、售汇的**;
(二)**未经批准在银行间债券市场发行、买卖金融债券或者到境外借款的**;
(三)**违反规定同业拆借的**。"

所以 D 正确。

B 项没有限定在银行间债券市场,所以错误,只有银行未经批准在银行间债券市场发行、买卖金融债券才构成此处罚措施的情形;

第77条:"商业银行有下列情形之一,由**中国人民银行责令改正**,并处二十万元以上五十万元以下

参考答案:①CD

罚款;情节特别严重或者逾期不改正的,中国人民银行可以建议国务院银行业监督管理机构责令停业整顿或者吊销其经营许可证;构成犯罪的,依法追究刑事责任:

(一)拒绝或者阻碍中国人民银行检查监督的;

(二)提供虚假的或者隐瞒重要事实的财务会计报告、报表和统计报表的;

(三)未按照中国人民银行规定的比例交存存款准备金的。"所以C正确。

第25条:"商业银行的分立、合并,适用《中华人民共和国公司法》的规定。

商业银行的分立、合并,应当经国务院银行业监督管理机构审查批准。"所以A项是银监会直接监管的内容,所以不选。

> 【评价及预测】本题对央行、银监会监管权限划分的重复考查,但综合性和难度都很高。

考点6 商业银行的设立和组织结构

1. 根据《商业银行法》,关于商业银行分支机构,下列哪些说法是错误的?（2012-1-66）
A. 在中国境内应当按行政区划设立
B. 经地方政府批准即可设立
C. 分支机构不具有法人资格
D. 拨付各分支机构营运资金额的总和,不得超过总行资本金总额的70%

答案( )①

【考点】商业银行分支机构

【设题陷阱与常见错误分析】本题针对商业银行的分支机构设计题目,考点简单,没有难度。考生容易混淆的是商业银行总行拨付分支机构的营运资金总额的上限应该是总行资本金总额的60%。

【解析】《商业银行法》第19条:"商业银行根据业务需要可以在中华人民共和国境内外设立分支机构。**设立分支机构必须经国务院银行业监督管理机构审查批准**。在中华人民共和国境内的分支机构,**不按行政区划设立**。商业银行在中华人民共和国境内设立分支机构,应当按照规定拨付与其经营规模相适应的营运资金额。**拨付各分支机构营运资金额的总和,不得超过总行资本金总额的百分之六十**。"据此,A、B、D项错误。

第22条:"商业银行对其分支机构实行全行统一核算,统一调度资金,分级管理的财务制度。**商业银行分支机构不具有法人资格**,在总行授权范围内依法开展业务,其民事责任由总行承担。"C项正确。

> 【评价及预测】商业银行的分支机构,与公司的分支机构具有很多的共同点,如不具有独立的法人地位。也有其自己独特的地方:不按行政区划设立;需要银监会批准才能设立;总行拨付的营运资金总额有法定上限规定,这些特殊的地方需要考生更加关注。

2. 根据《商业银行法》,关于商业银行的设立和变更,下列哪些说法是正确的?（2012-1-67）
A. 国务院银行业监督管理机构可以根据审慎监管的要求,在法定标准的基础上提高商业银行设立的注册资本最低限额

参考答案:①ABD

B. 商业银行的组织形式、组织机构适用《公司法》

C. 商业银行的分立、合并不适用《公司法》

D. 任何单位和个人购买商业银行股份总额5%以上的,应事先经国务院银行业监督管理机构批准

答案( )①

【考点】商业银行的设立、变更和组织结构

【设题陷阱与常见错误分析】商业银行属于企业法人,组织形式包括有限责任公司和股份有限公司,因此商业银行应该同时适用《商业银行法》和《公司法》;银监会对商业银行实施审慎监管的要求,在《商业银行法》的诸多法条中有所体现。诸如本题的A、D两项内容都属于此类要求。考生如不熟悉相关法条内容,容易选错答案。

【解析】《商业银行法》第13条第2款:"国务院银行业监督管理机构根据审慎监管的要求**可以调整注册资本最低限额,但不得少于前款规定的限额。**"由此,注册资本最低限额不得少于法定限额,可以高于法定限额。故A项"在法定标准的基础上提高"说法正确。

第17条第1款:"商业银行的**组织形式、组织机构适用《中华人民共和国公司法》**的规定。"所以B项正确。

第25条:"商业银行的**分立、合并,适用《中华人民共和国公司法》**的规定。商业银行的分立、合并,应当经国务院银行业监督管理机构审查批准。"所以C项错误。

第28条:"任何**单位和个人购买商业银行股份总额百分之五以上的**,应当**事先经国务院银行业监督管理机构批准**。"所以D项正确。

【评价及预测】银监会对商业银行审慎监管的措施,需要考生重点关注。

第四章 财税法

本章考查情况统计表

考点	考查次数	考查年份	大致分值	考查概率/%
个税申报	1	1	2	11
个税征缴	3	3	5	33
开征、停征税收的依据	1	1	2	11
纳税登记	1	1	1	11
纳税人权利	2	2	4	22
纳税申报	1	1	1	11
企业所得税适用范围	1	1	1	11
企业所得税税收优惠	3	3	5	33

参考答案:①ABD

续表

考点	考查次数	考查年份	大致分值	考查概率/%
审计法	2	2	3	22
税的种类	1	1	2	11
税收保障措施	4	3	7	33
账簿管理	1	1	2	11

第一节 税的种类

考点1 税的种类

关于税收优惠制度,根据我国税法,下列哪些说法是正确的?(2016-1-73)

A. 个人进口大量化妆品,免征消费税
B. 武警部队专用的巡逻车,免征车船税
C. 企业从事渔业项目的所得,可免征、减征企业所得税
D. 农民张某网上销售从其他农户处收购的山核桃,免征增值税

答案()①

【考点】各种税的优惠综合

【设题陷阱与常见错误分析】本题综合考查了消费税、车船税、企业所得税、增值税的优惠制度,综合性很强,尤其针对消费税和增值税相关的内容,考生如果不熟悉容易错选答案。

【解析】根据《消费税暂行条例》中的消费税税目,化妆品属于应纳税范围。第4条:"进口的应税消费品,于报关进口时纳税。"所以不能免纳,A错误。

《车船税法》第3条:"下列车船免征车船税:
(一)捕捞、养殖渔船;
(二)军队、武装警察部队专用的车船;
(三)警用车船;
(四)依照法律规定应当予以免税的外国驻华使领馆、国际组织驻华代表机构及其有关人员的车船。"所以B正确。

《企业所得税法》第27条:"企业的下列所得,可以免征、减征企业所得税:
(一)**从事农、林、牧、渔业项目的所得**;
(二)从事国家重点扶持的公共基础设施项目投资经营的所得;
(三)从事符合条件的环境保护、节能节水项目的所得;
(四)符合条件的技术转让所得;
(五)本法第三条第三款规定的所得。"所以C项正确。

《增值税暂行条例》第1条:"**在中华人民共和国境内销售货物**或者提供加工、修理修配劳务以及进口货物的单位和个人,为增值税的纳税人,应当依照本条例缴纳增值税。"所以销售货物,无论线上线下

参考答案:①BC

均属于增值税的纳税人,不能免纳,所以 D 项错误。

> **【评价及预测】** 税收优惠历来是税法考查的热点考点,而各类税的优惠综合考查是加大题目难度的手段,考生需要重点关注。

第二节 个人所得税法

考点1 个税征缴

1. 根据《个人所得税法》,关于个人所得税的征缴,下列哪一说法是正确的?(2016-1-29)

A. 自然人买彩票多倍投注,所获一次性奖金特别高的,可实行加成征收
B. 扣缴义务人履行代扣代缴义务的,税务机关按照所扣缴的税款付给 2% 的手续费
C. 在中国境内无住所又不居住的个人,在境内取得的商业保险赔款,应缴纳个人所得税
D. 夫妻双方每月取得的工资薪金所得可合并计算,减除费用 7000 元后的余额,为应纳税所得额

答案( )①

【考点】 个人所得税征缴

【设题陷阱与常见错误分析】 本题综合考查了个税征缴中的税率、免征额、征缴原则及优惠、代扣代缴机关的手续费等内容,难度较高。对于个税税率有两类:一是超额累进税率,二是比例税率。比例税率中有两类比较特殊的:劳务报酬一次性收入畸高的,可以加成征收;稿酬可以减征 30%。另外对于代收代缴、代扣代缴机关,税务机关按照扣缴税款的 2% 付手续费。考生需要清楚这些考点才能准确作答。

【解析】 根据《个人所得税法》第 3 条第 4、5 项:"四、劳务报酬所得,适用比例税率,税率为百分之二十。**对劳务报酬所得一次收入畸高的,可以实行加成征收**,具体办法由国务院规定。

五、特许权使用费所得,利息、股息、红利所得,财产租赁所得,财产转让所得,**偶然所得和其他所得,适用比例税率,税率为百分之二十。**"所以劳务报酬有加成征收的制度,彩票收入算作偶然所得,适用 20% 的比例税率,没有特例,所以 A 错误。

根据《财政部、国家税务总局、中国人民银行关于进一步加强代扣代收代征税款手续费管理的通知》第 2 条第 1 款:"'三代'(代收、代扣、代缴)税款手续费支付比例

(一)法律、行政法规规定的代扣代缴、代收代缴税款,税务机关按代扣、代收税款的 2% 支付。……"所以 B 项是法条原文考查,是正确的。

《个人所得税法》第 1 条第 2 款:"在中国境内无住所又不居住或者无住所而在境内居住不满一年的个人,从中国境内取得的所得,依照本法规定缴纳个人所得税。"第 4 条:"下列各项个人所得,免纳个人所得税:……五、保险赔款;……"所以 C 项:保险赔款属于免纳个税的范围,错误。

个人所得税的纳税人是"个人",纳税人是独立的个体,不能夫妻合体,所以 D 项错误。

参考答案:①B

【评价及预测】考点间的融合是提高题目难度的手段之一,考生需要关注此趋势,尤其如C项,既考查了非居民纳税人的征缴规则,又考查了免税范围。考生需要全面掌握且灵活运用才能应付。

2. 关于个人所得税,下列哪些表述是正确的?（2015-1-69）
  A. 以课税对象为划分标准,个人所得税属于动态财产税
  B. 非居民纳税人是指不具有中国国籍但有来源于中国境内所得的个人
  C. 居民纳税人从中国境内、境外取得的所得均应依法缴纳个人所得税
  D. 劳务报酬所得适用比例税率,对劳务报酬所得一次收入畸高的,可实行加成征收

答案（　　）①

【考点】个人所得税课税对象属性、征收原则、税率

【设题陷阱与常见错误分析】本题综合性较强,结合了个人所得税的课税对象的性质、征收原则及税率等考点综合设计题目,考生需要对相关考点全部掌握才能准确作答,有一定的难度。

【解析】财产税与所得税是两个不同种类的划分。财产税又细分为动态财产税和静态财产税。动态财产税是对**因无偿转移而发生所有权变动的财产按其价值所课征的财产税**。如遗产税、继承税等。动态财产税是以财产所有权的变动和转移为前提课征的,其特点是在财产交易时一次性征收。所以个人所得税并非财产税的种类,A项错误。

《个人所得税法》第1条:"在中国境内有住所,或者无住所而在境内居住满一年的个人,从中国境内和境外取得的所得,依照本法规定缴纳个人所得税。

在中国境内无住所又不居住或者无住所而在境内居住不满一年的个人,从中国境内取得的所得,依照本法规定缴纳个人所得税。"我国《个人所得税法》按照住所或居住时间标准将纳税人分为居民纳税人和非居民纳税人,而并非国籍,所以B错误,对于居民纳税人要求境内外所有所得均要缴纳个人所得税,C正确。

第3条:"个人所得税的税率:

……四、劳务报酬所得,适用比例税率,税率为百分之二十。对劳务报酬所得一次收入畸高的,可以实行加成征收,具体办法由国务院规定。……"所以D项正确。

【评价及预测】本题最大的难点为A项,针对财产税和所得税的理论考查。财产税分为动态财产税和静态财产税,个人所得税是所得税的一种。其余选项考生应该相对熟悉。

3. 2012年外国人约翰来到中国,成为某合资企业经理,迄今一直居住在北京。根据《个人所得税法》,约翰获得的下列哪些收入应在我国缴纳个人所得税?（2014-1-71）
  A. 从该合资企业领取的薪金
  B. 出租其在华期间购买的房屋获得的租金
  C. 在中国某大学开设讲座获得的酬金
  D. 在美国杂志上发表文章获得的稿酬

答案（　　）②

参考答案:①CD　②ABCD

【考点】 个人所得税的征缴范围

【设题陷阱与常见错误分析】 我国《个人所得税法》针对居民纳税人和非居民纳税人的征收范围是不同的。另外，我国划分居民纳税人和非居民纳税人的标准考生需要掌握清楚：居民纳税人指在我国境内有住所，或虽无住所，但在中国境内居住满一年的个人；非居民纳税人，指在我国境内无住所，又不居住，或者虽然居住但时间不满一年的个人。针对居民纳税人，境内外所得均需向我国缴纳个人所得税；非居民纳税人，仅需要就来自中国的收入缴纳个人所得税。考生如果不能很好地掌握居民纳税人和非居民纳税人的划分标准，进而掌握针对两类纳税人不同的征收原则，容易错选答案。

【解析】《个人所得税法》第 1 条："中国境内有住所，或者无住所而在境内居住满一年的个人，从中国境内和境外取得的所得，依照本法规定缴纳个人所得税。"

第 2 条："下列各项个人所得，应纳个人所得税：

一、工资、薪金所得；

二、个体工商户的生产、经营所得；

三、对企事业单位的承包经营、承租经营所得；

四、劳务报酬所得；

五、稿酬所得；

六、特许权使用费所得；

七、利息、股息、红利所得；

八、财产租赁所得；

九、财产转让所得；

十、偶然所得；

十一、经国务院财政部门确定征税的其他所得。"所以约翰 2012 年来华，到 2014 年，在中国居住的时间已经超过 1 年，境内外所得均应向我国缴纳个人所得税，A、B、C、D 均为应选项。

【评价及预测】 本题在《个人所得税法》的涉考考点中，相对比较新，考生需要掌握：

1. 按有无住所或居住是否满一年作为判断居民纳税人和非居民纳税人的标准；
2. 居民纳税人的征税范围是境内外全部所得；非居民纳税人的征税范围仅为境内所得。

考点2 个税申报

纳税义务人具有下列哪些情形的，应当按规定办理个人所得税纳税申报？（2010 - 1 - 72）

A. 个人所得超过国务院规定数额的

B. 在两处以上取得工资、薪金所得的

C. 从中国境外取得所得的

D. 取得应纳税所得没有扣缴义务人的

答案( )①

【考点】 个税申报

参考答案：①ABCD

👩 **【设题陷阱与常见错误分析】**《个人所得税法》及实施条例,规定了个税申报的适用情形,具有一定的专业性,考生如果没有关注到相关法条,或者对法条内容不熟悉,容易错选答案。

📋 **【解析】**《个人所得税法实施条例》第36条:"纳税义务人有下列情形之一的,应当按照规定到主管税务机关办理纳税申报:

(一)年所得12万元以上的;

(二)从中国境内两处或者两处以上取得工资、薪金所得的;

(三)从中国境外取得所得的;

(四)取得应纳税所得,没有扣缴义务人的;

(五)国务院规定的其他情形。

年所得12万元以上的纳税义务人,在年度终了后3个月内到主管税务机关办理纳税申报。

纳税义务人办理纳税申报的地点以及其他有关事项的管理办法,由国务院税务主管部门制定。"

所以A、B、C、D项都正确。

💡 **【评价及预测】** 个税申报作为专业性相对很强的一个考点,没有理论难度,考生只要掌握法条内容。

第三节 企业所得税法

考点1 企业所得税适用范围

我国《企业所得税法》不适用于下列哪一种企业?(2008-1-19)

A. 内资企业

B. 外国企业

C. 合伙企业

D. 外商投资企业

答案( )①

📖 **【考点】**《企业所得税法》适用范围

👩 **【设题陷阱与常见错误分析】** 本题针对《企业所得税法》的适用范围设计题目,相对比较简单,考生只需要明确,我国的《企业所得税法》不适用于个人独资企业和合伙企业。

📋 **【解析】**《企业所得税法》第1条:"在中华人民共和国境内,企业和其他取得收入的**组织**(以下统称企业)为企业所得税的纳税人,依照本法的规定缴纳企业所得税。**个人独资企业、合伙企业不适用本法**。"《合伙企业法》第6条规定:"合伙企业的生产经营所得和其他所得,按照国家有关税收规定,**由合伙人分别缴纳所得税**"。所以本题应选C。

💡 **【评价及预测】**《企业所得税法》适用范围的考查,提醒考生采用排除法来掌握此考点。

参考答案:①C

考点2 企业所得税税收优惠

1. 2012年12月,某公司对县税务局确定的企业所得税的应纳税所得额、应纳税额及在12月30日前缴清税款的要求极为不满,决定撤离该县,且不缴纳税款。县税务局得知后,责令该公司在12月15日前纳税。当该公司有转移生产设备的明显迹象时,县税务局责成其提供纳税担保。

(1) 该公司取得的下列收入中,属于《企业所得税法》规定的应纳税收入的是?（2013-1-92）

A. 财政拨款

B. 销售产品收入

C. 专利转让收入

D. 国债利息收入

答案（ ① ）

【考点】应纳税收入

【设题陷阱与常见错误分析】本题的常见错误在于考生未能准确区分企业的应纳税收入、免税收入和不征税收入的范围。如果熟悉相关法条,本题无难度。

【解析】《企业所得税法》第6条:"企业以货币形式和非货币形式从各种来源取得的收入,为收入总额。包括:

(一)销售货物收入;

(二)提供劳务收入;

(三)转让财产收入;

(四)股息、红利等权益性投资收益;

(五)利息收入;

(六)租金收入;

(七)特许权使用费收入;

(八)接受捐赠收入;

(九)其他收入。"

第7条:"收入总额中的下列收入为**不征税收入**:

(一)财政拨款;

(二)依法收取并纳入财政管理的行政事业性收费、政府性基金;

(三)国务院规定的其他不征税收入。"

第26条:"企业的下列收入为**免税收入**:

(一)国债利息收入;

(二)符合条件的居民企业之间的股息、红利等权益性投资收益;

(三)在中国境内设立机构、场所的非居民企业从居民企业取得与该机构、场所有实际联系的股息、红利等权益性投资收益;

(四)符合条件的非营利组织的收入。"

所以A项属于不征税收入,D项属于免税收入,B、C为应纳税收入,为正确选项。

参考答案:①BC

◆【评价及预测】对于不征税收入和免税收入,考生需要理解其背后的法理,再结合法条加以掌握:

1. 不征税收入,指那些从性质和根源上不属于企业营利性活动带来的利益,不负有纳税义务,并不作为应纳税所得额组成部分的收入,包括了财政拨款、行政事业性收费、政府性基金等。不属于税收优惠的范围,各个企业普遍适用。

2. 免税收入,指属于企业的应税所得,但是按照税法规定,免于征收企业所得税的收入,属于企业所得税法税收优惠的范围,需要企业自行申报,税务机关审核。

2. 根据《企业所得税法》规定,下列哪些表述是正确的?（2010-1-71）
A. 国家对鼓励发展的产业和项目给予企业所得税优惠
B. 国家对需要重点扶持的高新技术企业可以适当提高其企业所得税税率
C. 企业从事农、林、牧、渔业项目的所得可以免征、减征企业所得税
D. 企业安置残疾人员所支付的工资可以在计算应纳税所得额时加计扣除

答案()①

【考点】税收优惠

【设题陷阱与常见错误分析】《企业所得税法》规定了税收优惠制度,包括免税收入、税款的减免,加计扣除,抵扣等种种措施,考生需要对各项优惠措施的具体适用条件加以掌握才能应对此题。

【解析】《企业所得税法》第25条:"国家对重点扶持和鼓励发展的产业和项目,给予企业所得税优惠。"所以A正确。

第28条:"国家需要重点扶持的高新技术企业,减按15%的税率征收企业所得税。"所以B错误。

第27条:"企业的下列所得,可以**免征**、**减征**企业所得税:

(一)从事农、林、牧、渔业项目的所得;……"所以C正确。

第30条:"企业的下列支出,可以在计算应纳税所得额时**加计扣除**:

(一)开发新技术、新产品、新工艺发生的研究开发费用;

(二)安置残疾人员及国家鼓励安置的其他就业人员所支付的工资。"所以D正确。

◆【评价及预测】税收优惠是《企业所得税法》中涉考频度最高的考点,既可以针对某一项优惠措施,单独设计题目,也可以几项优惠措施综合到一起设计题目,专业性和灵活性都很强。笔者总结如下:

免税收入	(1)国债利息收入; (2)符合条件的居民企业之间的股息、红利等权益性投资收益; (3)在中国境内设立机构、场所的非居民企业从居民企业取得与该机构、场所有实际联系的股息、红利等权益性投资收益; (4)符合条件的非营利组织的收入

参考答案:①ACD

续表

免征、减征范围	(1) 从事农、林、牧、渔业项目的所得； (2) 从事国家重点扶持的公共基础设施项目投资经营的所得； (3) 从事符合条件的环境保护、节能节水项目的所得； (4) 符合条件的技术转让所得； (5) 非居民企业在中国境内没有设立机构、场所的,或者虽设立机构、场所但所得和该机构、场所没有关系的,来源于中国境内的收入
加计扣除的支出项	(1) 开发新技术、新产品、新工艺发生的研究开发费用； (2) 安置残疾人员及国家鼓励安置的其他就业人员所支付的工资
优惠税率	小型微利企业,20%的税率； 国家需要重点扶持的高新技术企业,15%的税率； 非居民企业取得的应税所得适用20%的税率

3. 关于企业所得税的说法,下列哪一选项是错误的？(2009-1-27)
A. 在我国境内,企业和其他取得收入的组织为企业所得税的纳税人
B. 个人独资企业、合伙企业不是企业所得税的纳税人
C. 企业所得税的纳税人分为居民企业和非居民企业,二者的适用税率完全不同
D. 企业所得税的税收优惠,居民企业和非居民企业都有权享受

答案(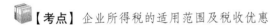)①

【考点】企业所得税的适用范围及税收优惠

【设题陷阱与常见错误分析】我国《企业所得税法》的适用范围,仅排除个人独资企业和合伙企业,因为这两类企业实行单层纳税体制,由投资人或合伙人缴纳各自的税。另外《企业所得税法》统一了内外资企业的税率,税收优惠等措施。

【解析】《企业所得税法》第1条：“**在中华人民共和国境内,企业和其他取得收入的组织(以下统称企业)为企业所得税的纳税人**,依照本法的规定缴纳企业所得税。**个人独资企业、合伙企业不适用本法。**”所以A、B项正确。

第4条：“企业所得税的税率为25%。非居民企业取得本法第三条第三款规定的所得,适用税率为20%。”所以C错误。

《企业所得税法》中有关税收的优惠措施不分居民企业和非居民企业,都适用,所以D正确。

【评价及预测】提醒考生注意,我国《企业所得税法》对居民企业和非居民企业的划分依据是实际的经营管理机构是否在中国境内。对居民企业和非居民企业征税的范围不太相同,其余的税率、税收优惠等都是统一的。

参考答案：①C

第四节 税收征收管理法

考点1 税收保障措施

1. 某企业流动资金匮乏,一直拖欠缴纳税款。为恢复生产,该企业将办公楼抵押给某银行获得贷款。此后,该企业因排污超标被环保部门罚款。现银行、税务部门和环保部门均要求拍卖该办公楼以偿还欠款。关于拍卖办公楼所得价款的清偿顺序,下列哪一选项是正确的?(2014-1-29)

A. 银行贷款优先于税款
B. 税款优先于银行贷款
C. 罚款优先于税款
D. 三种欠款同等受偿,拍卖所得不足时按比例清偿

答案()①

【考点】 税收优先权

【设题陷阱与常见错误分析】 本题针对税收优先权设计题目。难点在于判断担保债权与税收之间的关系。为了保障交易安全,确保债权的实现,担保债权比一般债权优先受偿。但是税收是国家运行的基础,是维系国家活动,促进公共利益,满足公共需要的重要手段,税收优先权即为保障税收的一项举措。因此在处理税收债权与担保债权的关系上,我国的《税收征收管理法》没有绝对赋予税收债权或担保债权以优先的地位,而是按欠税与设立担保债权的时间先后分别赋予优先权。考生如果不能很好地理解这一点,容易错选答案。

【解析】《税收征收管理法》第45条:"税务机关征收税款,**税收优先于无担保债权**,法律另有规定的除外;纳税人欠缴的税款发生在纳税人以其财产设定抵押、质押或者纳税人的财产被留置之前的,**税收应当先于抵押权、质权、留置权执行。**

纳税人欠缴税款,同时又被行政机关决定处以罚款、没收违法所得的,**税收优先于罚款、没收违法所得。**"

所以税款优先于无担保债权和罚款受偿,但与有担保债权对比,看时间。题干中,银行的抵押贷款显然后于税款发生,所以税款优先于银行贷款受偿,B正确。

【评价及预测】 税收优先权是税款征收保障的一项重要措施,考生需要明确:税款优先于无担保债权,与有担保债权不对比优先性,按时间先后确立各自的偿付顺序。

2. 某企业因计算错误,未缴税款累计达50万元。关于该税款的征收,下列哪些选项是正确的?(2014-1-70)

A. 税务机关可追征未缴的税款
B. 税务机关可追征滞纳金
C. 追征期可延长到5年
D. 追征时不受追征期的限制

答案( )②

参考答案:①B ②ABC

【考点】 少缴税款的追征

【设题陷阱与常见错误分析】为了保障税款的征收,《税收征收管理法》授权税务机关对未缴或少缴税款的纳税人、扣缴义务人进行补缴或追征。考生需要明确,如果因为税务机关责任导致少缴或未缴税款的,税务机关三年内要求补缴,不得加收滞纳金;如果因为纳税人、扣缴义务人的计算错误等失误,少缴或未缴税款的,税务机关可以在三年内追征税款和滞纳金,如果未缴或少缴税款累计10万元以上的,追征期可以延长到5年。但是如果纳税人、扣缴义务人偷税、抗税、骗税的,不受追征期的限制。考生如果对补缴和追征的适用情形和范围不能清晰地理解,容易错选答案。

【解析】《税收征收管理法》第52条:"因纳税人、扣缴义务人计算错误等失误,未缴或者少缴税款的,税务机关在三年内可以追征税款、滞纳金;有特殊情况的,追征期可以延长到五年。

对偷税、抗税、骗税的,税务机关追征其未缴或者少缴的税款、滞纳金或者所骗取的税款,**不受前款规定期限的限制**。"所以不受追征期限制的限于"偷税、抗税、骗税"等情形,而题干中并不存在该情形,所以D项错误,A、B、C说法符合法律规定。

【评价及预测】补缴和追征,是税款征收保障的一种重要形式。考生需要明确:
1. 补缴是因为税务机关的责任造成的,主要指税务机关适用法律法规错误;时间是3年,范围仅限于欠缴税款,不得加收滞纳金;
2. 追征是因为纳税人、扣缴义务人原因造成的,如果纳税人、扣缴义务人计算错误等失误造成的,时间是3年,范围是欠缴税款+滞纳金;欠缴税款累计10万元以上的,时间延长到5年。如果因为纳税人、扣缴义务人偷税、抗税、骗税的,不受追征期限制。

3. 2012年12月,某公司对县税务局确定的企业所得税的应纳税所得额、应纳税额及在12月30日前缴清税款的要求极为不满,决定撤离该县,且不缴纳税款。县税务局得知后,责令该公司在12月15日前纳税。当该公司有转移生产设备的明显迹象时,县税务局责成其提供纳税担保。

就该公司与税务局的纳税争议,下列说法正确的是?(2013-1-93)
A. 如该公司不提供纳税担保,经批准,税务局有权书面通知该公司开户银行从其存款中扣缴税款
B. 如该公司不提供纳税担保,经批准,税务局有权扣押、查封该公司价值相当于应纳税款的产品
C. 如该公司对应纳税额发生争议,应先依税务局的纳税决定缴纳税款,然后可申请行政复议,对复议决定不服的,可向法院起诉
D. 如该公司对税务局的税收保全措施不服,可申请行政复议,也可直接向法院起诉

①

【考点】纳税争议处理

【设题陷阱与常见错误分析】税收保全是未来保全债务人财产,防止其不当处分财产而损害税收;税收强制执行是运用强制力量实现税款征收;另外,本题中容易混淆的地方在于不同的税务争议,纳税人的救济途径是不同的。一是纳税争议,纳税人的救济途径是先履行——行政复议——行政诉讼;二是税务处罚、强制执行和税收保全的争议,纳税人的救济途径是可复议,可诉讼。

【解析】《税收征收管理法》第38条:"税务机关有根据认为从事生产、经营的纳税人有逃避纳

参考答案:①BCD

税义务行为的,可以在规定的纳税期之前,**责令限期缴纳应纳税款**;在限期内发现纳税人有明显的转移、隐匿其应纳税的商品、货物以及其他财产或者应纳税的收入的迹象的,税务机关可以**责成纳税人提供纳税担保**。如果纳税人不能提供纳税担保,经县以上税务局(分局)局长批准,税务机关可以采取下列税收**保全措施**:

(一)**书面通知**纳税人开户银行或者其他金融机构**冻结**纳税人的金额相当于应纳税款的存款;

(二)**扣押、查封**纳税人的价值相当于应纳税款的商品、货物或者其他财产。

纳税人在前款规定的限期内缴纳税款的,税务机关必须立即解除税收保全措施;限期期满仍未缴纳税款的,经县以上税务局(分局)局长批准,税务机关可以书面通知纳税人开户银行或者其他金融机构从其冻结的存款中扣缴税款,或者依法拍卖或者变卖所扣押、查封的商品、货物或者其他财产,以拍卖或者变卖所得抵缴税款。

个人及其所扶养家属维持生活必需的住房和用品,不在税收保全措施的范围之内。"

所以A项所述情形,应该采取保全措施,即冻结账户,而非强制执行措施的扣缴税款,A错误;B正确。

第88条:"纳税人、扣缴义务人、纳税担保人同税务机关在纳税上发生争议时,必须**先依照税务机关的纳税决定缴纳或者解缴税款及滞纳金或者提供相应的担保**,然后可以依法申请**行政复议**;对行政复议决定不服的,可以依法向人民**法院起诉**。

当事人对税务机关的处罚决定、强制执行措施或者税收保全措施不服的,**可以依法申请行政复议,也可以依法向人民法院起诉。**"

所以C、D项正确。

> 【评价及预测】税收保全和强制执行措施,是税收担保中非常重要且有一定难度的考点,笔者总结如下,考生需要掌握:

对比项目		税收保全措施	税收强制执行措施
不同之处	实施对象的范围	仅适用于从事生产、经营的纳税人	适用于从事生产、经营的纳税人、扣缴义务人和纳税担保人
	时间	纳税期限到来之前	逾期未解缴税款
	程序	税务机关有根据认为从事生产、经营的纳税人**有逃避纳税义务行为的**,可以在规定的纳税期之前,责令**限期缴纳**应纳税款;在限期内发现纳税人有**明显的转移、隐匿**其应纳税的商品、货物以及其他财产或者应纳税的收入的迹象的,税务机关可以责成纳税人**提供纳税担保**。如果纳税人**不能提供**纳税担保,经县以上税务局(分局)局长批准,税务机关可以采取税收保全措施。 【特别提示】保全是在纳税期限到来之前,预防性的措施,所以没有财产权的转移。 步骤: 1. 限期缴纳税款 2. 提供担保 3. 保全措施	从事生产、经营的纳税人、扣缴义务人**未按照规定的期限缴纳或者解缴税款**,纳税担保人未按照规定的期限缴纳所担保的税款,由税务机关责令限期缴纳,**逾期仍未缴纳的**,经县以上税务局(分局)局长批准,税务机关可以采取强制执行措施。 【特别提示】强制执行是事实逾期之后的惩罚措施,发生财产权的实质转移。 步骤: 1. 限期缴纳税款 2. 强制执行措施
	措施	"冻结"、"扣押"和"查封"	"扣缴"、"拍卖"和"变卖"

续表

对比项目		税收保全措施	税收强制执行措施
相同之处	审批权限	必须经过县以上税务局(分局)局长批准	
	限制的范围	1. 义务人个人及其所抚养家属维持生活必需的住房和用品不在税收保全措施和强制措施的范围之内。 2. 单价 5000 元以下的生活用品不得保全或强制执行。 3. 机动车辆、金银饰品、古玩字画、豪华住宅或者一处以外的住房属于奢侈品可以采取保全或强制措施	

4. 甲公司欠税 40 万元,税务局要查封其相应价值产品。甲公司经理说:"乙公司欠我公司 60 万元货款,贵局不如行使代位权直接去乙公司收取现金。"该局遂通知乙公司缴纳甲公司的欠税,乙公司不配合;该局责令其限期缴纳,乙公司逾期未缴纳;该局随即采取了税收强制执行措施。关于税务局的行为,下列哪些选项是错误的? (2013 - 1 - 70)

A. 只要甲公司欠税,乙公司又欠甲公司货款,该局就有权行使代位权
B. 如代位权成立,即使乙公司不配合,该局也有权直接向乙公司行使
C. 本案中,该局有权责令乙公司限期缴纳
D. 本案中,该局有权向乙公司采取税收强制执行措施

答案()①

【考点】代位权

【设题陷阱与常见错误分析】本题的常见错误是未能理解税收代位权的适用条件和强制执行措施的对象。税收代位权和民事代位权并无实质区别,其适用条件是:当欠缴税款的纳税人因怠于行使到期债权,放弃到期债权或无偿转让财产,或明显不合理低价转让财产且受害人对此知情,因此损害国家税收。所以代位权成立的前提必须是一方面纳税人欠缴税款,另一方面其又从事了损害国家税收的行为,税务机关才可以行使代位权。

而税收强制执行措施的适用对象是从事生产经营的纳税人、扣缴义务人和纳税担保人,并不包括代位权中的次债务人,考生如果混淆这一点,容易错选答案。

【解析】《税收征收管理法》第 50 条:"欠缴税款的纳税人因**怠于行使到期债权**,或者**放弃到期债权**,或者**无偿转让财产**,或者**以明显不合理的低价转让财产而受让人知道该情形**,对国家税收造成损害的,税务机关可以依照合同法第七十三条、第七十四条的规定行使代位权、撤销权。"所以税务局行使代位权的前提是纳税人怠于行使到期债权,所以 A 错误。

纳税人的债务人,并不是税务局的行政相对人,代位权行使的过程中,纳税人的债务人没有配合的义务,税务局更不能直接对纳税人的债务人采取任何保全或强制执行的措施,所以 B、C、D 错误。

【评价及预测】税收代位权和撤销权,是税收保障的有力手段,涉考性较强。而这两大手段与民法相应制度并无差异,需要考生在于民法相结合的基础上,掌握这两种权利的适用条件。

参考答案:①ABCD

考点2 纳税登记

根据税收征收管理法规,关于税务登记,下列哪一说法是错误的?(2012-1-30)

A. 从事生产、经营的纳税人,应在领取营业执照后,在规定时间内办理税务登记,领取税务登记证件

B. 从事生产、经营的纳税人在银行开立账户,应出具税务登记证件,其账号应当向税务机关报告

C. 纳税人税务登记内容发生变化,不需到工商行政管理机关或其他机关办理变更登记的,可不向原税务登记机关申报办理变更税务登记

D. 从事生产、经营的纳税人外出经营,在同一地累计超过180天的,应在营业地办理税务登记手续

答案( )①

【考点】纳税登记

【设题陷阱与常见错误分析】《税收征收管理法》及其实施细则对税务登记制度做了比较详细的规定,本题虽然没有理论难度,但涉及多个法条的准确记忆。考生如果对相关法条的掌握不够清楚,容易错选答案。

【解析】《税收征收管理法实施细则》第12条:"从事生产、经营的纳税人应当**自领取营业执照之日起**30日内,向生产、经营地或者纳税义务发生地的主管税务机关申报**办理税务登记**,如实填写税务登记表,并按照税务机关的要求提供有关证件、资料。"所以,A项正确。

《税收征收管理法实施细则》第17条:"从事生产、经营的纳税人应当自开立基本存款账户或者其他存款账户之日起15日内,**向主管税务机关书面报告其全部账号**;发生变化的,应当自变化之日起15日内,向主管税务机关书面报告。"第18条"除按照规定不需要发给税务登记证件的外,纳税人办理下列事项时,必须持税务登记证件:(一)开立**银行账户**⋯"所以,B项正确。

《税收征收管理法实施细则》第14条第2款:"纳税人**税务登记内容发生变化**,不需要到工商行政管理机关或者其他机关办理变更登记的,应当自发生变化之日起30日内,**持有关证件向原税务登记机关申报办理变更税务登记**。"所以,C项错误。

D项正确。《税收征收管理法实施细则》第21条第2款:"从事生产、经营的纳税人外出经营,在同一地累计超过180天的,应当在营业地办理税务登记手续。"所以D项正确。

> 【评价及预测】提醒考生注意:纳税登记制度,在2013年6月29日进行了相关的修订,将税务机关针对纳税登记的审核效率大大提高,具体为:从事生产、经营的纳税人自领取营业执照之日起三十日内,持有关证件,向税务机关申报办理税务登记。税务机关应当于收到申报的**当日办理登记并发给税务登记证件**。

考点3 账簿管理

根据税收征收管理法规,关于从事生产、经营的纳税人账簿,下列哪些说法是正确的?(2012-1-69)

A. 纳税人生产、经营规模小又确无建账能力的,可聘请经税务机关认可的财会人员代为建账和办理账务

参考答案:①C

B. 纳税人使用计算机记账的,应在使用前将会计电算化系统的会计核算软件、使用说明书及有关资料报送主管税务机关备案

C. 纳税人会计制度健全,能够通过计算机正确、完整计算其收入和所得情况的,其计算机输出的完整的书面会计记录,可视同会计账簿

D. 纳税人的账簿、记账凭证、报表、完税凭证、发票、出口凭证以及其他有关涉税资料,除另有规定外,应当保存10年

【答案】(　　)①

【考点】《税收征收管理法》中规定的纳税人账簿、凭证管理

【设题陷阱与常见错误分析】《税收征收管理法实施细则》对纳税人、扣缴义务人的账簿、凭证管理的内容进行了详细的补充,考生如不熟悉法条内容容易错选答案。

【解析】《税收征收管理法实施细则》第23条规定:"生产、经营规模小又确无建账能力的纳税人,可以聘请经批准从事会计代理记账业务的专业机构或者财会人员代为建账和办理账务。"此条是2013年进行的修正,根据最新的法条内容,A不正确。

《税收征收管理法实施细则》第24条第2款规定:"纳税人使用计算机记账的,应当在使用前将会计电算化系统的会计核算软件、使用说明书及有关资料报送主管税务机关备案。"B正确。

《税收征收管理法实施细则》第26条第1款规定:"纳税人、扣缴义务人会计制度健全,能够通过计算机正确、完整计算其收入和所得或者代扣代缴、代收代缴税款情况的,其计算机输出的完整的书面会计记录,可视同会计账簿。"C正确。

《税收征收管理法实施细则》第29条第2款规定:"账簿、记账凭证、报表、完税凭证、发票、出口凭证以及其他有关涉税资料应当保存10年;但是,法律、行政法规另有规定的除外。"D正确。

【修正】根据2013年修正的《税收征收管理法实施细则》,本题答案修正为 B、C、D

【评价及预测】对于小规模纳税人的建账及账簿管理,考生要关注2013年法条的最新修改。

考点4　纳税人权利

1. 关于纳税人享有的权利,下列哪些选项是正确的?（2011-1-67）

A. 向税务机关了解税收法律规定和纳税程序

B. 申请减税、免税、退税

C. 对税务机关的决定不服时,提出申辩,申请行政复议

D. 合法权益因税务机关违法行政而受侵害时,请求国家赔偿

【考点】纳税人权利

【答案】(　　)②

【设题陷阱与常见错误分析】本题综合考查了纳税人的各项权利,都是对基本知识的考查,没

参考答案:①BCD（根据法条修改,答案做出修正）　②ABCD

有太大的难度。

【解析】根据《税收征收管理法》第8条:纳税人、扣缴义务人有权向税务机关**了解国家税收法律、行政法规的规定以及与纳税程序有关的情况**。

纳税人、扣缴义务人有权要求税务机关为纳税人、扣缴义务人的情况保密。**税务机关应当依法为纳税人、扣缴义务人的情况保密**。

纳税人依法享有申请**减税**、**免税**、**退税**的权利。

纳税人、扣缴义务人对税务机关所作出的决定,享有**陈述权**、**申辩权**;依法享有申请行政复议、提起行政诉讼、请求国家赔偿等权利。

纳税人、扣缴义务人有权控告和检举税务机关、税务人员的违法违纪行为。

所以A、B、C、D均正确。

【评价及预测】纳税人权利是具有一定重复考查性的考点,虽然不难,但涉及的法条较多,考生要对相关法条的内容加以掌握。

2. 2001年修订的《税收征收管理法》规定了纳税人的权利,下列哪些情形符合纳税人权利的规定?（2009－1－68）

　　A. 张某要求查询丈夫的个人所得税申报信息,税务机关以保护纳税人秘密权为由予以拒绝

　　B. 甲公司对税务机关征收的一笔增值税计算方法有疑问,要求予以解释

　　C. 乙公司不服税收机关对其采取冻结银行存款的税收保全措施,申请行政复议

　　D. 个体工商户陈某认为税务所长在征税过程中对自己滥用职权故意刁难,向上级税务机关提出控告

答案()①

【考点】纳税人权利

【设题陷阱与常见错误分析】本题考查了纳税人的权利,是对基础知识的考查,没有难度。

【解析】《税收征收管理法》第7条:"税务机关应当广泛宣传税收法律、行政法规,普及纳税知识,无偿地为纳税人提供纳税咨询服务。"第8条:"纳税人、扣缴义务人有权向税务机关**了解国家税收法律、行政法规的规定以及与纳税程序有关的情况**。纳税人、扣缴义务人有权要求税务机关为纳税人、扣缴义务人的情况保密。**税务机关应当依法为纳税人、扣缴义务人的情况保密**。

纳税人依法享有申请**减税**、**免税**、**退税**的权利。

纳税人、扣缴义务人对税务机关所作出的决定,享有陈述权、申辩权;依法享有**申请行政复议**、**提起行政诉讼**、**请求国家赔偿等权利**。

纳税人、扣缴义务人有权**控告和检举**税务机关、税务人员的违法违纪行为。"

所以A、B、C、D都正确。

【评价及预测】对纳税人权利的重复考查。

参考答案:①ABCD

考点5 纳税申报

关于扣缴义务人,下列哪一说法是错误的?(2011-1-30)
A. 是依法负有代扣代缴、代收代缴税款义务的单位和个人
B. 应当按时向税务机关报送代扣代缴、代收代缴税款报告表和其他有关资料
C. 可以向税务机关申请延期报送代扣代缴、代收代缴税款报告表和其他有关资料
D. 应当直接到税务机关报送代扣代缴、代收代缴税款报告表和其他有关资料

答案( )①

【考点】扣缴义务人及其义务

【设题陷阱与常见错误分析】本题综合考查了扣缴义务人的权利和义务,都是基础知识的考查,难度不大。

【解析】《税收征收管理法》第4条:"法律、行政法规规定**负有代扣代缴、代收代缴税款义务的单位和个人为扣缴义务人**。"A正确。

第25条:"扣缴义务人必须依照法律、行政法规规定或者税务机关依照法律、行政法规的规定确定的**申报期限、申报内容如实报送代扣代缴、代收代缴税款报告表以及税务机关根据实际需要要求扣缴义务人报送的其他有关资料**。"

第26条:"纳税人、扣缴义务人**可以直接**到税务机关办理纳税申报或者报送代扣代缴、代收代缴税款报告表,**也可以按照规定采取邮寄、数据电文或者其他方式办理上述申报、报送事项**。"B正确,D错误。

第27条:"纳税人、扣缴义务人不能按期办理纳税申报或者报送代扣代缴、代收代缴税款报告表的,经税务机关核准,**可以延期申报**。"C正确。

【评价及预测】提醒考生注意:2013年修正《税收征收管理法实施细则》第30条,将纳税人、扣缴义务人采用灵活的方式申报或报送相关报表与《税收征管法》实现了统一,均不需要税务机关的批准,自行决定直接报送还是邮寄、数据电文或其他方式报送。

考点6 开征、停征税收的依据

下列哪些法律渊源是地方政府开征、停征某种税收的依据?(2011-1-66)
A. 全国人大及其常委会制定的法律
B. 国务院依据法律授权制定的行政法规
C. 国务院有关部委制定的部门规章
D. 地方人大、地方政府发布的地方法规

【考点】开征、停征税收的依据

答案( )②

【设题陷阱与常见错误分析】税收的开征、停征关系国计民生,只有法律和经授权的行政法规

参考答案:①D ②AB

有权规定,考生只要熟悉相关法条内容,本题无难度。

【解析】根据《税收征收管理法》第3条:"税收的**开征**、**停征**以及**减税**、**免税**、**退税**、**补税**,依照**法律**的规定执行;法律**授权国务院规定**的,依照**国务院制定的行政法规**的规定执行。"所以A、B正确。

【评价及预测】本题是对法条原文的简单考查。

考点7 审计法

1. 某县污水处理厂系扶贫项目,由地方财政投资数千万元,某公司负责建设。关于此项目的审计监督,下列哪些说法是正确的?(2016-1-74)

A. 审计机关对该项目的预算执行情况和决算,进行审计监督

B. 审计机关经银监局局长批准,可冻结该项目在银行的存款

C. 审计组应在向审计机关报送审计报告后,向该公司征求对该报告的意见

D. 审计机关对该项目作出审计决定,而上级审计机关认为其违反国家规定的,可直接作出变更或撤销的决定

答案( )①

【考点】审计机关权限、职责、程序

【设题陷阱与常见错误分析】近年的考试对《审计法》的考查频度很高,本题涉及了审计机关的权限、审计机关的职责及审计程序,都是法条的原文再现,需要考生对法条细节准确掌握。

【解析】《审计法》第22条:"审计机关对**政府投资和以政府投资为主的建设项目的预算执行情况和决算,进行审计监督**。"A项正确。

第34条第2款:"审计机关对被审计单位违反前款规定的行为,有权予以制止;必要时,经县级以上人民政府审计机关负责人批准,有权封存有关资料和违反国家规定取得的资产;**对其中在金融机构的有关存款需要予以冻结的,应当向人民法院提出申请**。"B错误,冻结须司法机关介入;

第40条:"审计组对审计事项实施审计后,应当向审计机关提出审计组的审计报告。**审计组的审计报告报送审计机关前,应当征求被审计对象的意见**。被审计对象应当自接到审计组的审计报告之日起十日内,将其书面意见送交审计组。审计组应当将被审计对象的书面意见一并报送审计机关。"报送审计报告后再征求意见已经没有任何意义,所以C错误。

第42条:"上级审计机关认为下级审计机关作出的审计决定违反国家有关规定的,可以**责成**下级审计机关予以变更或者撤销,**必要时也可以直接作出变更或者撤销的决定**。"所以D项正确。

【评价及预测】《审计法》中的审计范围、审计机关的权限与职责以及审计程序需要考生关注并掌握,以应对将来出现的题目。

2. 为大力发展交通,某市出资设立了某高速公路投资公司。该市审计局欲对其实施年度审计监督。关于审计事宜,下列哪一说法是正确的?(2015-1-28)

A. 该公司既非政府机关也非事业单位,审计局无权审计

参考答案:①AD

B. 审计局应在实施审计 3 日前,向该公司送达审计通知书
C. 审计局欲查询该公司在金融机构的账户,应经局长批准并委托该市法院查询
D. 审计局欲检查该公司与财政收支有关的资料和资产,应委托该市税务局检查

答案( )①

【考点】 审计权限及程序

【设题陷阱与常见错误分析】 本题主要针对审计权限及程序展开考查,考生只要熟悉相关法条即可作答。

【解析】《审计法》第 2 条:"国务院各部门和地方各级人民政府及其各部门的财政收支,**国有的金融机构和企业事业组织的财务收支**,以及其他依照本法规定应当接受审计的财政收支、财务收支,依照本法规定接受审计监督。"该投资公司属于国有企业性质,应当接受审计监督,A 项不正确。

第 38 条:"审计机关根据审计项目计划确定的审计事项组成审计组,**并应当在实施审计三日前,向被审计单位送达审计通知书**;遇有特殊情况,经本级人民政府批准,审计机关可以直接持审计通知书实施审计。"所以 B 项正确。

第 33 条:"审计机关经县级以上人民政府审计机关负责人批准,**有权查询被审计单位在金融机构的账户**。"审计机关经批准可以自行查询被审计单位的账户,C 项错误。

第 32 条:"审计机关进行审计时,有权检查被审计单位的会计凭证、会计账簿、财务会计报告和运用电子计算机管理财政收支、财务收支电子数据的系统,**以及其他与财政收支、财务收支有关的资料和资产**,被审计单位不得拒绝。"所以审计机关有权查验被审计单位的与财政收支有关的资料和资产,D 项错误。

【评价及预测】 对审计范围、权限及程序的重复考查。

第五章 劳动法

本章考查情况统计表

考点	考查次数	考查年份	大致分值	考查概率/%
非全日制用工	1	1	1	11
工伤保险	1	1	2	11
工资保障制度	1	1	2	11
基本养老保险	1	1	2	11
经济补偿	2	1	4	11
劳动安全保障	2	2	4	22
劳动关系、劳动合同订立	1	1	2	11
劳动合同的解除和终止	4	4	8	44

参考答案:①B

续表

考点	考查次数	考查年份	大致分值	考查概率/%
劳动争议处理	6	5	12	56
劳务派遣	2	1	4	11
失业保险	1	1	2	11
试用期条款	1	1	2	11
无固定期限劳动合同	1	1	2	11

第一节 劳动合同法

考点1 无固定期限劳动合同

2009年2月,下列人员向所在单位提出订立无固定期限劳动合同,哪些人具备法定条件?(2009-1-71)

A. 赵女士于1995年1月到某公司工作,1999年2月辞职,2002年1月回到该公司工作

B. 钱先生于1985年进入某国有企业工作。2006年3月,该企业改制成为私人控股的有限责任公司,年满50岁的钱先生与公司签订了三年期的劳动合同

C. 孙女士于2000年2月进入某公司担任技术开发工作,签订了为期三年、到期自动续期三年且续期次数不限的劳动合同。2009年1月,公司将孙女士提升为技术部副经理

D. 李先生原为甲公司的资深业务员,于2008年2月被乙公司聘请担任市场开发经理,约定:先签订一年期合同,如果李先生于期满时提出请求,可以与公司签订无固定期限劳动合同

答案()①

【考点】无固定期劳动合同的订立

【设题陷阱与常见错误分析】无固定期限劳动合同的签订有法定和约定两种情况。符合法定情况的,除非劳动者提出订立固定期限劳动合同的以外,用人单位有义务与劳动者签订无固定期劳动合同。D项具有一定的迷惑性,D项的李先生与用人单位约定的订立无固定期限劳动合同的条件,不是法定情形,但既然劳资双方对订立无固定期限劳动合同约定了条件,该条件具有法律效力,所以李先生享有了与用人单位签订无固定期限劳动合同的期待权,所以李先生具有了法定条件。

【解析】《劳动合同法》第14条:"无固定期限劳动合同,是指用人单位与劳动者约定无确定终止时间的劳动合同。

用人单位与劳动者协商一致,可以订立无固定期限劳动合同。有下列情形之一,劳动者提出或者同意续订劳动合同的,应当订立无固定期限劳动合同:

(一)劳动者已在该用人单位连续工作满十年的;

(二)用人单位初次实行劳动合同制度或者国有企业改制重新订立劳动合同时,劳动者在该用人单位连续工作满十年且距法定退休年龄不足十年的;

参考答案:①BCD

(三)连续订立二次固定期限劳动合同且劳动者没有本法第三十九条规定的情形续订劳动合同的。用人单位自用工之日起满一年不与劳动者订立书面劳动合同的,视为用人单位与劳动者已订立无固定期限劳动合同。"所以 B、C、D 正确。注意,C 选项有一定的瑕疵,根据《劳动合同法》第 97 条:"本法第十四条第二款第三项规定连续订立固定期限劳动合同的次数,自本法施行后(2008 年 1 月 1 日)续订固定期限劳动合同时开始计算。"所以 C 项孙女士的合同若自 2008 年 1 月 1 日起算,至 2009 年 1 月,没有连续两次签订固定期限劳动合同。

【评价及预测】关于无固定期限劳动合同,考生需要掌握如下三种订立情形:

1. 双方约定。
2. 法定情形。
 (1)单十年:劳动者在同一用人单位工作满 10 年;
 (2)双十年:用人单位初次实行劳动合同制度或者国有企业改制重新订立劳动合同时,劳动者在该用人单位连续工作满 10 年且距法定退休年龄不足 10 年的;
 (3)两次固定期后的续期:连续订立二次固定期限劳动合同且劳动者没有违法的个人续订劳动合同的。
3. 惩罚性推定。
 用人单位自用工之日起超过一年不与劳动者签订书面劳动合同的,从用工满一年当天开始视为双方签订了无固定期限劳动合同。

考点 2　劳动关系、劳动合同订立

关于劳动关系的表述,下列哪些选项是正确的?(2009 - 1 - 70)
　A. 劳动关系是特定当事人之间的法律关系
　B. 劳动关系既包括劳动者与用人单位之间的关系也包括劳动行政部门与劳动者、用人单位之间的关系
　C. 劳动关系既包括财产关系也包括人身关系
　D. 劳动关系既具有平等关系的属性也具有从属关系的属性

答案(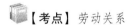)①

【考点】劳动关系

【设题陷阱与常见错误分析】本题是针对劳动关系的理论性的考查。考生需要明确劳动关系一定存在于劳动者和用人单位之间,有财产关系也有人身关系,既有平等性也有从属性。

【解析】《劳动合同法》第 2 条:"中华人民共和国境内的企业、个体经济组织、民办非企业单位等组织(以下称**用人单位**),**与劳动者建立劳动关系**,订立、履行、变更、解除或者终止劳动合同,适用本法。"所以劳动关系是劳动者和用人单位之间实现劳动过程中建立的社会经济关系,劳动关系是一种具有显著从属性的劳动组织关系。劳动关系一旦形成,劳动关系的一方——劳动者,要成为另一方——所在用人单位的成员。所以,虽然双方的劳动关系是建立在平等自愿、协商一致的基础上,但劳动关系建立后,双方在职责上则具有了**从属关系**。用人单位作为劳动力使用者,要安排劳动者在组织内和生

参考答案:①ACD

产资料结合;而劳动者则要通过运用自身的劳动能力,完成用人单位交给的各项生产任务,并遵守单位内部的规章制度。这种从属性的劳动组织关系具有很强的隶属性质,即成为一种隶属主体间的指挥和服从为特征的管理关系。而劳务关系的当事人双方则是无组织从属性。

劳动关系是人身关系。由于劳动力的存在和支出与劳动者人身不可须臾分离,劳动者向用人单位提供劳动力,实际上就是劳动者将其人身在一定限度内交给用人单位,因而劳动关系就其本质意义上说是一种**人身关系**。但是,由于劳动者是以让渡劳动力使用权来换取生活资料,用人单位要向劳动者支付工资等物质待遇。就此意义而言,劳动关系同时又是一种以劳动力交易为内容的**财产关系**。所以A、C、D正确。

> 【评价及预测】针对劳动关系的理论性的考查,考生需要在掌握相关具体知识和法条的基础上,提炼上升到理论的层面,具有一定的难度。

考点3 劳动合同的解除和终止

1. 王某,女,1990年出生,于2012年2月1日入职某公司,从事后勤工作,双方口头约定每月工资为人民币3000元,试用期1个月。2012年6月30日,王某因无法胜任经常性的夜间高处作业而提出离职,经公司同意,双方办理了工资结算手续,并于同日解除了劳动关系。同年8月,王某以双方未签书面劳动合同为由,向当地劳动争议仲裁委申请仲裁,要求公司再支付工资12000元。

关于该劳动合同的订立与解除,下列说法正确的是:(2016-1-96)
A. 王某与公司之间视作已订立无固定期限劳动合同
B. 该劳动合同期限自2012年3月1日起算
C. 该公司应向王某支付半个月工资的经济补偿金
D. 如王某不能胜任且经培训仍不能胜任工作,公司提前30日以书面形式通知王某,可将其辞退

答案(　　)①

【考点】劳动合同签署及解除

【设题陷阱与常见错误分析】本题考查了劳资双方解除劳动合同及经济补偿金的内容。难度不大,但综合度较高,考生需要明确,劳动关系开始于用工,法定要求用工之日起一个月内双方需签订书面劳动合同,否则将会受到相应的惩罚。其中一种惩罚机制在于如果用人单位在用工起满一年不与劳动者签订书面劳动合同,则自满一年当天视为双方签订了无固定期的劳动合同;劳动者单方主动离职,除非单位有法定过错,否则没有补偿金。这些细节考生需全面掌握,否则容易错选答案。

【解析】《劳动合同法实施条例》第7条:"用人单位自用工之日起满一年未与劳动者订立书面劳动合同的,自用工之日起一个月的次日至满一年的前一日应当依照劳动合同法第八十二条的规定向劳动者每月支付二倍的工资,**并视为自用工之日起满一年的当日已经与劳动者订立无固定期限劳动合同**,应当立即与劳动者补订书面劳动合同。"用工起满一年劳资双方未签订书面劳动合同,才适用无固定期劳动合同的推定,题中所述情形不满足,A错误。

根据《劳动合同法》第7条:"用人单位**自用工之日起即与劳动者建立劳动关系**。用人单位应当建立职工名册备查。"所以劳资双方的劳动合同期限应当从"用工之日起"开始计算,B项错误。

参考答案:①D

根据《劳动合同法》第46条的规定,劳动者单方解除劳动合同,且用人单位并无过错的情形下,用人单位无需支付经济补偿金,所以C错误。

第40条:"有下列情形之一的,用人单位提前三十日以书面形式通知劳动者本人或者额外支付劳动者一个月工资后,可以解除劳动合同:

(一)劳动者患病或者非因工负伤,在规定的医疗期满后不能从事原工作,也不能从事由用人单位另行安排的工作的;

(二)劳动者不能胜任工作,经过培训或者调整工作岗位,仍不能胜任工作的;

(三)劳动合同订立时所依据的客观情况发生重大变化,致使劳动合同无法履行,经用人单位与劳动者协商,未能就变更劳动合同内容达成协议的。"所以D项符合了预告解除的情形,正确。

【评价及预测】劳资双方单方解除劳动合同,以及经济补偿金是《劳动合同法》中非常重要且有一定难度的考点,考生需要重点掌握。

2. 某厂工人田某体检时被初诊为脑瘤,万念俱灰,既不复检也未经请假就外出旅游。该厂以田某连续旷工超过15天,严重违反规章制度为由解除劳动合同。对于由此引起的劳动争议,下列哪些说法是正确的?(2015-1-70)

A. 该厂单方解除劳动合同,应事先将理由通知工会

B. 因田某严重违反规章制度,无论是否在规定的医疗期内该厂均有权解除劳动合同

C. 如该厂解除劳动合同的理由成立,无须向田某支付经济补偿金

D. 如该厂解除劳动合同的理由违法,田某有权要求继续履行劳动合同并主张经济补偿金2倍的赔偿金

答案(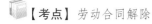)①

【考点】劳动合同解除

【设题陷阱与常见错误分析】本题考查了用人单位单方解除劳动合同,以及经济补偿、赔偿金的问题,是《劳动合同法》中最重点的内容。考生需要充分理解用人单位单方即时解除劳动合同以及不允许预告和经济性裁员的竞合情形的处理规则。

【解析】《劳动合同法》第43条:"用人单位单方解除劳动合同,应当事先将理由通知工会。用人单位违反法律、行政法规规定或者劳动合同约定的,工会有权要求用人单位纠正。用人单位应当研究工会的意见,并将处理结果书面通知工会。"所以A正确。

第39条:"劳动者有下列情形之一的,用人单位可以解除劳动合同:
(一)在试用期间被证明不符合录用条件的;
(二)**严重违反用人单位的规章制度的;**
(三)严重失职,营私舞弊,给用人单位造成重大损害的;
(四)劳动者同时与其他用人单位建立劳动关系,对完成本单位的工作任务造成严重影响,或者经用人单位提出,拒不改正的;
(五)因本法第二十六条第一款第一项规定的情形致使劳动合同无效的;
(六)被依法追究刑事责任的。"劳动者有过错,单位单方解除劳动合同的情况下,无须补偿金,C

参考答案:①ABC

正确。

第42条:"劳动者有下列情形之一的,用人单位不得依照本法第四十条、第四十一条的规定解除劳动合同:

(一)从事接触职业病危害作业的劳动者未进行离岗前职业健康检查,或者疑似职业病病人在诊断或者医学观察期间的;

(二)在本单位患职业病或者因工负伤并被确认丧失或者部分丧失劳动能力的;

(三)患病或者非因工负伤,在规定的医疗期内的;

(四)女职工在孕期、产期、哺乳期的;

(五)在本单位连续工作满十五年,且距法定退休年龄不足五年的;

(六)法律、行政法规规定的其他情形。"劳动者在规定的医疗期内,不能被经济性裁员也不能预告解除,但是如果该劳动者同时具备第39条规定的过错情形的,用人单位可以径行单方解除劳动合同。所以 B 正确。

第48条:"用人单位违反本法规定解除或者终止劳动合同,劳动者要求继续履行劳动合同的,用人单位应当继续履行;**劳动者不要求继续履行劳动合同或者劳动合同已经不能继续履行的,用人单位应当依照本法第八十七条规定支付赔偿金。**"

第87条:"用人单位违反本法规定解除或者终止劳动合同的,应当依照本法第四十七条规定的**经济补偿标准的二倍向劳动者支付赔偿金**。"继续履行和赔偿只能任选其一,所以 D 项不正确。

> 【评价及预测】劳动合同解除和终止是《劳动合同法》中非常重要的考点,历年考题中重复考查率很高,考生需要充分理解并掌握劳资双方单方解除劳动合同的情形,用人单位的预告解除,经济性裁员,劳动者的特别保护适用的老弱病残的具体情形以及与用人单位单方解除情形竞合的处理等内容。

3. 李某原在甲公司就职,适用不定时工作制。2012 年 1 月,因甲公司被乙公司兼并,李某成为乙公司职工,继续适用不定时工作制。2012 年 12 月,由于李某在年度绩效考核中得分最低,乙公司根据公司绩效考核制度中"末位淘汰"的规定,决定终止与李某的劳动关系。李某于 2013 年 11 月提出劳动争议仲裁申请,主张:原劳动合同于 2012 年 3 月到期后,乙公司一直未与本人签订新的书面劳动合同,应从 4 月起每月支付二倍的工资;公司终止合同违法,应恢复本人的工作。

关于恢复用工的仲裁请求,下列选项正确的是:(2014-1-89)

A. 李某是不定时工作制的劳动者,该公司有权对其随时终止用工
B. 李某不是非全日制用工的劳动者,该公司无权对其随时终止用工
C. 根据该公司末位淘汰的规定,劳动合同应当终止
D. 该公司末位淘汰的规定违法,劳动合同终止违法

答案(①)

【考点】劳动合同解除

【设题陷阱与常见错误分析】本题的常见错误在于混淆非全日制用工与不定时工作制。我国劳动法律对于全日制用工方式,给予了解雇保护,而非全日制用工,考虑基于其灵活性的性质,可随时

参考答案:①BD

终止用工。实行不定时工作制的劳动者仍然属于全日制用工,考生如果混淆这一点,容易错选答案。

另外一个难点,在于利用《劳动合同法》和《劳动合同法实施条例》的相关内容推导"末位淘汰"制度的违法性。

【解析】李某作为不定时工作制的员工,依旧是劳动合同约束的劳动者并非"非全日制用工",所以 A 错误,B 正确。

劳动者工作差劲,被定义为"末位",无外乎属于法律规定的"不能胜任工作",根据《劳动合同法》第 40 条:"有下列情形之一的,用人单位提前三十日以书面形式通知劳动者本人或者额外支付劳动者一个月工资后,可以解除劳动合同:

(一)劳动者患病或者非因工负伤,在规定的医疗期满后不能从事原工作,也不能从事由用人单位另行安排的工作的;

(二)劳动者不能胜任工作,经过培训或者调整工作岗位,仍不能胜任工作的;

(三)劳动合同订立时所依据的客观情况发生重大变化,致使劳动合同无法履行,经用人单位与劳动者协商,未能就变更劳动合同内容达成协议的。"对于不能胜任工作的劳动者,不能径行解除劳动合同,而应该给予培训或调整工作岗位,仍不能胜任的,才能经预告或支付代通知金而解除合同。所以,考核为"末位"即终止劳动合同的规章制度,显然与法律的规定相抵触,应该是无效的。

《劳动合同法实施条例》第 13 条:"用人单位与劳动者不得在劳动合同法第四十四条规定的劳动合同终止情形之外约定其他的劳动合同终止条件。"可知,劳动合同终止只能法定,不能约定,自然不能通过规章制度做出劳动合同终止的约束。所以公司根据自己制定的"末位淘汰"制度,与李某终止劳动合同是违法的,D 正确,C 错误。

【评价及预测】考生需要分清楚非全日制用工与不定时工作制的差别。

非全日制用工是指以小时计酬为主,劳动者在同一用人单位一般平均每日工作时间不超过四小时,每周工作时间累计不超过二十四小时的用工形式。强调的是灵活性,不要求书面劳动合同,不要求劳资双方一对一的关系,彼此均可随时终止劳动关系而无须补偿。

不定时工作制是指没有固定工作时间的限制,是针对因生产特点、工作性质特殊需要或职责范围的关系,需要连续上班或难以按时上下班,无法适用标准工作时间或需要机动作业的职工而采用的一种工作时间制度,属于全日制工作的一种特殊工时制度。比如长途运输,企业高管等。

4. 某公司从事出口加工,有职工 **500 人**。因国际金融危机影响,订单锐减陷入困境,拟裁减职工 **25 人**。公司决定公布后,职工提出异议。下列哪些说法缺乏法律依据?(2011-1-68)

A. 职工甲:公司裁减决定没有经过职工代表大会批准,无效

B. 职工乙:公司没有进入破产程序,不能裁员

C. 职工丙:我一家 4 口,有 70 岁老母和 10 岁女儿,全家就我有工作,公司不能裁减我

D. 职工丁:我在公司销售部门曾连续 3 年评为优秀,对公司贡献大,公司不能裁减我

答案()①

【考点】经济性裁员

参考答案:①ABD

🔍【设定陷阱与常见错误分析】《劳动合同法》对经济性裁员的适用范围和程序做了比较详细的规定,考生只要熟悉相关内容则可以选出答案。考生容易出现错误的地方在 C 项的判断,职工丙的情况符合了在经济性裁员的过程中,应当被优先留用的范畴,也并非完全不可以裁。其实对本题的理解应该定位于职工是否有权提出这个请求,既然丙属于优先留用人员,其提出此请求应该是于法有据的。

📖【解析】《劳动合同法》第41条:"有下列情形之一,需要裁减人员二十人以上或者裁减不足二十人但占企业职工总数百分之十以上的,**用人单位提前三十日向工会或者全体职工说明情况,听取工会或者职工的意见后**,裁减人员方案经向劳动行政部门报告,可以裁减人员:

(一)依照企业破产法规定进行**重整**的;
(二)生产经营发生**严重困难**的;
(三)**企业转产、重大技术革新或者经营方式调整,经变更劳动合同后,仍需裁减人员的**;
(四)**其他**因劳动合同订立时所依据的客观经济情况发生重大变化,致使劳动合同无法履行的。

裁减人员时,应当**优先留用**下列人员:

(一)与本单位订立**较长期限**的固定期限劳动合同的;
(二)与本单位订立**无固定期限**劳动合同的;
(三)**家庭无其他就业人员**,有需要扶养的老人或者未成年人的。

用人单位依照本条第一款规定裁减人员,在六个月内重新招用人员的,应当通知被裁减的人员,并在同等条件下优先招用被裁减的人员。"

经济性裁员的程序无须经过职工代表大会的批准,A 错误;破产并非经济性裁员的唯一原因,B 错误。

D 项不是经济性裁员中优先留用的人员,丁的主张不合法;C 项属于优先留用的人员范围,丙的主张合法。

> ✏️【评价及预测】鉴于经济形势的严峻,关于企业的经济性裁员,是近年来比较热门的考点。考生需要对此考点的如下内容加以掌握:

经济性裁员	适用情形	1. 依照《企业破产法》规定进行**重整**的; 2. 生产经营发生**严重困难**的; 3. **企业转产、重大技术革新**或经营方式**调整**,经变更劳动合同后,仍需裁减人员的; 4. 其他因劳动合同订立时所依据的客观经济情况发生**重大变化**,致使劳动合同无法履行的
	程序	1. 用人单位经营管理者作出裁员决定; 2. **提前30日向工会或全体职工说明情况**,听取工会或者职工意见; 3. 向劳动行政部门报告。 【特别提示】工会只有知情权及建议权,无决定权,所以裁员决定无须征得工会的同意。
	优先留用人员	1. 与本单位订立较长期限的固定期限劳动合同的; 2. 与本单位订立无固定期限劳动合同的; 3. 家庭无其他就业人员,有需要扶养的老人或者未成年人的。 用人单位依法裁减人员,在6个月内重新招用人员的,应当通知被裁减的人员,并在同等条件下优先招用被裁减的人员

不适用经济性裁员的人员	1. 从事接触**职业病**危害作业的劳动者未进行离岗前职业健康检查,或者疑似职业病病人在诊断或者医学观察期间的;(病) 2. 在本单位患职业病或者因工负伤并被确认**丧失或者部分丧失劳动能力的**;(残) 3. **患病或者非因工负伤,在规定的医疗期内的**;(病) 4. 女职工在**孕期、产期、哺乳期**的;(弱) 5. 在本单位连续工作满十五年,且距法定退休年龄**不足五年**的;(老) 6. 法律、行政法规规定的其他情形。 【特别提示】老、弱、病、残被特别保护。

考点4 经济补偿

李某原在甲公司就职,适用不定时工作制。2012年1月,因甲公司被乙公司兼并,李某成为乙公司职工,继续适用不定时工作制。2012年12月,由于李某在年度绩效考核中得分最低,乙公司根据公司绩效考核制度中"末位淘汰"的规定,决定终止与李某的劳动关系。李某于2013年11月提出劳动争议仲裁申请,主张:原劳动合同于2012年3月到期后,乙公司一直未与本人签订新的书面劳动合同,应从4月起每月支付二倍的工资;公司终止合同违法,应恢复本人的工作。

(1)关于乙公司兼并甲公司时李某的劳动合同及工作年限,下列选项正确的是:(2014-1-87)

A. 甲公司与李某的原劳动合同继续有效,由乙公司继续履行

B. 如原劳动合同继续履行,在甲公司的工作年限合并计算为乙公司的工作年限

C. 甲公司还可与李某经协商一致解除其劳动合同,由乙公司新签劳动合同替代原劳动合同

D. 如解除原劳动合同时甲公司已支付经济补偿,乙公司在依法解除或终止劳动合同计算支付经济补偿金的工作年限时,不再计算在甲公司的工作年限

答案(①)

【考点】劳动合同的履行,解除劳动合同的经济补偿

【设题陷阱与常见错误分析】《劳动合同法》明确规定了用人单位组织发生变化(合并、分立)时,劳动合同承继的法律制度,考生如果不熟悉此规定,容易漏选AB选项。

【解析】《劳动合同法》第34条:"用人单位发生**合并或者分立**等情况,**原劳动合同继续有效,**劳动合同由承继其权利和义务的用人单位继续履行。"AB正确。

用人单位与劳动者协商一致解除劳动合同是允许的,C正确。

《劳动合同法实施条例》第10条:"……原用人单位已经向劳动者支付经济补偿的,新用人单位在依法解除、终止劳动合同,计算支付经济补偿的工作年限时,不再计算劳动者在原用人单位的工作年限。"所以D正确。

【评价及预测】用人单位的组织变化,不影响劳动合同的继续履行,这是履行劳动合同过程中比较特殊的一项制度,考生需要注意。当然,劳动合同的承继制度是法律的规定,不排除当事人协商解除劳动合同,考生不要机械地理解劳动合同承继的问题。

参考答案:①ABCD

(2)如李某放弃请求恢复工作而要求其他补救,下列选项正确的是:(2014-1-90)

A. 李某可主张公司违法终止劳动合同,要求支付赔偿金
B. 李某可主张公司规章制度违法损害劳动者权益,要求即时辞职及支付经济补偿金
C. 李某可同时获得违法终止劳动合同的赔偿金和即时辞职的经济补偿金
D. 违法终止劳动合同的赔偿金的数额多于即时辞职的经济补偿金

答案()①

【考点】 经济补偿、赔偿金

【设题陷阱与常见错误分析】《劳动合同法》对于非法解雇规定了很明确的处理规则:行为无效,继续履行优先,赔偿责任兜底。本题的常见错误在于没有弄清楚非法解雇的赔偿金和合法解除劳动合同的补偿金之间的关系,另外,如果不清楚赔偿金和补偿金的计算规则也容易错选答案。

【解析】《劳动合同法》第48条:"用人单位违反本法规定解除或者终止劳动合同,劳动者要求继续履行劳动合同的,用人单位应当继续履行;劳动者不要求继续履行劳动合同或者劳动合同已经不能继续履行的,用人单位应当依照本法第八十七条规定支付赔偿金。"本题中,显然劳动者不愿意继续履行合同,所以可以要求公司支付赔偿金,A正确。

第46条:"有下列情形之一的,用人单位应当向劳动者支付经济补偿:

(一)**劳动者依照本法第三十八条规定解除劳动合同的**(即时辞职);

(二)用人单位依照本法第三十六条规定向劳动者提出解除劳动合同并与劳动者协商一致解除劳动合同的(协商一致);

(三)用人单位依照本法第四十条规定解除劳动合同的(预告解除);

(四)用人单位依照本法第四十一条第一款规定解除劳动合同的(经济性裁员);

(五)除用人单位维持或者提高劳动合同约定条件续订劳动合同,劳动者不同意续订的情形外,依照本法第四十四条第一项规定终止固定期限劳动合同的(劳动合同期满,用人单位单方面解除合同);

(六)依照本法第四十四条第四项、第五项规定终止劳动合同的(用人单位破产、终止);

(七)法律、行政法规规定的其他情形。"

第38条:"用人单位有下列情形之一的,劳动者可以解除劳动合同:

(一)未按照劳动合同约定提供劳动保护或者劳动条件的;

(二)未及时足额支付劳动报酬的;

(三)未依法为劳动者缴纳社会保险费的;

(四)**用人单位的规章制度违反法律、法规的规定,损害劳动者权益的**;

(五)因本法第二十六条第一款规定的情形致使劳动合同无效的;

(六)法律、行政法规规定劳动者可以解除劳动合同的其他情形。

用人单位以暴力、威胁或者非法限制人身自由的手段强迫劳动者劳动的,或者用人单位违章指挥、强令冒险作业危及劳动者人身安全的,劳动者可以立即解除劳动合同,不需事先告知用人单位。"题干中"末位淘汰制度"属于上述第(四)项内容,结合第38和46条的规定,李某可以要求用人单位支付经济补偿金,B正确。

《劳动合同法实施条例》第25条:"用人单位违反劳动合同法的规定解除或者终止劳动合同,依照劳动合同法第八十七条的规定**支付了赔偿金**的,**不再支付经济补偿**。赔偿金的计算年限自用工之日起

参考答案:①ABD

计算。"所以非法解雇的赔偿金与合法解除劳动合同的补偿金不能同时兼得,C错误。

《劳动合同法》第47条:"经济补偿按劳动者在本单位工作的年限,每满一年支付一个月工资的标准向劳动者支付。六个月以上不满一年的,按一年计算;不满六个月的,向劳动者支付半个月工资的经济补偿。"

第87条:"用人单位违反本法规定解除或者终止劳动合同的,应当依照本法第四十七条规定的经济补偿标准的二倍向劳动者支付赔偿金。"所以赔偿金的数额比补偿金多一倍,D项正确。

> 【评价及预测】本题有一定的难度,考生需要对非法解雇的赔偿金的适用情形、合法解除劳动合同的补偿金的适用情形区分清楚。另外需要明确,赔偿金比补偿金多一倍,且二者不能同时兼得。

考点5 试用期条款

某公司聘用首次就业的王某,口头约定劳动合同期限2年,试用期3个月,月工资1200元,试用期满后1500元。

2012年7月1日起,王某上班,不久即与同事李某确立恋爱关系。9月,由经理办公会讨论决定并征得工会主席同意,公司公布施行《工作纪律规定》,要求同事不得有恋爱或婚姻关系,否则一方必须离开公司。公司据此解除王某的劳动合同。

经查明,当地月最低工资标准为1000元,公司与王某一直未签订书面劳动合同,但为王某买了失业保险。关于双方约定的劳动合同内容,下列符合法律规定的说法是?(2013-1-94)

A. 试用期超过法定期限
B. 试用期工资符合法律规定
C. 8月1日起,公司未与王某订立书面劳动合同,应每月付其两倍的工资
D. 8月1日起,如王某拒不与公司订立书面劳动合同,公司有权终止其劳动关系,且无需支付经济补偿

答案()①

【考点】试用期、劳动合同订立

【设题陷阱与常见错误分析】由于劳动合同的从属性和人身性,为保护劳动者的合法权益,劳动合同自订立至消灭,均体现了法律对意思自由的限制。体现在试用期条款方面,包括了试用期的长度、试用期工资、试用期期间对劳动者保护等方面。

另外,法律规定了劳资双方应当签订书面劳动合同,否则将受到一定的惩罚,考生如果不熟悉此项内容容易错选答案。

【解析】《劳动合同法》第19条:"劳动合同期限三个月以上不满一年的,试用期不得超过一个月;劳动合同期限一年以上不满三年的,试用期不得超过二个月;三年以上固定期限和无固定期限的劳动合同,试用期不得超过六个月。

同一用人单位与同一劳动者只能约定一次试用期。

以完成一定工作任务为期限的劳动合同或者劳动合同期限不满三个月的,不得约定试用期。

参考答案:①ABC

试用期包含在劳动合同期限内。劳动合同仅约定试用期的,试用期不成立,该期限为劳动合同期限。"两年期劳动合同,试用期最长不超过2个月,题中3个月试用期不合法,A正确。

《劳动合同法》第20条:"劳动者在试用期的工资不得低于**本单位相同岗位最低档工资或者劳动合同约定工资的百分之八十**,并**不得低于用人单位所在地的最低工资标准**。"B正确。

《劳动合同法实施条例》第6条:"用人单位自用工之日起**超过一个月不满一年未与劳动者订立书面劳动合同的**,应当依照劳动合同法第八十二条的规定向劳动者**每月支付两倍的工资**,并与劳动者补订书面劳动合同;劳动者不与用人单位订立书面劳动合同的,用人单位应当书面通知劳动者终止劳动关系,并依照劳动合同法第四十七条的规定支付经济补偿。

前款规定的用人单位向劳动者每月支付两倍工资的**起算时间为用工之日起满一个月的次日,截止时间为补订书面劳动合同的前一日**。"所以C正确。

第5条:"自用工之日起一个月内,经用人单位书面通知后,**劳动者不与用人单位订立书面劳动合同的,用人单位应当书面通知劳动者终止劳动关系,无须向劳动者支付经济补偿**,但是应当依法向劳动者支付其实际工作时间的劳动报酬。"所以劳动者拒绝与用人单位签订书面劳动合同,时间在一个月内的,用人单位解除合同无须补偿;如果超过一个月了,用人单位已然有过错,虽然可解除合同,但用人单位需要给付经济补偿,所以D项表明,一个月后劳动者拒签合同而用人单位不给予补偿是错误的。

> 【评价及预测】本题考到了《劳动合同法》中很重要的两项内容,重复考查率很高,一是试用期条款,二是签署书面劳动合同的法定义务。针对这两个考点,笔者总结如下,需要考生掌握:
>
> 1. 试用期条款
> (1)形式:书面约定。
> (2)试用期期限:
>
> | 劳动合同期限 | 试用期期限限制 |
> | --- | --- |
> | 3个月≤劳动合同期限<1年 | 试用期≤1个月 |
> | 1年≤劳动合同期限<3年 | 试用期≤2个月 |
> | 3年≤劳动合同期限 | 试用期≤6个月 |
>
> 如果约定的试用期超过法定期限,则试用期条款不生效。
>
> 如果劳动合同只约定试用期,没有约定劳动合同期限的,相当于没有试用期,约定的期限为劳动合同期限。
>
> (3)试用期期间的保护:
> ①工资不低于正常岗位工资的80%,且不低于当地最低工资标准;
> ②试用期期间,劳动者提前三天通知用人单位可以解除合同。在试用期中,除劳动者有本法第三十九条和第四十条第一项、第二项规定的情形外,用人单位不得解除劳动合同。用人单位在试用期解除劳动合同的,应当向劳动者说明理由。
> ③试用期内劳动者的各项劳动权利受法律保护,用人单位应当及时为适用者缴纳社会保险费。
> (4)次数限制:
> 同一用人单位与同一劳动者只能约定一次试用期。劳动者在同一工作单位变动或调整工作岗位,用人单位不得再次约定试用期。

(5)不得约定试用期的情形:
①非全日制用工。
②以完成一定工作任务为期限的劳动合同。
③劳动合同期限不满三个月的。

2. 书面劳动合同的强制性法定义务及违法惩罚
(1)劳动者的义务。
自用工之日起**一个月内**,经用人单位**书面通知**后,劳动者不与用人单位订立书面劳动合同的,用人单位应当书面通知劳动者终止劳动关系,**无须向劳动者支付经济补偿**,但是应当依法向劳动者支付其实际工作时间的劳动报酬。
(2)用人单位不按时订立书面劳动合同的惩罚。
【特别提示】此处的惩罚适用于劳动合同期限届满,没有按时续签的情况。

未签书面劳动合同时间	惩罚
自用工之日起**超过一个月不满一年**未与劳动者订立书面劳动合同	(1)2倍工资:用工之日起**满一个月的次日**,截止时间为补订书面劳动合同的前一日,每月2倍工资; (2)并补签书面劳动合同
自用工之日起**满一年**未与劳动者订立书面劳动合同	(1)11个月的2倍工资:自用工之日起满一个月的次日至满一年的前一日应当向劳动者每月支付两倍的工资; (2)推定无固定期限劳动合同成立:自用工之日起满一年的当日已经视为与劳动者订立无固定期限劳动合同,应当立即与劳动者补订书面劳动合同。支付正常工资

考点6 劳务派遣

玫园公司与丙劳务派遣公司签订协议,由其派遣王某到玫园公司担任保洁员。不久,甲、乙产生纠纷,经营停顿。玫园公司以签订派遣协议时所依据的客观情况发生重大变化为由,将王某退回丙公司,丙公司遂以此为由解除王某的劳动合同。请回答下列问题:

(1)根据《劳动合同法》,王某的用人单位是?(2012-1-95)
A. 甲公司
B. 乙企业
C. 丙公司
D. 玫园公司

答案( )①

【考点】劳务派遣

【设题陷阱与常见错误分析】《劳动合同法》规定了劳务派遣的用工形式,涉及派遣劳动者、派遣单位、用工单位三者之间的关系,其中劳务派遣单位是与劳动者签订劳动合同的"用人单位"的角色,考生需要分析清楚这一点。

参考答案:①C

【解析】《劳动合同法》第58条:"劳务派遣单位是本法所称用人单位,应当履行用人单位对劳动者的义务。劳务派遣单位与被派遣劳动者订立的劳动合同,除应当载明本法第十七条规定的事项外,还应当载明被派遣劳动者的用工单位以及派遣期限、工作岗位等情况。

劳务派遣单位应当与被派遣劳动者订立二年以上的固定期限劳动合同,按月支付劳动报酬;被派遣劳动者在无工作期间,劳务派遣单位应当按照所在地人民政府规定的最低工资标准,向其按月支付报酬。"

第59条:"劳务派遣单位派遣劳动者应当与接受以劳务派遣形式用工的单位(以下称用工单位)订立劳务派遣协议。劳务派遣协议应当约定派遣岗位和人员数量、派遣期限、劳动报酬和社会保险费的数额与支付方式以及违反协议的责任。

用工单位应当根据工作岗位的实际需要与劳务派遣单位确定派遣期限,不得将连续用工期限分割订立数个短期劳务派遣协议。"

根据如上第58、59条的规定,理解劳务派遣的三方关系:(1)劳务派遣单位与被派遣劳动者是劳动关系,应当订立劳动合同。其中,劳务派遣单位是"用人单位",应当履行用人单位对劳动者的义务。(2)劳务派遣单位与接受以劳务派遣形式用工的单位(称为用工单位)订立劳务派遣协议。二者之间是民事关系,受劳动合同法调整。(3)"用工单位"和"劳动者"之间虽然没有劳动合同关系,但是劳动者要服从"用工单位"的管理。因此,本题王某的用人单位是其劳务派遣单位丙公司。C正确。

【评价及预测】劳务派遣中,三方主体的关系考生需要分析清楚:
1. 劳动者与派遣单位:劳资双方,受劳动合同约束,派遣单位履行用人单位的职责;
2. 派遣单位与用工单位:民事协议约束的双方,根据派遣协议各自行使权利履行义务;
3. 劳动者与用人单位:没有实际的契约关系,但劳动者在用工单位的管理下展开劳动,用工单位履行部分用人单位的职责,当劳动者的权益被用工单位侵害之后,用工单位与用人单位共同对劳动者承担连带赔偿责任。

(2)关于王某劳动关系解除问题,下列选项正确的是?(2012-1-96)
A. 玫园公司有权将王某退回丙公司
B. 丙公司有权解除与王某的劳动合同
C. 王某有权要求丙公司继续履行劳动合同
D. 王某如不愿回到丙公司,有权要求其支付赔偿金

答案(　　　)①

【考点】劳务派遣中劳动者保护

【设题陷阱与常见错误分析】劳务派遣关系中,劳动者与派遣单位签订劳动合同,但在用工单位工作。因此,与一般的用工形式相比,解除劳动合同的情形更为复杂,首先被派遣劳动者要具备法定的情形,用工单位才可以将其退回派遣单位,之后派遣单位才可以解除与劳动者的劳动合同。考生如果不熟悉相关内容容易错选答案。

【解析】《劳动合同法》第65条第2款:"被派遣劳动者有本法第三十九条和第四十条第一项、第二项规定情形的,用工单位可以将劳动者退回劳务派遣单位,劳务派遣单位依照本法有关规定,可以

参考答案:①CD

与劳动者解除劳动合同。"

第39条:"劳动者有下列情形之一的,用人单位可以解除劳动合同:

(一)在试用期间被证明不符合录用条件的;

(二)严重违反用人单位的规章制度的;

(三)严重失职,营私舞弊,给用人单位造成重大损害的;

(四)劳动者同时与其他用人单位建立劳动关系,对完成本单位的工作任务造成严重影响,或者经用人单位提出,拒不改正的;

(五)因本法第二十六条第一款第一项规定的情形致使劳动合同无效的;

(六)被依法追究刑事责任的。"

第40条:"有下列情形之一的,用人单位提前三十日以书面形式通知劳动者本人或者额外支付劳动者一个月工资后,可以解除劳动合同:

(一)劳动者患病或者非因工负伤,在规定的医疗期满后不能从事原工作,也不能从事由用人单位另行安排的工作的;

(二)劳动者不能胜任工作,经过培训或者调整工作岗位,仍不能胜任工作的……"

王某没有第39条及第40条第一、二款规定的情形,用工单位无权退工,用人单位丙公司无权解除与王某的劳动合同。故A、B选项错误。

第48条:"用人单位违反本法规定解除或者终止劳动合同,劳动者要求继续履行劳动合同的,用人单位应当继续履行;劳动者不要求继续履行劳动合同或者劳动合同已经不能继续履行的,用人单位应当依照本法第八十七条规定支付赔偿金。"据此,结合题意选项C、D正确。

> 【评价及预测】提醒考生关注本题涉及的两个重要考点:
>
> 1. 派遣劳动者解除合同的法定情形及程序:
>
> (1)派遣劳动者具备法定的个人过错或不适岗的情况(《劳动合同法》第39、40条第一、第二款)。
>
> (2)程序:用工单位将派遣劳动者退回派遣单位,派遣单位再与之解除劳动合同。
>
> 2. 非法解雇中,劳动者的权利保护。用人单位非法解雇劳动者的,《劳动合同法》设定的原则是行为无效,履行优先,赔偿兜底。所以如果用人单位非法解除劳动者,劳动者可以要求继续履行合同,否则可以要求赔偿,此赔偿金额是正常经济补偿的2倍。

考点7 非全日制用工

关于非全日制用工的说法,下列哪一选项不符合《劳动合同法》规定?(2010-1-27)

A. 从事非全日制用工的劳动者与多个用人单位订立劳动合同的,后订立的合同不得影响先订立合同的履行

B. 非全日制用工合同不得约定试用期

C. 非全日制用工终止时,用人单位应当向劳动者支付经济补偿

D. 非全日制用工劳动报酬结算支付周期最长不得超过十五日

答案( )①

参考答案:①C

📖【考点】非全日制用工

👤【设题陷阱与常见错误分析】非全日制用工与全日制用工形式存在较大的区别,鉴于其非常强的灵活性,《劳动合同法》对其作出一些特殊的规定,考生对相关规定熟悉即可选对答案。

📖【解析】《劳动合同法》第 69 条第 2 款:"从事非全日制用工的劳动者可以与一个或者一个以上用人单位订立劳动合同;但是,后订立的劳动合同不得影响先订立的劳动合同的履行。"故 A 选项说法正确,不当选。

第 70 条:"非全日制用工双方当事人不得约定试用期。"故 B 选项说法正确,不当选。

第 71 条:"非全日制用工双方当事人任何一方都可以**随时通知对方终止用工**。终止用工,用人单位不向劳动者支付经济补偿。"故 C 选项中"用人单位应当向劳动者支付经济补偿"的说法错误,当选。

第 72 条第 2 款:"非全日制用工劳动报酬结算支付周期**最长不得超过十五日**。"故 D 选项说法正确,不当选。

💡【评价及预测】对于非全日制用工的特征,笔者总结如下,考生需要掌握:
1. 可以订立口头协议;
2. 无试用期;
3. 随时终止,无补偿;
4. 工资结算支付周期最长不得超过十五日;
5. 可以建立双重或多重劳动关系。

第二节 劳 动 法

考点 1　工资保障制度

关于工资保障制度,下列哪些表述符合劳动法的规定?(2010-1-74)
A. 按照最低工资保障制度,用人单位支付劳动者的工资不得低于当地最低工资标准
B. 乡镇企业不适用最低工资保障制度
C. 加班工资不包括在最低工资之内
D. 劳动者在婚丧假以及依法参加社会活动期间,用人单位应当依法支付工资

📖 答案(　①　)

📖【考点】工资保障制度

👤【设题陷阱与常见错误分析】本题针对最低工资保障制度、最低工资构成,以及婚丧假期间的工资制度等设计题目。考生需要熟悉相关内容来应对本题。

📖【解析】《劳动法》第 48 条:"用人单位支付劳动者的工资**不得低于当地最低工资标准**。"所以 A 正确。

第 51 条:"劳动者在法定休假日和婚丧假期间以及依法参加社会活动期间,用人单位应当依法支

参考答案:①ACD

付工资。"所以 D 正确。

《劳动部关于贯彻执行〈中华人民共和国劳动法〉若干问题的意见》第54条:"劳动法第四十八条中的'最低工资'是指劳动者在法定工作时间内履行了正常劳动义务的前提下,由其所在单位支付的最低劳动报酬。最低工资**不包括延长工作时间的工资报酬,以货币形式支付的住房和用人单位支付的伙食补贴,中班、夜班、高温、低温、井下、有毒、有害等特殊工作环境和劳动条件下的津贴,国家法律、法规、规章规定的社会保险福利待遇。**"所以 C 正确;乡镇企业也属于用人单位,所以也适用最低工资保障制度,B 错误。

【评价及预测】提醒考生注意:最低工资保障的是指劳动者在法定工作时间提供了正常劳动的前提下,其雇主(或用人单位)支付的最低金额的劳动报酬。最低工资不包括加班工资、特殊工作环境、特殊条件下的津贴,最低工资也不包括劳动者保险、福利待遇和各种非货币的收入,最低工资应以法定货币按时支付。

考点2 劳动安全保障

1. 王某,女,1990年出生,于2012年2月1日入职某公司,从事后勤工作,双方口头约定每月工资为人民币3000元,试用期1个月。2012年6月30日,王某因无法胜任经常性的夜间高处作业而提出离职,经公司同意,双方办理了工资结算手续,并于同日解除了劳动关系。同年8月,王某以双方未签书面劳动合同为由,向当地劳动争议仲裁委申请仲裁,要求公司再支付工资12000元。

关于女工权益,根据《劳动法》,下列说法正确的是:(2016-1-95)
A. 公司应定期安排王某进行健康检查
B. 公司不能安排王某在经期从事高处作业
C. 若王某怀孕6个月以上,公司不得安排夜班劳动
D. 若王某在哺乳婴儿期间,公司不得安排夜班劳动

答案(①)

【考点】女职工保护

【设题陷阱与常见错误分析】本题非常细致且全面地考查了女职工的安全保护制度,主要针对细节设计题目。比如限制夜班劳动,针对的是怀孕7个月以上的妇女,哺乳期的特别保护限于哺乳一岁以内的婴儿期间,以及健康检查只是针对有职业病危害的劳动者设置法定要求。考生如果不熟悉这些细节,容易错选答案。

【解析】《劳动法》第54条:"用人单位必须为劳动者提供符合国家规定的劳动安全卫生条件和必要的劳动防护用品,对从事有职业危害作业的劳动者应当定期进行健康检查。"王某作为后勤工作人民,并没有职业危害,健康检查不是用人单位的法定义务,A 错误。

第60条:"不得安排女职工在经期从事高处、低温、冷水作业和国家规定的第三级体力劳动强度的劳动。"B 项正确。

第61条:"不得安排女职工在怀孕期间从事国家规定的第三级体力劳动强度的劳动和孕期禁忌从事的劳动。对怀孕七个月以上的女职工,不得安排其延长工作时间和夜班劳动。"被特别保护的孕龄是

参考答案:①B

7个月以上,所以 C 错误。

第 63 条:"不得安排女职工在哺乳**未满一周岁的婴儿**期间从事国家规定的第三级体力劳动强度的劳动和哺乳期禁忌从事的其他劳动,**不得安排其延长工作时间和夜班劳动**。"不得安排夜班劳动要求哺乳未满一周岁的婴儿,D 项太绝对,错误。

> 【评价及预测】对于女职工及未成年工的安全保护制度,考生需要掌握细节内容。

2. 东星公司新建的化工生产线在投入生产过程中,下列哪些行为违反《劳动法》规定?(2009-1-72)

A. 安排女技术员参加公司技术攻关小组并到位于地下的设备室进行检测
B. 在防止有毒气体泄漏的预警装置调试完成之前,开始生产线的试运行
C. 试运行期间,从事特种作业的操作员已经接受了专门培训,但未取得相应的资格证书
D. 试运行开始前,未对生产线上的员工进行健康检查

答案()①

【考点】劳动安全卫生制度

【设题陷阱与常见错误分析】《劳动法》规定了女职工的安全保护,包括禁止安排女职工从事矿山井下的工作,这不能扩大解释为禁止安排一切位于地下的工作场所工作,考生不要想当然,错选 A 项;《劳动法》规定了劳动卫生安全设施需要与主体工程"三同时"制度;特种作业的培训和认证制度,考生如果忽略,容易错选答案;《劳动法》规定对于从事职业病危害作业的劳动者应当定期进行健康检查。题目中生产线上的员工是否有职业病危害并未表明,即使有职业病危害,法律也没要求从事职业前即进行健康检查,考生要明确这一点,否则容易错选答案。

【解析】《劳动法》第 59 条:"禁止安排女职工**从事矿山井下**、国家规定的**第四级体力劳动强度**的劳动和其他禁忌从事的劳动。"

第 60 条:"不得安排女职工在经期从事高处、低温、冷水作业和国家规定的**第三级体力劳动强度**的劳动。"

第 61 条:"不得安排女职工在**怀孕期间**从事国家规定的**第三级体力劳动强度**的劳动和孕期禁忌从事的劳动。对怀孕**七个月以上的女职工,不得安排其延长工作时间和夜班劳动**。"

第 63 条:"不得安排女职工在哺乳未满一周岁的婴儿期间从事国家规定的第三级体力劳动强度的劳动和哺乳期禁忌从事的其他劳动,不得安排其延长工作时间和夜班劳动。"

对女职工的保护没有 A 项的内容,所以 A 不选。

第 53 条:"**新建、改建、扩建工程**的劳动**安全卫生设施必须与主体工程同时设计、同时施工、同时投入生产和使用**。"所以 B 违法当选。

第 55 条:"**从事特种作业的劳动者必须经过专门培训并取得特种作业资格**。"所以 C 违法当选。

第 54 条:"用人单位必须为劳动者提供符合国家规定的劳动安全卫生条件和必要的劳动防护用品,**对从事有职业危害作业的劳动者应当定期进行健康检查**。"所以 D 项没有违法,不当选。

参考答案:①BC

> 【评价及预测】劳动安全卫生制度主要从两个方面设计题目：一方面是女职工的保护制度；另一方便是未成年工的保护制度。考生需要对这两个考点的相关内容加以掌握。

第三节 劳动争议调解仲裁法

考点1 劳动争议处理

1. 王某，女，1990年出生，于2012年2月1日入职某公司，从事后勤工作，双方口头约定每月工资为人民币3000元，试用期1个月。2012年6月30日，王某因无法胜任经常性的夜间高处作业而提出离职，经公司同意，双方办理了工资结算手续，并于同日解除了劳动关系。同年8月，王某以双方未签书面劳动合同为由，向当地劳动争议仲裁委申请仲裁，要求公司再支付工资12000元。

如当地月最低工资标准为1500元，关于该仲裁，下列说法正确的是：（2016－1－97）

A. 王某可直接向劳动争议仲裁委申请仲裁

B. 如王某对该仲裁裁决不服，可向法院起诉

C. 如公司对该仲裁裁决不服，可向法院起诉

D. 如公司有相关证据证明仲裁裁决程序违法时，可向有关法院申请撤销裁决

答案（　）①

【考点】劳动争议仲裁

【设题陷阱与常见错误分析】本题考查了劳动争议处理的流程以及片面终局裁决的适用。考生需要掌握：片面终局裁决的含义在于，针对特定内容，仲裁庭做出裁决后，对用人单位单方生效。即劳动者如果不服可以继续诉讼，用人单位不能再诉讼，只有机会通过申请裁决撤销的路径来救济。

【解析】《劳动争议调解仲裁法》第5条："发生劳动争议，当事人不愿协商、协商不成或者达成和解协议后不履行的，可以向调解组织申请调解；不愿调解、调解不成或者达成调解协议后不履行的，可以向劳动争议仲裁委员会申请仲裁；对仲裁裁决不服的，除本法另有规定的外，可以向人民法院提起诉讼。"所以解决劳动争议中，仲裁是诉讼的前置流程，而协商、和解、调解等均并非必经流程，所以A正确。

第47条："下列劳动争议，除本法另有规定的外，仲裁裁决为终局裁决，裁决书自作出之日起发生法律效力：

（一）追索劳动报酬、工伤医疗费、经济补偿或者赔偿金，不超过当地月最低工资标准十二个月金额的争议；

（二）因执行国家的劳动标准在工作时间、休息休假、社会保险等方面发生的争议。"

第48条："劳动者对本法第四十七条规定的仲裁裁决不服的，**可以自收到仲裁裁决书之日起十五日内向人民法院提起诉讼。**"题干中所述情形，属于片面终局裁决的情形，劳动者不服裁决可以再行起诉，用人单位不服不能起诉，所以B正确，C错误。

第49条："用人单位有证据证明本法第四十七条规定的仲裁裁决有下列情形之一，可以自收到仲

参考答案：①ABD

裁裁决书之日起三十日内向劳动争议仲裁委员会所在地的中级人民法院申请撤销裁决:

(一)适用法律、法规确有错误的;

(二)劳动争议仲裁委员会无管辖权的;

(三)违反法定程序的;

(四)裁决所根据的证据是伪造的;

(五)对方当事人隐瞒了足以影响公正裁决的证据的;

(六)仲裁员在仲裁该案时有索贿受贿、徇私舞弊、枉法裁决行为的。

人民法院经组成合议庭审查核实裁决有前款规定情形之一的,应当裁定撤销。

仲裁裁决被人民法院裁定撤销的,当事人可以自收到裁定书之日起十五日内就该劳动争议事项向人民法院提起诉讼。"所以 D 项正确。

【评价及预测】片面终局裁决的内容很专业,考查频度很高,考生需要重点掌握片面终局的适用范围,对劳资双方的影响及作用等内容。

2. 友田劳务派遣公司(住所地为甲区)将李某派遣至金科公司(住所地为乙区)工作。在金科公司按劳务派遣协议向友田公司支付所有费用后,友田公司从李某的首月工资中扣减了 500 元,李某提出异议。对此争议,下列哪些说法是正确的?(2015 - 1 - 71)

A. 友田公司作出扣减工资的决定,应就其行为的合法性负举证责任

B. 如此案提交劳动争议仲裁,当事人一方对仲裁裁决不服的,有权向法院起诉

C. 李某既可向甲区也可向乙区的劳动争议仲裁机构申请仲裁

D. 对于友田公司给李某造成的损害,友田公司和金科公司应承担连带责任

答案(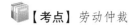)①

【考点】劳动仲裁

【设题陷阱与常见错误分析】本题的陷阱出现在 B 项中的片面终局裁决,如果考生不能准确把握对于小规模讨薪的仲裁,单方对用人单位生效的内容,容易错选答案。另外,D 项也容易错选,在劳务派遣中,如果劳动者是在用工单位工作过程中受到伤害,用工单位和派遣单位承担连带责任,但如果是派遣单位给劳动者造成伤害,则用工单位并不因此连带,考生如不了解此内容,容易错选 D 答案。

【解析】《劳动争议调解仲裁法》第 6 条:"发生劳动争议,**当事人对自己提出的主张,有责任提供证据**。与争议事项有关的证据属于用人单位掌握管理的,用人单位应当提供;用人单位不提供的,应当承担不利后果。"根据"谁主张,谁举证"的一般原则,A 项正确。

第 47 条:"下列劳动争议,除本法另有规定的外,仲裁裁决为终局裁决,裁决书自作出之日起发生法律效力:

(一)追索劳动报酬、工伤医疗费、经济补偿或者赔偿金,不超过当地月最低工资标准十二个月金额的争议;

(二)因执行国家的劳动标准在工作时间、休息休假、社会保险等方面发生的争议。"对于小规模讨薪的仲裁,实行片面终局的原则,仲裁裁决一旦做出,即对用人单位单方生效,所以 B 错误。

第 21 条:"劳动争议仲裁委员会负责管辖本区域内发生的劳动争议。

参考答案:①AC

议仲裁委员会管辖。"本题中劳动合同履行地的乙区和用人单位所在地的甲区均有管辖权,C 正确。

《劳动合同法实施条例》第 35 条:"用工单位违反劳动合同法和本条例有关劳务派遣规定的,由劳动行政部门和其他有关主管部门责令改正;情节严重的,以每位被派遣劳动者 1000 元以上 5000 元以下的标准处以罚款;给被派遣劳动者造成损害的,**劳务派遣单位和用工单位承担连带赔偿责任**。"本题中李某的损失,单纯是派遣单位的单方行为所致,跟用工单位没有任何联系,所以用工单位不用承担此连带责任。所以 D 不正确。

> 【评价及预测】本题综合考查劳务派遣制度和**劳动仲裁制度**,有一定的难度,但类似的题型将是司法考试的主要考查方向,考生需要重点关注。

3. 李某原在甲公司就职,适用不定时工作制。2012 年 1 月,因甲公司被乙公司兼并,李某成为乙公司职工,继续适用不定时工作制。2012 年 12 月,由于李某在年度绩效考核中得分最低,乙公司根据公司绩效考核制度中"末位淘汰"的规定,决定终止与李某的劳动关系。李某于 2013 年 11 月提出劳动争议仲裁申请,主张:原劳动合同于 2012 年 3 月到期后,乙公司一直未与本人签订新的书面劳动合同,应从 4 月起每月支付二倍的工资;公司终止合同违法,应恢复本人的工作。

(1) 关于李某申请仲裁的有关问题,下列选项正确的是:(2014 - 1 - 86)

A. 因劳动合同履行地与乙公司所在地不一致,李某只能向劳动合同履行地的劳动争议仲裁委员会申请仲裁

B. 申请时应提交仲裁申请书,确有困难的也可口头申请

C. 乙公司对终止劳动合同的主张负举证责任

D. 对劳动争议仲裁委员会逾期未作出是否受理决定的,李某可就该劳动争议事项向法院起诉

答案()①

【考点】劳动争议处理程序

【设题陷阱与常见错误分析】本题考查了劳动仲裁的申请、证明责任以及仲裁前置等知识,具有一定的综合性。其中 A 项具有很大的迷惑性。用人单位所在地和劳动合同履行地仲裁委对劳动争议都有管辖权,劳动合同履行地优先管辖的前提是"双方当事人分别向两地仲裁委提出仲裁请求",如果考生忽略这一点,容易错选 A 选项。

另一陷阱在 D 项,仲裁前置确实是劳动争议诉讼的一大特色,如果机械地理解为劳动争议必须经过仲裁委对案件的审理,则会漏选 D 选项。

【解析】《劳动争议调解仲裁法》第 21 条:"劳动争议仲裁委员会负责管辖本区域内发生的劳动争议。

劳动争议由**劳动合同履行地**或者**用人单位所在地**的劳动争议仲裁委员会管辖。双方当事人分别向劳动合同履行地和用人单位所在地的劳动争议仲裁委员会申请仲裁的,由劳动合同履行地的劳动争议仲裁委员会管辖。"所以 A 错误。

第 28 条第三款:"书写仲裁申请确有困难的,**可以口头申请**,由劳动争议仲裁委员会记入笔录,并

参考答案:①BCD

告知对方当事人。"B正确。

第29条:"对劳动争议仲裁委员会不予受理或者逾期未作出决定的,申请人可以就该劳动争议事项向人民法院提起诉讼。"所以D正确。

第6条:"发生劳动争议,当事人对自己提出的主张,有责任提供证据。与争议事项有关的证据属于用人单位掌握管理的,用人单位应当提供;用人单位不提供的,应当承担不利后果。"所以劳动争议的处理也遵循"谁主张,谁举证"的原则,乙公司主张终止劳动合同,应当就此提出相关的证据,承担举证责任,C正确。

> 【评价及预测】劳动争议的处理程序是《劳动争议调解仲裁法》中最重要的考点。考生要掌握,针对劳资双方产生劳动争议,可以和解、调解、仲裁和诉讼。其中和解、调解不是必经程序,也没有强制执行的效力。仲裁是诉讼的前置程序。
> 对于劳动仲裁的管辖、申请形式、举证责任等内容本题进行了细致的考查,考生需要结合相关法条对此内容做掌握。

(2)关于未签订书面劳动合同期间支付二倍工资的仲裁请求,下列选项正确的是:(2014-1-88)
  A. 劳动合同到期后未签订新的劳动合同,李某仍继续在公司工作,应视为原劳动合同继续有效,故李某无权请求支付二倍工资
  B. 劳动合同到期后应签订新的劳动合同,否则属于未与劳动者订立书面劳动合同的情形,故李某有权请求支付二倍工资
  C. 李某的该项仲裁请求已经超过时效期间
  D. 李某的该项仲裁请求没有超过时效期间

答案(　　　)①

【考点】劳动合同的订立,劳动争议的处理程序

【设题陷阱与常见错误分析】本题常见的错误在于将用人单位未与劳动者订立书面劳动合同的情形理解得过于片面,只是理解为双方建立劳动关系,没有及时签订书面劳动合同会受到惩罚,其实还包括另外一种情形,即原来的劳动合同到期终止后没签订新的书面劳动合同。此种情形下,劳资双方依旧没有生效的书面劳动合同的约束,也是违法的行为表现。

另外,仲裁的申请时效是1年,难点在于起算点上。

【解析】《劳动合同法》第82条:"用人单位自用工之日起超过一个月不满一年未与劳动者订立书面劳动合同的,应当向劳动者每月支付二倍的工资。"李某的劳动合同到期后,应当重新签订一份新的劳动合同,没有即时签订,相当于用人单位用工起没有在法定一个月期间内与劳动者签订书面劳动合同,应当2倍工资惩罚。A错误,B正确。

《劳动争议调解仲裁法》第27条:"劳动争议申请仲裁的时效期间为**一年**。仲裁时效期间从当事人**知道或者应当知道其权利被侵害之日起计算**。前款规定的仲裁时效,因当事人一方向对方当事人主张权利,或者向有关部门请求权利救济,或者对方当事人同意履行义务而中断。从中断时起,仲裁时效期间重新计算。

因不可抗力或者其他正当理由,当事人不能在本条第一款规定的仲裁时效期间申请仲裁的,仲

参考答案:①BD

裁时效中止。从中止时效的原因消除之日起,仲裁时效期间继续计算。

劳动关系存续期间因拖欠劳动报酬发生争议的,劳动者申请仲裁不受本条第一款规定的仲裁时效期间的限制;但是,劳动关系终止的,应当自劳动关系终止之日起一年内提出。"工资与赔偿金在劳动争议的赔偿起算点上是不同的。工资争议的起算点是从劳动关系终止之日起计算,赔偿金的争议,则自劳动者知道或应当知道权利被侵害之日起计算。题目中的未签书面劳动合同的两倍工资,实际上由两部分组成:一部分是正常工资,另一部分是与工资金额相同的赔偿金。如果乙公司拖欠李某工资,则李某申请仲裁的时效,从劳动关系终止之日起计算,李某与乙公司2012年12月终止劳动关系,2013年11月提出仲裁请求,并未超过一年的时效。如果乙公司正常支付工资,则李某提出仲裁请求应当从知道或应当知道其权利受到侵害之日起计算,法律具有公开性,劳资双方未订立书面劳动合同最长满一年时,劳动者对用人单位应承担的惩罚性赔偿就"应当知道"了。所以2012年3月未签书面劳动合同,到2013年3月满一年,开始计算仲裁时效,李某的申请也未超过诉讼时效,所以D正确,C错误。

【评价及预测】提醒考生注意本题中的两种情况,考查的角度比较新颖。
1. 书面劳动合同的签订,不仅仅针对新建立的劳动关系,同样适用于原劳动合同终止后;
2. 申请仲裁,适用一年的时效,针对工资和赔偿的起算点是不同的。

4. 李某因追索工资与所在公司发生争议,遂向律师咨询。该律师提供的下列哪些意见是合法的?(2012-1-71)
  A. 解决该争议既可与公司协商,也可申请调解,还可直接申请仲裁
  B. 应向劳动者工资关系所在地的劳动争议仲裁委提出仲裁请求
  C. 如追索工资的金额未超过当地月最低工资标准12个月金额,则仲裁裁决为终局裁决,用人单位不得再起诉
  D. 即使追索工资的金额未超过当地月最低工资标准12个月金额,只要李某对仲裁裁决不服,仍可向法院起诉

答案(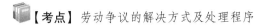)①

【考点】劳动争议的解决方式及处理程序

【设题陷阱与常见错误分析】本题主要针对片面终局的考点设计题目。所谓片面终局,是指为了是劳动者的权益得到快捷的保护,加快劳动争议案件的处理,《劳动争议调解仲裁法》规定,在法定情形下,实行对用人单位的一裁终局。但劳动者仍然有起诉权。用人单位只有在符合法定条件时,申请撤销裁决。考生如果对片面的一裁终局不熟悉,容易错选答案。

【解析】《劳动法》第77条:"用人单位与劳动者发生劳动争议,当事人可以依法**申请调解、仲裁、提起诉讼**,也可以**协商**解决。"据此,A项正确(另外,还可参考《劳动争议调解仲裁法》第4、5条;《劳动争议处理条例》第6条)。

《企业劳动争议处理条例》第18条:"**发生劳动争议的企业与职工不在同一个仲裁委员会管辖地区**

参考答案:①ACD

的,由职工当事人工资关系所在地的仲裁委员会处理。"题中并未说明李某与公司是否在同一仲裁委员管辖地区。据此,B项错误。

《劳动争议调解仲裁法》第47条:"下列劳动争议,除本法另有规定的外,**仲裁裁决为终局裁决,裁决书自作出之日起发生法律效力**:

(一)追索劳动报酬、工伤医疗费、经济补偿或者赔偿金,不超过当地月最低工资标准十二个月金额的争议;

(二)因执行国家的劳动标准在工作时间、休息休假、社会保险等方面发生的争议。"

第48条:"**劳动者**对本法第四十七条规定的仲裁裁决不服的,可以自收到仲裁裁决书之日起**十五日内向人民法院提起诉讼**。"本条体现了对劳动者的倾斜保护。据上述法条的规定,工资金额未超过当地月最低工资标准12个月金额,仲裁裁决为终局裁决,用人单位不得再起诉,但劳动者对仲裁裁决不服的,可以向人民法院提起诉讼。C、D说法正确。

> 【评价及预测】对于劳动争议的处理程序,如下三个考点重复考查概率很大,提醒考生掌握:
>
> 1. 劳动争议的处理程序:协商(和解)——调解——仲裁——诉讼;其中协商和调解是自主可选的程序,仲裁是诉讼的法定前置程序。考生需要熟悉仲裁的管辖、审理、裁决等细节内容。
>
> 2. 仲裁的管辖:用人单位所在地和劳动合同履行地仲裁委都有管辖权,劳资双方分别向不同的仲裁委提出仲裁请求的,劳动合同履行地仲裁委优先管辖。另外,企业与职工不在同一个仲裁委员会管辖地区的,由职工当事人工资关系所在地的仲裁委处理。
>
> 3. 片面终局裁决:只针对法定情形,且只对用人单位终局。

5. 下列哪些情形不属于《劳动争议处理条例》规定的劳动争议范围?(2009-1-73)

A. 张某自动离职一年后,回原单位要求复职被拒绝

B. 郑某辞职后,不同意公司按存款本息购回其持有的职工股,要求做市价评估

C. 秦某退休后,因社会保险经办机构未及时发放社会保险金,要求公司协助解决

D. 刘某因工伤致残后,对劳动能力鉴定委员会评定的伤残等级不服,要求重新鉴定

答案()①

【考点】劳动争议的范围

【设题陷阱与常见错误分析】劳动争议特指劳动关系双方当事人因执行劳动法律法规,或履行劳动合同、集体合同发生的争议。其他无论是主体不适格还是法律关系不符合均不属于劳动争议的范畴。

【解析】《劳动合同法》第2条:"中华人民共和国境内的企业、个体经济组织、民办非企业单位等组织(以下称**用人单位**),与**劳动者建立劳动关系**,订立、履行、变更、解除或者终止劳动合同,适用本法。"所以A项属于订立劳动合同的争议,可以适用劳动争议处理条例。

B项,属于股东和公司之间就回购股权的争议不属于劳动争议。

C项,属于当事人和社保部门的民事争议不属于劳动争议。

D项,刘某和劳动能力鉴定机构的有关鉴定结果的争议不属于劳动争议。

参考答案:①BCD

另,根据《中华人民共和国劳动法》《中华人民共和国民事诉讼法》等相关法律规定,结合民事审判实践,对《人民法院审理劳动争议案件适用法律的若干问题补充解释》第七条下列纠纷不属于劳动争议:

(一)劳动者请求社会保险经办机构发放社会保险金的纠纷;
(二)劳动者与用人单位因住房制度改革产生的公有住房转让纠纷;
(三)劳动者对劳动能力鉴定委员会的伤残等级鉴定结论或者对职业病诊断鉴定委员会的职业病诊断鉴定结论的异议纠纷;
(四)家庭或者个人与家政服务人员之间的纠纷;
(五)个体工匠与帮工、学徒之间的纠纷;
(六)农村承包经营户与受雇人之间的纠纷。所以本题选 B、C、D。

> 【评价及预测】关于劳动争议的范畴是司法考试中常出现的一个考点,考生需要明确劳动争议对争议双方当事人及争议的法律关系均有很严格的规定。劳动者与用人单位间的股权争议、劳动者与社会保险经办机构的争议、劳动者与伤残鉴定机构的争议等均不属于劳动争议的范畴。

第四节 社会保险法

考点1 基本养老保险

关于基本养老保险的个人账户,下列哪些选项是正确的?(2012-1-70)

A. 职工个人缴纳的基本养老保险费全部记入个人账户
B. 用人单位缴纳的基本养老保险费按规定比例记入个人账户
C. 个人死亡的,个人账户余额可以继承
D. 个人账户不得提前支取

答案( )①

【考点】养老保险

【设题陷阱与常见错误分析】我国的基本养老保险制度实行统筹账户与个人账户相结合的制度,用人单位缴纳的保险费计入基本养老保险的统筹基金,个人缴纳的保险费计入个人账户。基本养老保险是保障公民在年老时从国家和社会获取物质帮助的权利,所以不能提前支取,只能等到退休年龄时按月领取。

个人账户的余额属于个人财产,在个人死亡后,可以继承。

【解析】《社会保险法》第 12 条:"**用人单位**应当按照国家规定的本单位职工工资总额的比例**缴纳基本养老保险费,记入基本养老保险统筹基金。职工**应当按照国家规定的本人工资的比例**缴纳基本养老保险费,记入个人账户**……"据此,A 正确,B 错误。

第 14 条:"个人账户**不得提前支取**,记账利率不得低于银行定期存款利率,免征利息税。**个人死亡**

参考答案:①ACD

的,个人账户余额可以继承。"所以 C、D 正确。

> 【评价及预测】本题是对基本养老保险制度基础内容的考查,无难度。考生需要对相关法条的内容加以掌握。具体体来讲包括了基本养老保险的缴费制度、享受条件、账户提前支取的禁止及个人账户的继承问题等内容。

考点2 失业保险

某公司聘用首次就业的王某,口头约定劳动合同期限 2 年,试用期 3 个月,月工资 1200 元,试用期满后 1500 元。经查明,当地月最低工资标准为 1000 元,公司与王某一直未签订书面劳动合同,但为王某买了失业保险。

关于王某离开该公司后申请领取失业保险金的问题,下列说法正确的是:(2013 - 1 - 96)

A. 王某及该公司累计缴纳失业保险费尚未满 1 年,无权领取失业保险金
B. 王某被解除劳动合同的原因与其能否领取失业保险金无关
C. 若王某依法能领取失业保险金,在此期间还想参加职工基本医疗保险,则其应缴纳的基本医疗保险费从失业保险基金中支付
D. 若王某选择跨统筹地区就业,可申请退还其个人缴纳的失业保险费

答案( )①

【考点】失业保险

【设题陷阱与常见错误分析】本题主要针对《社会保险法》对失业保险的制度和要求,考生只要熟悉相关法律规定即可选出答案。容易出现问题的选项是 D 项,对于跨统筹地区就业的,不是退保而是移转接续来处理。

【解析】《社会保险法》第 45 条:"失业人员符合下列条件的,从失业保险基金中领取失业保险金:

(一)失业前用人单位和本人已经缴纳失业保险费**满一年**的;
(二)**非因本人意愿中断就业**的;
(三)已经进行失业登记,并**有求职要求**的。"所以 A、B 正确。

第 48 条:"失业人员在领取失业保险金期间,参加职工基本医疗保险,享受基本医疗保险待遇。

失业人员应当缴纳的基本医疗保险费从失业保险基金中支付,个人不缴纳基本医疗保险费。"C 正确。

第 52 条:"**职工跨统筹地区就业的,其失业保险关系随本人转移,缴费年限累计计算。**"D 错误。

> 【评价及预测】失业保险是《社会保险法》规定的五大社会保险之一,考生需要对失业保险的缴费机制,领取条件,不再享有失业保险的情形,与医疗保险的衔接,跨统筹地区就业的处理等内容加以掌握,以应对重复考查的需求。

参考答案:①ABC

考点3　工伤保险

某商场使用了由东方电梯厂生产、亚林公司销售的自动扶梯。某日营业时间,自动扶梯突然逆向运行,造成顾客王某、栗某和商场职工薛某受伤,其中栗某受重伤,经治疗半身瘫痪,数次自杀未遂。现查明,该型号自动扶梯在全国已多次发生相同问题,但电梯厂均通过更换零部件、维修进行处理,并未停止生产和销售。职工薛某被认定为工伤且被鉴定为六级伤残。关于其工伤保险待遇,下列选项正确的是：(2015-1-97)

A. 如商场未参加工伤保险,薛某可主张商场支付工伤保险待遇或者承担民事人身损害赔偿责任
B. 如商场未参加工伤保险也不支付工伤保险待遇,薛某可主张工伤保险基金先行支付
C. 如商场参加了工伤保险,主要由工伤保险基金支付工伤保险待遇,但按月领取的伤残津贴仍由商场支付
D. 如电梯厂已支付工伤医疗费,薛某仍有权获得工伤保险基金支付的工伤医疗费

答案(　　)①

【考点】 工伤保险

【设题陷阱与常见错误分析】 本题主要针对工伤保险的适用细节进行考查,考生需要掌握工伤保险以实际劳动关系为承保起始点,用人单位未及时为劳动者购买工伤保险的,也不会影响劳动者享受工伤待遇。否则,本题容易选错答案。

【解析】 薛某作为商场的职工,在工作期间受到伤害,应按照工伤的维权体系来保护,不应当认定民事侵权,A错误。

《社会保险法》第41条第1款:"职工所在用人单位未依法缴纳工伤保险费,发生工伤事故的,由用人单位支付工伤保险待遇。用人单位不支付的,从工伤保险基金中先行支付。"所以B正确。

第39条:"因工伤发生的下列费用,按照国家规定由用人单位支付:
(一)治疗工伤期间的工资福利;
(二)**五级、六级伤残职工按月领取的伤残津贴**;
(三)终止或者解除劳动合同时,应当享受的一次性伤残就业补助金。"所以C正确。

第42条:"由于第三人的原因造成工伤,第三人不支付工伤医疗费用或者无法确定第三人的,由工伤保险基金先行支付。**工伤保险基金先行支付后,有权向第三人追偿**。"所以如果第三人电梯厂已经支付工伤医疗费的,工伤保险基金不会重复支付,D错误。

【评价及预测】《社会保险法》中涉及五大社会保险,一般一年考查一道题,考生需要对重点的适用细节加以掌握,尤其是尚未考查的基本医疗保险和生育保险。

参考答案:①BC

第六章 土地和房地产管理法

本章考查情况统计表

考点	考查次数	考查年份	大致分值	考查概率/%
不动产登记程序	1	1	1	11
城乡规划、规划区概念	1	1	2	11
城乡规划的实施	4	4	6	44
房地产开发	2	1	4	11
房地产转让	4	2	8	22
国有土地使用权	5	5	10	56
集体土地使用权	3	2	5	22
建设用地管理	1	1	2	11
土地法律责任	1	1	1	11
土地争议处理	1	1	2	11

第一节 土地管理法

考点1 国有土地使用权

1. 甲企业将其厂房及所占划拨土地一并转让给乙企业,乙企业依法签订了出让合同,土地用途为工业用地。5年后,乙企业将其转让给丙企业,丙企业欲将用途改为商业开发。关于该不动产权利的转让,下列哪些说法是正确的?（2015-1-72）

A. 甲向乙转让时应报经有批准权的政府审批

B. 乙向丙转让时,应已支付全部土地使用权出让金,并取得国有土地使用权证书

C. 丙受让时改变土地用途,须取得有关国土部门和规划部门的同意

D. 丙取得该土地及房屋时,其土地使用年限应重新计算

①

【考点】土地使用权转让

【设题陷阱与常见错误分析】本题结合考查了划拨土地及出让土地的使用权转让以及土地用途变更的流程,有一定的综合性,但难度不大,所涉及的考点都是常规的重点考点。

【解析】《城市房地产管理法》第40条:"**以划拨方式取得土地使用权的,转让房地产时,应当按照国务院规定,报有批准权的人民政府审批**。有批准权的人民政府准予转让的,应当由受让方办理土地使用权出让手续,并依照国家有关规定缴纳土地使用权出让金。

以划拨方式取得土地使用权的,转让房地产报批时,有批准权的人民政府按照国务院规定决定可以不

参考答案:①ABC

办理土地使用权出让手续的,转让方应当按照国务院规定将转让房地产所获收益中的土地收益上缴国家或者作其他处理。"甲向乙的转让属于划拨土地使用权的转让,需要相应人民政府审批,所以 A 正确。

第 39 条:"以出让方式取得土地使用权的,转让房地产时,应当符合下列条件:

(一)**按照出让合同约定已经支付全部土地使用权出让金,并取得土地使用权证书**;

(二)按照出让合同约定进行投资开发,属于房屋建设工程的,完成开发投资总额的百分之二十五以上,属于成片开发土地的,形成工业用地或者其他建设用地条件。

转让房地产时房屋已经建成的,还应当持有房屋所有权证书。"所以 B 正确。

第 44 条:"以出让方式取得土地使用权的,转让房地产后,受让人改变原土地使用权出让合同约定的土地用途的,**必须取得原出让方和市、县人民政府城市规划行政主管部门的同意**,签订土地使用权出让合同变更协议或者重新签订土地使用权出让合同,相应调整土地使用权出让金。"土地用途变更,需要原出让方和相应的城乡规划主观部门的同意,所以 C 正确。

第 43 条:"以出让方式取得土地使用权的,转让房地产后,其土地使用权的使用年限为原土地使用权出让合同约定的使用年限减去原土地使用者已经使用年限后的剩余年限。"土地使用权转让都是剩余年限的转让,D 错误。

> **【评价及预测】** 土地使用权的流转是《土地管理法》和《房地产管理法》结合出题的最热考点,重复考查率很高,考生要充分掌握适用的细节。

2. 甲房地产公司与乙国有工业公司签订《合作协议》,在乙公司原有的仓库用地上开发商品房。双方约定,共同成立"玫园置业有限公司"(以下简称"玫园公司")。甲公司投入开发资金,乙公司负责将该土地上原有的划拨土地使用权转变为出让土地使用权,然后将出让土地使用权作为出资投入玫园公司。

(1) 关于该土地使用权由划拨转为出让,下列说法正确的是:(2012-1-92)

A. 将划拨土地使用权转为出让土地使用权后再行转让属于土地投机,为法律所禁止

B. 乙公司应当先将划拨土地使用权转让给玫园公司,然后由后者向政府申请办理土地使用权出让合同

C. 该土地使用权由划拨转为出让,应当报有批准权的政府审批,经批准后方可办理土地使用权出让手续

D. 如乙公司取得该地块的出让土地使用权,则只能自己进行开发,不能与他人合作开发

答案(①)

【考点】划拨土地使用权

【设题陷阱与常见错误分析】在土地的一级市场上,土地使用权的取得方式包括出让和划拨。只要合法取得的土地使用权,无论是出让还是划拨取得的,均可以作价入股、合资、合作开发房地产。虽然划拨的土地可以流转,但基于取得过程中的特殊性,对划拨土地的流转施加了一定的限制,首先要经过批准,一般要求办理土地使用权的出让手续,特殊情况下政府批准可以不予办理,但须将所获收益中的土地收益上缴国家或做应有处理。

【解析】《城市房地产管理法》第 28 条:"依法取得的土地使用权,可以依照本法和有关法律、行政法规的规定,**作价入股,合资、合作开发经营房地产**。"所以 A、D 项错误。

参考答案:①C

第40条:"以划拨方式取得土地使用权的,转让房地产时,应当按照国务院规定,**报有批准权的人民政府审批**。有批准权的人民政府准予转让的,应当由**受让方办理土地使用权出让手续**,并依照国家有关规定缴纳土地使用权出让金。

以划拨方式取得土地使用权的,转让房地产报批时,**有批准权的人民政府按照国务院规定决定可以不办理土地使用权出让手续**的,**转让方**应当按照国务院规定将转让房地产所获收益中的土地收益上缴国家或者作其他处理。"所以 B 错误,C 正确。

> 【评价及预测】关于划拨土地使用权的流转,考生需要掌握如下原则:
> 1. 划拨土地使用权可以转让。
> 2. 需要有批准权的人民政府的审批。
> 3. 一般要求办理土地使用权出让手续,由受让方办理土地使用权出让手续,缴纳出让金。
> 4. 特殊情况下,政府批准可以不办理出让手续,转让方上缴土地收益。

3. 关于国有土地,下列哪些说法是正确的?(2010 - 1 - 75)
A. 国有土地可以是建设用地,也可以是农用地
B. 国有土地可以确定给单位使用,也可以确定给个人使用
C. 国有土地可以有偿使用,也可以无偿使用
D. 国有土地使用权可以有期限,也可以无期限

答案(　　)①

【考点】国有土地

【设题陷阱与常见错误分析】本题综合考查了国有土地使用权的相关制度,包括国有土地的用途、使用权人、使用权取得方式及国有土地使用期限。本题涉及的制度较多,综合性强,但是只要考生对国有土地的基本制度有深刻的理解,本题难度不大。

【解析】《土地管理法》第8条:"城市**市区**的土地属于**国家**所有。

农村和城市郊区的土地,除由法律规定属于国家所有的以外,属于**农民集体**所有;**宅基地**、**自留地、自留山**,属于**农民集体**所有。"

例如国有农场作为农用地属于国家所有,所以 A 正确。

第9条:"国有土地和农民集体所有的土地,可以依法确定给**单位**或者**个人**使用。"所以 B 正确。

《城市房地产管理法》第8条:"土地使用权出让,是指国家将国有土地使用权(以下简称土地使用权)在一定年限内出让给土地使用者,由土地使用者向国家支付土地使用权出让金的行为。"所以出让土地是有偿且有期限的。

第23条:"土地使用权划拨,是指县级以上人民政府依法批准,**在土地使用者缴纳补偿、安置等费用后将该幅土地交付其使用,或者土地使用权无偿交付给土地使用者使用的行为**。

依照本法规定以划拨方式取得土地使用权的,除法律、行政法规另有规定外,**没有使用期限的限制**。"划拨土地是无期限的,大部分也无偿。所以 C、D 正确。

参考答案:①ABCD

【评价及预测】本题考查了国有土地的基本制度。考生需要熟悉以下内容：

根据《土地管理法》规定，国有土地由单位或个人承包经营，国有土地可以是建设用地，也可以是农用地，可以给单位使用，也可以给个人使用。

土地出让都是有偿且有期限的，划拨土地都是无期限的，一般也无偿，有偿的情形也只是缴纳很少一部分补助费、安置费等。

4. 关于以划拨方式取得土地使用权的房地产转让时适用的《房地产管理法》特殊规定，下列哪些表述是正确的？（2009－1－76）

A. 应当按照国务院规定，报有批准权的人民政府审批

B. 有批准权的人民政府准予转让的，可以决定由受让方办理土地使用权出让手续，也可以允许其不办理土地使用权出让手续

C. 办理土地使用权出让手续的，受让方应缴纳土地使用权出让金

D. 不办理土地使用权出让手续的，受让方应缴纳土地使用权转让费，转让方应当按规定将转让房地产所获收益中的土地收益上缴国家

答案（　　①　　）

【考点】划拨土地转让房屋的限制

【设题陷阱与常见错误分析】划拨土地使用权人，因为其取得土地时并没有给付相应的土地出让金，所以其只有有限的权利，《城市房地产管理法》对划拨土地使用权房地产转让规定了比较特殊的制度，考生需要熟悉这些限制才能准确选对答案。

【解析】《城市房地产管理法》第40条："以划拨方式取得土地使用权的，转让房地产时，应当按照国务院规定，**报有批准权的人民政府审批**。有批准权的人民政府准予转让的，应当由**受让方办理土地使用权出让手续**，并依照国家有关规定缴纳土地使用权出让金。

以划拨方式取得土地使用权的，转让房地产报批时，有批准权的人民政府按照国务院规定决定可以不办理土地使用权出让手续的，**转让方应当按照国务院规定将转让房地产所获收益中的土地收益上缴国家**或者作其他处理。"

所以 A、B、C 正确。

【评价及预测】本题是对划拨土地使用权房地产转让的重复考查。这一考点，重复考查率很高。

考点2　集体土地使用权

1. 农户甲外出打工，将自己房屋及宅基地使用权一并转让给同村农户乙，5 年后甲返回该村。关于甲返村后的住宅问题，下列哪些说法是错误的？（2012－1－72）

A. 由于甲无一技之长，在外找不到工作，只能返乡务农。政府应再批给甲一处宅基地建房

B. 根据"一户一宅"的原则，甲作为本村村民应拥有自己的住房。政府应再批给甲一处宅基地

参考答案：①ABC

建房

C. 由于农村土地具有保障功能,宅基地不得买卖,甲乙之间的转让合同无效。乙应返还房屋及宅基地使用权

D. 由于与乙的转让合同未经有关政府批准,转让合同无效。乙应返还房屋及宅基地使用权

答案(　　)①

【考点】宅基地

【设题陷阱与常见错误分析】我国法律在宅基地使用权上,仍然坚持"一户一宅"的基本原则,即一家只能申请一处宅基地,在该地上建房,村民出卖、出租房屋后,不能再申请新的宅基地。多数考生对此制度比较熟悉,A、B项容易选出来。

本题的常见错误在于村民转让住宅的合同效力。我国相关法律只是对城镇居民购买农村住宅作出了禁止性的规定。如果村民转让给本集体经济组织的成员,是合法有效的,且无须批准,考生如果不熟悉这一点,容易错选答案。

【解析】《土地管理法》第62条:"农村村民一户只能拥有一处宅基地,其宅基地的面积不得超过省、自治区、直辖市规定的标准。农村村民住宅用地,经乡(镇)人民政府审核,由县级人民政府批准;其中,涉及占用农用地的,依照本法第四十四条的规定办理审批手续。**农村村民出卖、出租住房后,再申请宅基地的,不予批准**。"本题中,甲已将宅基地转让他人,政府不再批给甲新的宅基地。因此,A、B说法错误。

另外,根据《土地管理法》规定,农村村民宅基地的所有权属于村民集体所有,村民只有使用权,没有所有权,禁止擅自买卖或非法转让。**但因买卖、继承、赠与房屋而发生宅基地使用权转移的,买房户、继承人、被赠与人是本集体经济组织成员的,可依法办理宅基地用地手续**。因此宅基地买卖,主要限制的是卖方不得再申请宅基地;对于买方而言,如果是同村村民,可以取得房屋所有权,并可依法办理宅基地用地手续。转让合同并不会当然无效。由此,C、D说法错误。

【评价及预测】关于宅基地的使用权,是农村集体土地使用权很重要的一类。考生要明确:
1. 宅基地是与社员权紧密结合,分配得到的;
2. 一家一户一处宅基地;
3. 宅基地上建房,村民在本集体经济组织成员间转让是有效的,无须批准;
4. 宅基地连同住宅转让或出租后,不能申请新的宅基地。

2. 关于承包经营集体土地可以从事的生产活动,下列哪一选项符合《土地管理法》的规定?(2009 - 1 - 28)

A. 种植业、林业

B. 种植业、林业、畜牧业

C. 种植业、林业、畜牧业、渔业

D. 种植业、林业、畜牧业、渔业、农产品加工业

答案(　　)②

参考答案:①ABCD　②C

📖【考点】承包集体土地用途

🧑【设题陷阱与常见错误分析】为保护耕地,我国法律规定承包经营农村集体所有的土地只能进行农业建设不能用于非农业建设,考生对"农业"建设的范畴做准确理解,即可选对本题的答案。

📋【解析】《土地管理法》第14条第1款:"农民集体所有的土地由本集体经济组织的成员承包经营,从事**种植业、林业、畜牧业、渔业**生产。土地承包经营期限为三十年。发包方和承包方应当订立承包合同,约定双方的权利和义务。承包经营土地的农民有保护和按照承包合同约定的用途合理利用土地的义务。农民的土地承包经营权受法律保护。"所以答案C正确。

💡【评价及预测】考生要注意,农业建设仅包括种植业、林业、畜牧业、渔业的生产。农产品加工不属于农业生产。

3. 根据《土地管理法》规定,在下列哪些情况下使用集体土地从事建设不需要经过国家征收?(2009-1-74)

A. 兴办乡镇企业

B. 村民建设住宅

C. 乡村公共设施建设

D. 乡村公益事业建设

📖 答案（　　）①

📖【考点】集体土地使用

🧑【设题陷阱与常见错误分析】本题考查了《土地管理法》规定的乡村建设用地制度,即不需要经过国家征收,直接可以在集体土地上进行非农业开发和建设的情形。考生只要熟悉相关法条内容即可应对本题。

📋【解析】《土地管理法》第43条:"任何单位和个人进行建设,需要使用土地的,必须依法申请使用国有土地;但是,**兴办乡镇企业**和**村民建设住宅**经依法批准使用本集体经济组织农民集体所有的土地的,或者**乡(镇)村公共设施**和**公益事业建设**经依法批准使用农民集体所有的土地的除外。"所以A、B、C、D正确。

💡【评价及预测】集体土地可以合法地用于非农业开发和建设的情形只有以下几种:

1. 宅基地;

2. 兴办乡镇企业;

3. 乡(镇)村公共设施和公益事业建设。

考点3　建设用地管理

某市政府在土地管理中的下列哪些行为违反了《土地管理法》的规定?（2011-1-70）

A. 甲公司在市郊申请使用一片国有土地修建经营性墓地,市政府批准其以划拨方式取得土地使

参考答案:①ABCD

用权

B. 乙公司投标取得一块商品房开发用地的出让土地使用权,市政府同意其在房屋建成销售后缴纳土地出让金

C. 丙公司以出让方式在本市规划区取得一块工业用地,市国土局在未征得市规划局同意的情况下,将该土地的用途变更为住宅建设用地

D. 丁公司在城市规划区取得一块临时用地,使用已达6年,并在该处修建了永久性建筑,市政府未收回土地,还为该建筑发放了房屋产权证

答案(）①

【考点】 建设用地管理

【设题陷阱与常见错误分析】 本题综合考查了建设用地使用权的取得、土地出让金的缴纳、土地用途的变更、临时建设用地等问题,具有一定的综合性,但都是相对比较基础的知识点,难度不大。

【解析】《土地管理法》第54条:"建设单位使用国有土地,应当以出让等有偿使用方式取得;但是,下列建设用地,经**县级以上人民政府依法批准**,可以以**划拨**方式取得:

(一)**国家机关**用地和**军事**用地;

(二)**城市基础设施**用地和**公益事业**用地;

(三)**国家重点扶持的能源、交通、水利等基础设施**用地;

(四)法律、行政法规规定的**其他**用地。"

A项中的"经营性墓地"并不符合法定的可以使用划拨土地的情况,A项违法。

《土地管理法》第55条第1款:"以出让等有偿使用方式取得国有土地使用权的建设单位,按照国务院规定的标准和办法,**缴纳土地使用权出让金等土地有偿使用费和其他费用后,方可使用土地**。"所以B项违法。

《土地管理法》第56条:"建设单位使用国有土地的,应当按照土地使用权出让等有偿使用合同的约定或者土地使用权划拨批准文件的规定使用土地;**确需改变该幅土地建设用途的**,应当经有关人民政府土地行政主管部门同意,报原批准用地的人民政府批准。其中,**在城市规划区内改变土地用途的,在报批前,应当先经有关城市规划行政主管部门同意**。"所以C项违法。

《土地管理法》第57条:"建设项目施工和地质勘查需要临时使用国有土地或者农民集体所有的土地的,由县级以上人民政府土地行政主管部门批准。其中,在城市规划区内的临时用地,在报批前,应当先经有关城市规划行政主管部门同意。土地使用者应当根据土地权属,与有关土地行政主管部门或者农村集体经济组织、村民委员会签订**临时使用土地合同**,并按照合同的**约定支付临时使用土地补偿费**。

临时使用土地的使用者应当按照临时使用土地合同约定的用途使用土地,并**不得修建永久性建筑物**。**临时使用土地期限一般不超过二年**。"

所以D项错误。

【评价及预测】 提醒考生注意划拨土地大部分无偿且无期,所以法律对其有特殊的约束机制,必须是法定范围内的,否则不能使用划拨土地,考生需要对划拨土地的用途做掌握。

参考答案:①ABCD

> 临时建设用地,需要县级以上人民政府土地行政主管部门批准,在规划区内的,还需要规划部门同意,之后签订合同,缴纳临时使用土地补偿费,最长不超过两年,不得在临时用地上修建永久性建筑,如需永久使用的,必须按规定办理土地出让手续。

考点4 土地争议处理

某公司取得出让土地使用权后,超过出让合同约定的动工开发日期满两年仍未动工,市政府决定收回该土地使用权。该公司认为,当年交付的土地一直未完成征地拆迁,未达到出让合同约定的条件,导致项目迟迟不能动工。为此,该公司提出两项请求,一是撤销收回土地使用权的决定,二是赔偿公司因工程延误所受的损失。对这两项请求,下列哪些判断是正确的?(2014-1-72)

A. 第一项请求属于行政争议
B. 第二项请求属于民事争议
C. 第一项请求须先由县级以上政府处理,当事人不服的才可向法院起诉
D. 第二项请求须先由县级以上政府处理,当事人不服的才可向法院起诉

答案(①　　)

【考点】 国有土地使用权、土地纠纷及其处理途径

【设题陷阱与常见错误分析】 我国土地实行公有制,土地所有权归属国家或农村集体组织。同时土地作为重要的自然资源,国家对土地又存在着广泛的管理行为。因此,政府或其职能部门集两种身份于一体,既具有土地所有者代表的身份,又具有土地管理者的身份。对于政府及其职能部门有关土地的行为,要根据具体情况区分其何种身份,产生何种法律关系,从而确定不同的纠纷处理途径。

【解析】《城市房地产管理法》第26条:"以出让方式取得土地使用权进行房地产开发的,必须按照土地使用权出让合同约定的土地用途、动工开发期限开发土地。超过出让合同约定的动工开发日期满一年未动工开发的,可以征收相当于土地使用权出让金百分之二十以下的土地闲置费;**满二年未动工开发的,可以无偿收回土地使用权**;但是,因不可抗力或者政府、政府有关部门的行为或者动工开发必需的前期工作造成动工开发迟延的除外。"

因土地长期闲置而无偿收回,属于政府对土地资源的行政管理行为,因此相应的纠纷为行政纠纷,A正确。

第8条:"土地使用权出让,是指国家将国有土地使用权(以下简称土地使用权)在一定年限内出让给土地使用者,由土地使用者向国家支付土地使用权出让金的行为。"因此土地使用权出让是行使土地所有者身份的行为,相应的纠纷是民事争议。所以B正确。

关于第一项行政争议实质上属于土地的**使用权确权纠纷**,根据《土地管理法》第16条:"土地所有权和使用权争议,由当事人协商解决;协商不成的,由人民政府处理。

单位之间的争议,由县级以上人民政府处理;个人之间、个人与单位之间的争议,由乡级人民政府或者县级以上人民政府处理。

当事人对有关人民政府的处理决定不服的,可以自接到处理决定通知之日起三十日内,向人民法

参考答案:①ABC

院起诉。

在土地所有权和使用权争议解决前,任何一方不得改变土地利用现状。"所以C正确。

第二项民事争议,可由政府予以行政调解,但并非必经程序,当事人可以直接向法院提起民事诉讼,所以D错误。

> **【评价及预测】** 关于土地纠纷的处理机制,是土地法常考的考点。考点需要掌握如下原则:
> 土地确权纠纷(包括所有权及使用权)纠纷,要求人民政府处理前置(相当于行政复议),具体而言,如果个人与单位之间的争议,最低由乡政府处理;如果单位和单位之间的争议,最低由县级人民政府处理;政府处理后,当事人如果不服,可以处理争议的政府为被告提起行政诉讼;
> 土地侵权纠纷,是传统的民事纠纷,政府的调处是可选的程序,不是必经过程。当事人可以直接提起民事诉讼。

考点5 土地法律责任

某房地产公司开发一幢大楼,实际占用土地的面积超出其依法获得的出让土地使用权面积,实际建筑面积也超出了建设工程规划许可证规定的面积。关于对该公司的处罚,下列哪一选项是正确的?(2014-1-30)

A. 只能由土地行政主管部门按非法占用土地予以处罚
B. 只能由城乡规划主管部门按违章建筑予以处罚
C. 根据一事不再罚原则,由当地政府确定其中一种予以处罚
D. 由土地行政主管部门、城乡规划主管部门分别予以处罚

答案(　　)①

【考点】 土地法律责任、城乡规划法律责任

【设题陷阱与常见错误分析】 本题考查了土地责任和城乡规划责任的理解。从题目本身的设计上来看,可以从有关条文中直接找到题目的答案,难度不大。

【解析】《土地管理法》第76条:"未经批准或者采取欺骗手段骗取批准,非法占用土地的,由**县级以上人民政府土地行政主管部门责令退还非法占用的土地**,对违反土地利用总体规划擅自将农用地改为建设用地的,限期拆除在非法占用的土地上新建的建筑物和其他设施,恢复土地原状,对符合土地利用总体规划的,没收在非法占用的土地上新建的建筑物和其他设施,可以并处罚款;对非法占用土地单位的直接负责的主管人员和其他直接责任人员,依法给予行政处分;构成犯罪的,依法追究刑事责任。

超过批准的数量占用土地,多占的土地以非法占用土地论处。"

《城乡规划法》第64条:"未取得建设工程规划许可证或者未按照建设工程规划许可证的规定进行建设的,由**县级以上地方人民政府城乡规划主管部门责令停止建设**;尚可采取改正措施消除对规划实施的影响的,限期改正,处建设工程造价百分之五以上百分之十以下的罚款;无法采取改正措施消除影响的,限期拆除,不能拆除的,没收实物或者违法收入,可以并处建设工程造价百分之十以下的罚款。"

参考答案:①D

所以本题中既有违法用地又有违法建房,应该同时受到土地管理部门和城乡规划部门的处理,只有 D 正确。

> 【评价及预测】对于本题,希望考生能够理解题目背后所蕴含的权利义务关系,即土地与地上建筑物的关系。我国土地和地上建筑物紧紧相连,但却是两个独立的物(房地一体化),二者的权属关系也不尽相同。基于该问题的理解,在将来的题目中有可能涉及。

第二节　城乡规划法

考点1　城乡规划、规划区概念

根据《城乡规划法》规定,下列哪些选项属于城乡规划的种类?(2009-1-75)
A. 城乡规划包括城镇体系规划、城市规划、镇规划、乡规划和村庄规划
B. 城市规划、镇规划分为总体规划和详细规划
C. 详细规划分为控制性详细规划和修建性详细规划
D. 修建性详细规划分为建设用地规划和建设工程规划

答案(　　)①

【考点】城乡规划的种类

【设题陷阱与常见错误分析】本题是单纯的针对法条命题,在一个法条中即可找到答案,只要熟悉相关内容,本题无难度。

【解析】《城乡规划法》第2条:"制定和实施城乡规划,在规划区内进行建设活动,必须遵守本法。

本法所称城乡规划,包括城镇体系规划、城市规划、镇规划、乡规划和村庄规划。城市规划、镇规划分为总体规划和详细规划。详细规划分为控制性详细规划和修建性详细规划。

本法所称规划区,是指城市、镇和村庄的建成区以及因城乡建设和发展需要,必须实行规划控制的区域。规划区的具体范围由有关人民政府在组织编制的城市总体规划、镇总体规划、乡规划和村庄规划中,根据城乡经济社会发展水平和统筹城乡发展的需要划定。"

所以 A、B、C 正确。

《城乡规划法》规定,在国有土地上进行建设的,建设单位和个人在建设前应该取得建设规划许可证和建设工程许可证,二者是建设许可的内容,并非城乡规划的种类范畴,所以 D 项错误。

> 【评价及预测】关于城乡规划的种类和体系,笔者总结如下,考生需要掌握:

参考答案:①ABC

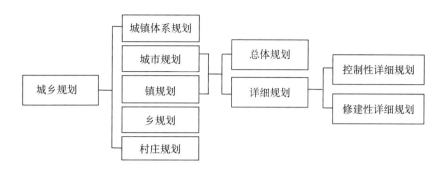

考点2 城乡规划的实施

1. 某镇拟编制并实施镇总体规划,根据《城乡规划法》的规定,下列哪一说法是正确的?（2016－1－30）

A. 防灾减灾系镇总体规划的强制性内容之一
B. 在镇总体规划确定的建设用地范围以外,可设立经济开发区
C. 镇政府编制的镇总体规划,报上一级政府审批后,再经镇人大审议
D. 建设单位报批公共垃圾填埋场项目,应向国土部门申请核发选址意见书

答案（ ① ）

【考点】镇规划

【设题陷阱与常见错误分析】本题针对镇规划的内容、范围、制定及生效流程等内容综合设计题目,都是法条的原文考查,考生需要对相关法条内容准确掌握才能准确作答。

【解析】《城乡规划法》第17条第2款:"规划区范围、规划区内建设用地规模、基础设施和公共服务设施用地、水源地和水系、基本农田和绿化用地、环境保护、自然与历史文化遗产保护以及**防灾减灾**等内容,应当作为城市总体规划、镇总体规划的强制性内容。"所以A正确。

第30条第2款:"在城市总体规划、镇总体规划确定的建设用地范围以外,不得设立各类开发区和城市新区。"所以B错误。

第16条第2款:"镇人民政府组织编制的镇总体规划,**在报上一级人民政府审批前,应当先经镇人民代表大会审议**,代表的审议意见交由本级人民政府研究处理。"所以C错误。

第36条:"按照国家规定需要有关部门批准或者核准的建设项目,以划拨方式提供国有土地使用权的,建设单位在报送有关部门批准或者核准前,应当向**城乡规划主管部门申请核发选址意见书**。前款规定以外的建设项目不需要申请选址意见书。""公共垃圾填埋项目"即使作为城市基础设施,需要划拨土地,申请核发选址意见书的也应该是城乡规划主管部门,不应该是国土资源部门,D错误。

【评价及预测】镇规划的细节内容在本题中有所涉及,与之相关的城市规划的相关内容考生也需要关注。

2. 某建设项目在市中心依法使用临时用地,并修建了临时建筑物,超过批准期限后仍未拆除。对此,下列哪一机关有权责令限期拆除?（2013－1－30）

参考答案:①A

A. 市环保行政主管部门
B. 市土地行政主管部门
C. 市城乡规划行政主管部门
D. 市建设行政主管部门

答案( )①

【考点】临时建设规划管理

【设题陷阱与常见错误分析】本题常见的错误是混淆了临时建设规划管理的主管部门。如果考生仅着眼于土地，容易错选B项，如果仅着眼于建筑活动，容易错选D项。

【解析】《城乡规划法》第66条："建设单位或者个人有下列行为之一的，**由所在地城市、县人民政府城乡规划主管部门**责令限期拆除，可以并处临时建设工程造价一倍以下的**罚款**：

（一）未经批准进行临时建设的；
（二）未按照批准内容进行临时建设的；
（三）临时建筑物、构筑物超过批准期限不拆除的。"
因此，C为正确选项。

【评价及预测】在规划区内，规划与土地、建设的关系密切，既各自负责又相互协同。规划对于土地在空间、时间上的有序运用和管理具有至关重要的作用，在城乡规划区内进行任何建设活动均应遵循规划进行。

3. 某镇政府正在编制本镇规划。根据《城乡规划法》，下列哪些建设项目应当在规划时予以优先安排？（2011－1－71）
A. 镇政府办公楼、招待所
B. 供水、供电、道路、通信设施
C. 商业街、工业园、公园
D. 学校、幼儿园、卫生院、文化站

答案( )②

【考点】城乡规划的实施

【设题陷阱与常见错误分析】本题考查了城乡规划中优先安排的项目，考生如果不熟悉相关法条内容，容易错选答案。

【解析】《城乡规划法》第29条："城市的建设和发展，应当优先安排基础设施以及公共服务设施的建设，妥善处理新区开发与旧区改建的关系，统筹兼顾进城务工人员生活和周边农村经济社会发展、村民生产与生活的需要。

镇的建设和发展，应当结合农村经济社会发展和产业结构调整，优先安排**供水**、**排水**、**供电**、**供气**、**道路**、**通信**、**广播电视等基础设施和学校、卫生院、文化站、幼儿园、福利院等公共服务设施的建设**，为周边农村提供服务。"

所以B、D为正确选项。

参考答案：①C　②BD

【评价及预测】在城乡规划中,具有优先效力的应该是体现国家或公众利益的内容。

4. 村民王某创办的乡镇企业打算在村庄规划区内建设一间农产品加工厂,就有关审批手续向镇政府咨询。关于镇政府的答复,下列哪些选项符合《城乡规划法》规定?(2010-1-76)

A. "你应当向镇政府提出申请,由镇政府报县政府城乡规划局核发乡村建设规划许可证。"

B. "你的加工厂使用的土地不能是农地。如确实需要占用农地,必须依照土地管理法的有关规定办理农地转用审批手续。"

C. "你必须先办理用地审批手续,然后才能办理乡村建设规划许可证。"

D. "你必须在规划批准后,严格按照规划条件进行建设,绝对不允许作任何变更。"

答案(　　)①

【考点】乡村建设用地

【设题陷阱与常见错误分析】本题主要考查《城乡规划法》中乡村建设规划许可的内容。涉及审批权限,农用地转用审批手续,规划许可和用地审批的顺序,以及规划批准后的变更问题。考生如果不熟悉相关法条,容易错选答案。尤其是C项,迷惑性较大,考生要掌握,先有规划许可后才能办理用地审批手续。

【解析】《城乡规划法》第41条:"在乡、村庄规划区内进行乡镇企业、乡村公共设施和公益事业建设的,建设单位或者个人应当向乡、镇人民政府提出申请,**由乡、镇人民政府报城市、县人民政府城乡规划主管部门核发乡村建设规划许可证**。在乡、村庄规划区内进行乡镇企业、乡村公共设施和公益事业建设以及农村村民住宅建设,不得占用农用地;**确需占用农用地的**,应当依照《中华人民共和国土地管理法》有关规定办理农用地转用审批手续后,由城市、县人民政府城乡规划主管部门核发乡村建设规划许可证。建设单位或者个人在取得乡村建设规划许可证后,方可办理用地审批手续。"A、B正确;C错误,顺序颠倒。

第43条:"建设单位应当按照规划条件进行建设;**确需变更的,必须向城市、县人民政府城乡规划主管部门提出申请**。变更内容不符合控制性详细规划的,城乡规划主管部门不得批准。城市、县人民政府城乡规划主管部门应当及时将依法变更后的规划条件通报同级土地主管部门并公示。"所以D错误。

【评价及预测】《城乡规划法》的技术性较强,需要考生对相关法条准确记忆,尤其是细节的掌握,才能准确解答对题目。

第三节　房地产管理法

考点1　房地产转让

1. 甲公司以出让方式取得某地块50年土地使用权,用于建造写字楼。土地使用权满3年时,甲公

参考答案:①AB

司将该地块的使用权转让给乙公司,但将该地块上已建成的一幢楼房留作自用。对此,下列哪些选项是正确的?(2013-1-72)

A. 如该楼房已取得房屋所有权证,则甲公司可只转让整幅地块的使用权而不转让该楼房
B. 甲公司在土地使用权出让合同中载明的权利、义务应由乙公司整体承受
C. 乙公司若要改变原土地使用权出让合同约定的土地用途,取得原出让方的同意即可
D. 乙公司受让后,可以在其土地使用权的使用年限满46年之前申请续期

答案(　　　)①

【考点】 房地产转让

【设题陷阱与常见错误分析】 我国房地产转让遵循"房地一体化"的基本原则,房产权与地产权一同交易,且权利义务承接。另外,土地使用权的续期应该在期满一年前提出申请。考生如果不熟悉此规定,容易错选答案。

【解析】《城市房地产管理法》第32条:"房地产转让、抵押时,房屋的所有权和该房屋占用范围内的土地使用权同时转让、抵押。"A错误。

第42条:"房地产转让时,土地使用权出让合同载明的权利、义务随之转移。"B正确。

第44条:"以出让方式取得土地使用权的,转让房地产后,受让人改变原土地使用权出让合同约定的土地用途的,必须取得原出让方和市、县人民政府城市规划行政主管部门的同意,签订土地使用权出让合同变更协议或者重新签订土地使用权出让合同,相应调整土地使用权出让金。"C错误。

第43条:"以出让方式取得土地使用权的,转让房地产后,其土地使用权的使用年限为原土地使用权出让合同约定的使用年限减去原土地使用者已经使用年限后的剩余年限。"

第22条:"土地使用权出让合同约定的使用年限届满,土地使用者需要继续使用土地的,应当至迟于届满前一年申请续期,除根据社会公共利益需要收回该幅土地的,应当予以批准。经批准准予续期的,应当重新签订土地使用权出让合同,依照规定支付土地使用权出让金。

土地使用权出让合同约定的使用年限届满,土地使用者未申请续期或者虽申请续期但依照前款规定未获批准的,土地使用权由国家无偿收回。"D正确。

【评价及预测】 关于房地产交易的一般规则,考生要掌握"房地一体化"的原则。房产权和地产权密不可分,体现于房地产的转让、出租、抵押等交易的各个环节。并结合土地的出让和划拨、土地使用者的权利义务的限制综合掌握考点内容。

2. 2010年1月,高某与某房地产开发公司签订了一份《预售商品房认购书》。《认购书》约定,公司为高某预留所选房号,双方于公司取得商品房预售许可证时正式签订商品房预售合同。《认购书》还约定,认购人于签订认购书时缴纳"保证金"一万元,该款于双方签订商品房预售合同时自动转为合同定金,如认购人接到公司通知后七日内不签订商品房预售合同,则该款不予退还。同年2月,高某接到公司已经取得商品房预售许可证的通知,立即前往公司签订了商品房预售合同,并当场缴纳了首期购房款80万元。同年5月,高某接到公司通知:房屋预售合同解除。经了解,该套房屋已经被公司以更高价格出售给第三人。双方发生争议。请回答下列问题。

(1)公司主张,双方在签订《预售商品房认购书》时,公司尚未取得商品房预售许可证,故该《认购

参考答案:①BD

书》无效,以此为基础订立的商品房预售合同也应无效。对此,下列判断正确的是?(2010-1-95)

A. 法律规定,取得商品房预售许可证是商品房预售的必备条件之一
B.《预售商品房认购书》不是商品房预售合同,不以取得商品房销售许可证为条件
C. 双方签订商品房预售合同时,公司已具备商品房预售的法定条件,该合同有效
D. 因施工进度及竣工交付日期变化的,房屋可另售他人

答案( )①

【考点】 商品房预售制度

【设题陷阱与常见错误分析】 本题考查了商品房预售制度。法律对商品房预售规定了比较严格的条件,比如商品房预售必须取得商品房预售许可证。

本题容易出现错误的地方在于《预售商品房认购书》的属性及生效要件的认定。预售人与预购人签订《预售商品房认购书》,从本质上来讲是一个独立的合同,相当于商品房预售合同的预约。所以认购书并不以取得商品房预售条件为生效要件。

【解析】《城市房地产管理法》第45条第1款第(四)项:"商品房预售,应当符合下列条件:……(四)向县级以上人民政府房产管理部门办理预售登记,取得商品房预售许可证明。"故A选项符合法律规定,当选。

《预售商品房认购书》是一个独立于商品房预售合同的合同,《预售商品房认购书》规定的权利义务就是条件具备时,当事人应当签订商品房预售合同,取得商品房销售许可证是签订商品房预售合同而不是《预售商品房认购书》的必备条件,B项正确,当选。

本题中,双方签订商品房预售合同时,某房地产开发公司已经取得商品房预售许可证,具备了商品房预售的法定条件,C项正确,当选。

《合同法》第60条第1款:"当事人应当按照约定全面履行自己的义务。"因此,即使因施工进度及竣工交付日期变化的,房地产开发公司也应当按照合同约定履行义务,不得将房屋另售他人,D项错误,不当选。综上所述,本题正确答案为A、B、C。

【评价及预测】 商品房预售涉及的法律关系比较复杂,预售人具有一定的投机性,预购人的权益容易受到侵害,引发纠纷,因此《房地产管理法》对商品房预售规定了比较严格的条件,考生需要对这些条件所涉及的法条加以掌握。

(2)公司还主张,公司在解除商品房预售合同时,该合同尚未报区政府房地产管理局备案,故不受法律保护。对此,下列判断正确的是?(2010-1-96)

A. 登记备案是商品房预售合同的法定生效要件,该合同未经登记备案不受法律保护
B. 登记备案是商品房预售人的法定义务,但不是合同的生效条件,该合同应受法律保护
C. 登记备案是商品房预售合同当事人的权利,未登记备案不影响该合同的效力
D. 商品房预售合同无需登记备案,当事人在房屋交付时办理产权登记即可

答案( )②

【考点】 商品房预售合同登记备案

参考答案:①ABC ②B

【设题陷阱与常见错误分析】 商品房预售的,开发企业应当办理商品房预售登记备案手续,这是预售人的法定义务,并非其权利。考生要明确这一点。另外,商品房预售登记备案并不是商品房预售合同的生效要件,考生如果混淆这一点,容易错选的答案。

【解析】《合同法》第44条:"依法成立的合同,**自成立时生效**。法律、行政法规规定应当办理批准、登记等手续生效的,依照其规定。"

《城市房地产管理法》第45条第2款:"商品房预售人应当按照国家有关规定将**预售合同报县级以上人民政府房产管理部门和土地管理部门登记备案**。"该条款并没有明确规定登记备案后生效,故该预售合同仍然是成立时生效,也就是说,该登记备案属于备案式登记,对预售合同的效力不产生任何影响,登记备案是商品房预售人的法定义务,但不是合同的生效条件,该合同应受法律保护。故A、D选项说法错误,B选项说法正确。

《物权法》第20条:"当事人签订买卖房屋或者其他不动产物权的协议,为保障将来实现物权,**按照约定可以向登记机构申请预告登记**。预告登记后,**未经预告登记的权利人同意,处分该不动产的,不发生物权效力**。预告登记后,**债权消灭或者自能够进行不动产登记之日起三个月内未申请登记的,预告登记失效**。"可见,预告登记是商品房预售合同当事人的权利,而登记备案是商品房预售人的法定义务,预告登记与登记备案不同,故C选项说法错误。

【评价及预测】 本题是对商品房预售登记备案制度的考查。考生明确登记备案程序是预售人的义务,但并非商品房预售合同的生效要件。

(3)经双方协商,高某同意解除商品房预售合同。但在款项支付问题上,双方发生分歧。高某要求返还80万元首期房款本息并双倍返还定金。公司主张只退还80万元首期房款和一万元"保证金"。对此,下列判断正确的是?(2010-1-97)

A. 商品房预售合同无约束力,只能按公司的意见办理退款
B. 商品房预售合同有效,但《预售商品房认购书》无效,故应按公司的意见办理退款
C.《预售商品房认购书》和商品房预售合同均有效,应该支持高某的主张
D. 开发商违约,高某有权请求赔偿损失

答案(①)

【考点】 商品房预售合同

【设题陷阱与常见错误分析】 本题与前两题相关联,如果不能在前两题的基础上准确判断出商品房预售合同的效力与预售商品房认购书的效力,容易错选答案。

【解析】 本题中,《预售商品房认购书》与商品房预售合同是两个相互独立的有效合同,均具有约束力,故A、B选项说法错误。

《合同法》第107条:"当事人一方不履行合同义务或者履行合同义务不符合约定的,应当承担继续履行、采取补救措施或者赔偿损失等违约责任。"

第115条:"当事人可以依照《中华人民共和国担保法》约定一方向对方给付定金作为债权的担保。债务人履行债务后,定金应当抵作价款或者收回。**给付定金的一方不履行约定的债务的,无权要求返

参考答案:①CD

还定金;收受定金的一方不履行约定的债务的,应当双倍返还定金。"

本题中,收受定金的开发商违约,经双方协商,高某同意解除商品房预售合同,开发商应当双倍返还定金,对于高某的损失,高某有权请求开发商赔偿损失,C、D选项正确。

> 【评价及预测】提醒考生注意:商品房预售合同不以登记备案为生效要件;预售商品房认购书,不以预售房取得预售条件为生效要件。

考点2 房地产开发

甲房地产公司与乙国有工业公司签订《合作协议》,在乙公司原有的仓库用地上开发商品房。双方约定,共同成立"玫园置业有限公司"(以下简称"玫园公司")。甲公司投入开发资金,乙公司负责将该土地上原有的划拨土地使用权转变为出让土地使用权,然后将出让土地使用权作为出资投入玫园公司。

(1) 关于甲、乙双方签订的《合作协议》的性质,下列选项正确的是:(2012 - 1 - 93)
A. 房地产开发合同
B. 房地产转让合同
C. 土地使用权转让合同
D. 国有资产合作经营合同

答案(　　)①

【考点】 房地产开发

【设题陷阱与常见错误分析】 本题中所述情形,甲乙双方签订《合作协议》的目的是在原乙公司的仓库用地上,开发商品房,属于典型的房地产开发合同。难度不大。

【解析】《城市房地产管理法》第2条:"**房地产开发,是指在依据本法取得国有土地使用权的土地上进行基础设施、房屋建设的行为。**"

第37条:"**房地产转让,是指房地产权利人通过买卖、赠与或者其他合法方式将其房地产转移给他人的行为。**"

《城镇国有土地使用权出让和转让暂行条例》第19条第1款:"**土地使用权转让是指土地使用者将土地使用权转移的行为,包括出售、交换和赠与。**"所以本题中的甲乙《合作协议》属于房地产开发合同。

> 【评价及预测】关于房地产开发,提醒考生注意以下几点:
> 1. 取得国有土地使用权是房地产开发的前提;
> 2. 房地产开发并非限于房屋建设或商品房开发;
> 3. 还包括土地开发和房屋开发在内的开发经营活动。

(2) 开发期间,由于政府实施商品房限购政策,甲公司因其已开发项目滞销而陷于财务困境,致玫园公司经营陷于停顿,甲乙双方发生纠纷,乙公司主张合同无效。下列理由依法不能成立的是:(2012 - 1 - 94)

参考答案:①A

A. 该合同为乙公司前任经理所签订,现该经理已被撤换
B. 签订合同时,该土地还是划拨土地使用权
C. 根据《合作协议》,乙公司仅享有玫园公司40%的股份,现在因该地段新建地铁导致地价上涨,乙公司所占股份偏低,属于国有资产流失
D. 乙公司无房地产开发资格,无权参与房地产开发

答案(　　)①

【考点】合同的无效

【设题陷阱与常见错误分析】本题综合考查了法人与法定代表人或负责人的关系、划拨土地使用权的利用、股东与公司的关系等多个问题,具有一定的灵活性。

【解析】《民法通则》第43条:"**企业法人对它的法定代表人和其他工作人员的经营活动,承担民事责任。**"甲、乙之间的房地产开发合同是甲和乙两公司的行为,乙公司前任经理所签订合同,是代表乙公司的行为,所以经理撤换不影响合同的效力。故A项错误。

结合上一题的解析,**划拨土地也可以作价入股、合资、合作开发房地产**,B项错误。

只要签订《合作协议》时,乙公司享有的土地使用权作价合理,就不存在国有资产流失的问题。协议签订后,由于其他原因导致地价上涨或下降都属于正常的商业风险,乙公司不能主张国有资产流失。C错误。

乙公司和甲公司合作成立一家新公司从事房地产的开发,只要新公司具有相应的资格即可,甲、乙两公司作为股东,不要求具有房地产开发资格,D错误。

【评价及预测】本题的综合性较强,与民法紧密结合的点需要考生明晰,即法定代表人或其他工作人员的经营活动的结果,法人要承担责任;另外,公司的资质要求不等同于对股东的资质要求。

考点3　房地产抵押

甲公司与乙银行签订借款合同,约定甲公司以其所有的 **A 大厦及其土地使用权为抵押物,贷款5000万元**。双方办理抵押手续后,乙银行发放了贷款。甲公司后又在 A 大厦项目所在地块上增建了一幢商务配楼,尚未竣工。甲公司因另案被法院判决支付巨额债务,无法偿还乙银行的贷款。根据《城市房地产管理法》的规定,下列哪一选项是正确的?(2008-1-28)

A. 商务配楼使用了乙银行拥有抵押权的土地,当然成为抵押物的一部分
B. 商务配楼是在建工程,不得抵押、拍卖、转让
C. 乙银行请求法院拍卖抵押物时,可以请求法院只拍卖 A 大厦和整个项目地块的土地使用权,而不拍卖商务配楼的房屋所有权
D. 乙银行可以请求法院将 A 大厦和商务配楼以及整个项目地块的土地使用权一同拍卖,但无权就商务配楼拍卖所得价款优先受偿

答案(　　)②

【考点】房地产抵押中新增房屋的处理

参考答案:①ABCD　②D

🙋 **【设题陷阱与常见错误分析】** 本题考查了房地产抵押的问题。与民法的抵押权相结合,抵押物是担保债权实现的保证财产,所以抵押物的范围在双方签订抵押合同时已经确定。拍卖时候抵押的土地上有新增房屋的,房屋不能作为抵押财产的组成部分,否则将侵害房屋所有权人的利益。考生需掌握这一内容,否则容易错选答案。

📖 **【解析】**《城市房地产管理法》第51条:"**房地产抵押合同签订后,土地上新增的房屋不属于抵押财产**。需要拍卖该抵押的房地产时,可以依法将土地上新增的房屋与抵押财产一同拍卖,但对拍卖新增房屋所得,抵押权人无权优先受偿。"所以只有D项说法正确。

> 📝 **【评价及预测】** 房地产抵押中,最常考的考点即设定抵押权的土地上有新增房屋的处理规则。考生要明确,这种情况下新增房屋不能作为抵押物的一部分,而是属于房屋所有权人。但基于"房地一体化"的基本原则,如果债权人实现抵押权时,会将抵押财产连同新增房屋一同处分,但是新增房屋的价款必须归其所有权人,抵押权人不能就新增房屋的变现价款优先受偿。

第四节 不动产登记

考点1 不动产登记程序

申请不动产登记时,下列哪一情形应由当事人双方共同申请?(2015-1-29)

A. 赵某放弃不动产权利,申请注销登记
B. 钱某接受不动产遗赠,申请转移登记
C. 孙某将房屋抵押给银行以获得贷款,申请抵押登记
D. 李某认为登记于周某名下的房屋为自己所有,申请更正登记

答案(　　)①

📖 **【考点】** 不动产登记申请

🙋 **【设题陷阱与常见错误分析】** 本题针对《不动产登记暂行条例》的法条内容设计题目,没有难度,只要考生关注到该法条内容即可选对答案。

📖 **【解析】** 根据《不动产登记暂行条例》第14条:"**因买卖、设定抵押权等申请不动产登记的,应当由当事人双方共同申请。**

属于下列情形之一的,可以由当事人单方申请:
(一)尚未登记的不动产首次申请登记的;
(二)继承、接受遗赠取得不动产权利的;
(三)人民法院、仲裁委员会生效的法律文书或者人民政府生效的决定等设立、变更、转让、消灭不动产权利的;
(四)权利人姓名、名称或自然状况发生变化,申请变更登记的;
(五)不动产灭失或者权利人放弃不动产权利,申请注销登记的;

参考答案:①C

(六)申请更正登记或者异议登记的;

(七)法律、行政法规规定可以由当事人单方申请的其他情形。"

题目中只有C选项需要双方申请,其余均是当申请的项目。

> 【评价及预测】不动产登记程序是2015年司法考试大纲新增的重点考点内容,在近年的考试中有关不动产登记程序中的受理及受理后的处理规则需要重点关注。

第七章 环境保护法

本章考查情况统计表

考点	考查次数	考查年份	大致分值	考查概率/%
环境标准制度	2	2	3	22
环境生态保护制度	1	1	1	11
环境影响评价制度	4	4	5	44
环境责任	3	3	6	33
农业环境保护措施	1	1	2	11
信息公开与公众参与	1	1	1	11
总量控制制度	1	1	2	11

考点1 信息公开与公众参与

天洋市滨海区一石油企业位于海边的油库爆炸,泄漏的石油严重污染了近海生态环境。下列哪一主体有权提起公益诉讼(其中所列组织均专门从事环境保护公益活动连续5年以上且无违法记录)?(2015-1-30)

A. 受损海产养殖户推选的代表赵某

B. 依法在滨海区民政局登记的"海蓝志愿者"组织

C. 依法在邻省的省民政厅登记的环境保护基金会

D. 在国外设立但未在我国民政部门登记的"海洋之友"团体

答案()①

【考点】环境公益诉讼

【设题陷阱与常见错误分析】本题针对2015年1月1日生效的新的环保法的公益诉讼的内容设计题目,考生只需要掌握公益诉讼主体资格即可轻松应对该题。但是该题的设题陷阱在于考查细节,对于环境公益诉讼的主体登记要求在设区的市级以上的民政部门做登记,如果考生没能掌握这一细节,容易选错答案。

参考答案:①C

【解析】《环境保护法》第58条:"对污染环境、破坏生态,损害社会公共利益的行为,符合下列条件的社会组织可以向人民法院提起诉讼:

(一)依法在设区的市级以上人民政府民政部门登记;

(二)专门从事环境保护公益活动连续五年以上且无违法记录。

符合前款规定的社会组织向人民法院提起诉讼,人民法院应当依法受理。

提起诉讼的社会组织不得通过诉讼牟取经济利益。"所以只有答案C符合题意。

> **【评价及预测】** 本题是新法必考的典型题目。并且在考查法条的同时兼顾了细节的考查,加大了题目的难度。比如公益诉讼适格主体的登记机关,公益诉讼不受地域限制等内容考生需要重点掌握。

考点2 环境生态保护制度

关于我国生态保护制度,下列哪一表述是正确的?(2015-1-31)

A. 国家只在重点生态功能区划定生态保护红线

B. 国家应积极引进外来物种以丰富我国生物的多样性

C. 国家应加大对生态保护地区的财政转移支付力度

D. 国家应指令受益地区对生态保护地区给予生态保护补偿

答案( )①

【考点】 环境生态保护制度

【设题陷阱与常见错误分析】 本题是对新的环保法中生态保护制度的考查,基于法条的原文进行题目设计,考生只有熟悉相关法条,才能准确作答。

【解析】《环境保护法》第29条:"国家在重点生态功能区、生态环境敏感和脆弱区等区域划定生态保护红线,实行严格保护。

各级人民政府对具有代表性的各种类型的自然生态系统区域,珍稀、濒危的野生动植物自然分布区域,重要的水源涵养区域,具有重大科学文化价值的地质构造、著名溶洞和化石分布区、冰川、火山、温泉等自然遗迹,以及人文遗迹、古树名木,应当采取措施予以保护,严禁破坏。"所以A错误,划定生态红线的区域除了重点生态功能区外,还有生态环境敏感和脆弱区等区域。

第30条:"开发利用自然资源,应当合理开发,保护生物多样性,保障生态安全,依法制定有关生态保护和恢复治理方案并予以实施。

引进外来物种以及研究、开发和利用生物技术,应当采取措施,防止对生物多样性的破坏。"B错误,引进外来物种,应当以不破坏生物多样性为前提。

第31条:"国家建立、健全生态保护补偿制度。

国家加大对生态保护地区的财政转移支付力度。有关地方人民政府应当落实生态保护补偿资金,确保其用于生态保护补偿。

国家指导受益地区和生态保护地区人民政府通过协商或者按照市场规则进行生态保护补偿。"所以C正确,D错误。生态补偿制度,国家起到的是"指导"的作用,而非如D项所述的"指令"。

参考答案:①C

【评价及预测】本题是新法必考的又一典型,因为强调了细节的考查,所以加大了题目的难度。考生在掌握新法法条的同时,应当加大对细节的掌握力度。

考点3　总量控制制度

某市政府接到省环境保护主管部门的通知:暂停审批该市新增重点污染物排放总量的建设项目环境影响评价文件。下列哪些情况可导致此次暂停审批?(2015－1－73)

A. 未完成国家确定的环境质量目标
B. 超过国家重点污染物排放总量控制指标
C. 当地环境保护主管部门对重点污染物监管不力
D. 当地重点排污单位未按照国家有关规定和监测规范安装使用监测设备

答案(　　)①

【考点】重点污染物总量控制制度

【设题陷阱与常见错误分析】本题是对于重点污染物总量控制制度的法条考查,考生需要准确掌握法条的细节内容才能准确作答。

【解析】《环境保护法》第44条:"国家实行重点污染物排放总量控制制度。重点污染物排放总量控制指标由国务院下达,省、自治区、直辖市人民政府分解落实。企业事业单位在执行国家和地方污染物排放标准的同时,应当遵守分解落实到本单位的重点污染物排放总量控制指标。

对超过国家重点污染物排放总量控制指标或者未完成国家确定的环境质量目标的地区,省级以上人民政府环境保护主管部门应当暂停审批其新增重点污染物排放总量的建设项目环境影响评价文件。"对法条直接考查,A、B正确。

【评价及预测】本题是对新的环保法的细节考查,在未来的1～2年内,此类题目仍是重点。考生需要重点关注环保法的基本制度的适用细节。

考点4　环境影响评价制度

1. 某采石场扩建项目的环境影响报告书获批后,采用的爆破技术发生重大变动,其所生粉尘将导致周边居民的农作物受损。关于此事,下列哪一说法是正确的?(2016－1－31)

A. 建设单位应重新报批该采石场的环境影响报告书
B. 建设单位应组织环境影响的后评价,并报原审批部门批准
C. 该采石场的环境影响评价,应当与规划的环境影响评价完全相同
D. 居民将来主张该采石场承担停止侵害的侵权责任,受3年诉讼时效的限制

答案(　　)②

【考点】环境影响评价、环境侵权责任

参考答案:①AB　②A

【设题陷阱与常见错误分析】本题针对环境影响评价的内容及环境民事法律责任设计题目。主要是针对细节考查,增加了题目的难度。项目的环评文件作出后,如果有项目性质、规模、地点、技术等重大事项发生重大变动,则环评文件会作废,需要重新报批新的环评文件,如果建设项目进行中发生了与环评文件不符合的情况,则需要做环境影响后评价,考生如果混淆这一点容易错选 B 项;项目的环评与规划的环评应当避免重复,而非完全相同;环境民事侵权中的损害赔偿请求权适用 3 年诉讼时效,从知道或应当知道权利被侵害之日起计算。但此时效对于停止侵害、排除妨害等请求并不适用。考生如果不理解这一点,容易错选 D 项。

【解析】《环境影响评价法》第 24 条第 1 款:"建设项目的环境影响评价文件经批准后,建设项目的性质、规模、地点、采用的生产工艺或者防治污染、防止生态破坏的措施发生重大变动的,建设单位应当重新报批建设项目的环境影响评价文件。"本题中"爆破技术发生重大变动"属于上述情形,建设单位应重新报批。所以 A 是对的。

第 27 条:"在项目建设、运行过程中产生不符合经审批的环境影响评价文件的情形的,建设单位应当组织环境影响的后评价,采取改进措施,并报原环境影响评价文件审批部门和建设项目审批部门备案;原环境影响评价文件审批部门也可以责成建设单位进行环境影响的后评价,采取改进措施。"题目所属情形不属于"后评价"的情形,所以 B 错误。

第 18 条:"建设项目的环境影响评价,应当避免与规划的环境影响评价相重复。

作为一项整体建设项目的规划,按照建设项目进行环境影响评价,不进行规划的环境影响评价。

已经进行了环境影响评价的规划包含具体建设项目的,规划的环境影响评价结论应当作为建设项目环境影响评价的重要依据,建设项目环境影响评价的内容应当根据规划的环境影响评价审查意见予以简化。"建设项目的环评与规划的环评不能重复,所以 C 错误。

《环境保护法》第 66 条:"提起环境损害赔偿诉讼的时效期间为三年,从当事人知道或者应当知道其受到损害时起计算。"所以三年的时效只是针对"损害赔偿"的诉求,并不适用于停止侵害的诉求。所以 D 错误。

【评价及预测】环境影响评价是环保法中最专业的制度,考生需要对项目的环评和规划的环评的细节及二者关系做深入掌握;另外环境民事法律责任也是环保法中最重要的法律责任,考生需要对其特殊性做掌握。

2. 某省 A 市和 B 市分别位于同一河流的上下游。A 市欲建农药厂。在环境影响评价书报批时,B 市环境保护行政主管部门认为该厂对本市影响很大,对该环境影响评价结论提出异议。在此情况下,该环境影响评价书应当由下列哪一部门审批?(2014 - 1 - 31)

A. 省政府发改委
B. 省人大常委会
C. 省农药生产行政监管部门
D. 省环境保护行政主管部门

答案(　　)①

【考点】环境影响评价的审批

【设题陷阱与常见错误分析】对于建设项目可能造成跨行政区域的不良影响,有关环境保护主管部门对该项目的环评结论有争议的,明确规定了审批权限的确定规则,本题即考查此规则。

参考答案:①D

【解析】《环境影响评价法》第23条:"国务院环境保护行政主管部门负责审批下列建设项目的环境影响评价文件:

(一)核设施、绝密工程等特殊性质的建设项目;

(二)跨省、自治区、直辖市行政区域的建设项目;

(三)由国务院审批的或者由国务院授权有关部门审批的建设项目。

前款规定以外的建设项目的环境影响评价文件的审批权限,由省、自治区、直辖市人民政府规定。

建设项目可能造成**跨行政区域**的不良环境影响,有关环境保护行政主管部门对该项目的环境影响评价结论有争议的,其环境影响评价文件由共同的**上一级环境保护行政主管部门审批。**"

【评价及预测】本题考查的环境影响评价主管部门审批权限的掌握。除了题目中涉及的跨行政区域影响的建设项目的审批问题需要明确外,《环境影响评价法》对国务院环境影响评价部门的审批权限有明确的规定(涉核、涉密、跨省、自批的建设项目),对其他建设项目的审批权限授权省政府规定。因此后者的可考性不大,考生无需关注,但对于国务院环评部门的审批范围要加以掌握。

3. 某河流拟建的水电站涉及水土保持,并可能造成重大环境影响。根据《环境影响评价法》,下列哪一选项是合法的?(2012-1-31)

A. 建设单位应编制环境影响报告表,对环境影响进行分析或专项评价

B. 其环境影响评价文件还须有经水行政主管部门审查同意的水土保持方案

C. 由于该河流的流域开发利用规划已进行了环境影响评价,水电站属于该规划所包含的具体建设项目,可不再进行环境影响评价

D. 建设单位可委托负责审批部门下属的环境技术研究所为水电站的环境影响评价提供技术服务

答案(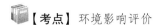)①

【考点】环境影响评价

【设题陷阱与常见错误分析】环评制度及规则专业性非常强,且复习中容易被忽略,从而对相关法条的熟悉程度不够,本题综合考查了建设项目的环评文件、建设项目与规划的环评关系,以及环评技术服务机构等多个考点,难度相对较大。近年来对环评法相关法条的考查逐步增加,需要广大考生关注。

【解析】《环境影响评价法》第16条:"国家根据建设项目对环境的影响程度,对建设项目的环境影响评价实行**分类管理**。建设单位应当按照下列规定组织编制环境影响报告书、环境影响报告表或者填报环境影响登记表(以下统称环境影响评价文件):

(一)可能造成**重大**环境影响的,应当编制环境影响**报告书**,对产生的环境影响进行**全面评价**;

(二)可能造成**轻度**环境影响的,应当编制环境影响**报告表**,对产生的环境影响进行**分析或者专项评价**;

(三)对环境影响**很小**、不需要进行环境影响评价的,应当填报环境影响**登记表**。"

根据题意,某河流拟建的水电站,可能造成重大环境影响。属于第(一)项而非第(二)的规定,A选项错误。

B项所述内容,因2016年9月1日生效的新的《环境影响评价法》已经删除此内容,所以B项不正确。

第18条第3款:"已经进行了环境影响评价的**规划所包含的具体建设项目**,其环境影响评价内容

参考答案:①无答案

建设单位可以**简化**。"C 选项中"不再进行环境影响评价"与法条内容冲突,故 C 错误。

第 19 第 3 款:"为建设项目环境影响评价提供**技术服务的机构,不得**与负责审批建设项目环境影响评价文件的环境保护行政主管部门或者其他有关审批部门**存在任何利益关系**。"而 D 项中环境技术研究所是负责审批部门下属单位,存在利益关系。故 D 项错。

综上,本题无正确答案。

【答案修正】原司法部答案为 B,因为法条修改,修正为无答案。

> 【评价及预测】环境影响评价的专业性很强,重复考查的概率很大,尤其作为 2017 年首次涉考的修订后的新法,考生需要在结合《环境影响评价法》相关法条的基础上掌握涉考知识点的详细内容。

4. 我国对建设项目的环境影响评价实行分类管理制度。根据《环境影响评价法》的规定,下列哪些说法是正确的?(2010 - 1 - 77)

A. 可能造成重大环境影响的建设项目,应当编制环境影响报告书,对产生的环境影响进行全面评价

B. 可能造成轻度环境影响的建设项目,应当编制环境影响报告表,对产生的环境影响进行分析或者专项评价

C. 环境影响很小的建设项目,不需要进行环境影响评价,无需填报环境影响评价文件

D. 环境影响报告书和环境影响报告表,应当由具有相应资质的机构编制

【答案()】①

【考点】环境影响评价制度

【设题陷阱与常见错误分析】环评制度及规则专业性非常强,鉴于环评制度的专业性及本题考查的内容非常具体,如果对相关法条不够熟悉,会有一定的难度。本题主要针对建设单位针对不同影响的建设项目应该执行的环评制度来设计选项。

【解析】《环境影响评价法》第 16 条:"国家根据建设项目对环境的影响程度,对建设项目的环境影响评价实行**分类管理**。

建设单位应当按照下列规定组织编制环境影响报告书、环境影响报告表或者填报环境影响登记表(以下统称环境影响评价文件):

(一)可能造成**重大**环境影响的,应当编制环境影响**报告书**,对产生的环境影响进行**全面评价**;

(二)可能造成**轻度**环境影响的,应当编制环境影响**报告表**,对产生的环境影响进行**分析或者专项评价**;

(三)对环境影响**很小**、不需要进行环境影响评价的,应当填报环境影响**登记表**。

建设项目的环境影响评价分类管理名录,由国务院环境保护行政主管部门制定并公布。"所以 A、B 项正确,C 项错误。

第 20 条第 1 款:"环境影响评价文件中的环境影响报告书或者环境影响报告表,应当由具有相应**环境影响评价资质的机构编制**。"所以 D 正确。

综上,本题的正确答案是 A、B、D。

参考答案:①ABD

> 【评价及预测】本题是对环境影响评价的分类管理进行的考查,考生需要掌握,根据建设项目对环境影响程度不一样,环评文件的要求和环评的项目也是不同的。

考点5　环境标准制度

1. 关于环境质量标准和污染物排放标准,下列哪些说法是正确的?（2014-1-73）

　　A. 国家环境质量标准是制定国家污染物排放标准的根据之一
　　B. 国家污染物排放标准由国务院环境保护行政主管部门制定
　　C. 国家环境质量标准中未作规定的项目,省级政府可制定地方环境质量标准,并报国务院环境保护行政主管部门备案
　　D. 地方污染物排放标准由省级环境保护行政主管部门制定,报省级政府备案

答案（　　　）①

【考点】环境质量标准、污染物排放标准

【设题陷阱与常见错误分析】本题考查了环境质量标准和污染物排放标准的关系,二者的制定权限的划分。常见错误在于分不清二者的关系:环境质量标准是国家为了保护人群健康和生态环境而制定的环境中允许含有污染物(或有害物质)的最高限额;污染物排放标准是指国家为了实现环境质量标准或环境目标而规定的允许污染源排放污染物或有害能量在浓度或数量上的最高限额。在我国环境标准体系中,环境标准是核心,污染物排放标准,环境监测方法标准等都是围绕环境质量标准制定的。

另外关于环境质量标准和污染物排放标准的国标和省标的制定主体、范围、流程等需要考生熟悉最新环保法的规定。

【解析】《环境保护法》第16条:"国务院环境保护主管部门根据国家环境质量标准和国家经济、技术条件,制定国家污染物排放标准。

省、自治区、直辖市人民政府对国家污染物排放标准中未作规定的项目,可以制定地方污染物排放标准;对国家污染物排放标准中已作规定的项目,可以制定严于国家污染物排放标准的地方污染物排放标准。地方污染物排放标准应当报国务院环境保护主管部门备案。"A、B说法正确;D项错误。

第15条:"**国务院环境保护主管部门制定国家环境质量标准**。

省、自治区、直辖市人民政府对国家环境质量标准中未作规定的项目,可以制定地方环境质量标准;对国家环境质量标准中已作规定的项目,可以制定严于国家环境质量标准的地方环境质量标准。地方环境质量标准应当报国务院环境保护主管部门**备案**。"所以C正确;

> 【评价及预测】新的环保法对环境质量标准的省标内容有所调整,提醒考生注意。这两个标准的涉考性很强,考生要加以掌握:

参考答案:①ABC

标准	制定主体及流程	内容
国标	国务院环境保护主管部门制定	环境质量标准、污染物排放标准。污染物排放标准须以环境质量标准为基础
省标	省、自治区、直辖市人民政府制定,报国务院环境保护主管部门备案	1. 国家环境质量标准或污染物排放标准中**未作规定的项目**,可以制定适用于本地区的地方环境标准; 2. 对国家环境质量标准或污染物排放标准中**已作规定的**项目,制定严于国家标准的地方环境标准。 【记忆口诀】你无我有,你有我强

2. 根据《环境保护法》规定,关于污染物排放标准,下列哪一说法是错误的?(2010-1-28)

A. 省级地方政府对国家污染物排放标准中已作规定和未作规定的项目,都可以制定地方污染物排放标准

B. 对国家污染物排放标准中已作规定的项目,在制定地方污染物排放标准时,可以因地制宜,严于或宽于国家污染物排放标准

C. 地方污染物排放标准须报国务院环境保护行政主管部门备案

D. 凡是向已有地方污染物排放标准的区域排放污染物的,应当执行地方污染物排放标准

答案( )①

【考点】污染物排放标准

【设题陷阱与常见错误分析】对于环境标准制度,新的环保法作出一定的调整,根据现行制度,无论是环境质量标准还是污染物排放标准,均可分为国标和省标两级标准。国标由"国务院环境保护主观部门"制定,省标由"省级人民政府"制定报国务院环保部门备案。省标由两部分组成:1. 国标空白内容的补充;2. 国标现有内容的加强。注意第2部分只能是加强,即只能比国标相应内容更严格。

【解析】根据《环境保护法》第16条:"**国务院环境保护主管部门**根据国家环境质量标准和国家经济、技术条件,**制定国家污染物排放标准**。

省、自治区、直辖市人民政府对国家污染物排放标准中未作规定的项目,可以**制定地方污染物排放标准**;对国家污染物排放标准中已作规定的项目,可以制定**严于国家污染物排放标准的地方污染物排放标准**。地方污染物排放标准应当报国务院环境保护主管部门**备案**。"

可见,省级地方政府对国家污染物排放标准中已作规定和未作规定的项目,都可以制定地方污染物排放标准,但是,对国家污染物排放标准中已作规定的项目,在制定地方污染物排放标准时,只能制定严于国家污染物排放标准的地方污染物排放标准。所以A、C正确,B错误。

鉴于地方标准的属性,是对国标的补充或加强,所以地方标准制定出来即应当执行,否则将失去存在的意义,所以D项说法正确。

综上,本题作为选非题,正确答案为B。

【评价及预测】本题是对污染物排放标准的内容、制定、备案、应用等制度的重复考查。

参考答案:①B

考点6 环境责任

1. 某化工厂排放的污水会影响鱼类生长,但其串通某环境影响评价机构获得虚假环评文件,从而得以建设。该厂后来又串通某污水处理设施维护机构,使其污水处理设施虚假显示,从而逃避监管。该厂长期排污致使周边水域的养殖鱼类大量死亡。面对养殖户的投诉,当地环境保护主管部门一直未采取任何查处措施。对于养殖户的赔偿请求,下列哪些单位应承担连带责任?(2015-1-74)

  A. 化工厂
  B. 环境影响评价机构
  C. 污水处理设施维护机构
  D. 当地环境保护主管部门

答案()①

【考点】 环境民事侵权

【设题陷阱与常见错误分析】 本题的陷阱在于环境保护主管部门的责任判断,对于环境民事侵权,行政调处并非必经流程,环保部门也没有义务对受害人做出赔偿,考生掌握这一点的话,本题的答案就可以准确选择。

【解析】《环境保护法》第64条:"因污染环境和破坏生态造成损害的,应当依照《中华人民共和国侵权责任法》的有关规定承担侵权责任。"

《侵权责任法》第65条:"因污染环境造成损害的,污染者应当承担侵权责任。"所以A正确。

《环境保护法》第65条:"环境影响评价机构、环境监测机构以及从事环境监测设备和防治污染设施维护、运营的机构,在有关环境服务活动中弄虚作假,对造成的环境污染和生态破坏负有责任的,除依照有关法律法规规定予以处罚外,还应当与造成环境污染和生态破坏的其他责任者承担连带责任。"所以B、C正确。

D项的环境保护主管部门不承担环境侵权的民事责任,D项错误。

> **【评价及预测】** 环境民事侵权是环保法中历来的重点,考生需要与侵权责任法的相关内容结合掌握本考点,另外,对于环境行政责任,是新的环保法的重点内容,考生要理解并掌握相关内容。

2. 因连降大雨,某厂设计流量较小的排污渠之污水溢出,流入张某承包的鱼塘,致鱼大量死亡。张某诉至法院,要求该厂赔偿。该厂提出的下列哪些抗辩事由是依法不能成立的?(2013-1-73)

  A. 本市环保主管部门证明,我厂排污从未超过国家及地方排污标准
  B. 天降大雨属于不可抗力,依法应予免责
  C. 经有关机构鉴定,死鱼是全市最近大规模爆发的水生动物疫病所致
  D. 张某鱼塘地势低洼,未对污水流入采取防范措施,其损失咎由自取

答案( )②

【考点】 环境侵权民事责任

【设题陷阱与常见错误分析】 此题的破题要领是理解环境侵权民事责任的特殊之处,新的环保法将环境侵权民事责任通过法条引用与侵权责任法相关内容衔接。重点关注点在于环境侵权是特殊

参考答案:①ABC ②ABD

的侵权责任,构成要件**不需要主观的过错和行为的违法性**,且实行**举证责任倒置**,损害赔偿适用 3 年诉讼时效。

📖【解析】《环境保护法》第64条:"因污染环境和破坏生态造成损害的,应当依照《中华人民共和国侵权责任法》的有关规定承担侵权责任。"

《侵权责任法》第65条:"**因污染环境造成损害的,污染者应当承担侵权责任**。"体现了环境侵权的"严格责任"的属性,其责任的追究不以主观的过错和行为的违法性为前提,所以 A 项中"未超标排污"并不能成为行为人免除民事责任的抗辩理由。A 项当选。

《侵权责任法》第29条:"**因不可抗力造成他人损害的,不承担责任**。法律另有规定的,依照其规定。"《民法通则》第153条:"不可抗力是指不能预见、不能避免且不能克服的客观情况。"综上,"不可抗力"成为环境侵权的法定免责理由,但题目中的"天降大雨"并非成为"不能避免且不能克服"的客观情况,污水外溢还起因于"排水渠流量小",所以不可认定不可抗力而抗辩责任的承担,B 项说法不成立,当选。

致害行为与损害结果之间存在因果关系,是环境民事责任的构成要件之一,C 项中,死鱼原因被认定为疫病所致,则排污行为与损害结果之间排除了因果关系,可以因此免责,C 项说法正确,不当选。

《侵权责任法》第26条:"被侵权人对损害的发生**也有过错**的,可以**减轻**侵权人的责任。"
第27条:"损害是因受害人**故意**造成的,行为人**不承担责任**。"所以,受害人的过错可以减轻或免除行为人的责任承担。但此处的受害人的"过错"程度是破题的关键。《水污染防治法》第85条第3款:"水污染损害是由受害人**故意**造成的,排污方不承担赔偿责任。水污染损害是由受害人**重大过失**造成的,可以减轻排污方的赔偿责任。"进一步明晰受害人的过错程度要达到"故意"或"重大过失"的程度。本题中,鱼死的主要起因是行为人排污渠流量小,天降大雨时未采取合理措施,并非受害人的"咎由自取",所以 D 项说法不正确,当选。

本题为选非题,综上,当选答案为 A、B、D。

┌───┐
│ 💡【评价及预测】环境民事责任依旧是环保法的重点,考生要对环境民事责任的性质、归责原则、构成要件、法定免责、举证责任等内容加以掌握。│
└───┘

3. 甲化工厂和乙造纸厂排放污水,造成某村农作物减产。当地环境主管部门检测认定,甲排污中的有机物超标 3 倍,是农作物减产的原因,乙排污未超标,但其中的悬浮物仍对农作物减产有一定影响。关于甲、乙厂应承担的法律责任,下列哪些选项是正确的?(2012 - 1 - 73)
   A. 甲厂应对该村损失承担赔偿责任
   B. 乙厂应对该村损失承担赔偿责任
   C. 环境主管部门有权追究甲厂的行政责任
   D. 环境主管部门有权追究乙厂的行政责任

📄 答案(　　　)①

📙【考点】环境民事责任、行政责任

👤【设题陷阱与常见错误分析】本题目综合考查了环境污染者的民事责任和行政责任。要答对此题,需要明确:环境民事责任是严格责任,不以行为人的主观过错和客观违法性为前提;而行政责任则需要以行为的违法为前提。如果搞混二者的关系,可能成为此题做错的最大原因。

📖【解析】《环境保护法》第64条:"因污染环境和破坏生态造成损害的,应当依照《中华人民共和国侵权责任法》的有关规定承担侵权责任。"

参考答案:①ABC

《侵权责任法》第65条:"因污染环境造成损害的,污染者应当承担侵权责任。"所以,环境民事侵权实行"无过错"严格责任的归责原则,即使乙厂并未超标排污,但其行为对损害后果也"有一定影响"即成为其也要承担责任的基础,所以甲、乙两厂对受害人的损失均应承担民事的赔偿责任,A、B正确。

《环境保护法》第60条:"企业事业单位和其他生产经营者超过污染物排放标准或者**超过重点污染物排放总量控制指标排放污染物的**,县级以上人民政府环境保护主管部门可以责令其采取限制生产、停产整治等措施;情节严重的,报经有批准权的人民政府批准,责令停业、关闭。"所以环境行政责任的追究以"行为违法"为前提,本题目中,甲厂有行为违法应该承担行政责任,乙厂并没有"行为违法"不应承担行政责任,所以C正确,D错误。

综上,本题的答案为A、B、C。

> **【评价及预测】**环境民事责任是侵权责任的属性,实行严格责任的归责原则。即追究污染者的民事责任不以其是否存在过错为前提;而行政责任的追究则应当是以行为人有行政违法行为作为前提的。此考点是《环境保护法》的重点考点。

考点7 农业环境保护措施

根据《环境保护法》规定,下列哪些选项属于农业环境保护的措施?(2009-1-77)
A. 防治土地沙化、盐渍化、贫瘠化、沼泽化
B. 防治植被破坏、水土流失、水源枯竭
C. 推广植物病虫害的综合防治
D. 合理使用化肥、农药及植物生长激素

答案( )①

【考点】农业环境保护措施

【设题陷阱与常见错误分析】《环境保护法》规定了相关的环境农业保护措施,本题几乎是对原文的直接考查,虽然新的环保法相关条文有部分改动,但从制度设计本身来说,具体措施没有实质的变化。

【解析】《环境保护法》第33条:"各级人民政府应当加强对农业环境的保护,促进农业环境保护新技术的使用,加强对农业污染源的监测预警,统筹有关部门采取措施,**防治土壤污染和土地沙化、盐渍化、贫瘠化、石漠化、地面沉降以及防治植被破坏、水土流失、水体富营养化、水源枯竭**、种源灭绝等生态失调现象,**推广植物病虫害的综合防治**。

县级、乡级人民政府应当提高农村环境保护公共服务水平,推动农村环境综合整治。"所以A、B、C几乎是法条原文,当选。

D项虽不是法条原文体现,但应当属于"防治土壤污染"中的措施,《环境保护法》第49条:"各级人民政府及其农业等有关部门和机构应当指导农业生产经营者科学种植和养殖,**科学合理施用农药、化肥等农业投入品**,科学处置农用薄膜、农作物秸秆等农业废弃物,防止农业面源污染。

禁止将不符合农用标准和环境保护标准的固体废物、废水施入农田。**施用农药、化肥等农业投入品及进行灌溉,应当采取措施,防止重金属和其他有毒有害物质污染环境**。"所以D项当选。

综上,本题的正确答案是A、B、C、D。

> **【评价及预测】**本题是对农业环境保护措施所涉及法条的内容考查。提醒考生注意新法的条款内容。

参考答案:①ABCD